Evaluation Report of County Science & Technology Innovation in Jiangxi Province

江西省
县域科技创新能力评价报告
2018年度

邹 慧 王秋林 胡紫祎 / 著

科学出版社

北 京

内 容 简 介

本书在借鉴国内外现有研究成果的基础上，通过建立科技创新能力评价指标体系，从创新环境、创新投入、创新成效和经济社会发展四个方面全面客观地评价江西全省 100 个县（市、区）科技创新的发展状况，并结合县域实际开展对策研究。

本书可为相关部门清楚掌握江西省科技创新的"家底"提供参考。另外，书中通过年度对比分析的方式，既能反映各县（市、区）过去一年科技创新做出的成绩，又能帮助各县（市、区）准确找到自身不足，从而更有针对性地推动科技创新工作。

本书适合相关研究人员、科技决策部门工作人员和管理者等广大科技工作者阅读。

审图号：赣S（2020）020号

图书在版编目（CIP）数据

江西省县域科技创新能力评价报告. 2018年度/邹慧，王秋林，胡紫祎著. —北京：科学出版社，2020.7
ISBN 978-7-03-065274-4

I. ①江··· Ⅱ. ①邹··· ②王··· ③胡··· Ⅲ. ①技术革新-研究报告-江西-2018 Ⅳ. ①F124.3

中国版本图书馆CIP数据核字（2020）第090509号

责任编辑：朱萍萍 李嘉佳 / 责任校对：贾伟娟
责任印制：徐晓晨 / 封面设计：有道文化

科学出版社 出版
北京东黄城根北街 16 号
邮政编码：100717
http://www.sciencep.com

北京建宏印刷有限公司 印刷
科学出版社发行 各地新华书店经销

*

2020年7月第 一 版 开本：720×1000 B5
2020年7月第一次印刷 印张：24
字数：355 000

定价：168.00元

（如有印装质量问题，我社负责调换）

前　言

　　创新是引领发展的第一动力，是建设现代化经济体系的战略支撑。支持县域开展以科技创新为核心的全面创新，推动大众创业、万众创新，加快实现创新驱动发展，是打造发展新引擎、培育发展新动能的重要举措，对于推动县域经济社会协调发展、确保如期实现全面建成小康社会奋斗目标具有重要意义。

　　2019年是中华人民共和国成立70周年，是全面建成小康社会关键之年。2019年2月20日，江西省人民政府公布了《江西省2019年国民经济和社会发展计划》，明确要求强化科技创新的核心地位和作用，深入实施创新驱动发展战略和工业强省战略，优化创新布局，着力提升创新能力。

　　为贯彻落实《中共江西省委江西省人民政府关于深入实施创新驱动发展战略推进创新型省份建设的意见》（赣发〔2016〕5号）提出的完善市县创新能力评价制度和评价指标体系的要求，江西省科学院自2016年开始组织专家对照全国、省科技进步统计监测指标体系，结合江西省县域实际，在深入调研、专家论证的基础上，研制出江西省县域科技创新能力评价指标体系，完成了《江西省县域科技创新能力评价报告——2015年度》、《江西省县域科技创新能力评价报告——2016年度》和《江西省县域科技创新能力评价报告——2017年度》。三份报告都得到江西省领导、省直相关部门及部分县（市、区）的肯定，对全省县域科技创新工作起到积极的推动作用。

　　2019年我们在江西省财政厅、江西省统计局的大力支持下，充分吸纳各方意见和建议，召集相关专家对评价指标进一步优化，完成了《江西省县域科技创新能力评价报告——2018年度》。科技创新能力评价是一项十分复杂的研究与实践工作，虽然我们不断优化，但仍有不足，我们将继续总结完善，使这项工作更科学、更客观，更如实地反映县域科技发展的现状，服务县域经济社会发展。

本书编写组

2020年1月

目录 CONTENTS

前言

第一章　江西省县域科技创新能力评价指标体系 / 001

第一节　县域与科技创新能力 / 001

第二节　指标体系组成 / 002

第三节　指标体系构架 / 005

第二章　江西省县域科技创新能力评价指标得分 / 006

第一节　科技创新能力得分总体评价 / 006

第二节　科技创新能力一级指标评价 / 009

　　一、创新环境 / 009

　　二、创新投入 / 009

　　三、创新成效 / 010

　　四、经济社会发展 / 010

第三节　区、县级市比较 / 014

　　一、区 / 014

　　二、县级市 / 017

第四节　江西省主体功能区规划县（市、区）分类比较 / 018

　　一、重点开发区域（一类）/ 019

　　二、农产品主产区（二类）/ 021

　　三、重点生态功能区（三类）/ 023

第五节　贫困县 / 025

第三章　江西省各县（市、区）科技创新能力水平分析 / 027

第一节　南昌市 / 027

　　一、东湖区　/ 027

　　二、西湖区　/ 030

　　三、青云谱区　/ 033

　　四、湾里区　/ 037

　　五、青山湖区　/ 040

　　六、新建区　/ 043

　　七、南昌县　/ 046

　　八、安义县　/ 050

　　九、进贤县　/ 053

第二节　景德镇市 / 057

　　一、昌江区　/ 057

　　二、珠山区　/ 060

　　三、浮梁县　/ 063

　　四、乐平市 / 066

第三节　萍乡市 / 070

　　一、安源区 / 070

　　二、湘东区 / 073

　　三、莲花县 / 076

四、上栗县 / 080

五、芦溪县 / 083

第四节　九江市 / 086

一、濂溪区 / 086

二、浔阳区 / 090

三、柴桑区 / 093

四、武宁县 / 096

五、修水县 / 100

六、永修县 / 103

七、德安县 / 107

八、都昌县 / 110

九、湖口县 / 113

十、彭泽县 / 116

十一、瑞昌市 / 119

十二、共青城市 / 123

十三、庐山市 / 126

第五节　新余市 / 130

一、渝水区 / 130

二、分宜县 / 133

第六节　鹰潭市 / 137

一、月湖区 / 137

二、余江区 / 140

三、贵溪市 / 143

第七节　赣州市 / 147

一、章贡区 / 147

二、南康区 / 150

三、赣县区 / 153

四、信丰县 / 156

五、大余县 / 159

六、上犹县 / 163

七、崇义县 / 166

八、安远县 / 169

九、龙南县 / 172

十、定南县 / 176

十一、全南县 / 179

十二、宁都县 / 182

十三、于都县 / 186

十四、兴国县 / 189

十五、会昌县 / 192

十六、寻乌县 / 195

十七、石城县 / 199

十八、瑞金市 / 202

第八节 吉安市 / 205

一、吉州区 / 205

二、青原区 / 209

三、吉安县 / 212

四、吉水县 / 215

五、峡江县 / 218

六、新干县 / 222

七、永丰县 / 225

八、泰和县 / 228

九、遂川县 / 231

十、万安县 / 235

十一、安福县 / 238

　　　　十二、永新县 / 241

　　　　十三、井冈山市 / 244

第九节　宜春市 / 247

　　　　一、袁州区 / 247

　　　　二、奉新县 / 250

　　　　三、万载县 / 254

　　　　四、上高县 / 257

　　　　五、宜丰县 / 260

　　　　六、靖安县 / 263

　　　　七、铜鼓县 / 267

　　　　八、丰城市 / 270

　　　　九、樟树市 / 273

　　　　十、高安市 / 276

第十节　抚州市 / 280

　　　　一、临川区 / 280

　　　　二、东乡区 / 283

　　　　三、南城县 / 286

　　　　四、黎川县 / 289

　　　　五、南丰县 / 293

　　　　六、崇仁县 / 296

　　　　七、乐安县 / 299

　　　　八、宜黄县 / 302

　　　　九、金溪县 / 305

　　　　十、资溪县 / 308

　　　　十一、广昌县 / 312

第十一节　上饶市 / 315

　　　　一、信州区 / 315

二、广丰区 / 318

三、上饶县 / 321

四、玉山县 / 325

五、铅山县 / 328

六、横峰县 / 331

七、弋阳县 / 335

八、余干县 / 338

九、鄱阳县 / 341

十、万年县 / 344

十一、婺源县 / 348

十二、德兴市 / 351

附录1　科技创新能力得分计算方法 / 355

附录2　江西省各县（市、区）科技创新能力指标得分 / 357

附录3　江西省科学院科技战略研究所 / 371

第一章 江西省县域科技创新能力评价指标体系

第一节 县域与科技创新能力

县域，是以县级（县、区、县级市）行政区划为地理空间，以县级政权为调控主体，具有地域特色和功能完备的区域。

关于科技创新能力，2001年起按年度发布的《中国区域创新能力评价报告》中提到，"区域创新能力为一个地区将知识转化为新产品、新工艺、新服务的能力"。科技创新能力主要是指一个地区创造新知识的能力、获取一切可用知识的能力、企业自主创新能力、优化创新环境能力和提升创新经济绩效的能力，是区域发展的最主要动力之一。[1]

开展县域科技创新能力评价工作，是对江西省县域科技创新状况的深入摸底调查与动态监测，对县域科技创新能力进行全面系统的分析评判。评价工作分别从创新环境、创新投入、创新成效、经济社会发展等方面，挖掘制约科技创新的因素和根源，为各县（市、区）制定科技政策与发展战略，优化创新环境，提高区县创新能力，促进科技、经济、社会融合发展提供重要参考。

---

[1] 雷勇. 县域科技创新能力评价研究. 长沙：湖南师范大学硕士学位论文，2009.

第二节　指标体系组成

本书通过建立适合江西省情的评价指标体系来客观反映江西省各县（市、区）的科技创新能力水平。为此，课题组对国内外现有的相关研究报道进行分析，深入研究《中国区域科技创新评价报告》（原《全国科技进步统计监测报告》）、国家创新指标体系、《江西省科技进步监测报告》等，并通过实地调研、专家咨询会等，结合大数据分析手段进行整理归纳，形成的指标体系如表 1-1 所示。

表 1-1　指标体系

指标		描述
科技创新能力		科技创新能力综合反映创新环境、创新投入、创新成效、经济社会发展的总体状况
一级指标（4项）	创新环境	创新需要一定的基础和环境，创新环境综合反映各县（市、区）的创新基础条件和创新意识
	创新投入	创新投入强度与经济增长存在显著的正相关关系，适度强化的创新投入有助于迅速提升技术水平，通过技术创新促进经济增长，提升竞争力。创新投入是指用于科技创新活动中的各种投入，主要包括各县（市、区）的人力投入和财力投入状况
	创新成效	创新成效是创新活动的直接产出，是区域创新能力的重要衡量指标，包括各县（市、区）的技术创新和产业化水平
	经济社会发展	科技创新活动最终是要服务于社会，造福于社会，促进经济社会和人类生活的共同进步。经济社会发展综合反映经济增长和社会生活水平
二级指标（8项）	创新基础	反映区域开展创新活动的现有状况
	科技意识	反映各县（市、区）政府、民众对科技创新活动的关注度
	人力投入	反映各县（市、区）在开展科技创新活动方面的人力投入状况
	财力投入	反映各县（市、区）在开展科技创新活动方面的经费投入状况
	技术创新	反映各县（市、区）企业在技术改进或创新方面的成效
	产业化水平	反映各县（市、区）在创新成果转化方面的能力
	经济增长	反映各县（市、区）创新活动对推动地方经济增长的成效
	社会生活	反映各县（市、区）创新活动最终对当地的社会生活的改善

续表

指标		描述
三级指标（24项）	万人地区生产总值（GDP）	反映各县（市、区）开展创新活动的经济基础
	规模以上工业企业数*	创新活动的主体是企业，反映各县（市、区）的企业规模状况
	万人专利申请量	注重发明创造、有较强的专利意识可以侧面反映区域创新活动现状[1]
	开展R&D[2]活动的企业占比*	开展R&D活动的企业占比可以反映本地区企业开展技术创新活动的活跃程度[3]
	人均科普经费投入	反映政府当年对科技宣传、科学普及的重视程度
	民众浏览科技网页频度	反映当年区县辖区内民众对科技的关心与关注程度[4]
	万人R&D人员数*	R&D人员的数量和质量是衡量地区创新能力的主要指标，万人R&D人员数可以反映各县（市、区）R&D活动的人力投入水平
	研究人员占R&D人员比*	研究人员是指R&D人员中从事新知识、新产品、新工艺、新方法、新系统的构思或创造的专业人员及课题的高级管理人员[5]，研究人员占R&D人员比反映开展科技创新活动的核心人员现状
	R&D人员全时当量*	全时当量是全时人员数加非全时人员数按工作量折算为全时人员数的总和，反映各县（市、区）当年度R&D活动的人力时间投入
	R&D经费投入占GDP百分比*	R&D经费投入占GDP百分比是衡量国家或区域科技投入强度最重要、最综合的指标[6]
	企业R&D经费投入占主营业务收入比*	企业R&D经费投入占主营业务收入比是衡量企业科技经费投入的重要指标[7]
	企业技术获取和改造费用占主营业务收入比*	企业技术升级改造对于增强企业的竞争力有着积极的作用，企业技术获取和改造费用包括技术引进经费、消化吸收经费、技术改造经费和购买国内技术经费，其占主营业务收入比也是衡量企业创新能力和创新投入水平的重要指标[8]
	高新技术产业增加值占规模以上工业增加值比*	与一般产业相比，高新技术产业的科技含量更高，附加值高，对科技创新的要求也更高，所以用高新技术产业增加值占规模以上工业增加值比来反映科技创新附加值水平和产业结构的优化程度

---

[1][3][6][7][8] 全国科技进步统计监测及综合评价课题组.2014全国科技进步统计监测报告.

[2] 即研究与发展（简称研发），或科学研究与试验发展.

[4] 陈勇,李政刚,张欣.2014年度重庆市区县科技竞争力评价报告.重庆：重庆出版社.

[5] 王秋林,万玲,邹慧.江西省科技进步监测指标体系修订的设想.南昌工程学院学报,2015,34（6）：55-59.

续表

指标		描述
三级指标（24项）	高新技术企业数**	反映区域内高新技术企业的规模现状
	新产品销售收入占主营业务收入比*	新产品销售收入占主营业务收入比反映工业企业采用新技术原理、新设计构思研制生产的全新产品，或在结构、材质、工艺等某一方面比原有产品有明显改进，从而显著提高了性能或扩大了使用功能的产品对主营业务收入的贡献①
	万人发明专利授权量	专利数量是反映地区科技活动质量的重要指标，发明专利数量又是其中更为重要的指标。②以万人发明专利授权量来反映一定时期发明专利产生的数量，是科技创新的成果之一，侧面反映区域的原始创新能力
	技术合同成交额	技术市场的发展和技术成果交易的繁荣对科技创新成果迅速转化为生产力具有十分重要的作用。③技术合同成交额主要反映各县（市、区）成果转化的现状
	GDP增长百分比	区域内GDP较上一年增长百分比，反映地方经济发展状况
	万人财政收入	从地方财政收入状况来反映当地经济发展
	第三产业占GDP比重	转变经济增长方式、提高经济增长质量的重要途径是产业结构优化升级，产业结构调整的重要任务就是发展先进制造业、提高服务业比重，而科技创新为产业结构优化升级提供发展动力和根本保障。一般而言，经济社会发展水平高的地区，服务业占的比重也较大。④第三产业占GDP比重反映了区域内当年第三产业发展和经济转型发展
	居民人均可支配收入	从当地百姓经济收入水平来反映当地的社会生活
	万人社会消费品零售额	从当地消费支出来反映当地的社会生活
	城镇化率	通常用市人口和镇驻地聚集区人口占全部人口（人口数据均用常住人口而非户籍人口）的百分比来表示，反映人口向城市聚集的过程和聚集程度
	空气质量指数	根据环境空气质量标准和各项污染物对人体健康、生态、环境的影响，将常规监测的几种空气污染物浓度简化成为单一的概念性指数值形式。参与空气质量评价的主要污染物为细颗粒物（$PM_{2.5}$）、可吸入颗粒物（PM_{10}）、二氧化硫、二氧化氮、臭氧、一氧化碳六项。为响应江西省生态文明试验区建设增加空气质量指数

* 为规模以上工业企业的相关数据，** 为高新技术产业统计范围内的企业数。

---

①②③ 全国科技进步统计监测及综合评价课题组. 2014全国科技进步统计监测报告.
④ 王秋林，万玲，邹慧. 江西省科技进步监测指标体系修订的设想. 南昌工程学院学报，2015，34（6）：55-59.

第三节　指标体系构架

江西省县域科技创新能力评价指标体系架构如表 1-2 所示。

表 1-2　江西省县域科技创新能力评价指标体系架构

总得分	一级指标	二级指标	三级指标
科技创新能力	创新环境	创新基础	◆万人 GDP（亿元） ◆规模以上工业企业数（家） ◆万人专利申请量（件）
		科技意识	◆开展 R&D 活动的企业占比（%） ◆人均科普经费投入（元） ◆民众浏览科技网页频度（个）
	创新投入	人力投入	◆万人 R&D 人员数（人） ◆研究人员占 R&D 人员比（%） ◆R&D 人员全时当量（人·年）
		财力投入	◆R&D 经费投入占 GDP 百分比（%） ◆企业 R&D 经费投入占主营业务收入比（%） ◆企业技术获取和改造费用占主营业务收入比（%）
	创新成效	技术创新	◆高新技术产业增加值占规模以上工业增加值比（%） ◆高新技术企业数（家）
		产业化水平	◆新产品销售收入占主营业务收入比（%） ◆万人发明专利授权量（件） ◆技术合同成交额（万元）
	经济社会发展	经济增长	◆GDP 增长百分比（%） ◆万人财政收入（亿元） ◆第三产业占 GDP 比重（%）
		社会生活	◆居民人均可支配收入（元） ◆万人社会消费品零售额（亿元） ◆城镇化率（%） ◆空气质量指数

第二章
江西省县域科技创新能力评价指标得分

第一节 科技创新能力得分总体评价

江西省2018年度县域科技创新能力总得分中，最高分为青云谱区（97.82分，南昌市），最低分为余干县（48.69分，上饶市）。江西省平均得分63.64分，略高于江西省的县级市平均水平（63.34分），但远低于江西省的区平均水平（70.24分）。根据各县（市、区）科技创新能力总得分情况，将江西省100个县（市、区）划分为七类（表2-1、图2-1、图2-2）。

表2-1 江西省100个县（市、区）科技创新能力总得分划分类别

类别	描述
第一类	科技创新能力总得分在90分及以上的地区有2个，为青云谱区（南昌市）和青山湖区（南昌市），与上一年相比没有变化
第二类	科技创新能力总得分在80（含）～90分的地区有2个，为珠山区（景德镇市）、章贡区（赣州市）
第三类	科技创新能力总得分在70（含）～80分的地区有昌江区等10个
第四类	科技创新能力总得分在63.64（含）～70分的地区有西湖区等32个。江西省平均水平之上的县（市、区）共有46个，较上一年增加5个
第五类	科技创新能力总得分在60（含）～63.64分的地区有吉州区等24个
第六类	科技创新能力总得分在50（含）～60分的地区有黎川县等29个
第七类	科技创新能力总得分在50分以下的地区只有1个，即余干县（上饶市）

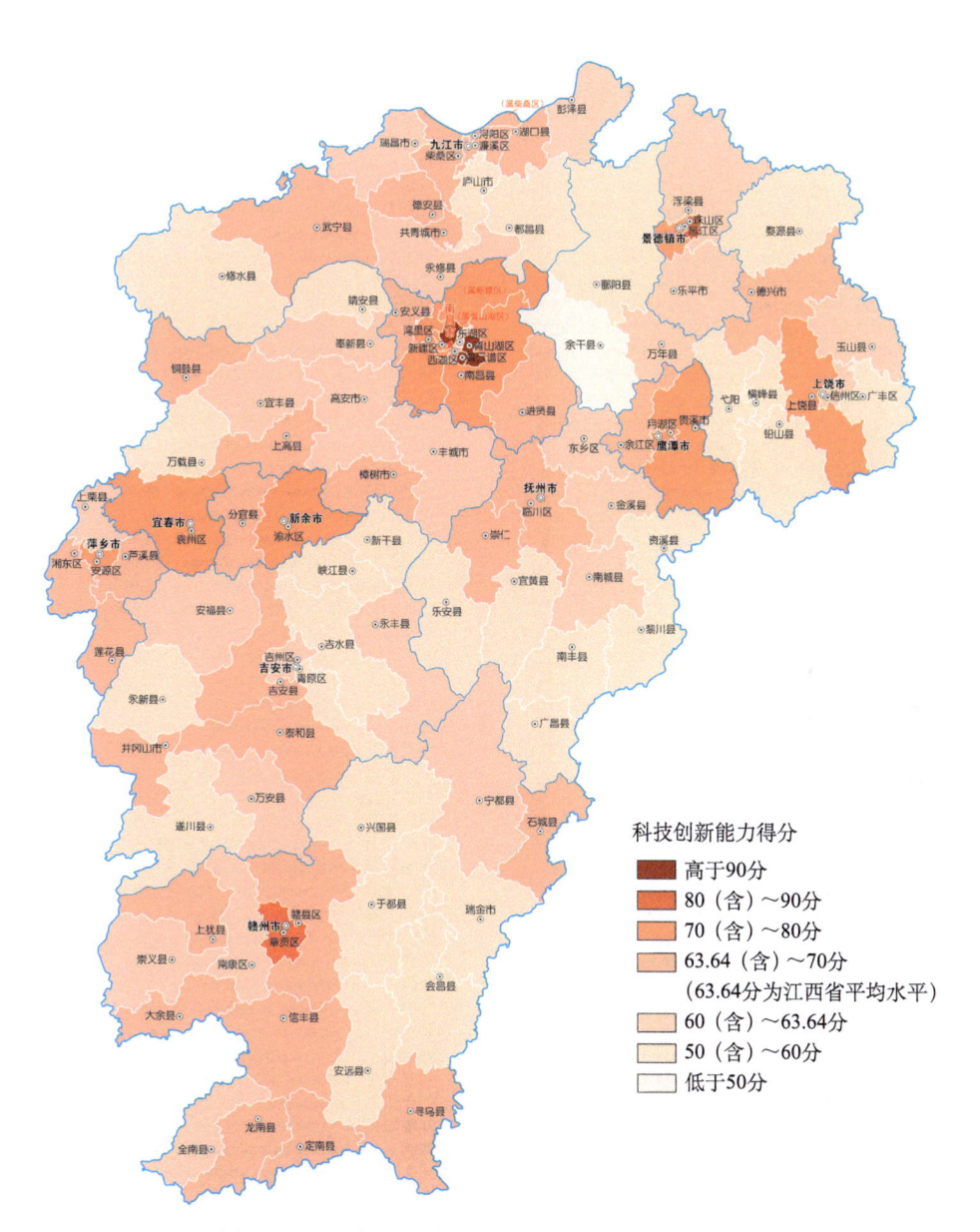

图 2-1 江西省 2018 年度县域科技创新能力分布图

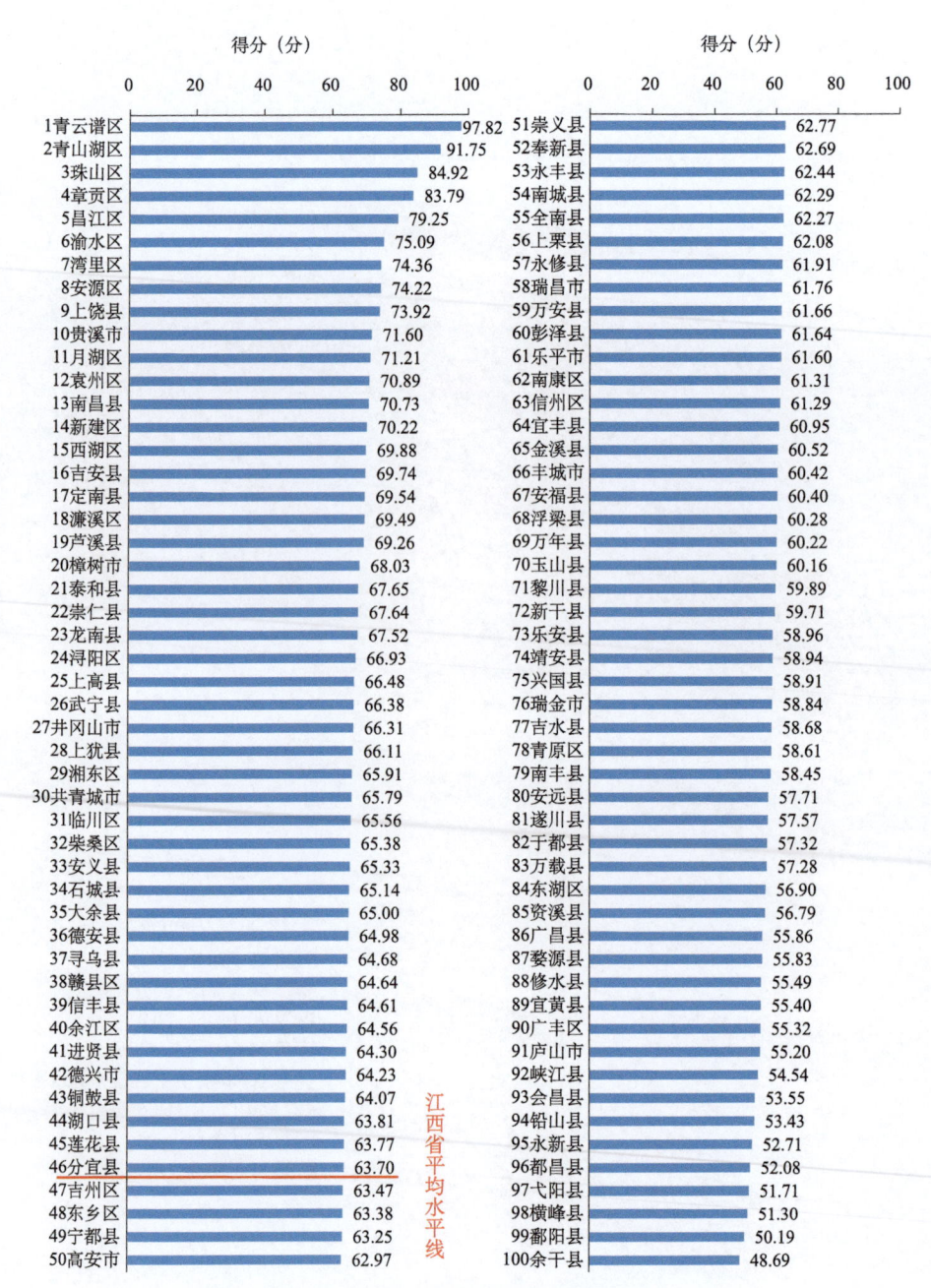

排名	地区	得分（分）	排名	地区	得分（分）
1	青云谱区	97.82	51	崇义县	62.77
2	青山湖区	91.75	52	奉新县	62.69
3	珠山区	84.92	53	永丰县	62.44
4	章贡区	83.79	54	南城县	62.29
5	昌江区	79.25	55	全南县	62.27
6	渝水区	75.09	56	上栗县	62.08
7	湾里区	74.36	57	永修县	61.91
8	安源区	74.22	58	瑞昌市	61.76
9	上饶县	73.92	59	万安县	61.66
10	贵溪市	71.60	60	彭泽县	61.64
11	月湖区	71.21	61	乐平市	61.60
12	袁州区	70.89	62	南康区	61.31
13	南昌县	70.73	63	信州区	61.29
14	新建区	70.22	64	宜丰县	60.95
15	西湖区	69.88	65	金溪县	60.52
16	吉安县	69.74	66	丰城市	60.42
17	定南县	69.54	67	安福县	60.40
18	濂溪区	69.49	68	浮梁县	60.28
19	芦溪县	69.26	69	万年县	60.22
20	樟树市	68.03	70	玉山县	60.16
21	泰和县	67.65	71	黎川县	59.89
22	崇仁县	67.64	72	新干县	59.71
23	龙南县	67.52	73	乐安县	58.96
24	浔阳区	66.93	74	靖安县	58.94
25	上高县	66.48	75	兴国县	58.91
26	武宁县	66.38	76	瑞金市	58.84
27	井冈山市	66.31	77	吉水县	58.68
28	上犹县	66.11	78	青原区	58.61
29	湘东区	65.91	79	南丰县	58.45
30	共青城市	65.79	80	安远县	57.71
31	临川区	65.56	81	遂川县	57.57
32	柴桑区	65.38	82	于都县	57.32
33	安义县	65.33	83	万载县	57.28
34	石城县	65.14	84	东湖区	56.90
35	大余县	65.00	85	资溪县	56.79
36	德安县	64.98	86	广昌县	55.86
37	寻乌县	64.68	87	婺源县	55.83
38	赣县区	64.64	88	修水县	55.49
39	信丰县	64.61	89	宜黄县	55.40
40	余江区	64.56	90	广丰区	55.32
41	进贤县	64.30	91	庐山市	55.20
42	德兴市	64.23	92	峡江县	54.54
43	铜鼓县	64.07	93	会昌县	53.55
44	湖口县	63.81	94	铅山县	53.43
45	莲花县	63.77	95	永新县	52.71
46	分宜县	63.70	96	都昌县	52.08
47	吉州区	63.47	97	弋阳县	51.71
48	东乡区	63.38	98	横峰县	51.30
49	宁都县	63.25	99	鄱阳县	50.19
50	高安市	62.97	100	余干县	48.69

江西省平均水平线

图 2-2　江西省 2018 年度县域科技创新能力总得分

从具体分值来看，青云谱区（97.82 分，南昌市）最高，但与第二名（青山湖区，91.75 分，南昌市）、第三名（珠山区，84.92 分，景德镇市）、第四名（章贡区，83.79 分，赣州市）之间的差距较上一年缩小（上一年度，第一名青云谱区 95.28 分，第二名青山湖区 84.46 分，第三名昌江区 76.65 分）。

最高分与最低分比值为 2.01，相比于上一年（2.06）差距缩小。

第二节 科技创新能力一级指标评价

一、创新环境

创新环境得分，最高分为章贡区（5.03 分），最低分为余干县（2.57 分），江西省平均水平线以上的地区共有 46 个，较上一年增加 8 个。根据各县（市、区）得分情况，将江西省 100 个县（市、区）划分为以下五类（表2-2、图2-3）。

表 2-2 江西省 100 个县（市、区）创新环境得分划分类别

类别	描述
第一类	创新环境得分在 5.00 分及以上的地区有 1 个，即章贡区
第二类	创新环境得分在 4.00（含）～5.00 分的地区，共有南昌县等 13 个
第三类	创新环境得分在 3.50（含）～4.00 分的地区，共有濂溪区等 32 个
第四类	创新环境得分在 3.00（含）～3.50 分的地区，共有安福县等 42 个
第五类	创新环境得分在 3.00 分以下的地区，共有遂川县等 12 个

创新环境最高分与最低分比值为 1.96，上一年为 2.02，差距缩小。

二、创新投入

创新投入得分，最高分为青云谱区（7.25 分），遥遥领先第二名青山湖区（6.45 分）和第三名（珠山区，5.50 分），最低分为东湖区（2.24 分）。江西省平均水平线以上地区共 41 个，较上一年增加 10 个。根据各县（市、区）得分情况，将江西省 100 个县（市、区）划分为以下五类（表2-3、图2-4）。

表 2-3　江西省 100 个县（市、区）创新投入得分划分类别

类别	描述
第一类	创新投入得分在 5.00 分及以上的地区，共有 3 个，即青云谱区、青山湖区、珠山区
第二类	创新投入得分在 4.00（含）～5.00 分的地区，共有渝水区等 10 个
第三类	创新投入得分在 3.50（含）～4.00 分的地区，共有昌江区等 28 个
第四类	创新投入得分在 3.00（含）～3.50 分的地区，共有泰和县等 39 个
第五类	创新投入得分在 3.00 分以下的地区，共有上犹县等 20 个

创新投入最高分与最低分比值为 3.24，上一年为 3.32，差距缩小。

三、创新成效

创新成效得分，最高分为章贡区（5.16 分），最低分为横峰县（2.55 分），江西省平均水平线以上的地区有 42 个，较上一年增加 2 个。根据各县（市、区）得分情况，将江西省 100 个县（市、区）划分为以下五类（表 2-4、图 2-5）。

表 2-4　江西省 100 个县（市、区）创新成效得分划分类别

类别	描述
第一类	创新成效得分在 5.00 分及以上的地区有 2 个，即章贡区和袁州区
第二类	创新成效得分在 4.00（含）～5.00 分的地区，共有昌江区等 16 个
第三类	创新成效得分在 3.50（含）～4.00 分的地区，共有永丰县等 24 个
第四类	创新成效得分在 3.00（含）～3.50 分的地区，共有宜丰县等 38 个
第五类	创新成效得分在 3.00 分以下的地区，共有南康区等 20 个

创新成效最高分与最低分比值为 2.02，上一年为 1.93，差距扩大。

四、经济社会发展

经济社会发展得分，最高分为西湖区（6.12 分），最低分为鄱阳县（2.54 分），江西省平均水平线以上的地区有 31 个，较上一年减少 1 个。根据各县

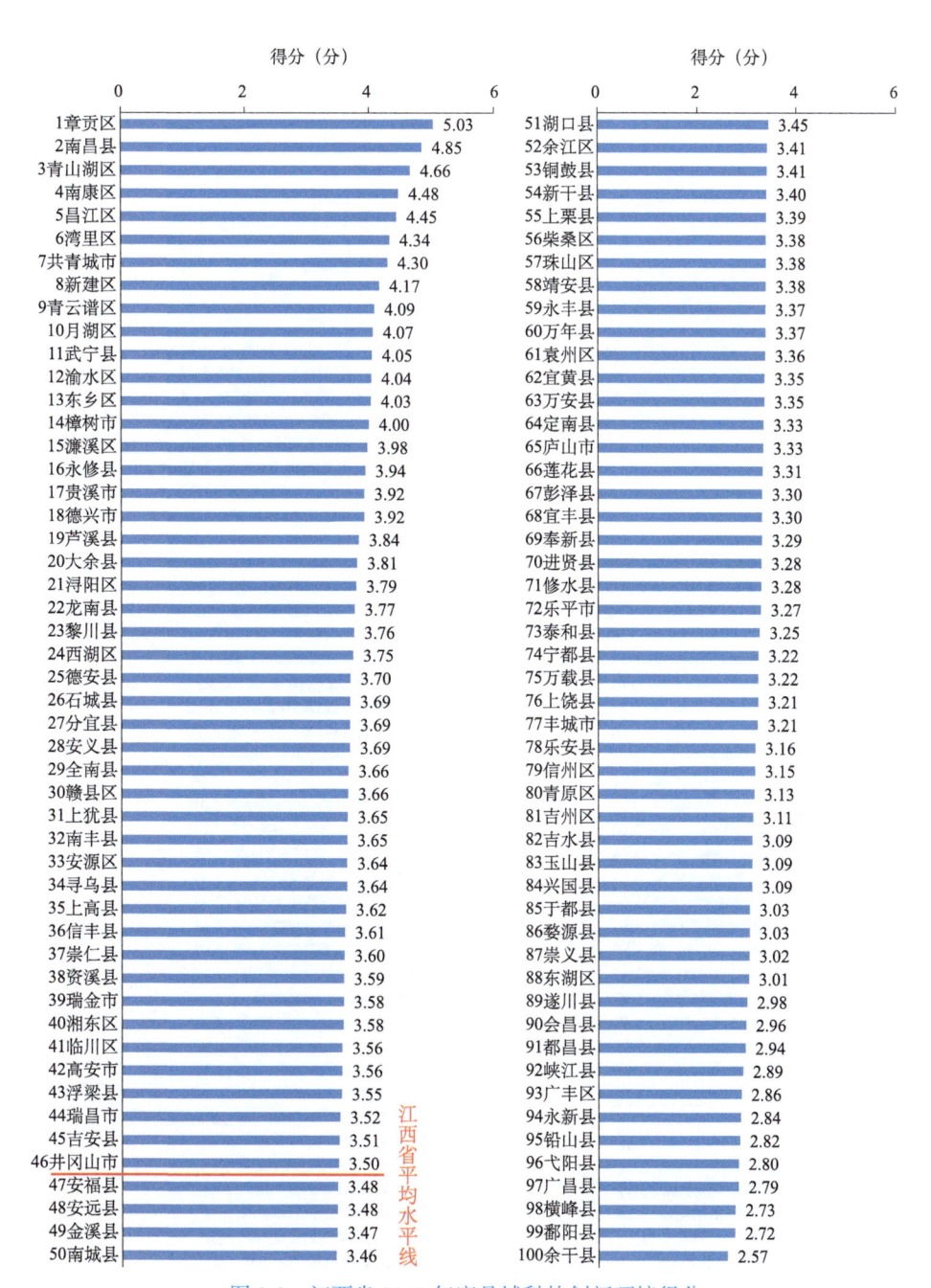

排名	地区	得分（分）	排名	地区	得分（分）
1	章贡区	5.03	51	湖口县	3.45
2	南昌县	4.85	52	余江区	3.41
3	青山湖区	4.66	53	铜鼓县	3.41
4	南康区	4.48	54	新干县	3.40
5	昌江区	4.45	55	上栗县	3.39
6	湾里区	4.34	56	柴桑区	3.38
7	共青城市	4.30	57	珠山区	3.38
8	新建区	4.17	58	靖安县	3.38
9	青云谱区	4.09	59	永丰县	3.37
10	月湖区	4.07	60	万年县	3.37
11	武宁县	4.05	61	袁州区	3.36
12	渝水区	4.04	62	宜黄县	3.35
13	东乡区	4.03	63	万安县	3.35
14	樟树市	4.00	64	定南县	3.33
15	濂溪区	3.98	65	庐山市	3.33
16	永修县	3.94	66	莲花县	3.31
17	贵溪市	3.92	67	彭泽县	3.30
18	德兴市	3.92	68	宜丰县	3.30
19	芦溪县	3.84	69	奉新县	3.29
20	大余县	3.81	70	进贤县	3.28
21	浔阳区	3.79	71	修水县	3.28
22	龙南县	3.77	72	乐平市	3.27
23	黎川县	3.76	73	泰和县	3.25
24	西湖区	3.75	74	宁都县	3.22
25	德安县	3.70	75	万载县	3.22
26	石城县	3.69	76	上饶县	3.21
27	分宜县	3.69	77	丰城市	3.21
28	安义县	3.69	78	乐安县	3.16
29	全南县	3.66	79	信州区	3.15
30	赣县区	3.66	80	青原区	3.13
31	上犹县	3.65	81	吉州区	3.11
32	南丰县	3.65	82	吉水县	3.09
33	安源区	3.64	83	玉山县	3.09
34	寻乌县	3.64	84	兴国县	3.09
35	上高县	3.62	85	于都县	3.03
36	信丰县	3.61	86	婺源县	3.03
37	崇仁县	3.60	87	崇义县	3.02
38	资溪县	3.59	88	东湖区	3.01
39	瑞金市	3.58	89	遂川县	2.98
40	湘东区	3.58	90	会昌县	2.96
41	临川区	3.56	91	都昌县	2.94
42	高安市	3.56	92	峡江县	2.89
43	浮梁县	3.55	93	广丰区	2.86
44	瑞昌市	3.52	94	永新县	2.84
45	吉安县	3.51	95	铅山县	2.82
46	井冈山市	3.50	96	弋阳县	2.80
47	安福县	3.48	97	广昌县	2.79
48	安远县	3.48	98	横峰县	2.73
49	金溪县	3.47	99	鄱阳县	2.72
50	南城县	3.46	100	余干县	2.57

图 2-3　江西省 2018 年度县域科技创新环境得分

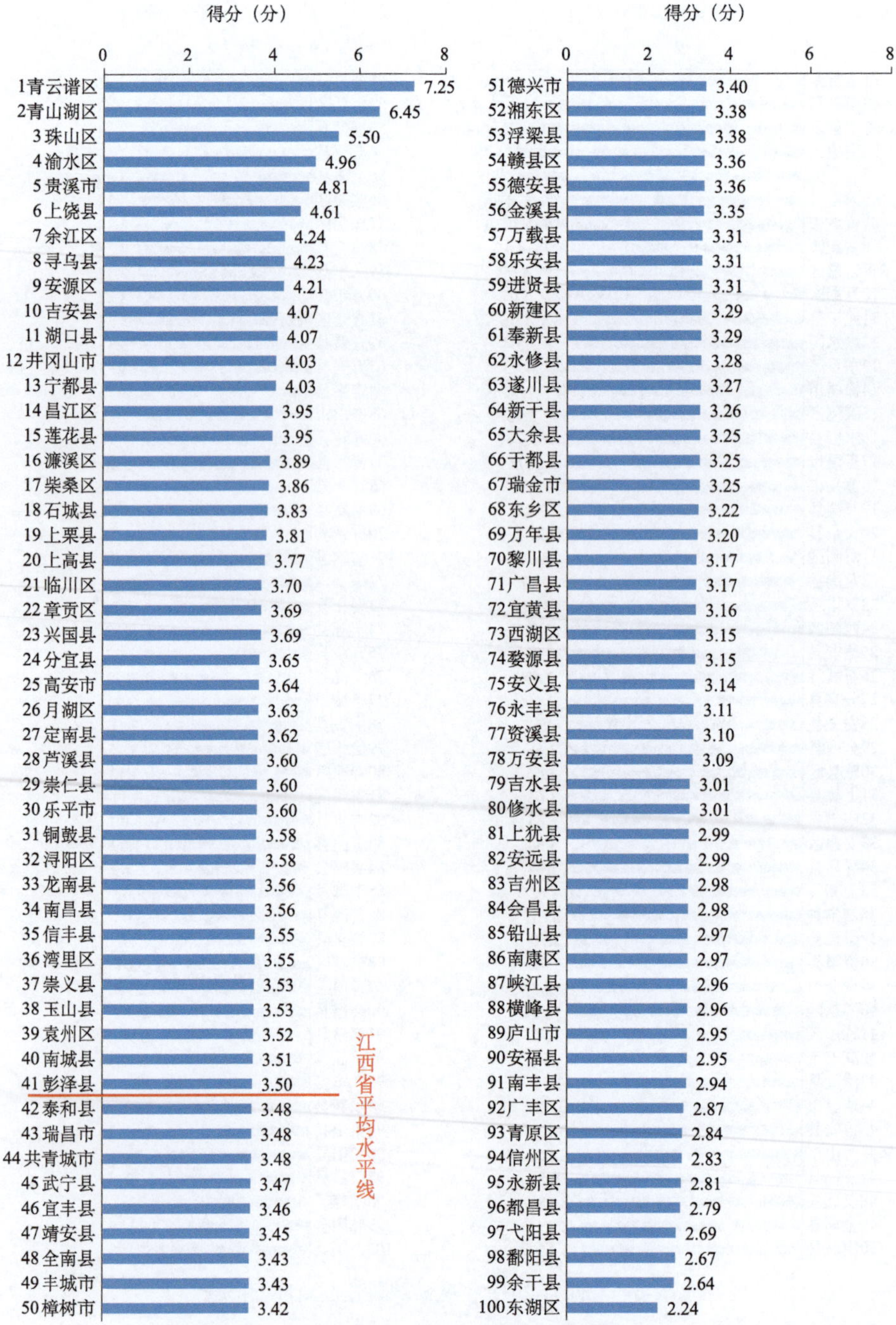

排名 县区	得分（分）	排名 县区	得分（分）
1 青云谱区	7.25	51 德兴市	3.40
2 青山湖区	6.45	52 湘东区	3.38
3 珠山区	5.50	53 浮梁县	3.38
4 渝水区	4.96	54 赣县区	3.36
5 贵溪市	4.81	55 德安县	3.36
6 上饶县	4.61	56 金溪县	3.35
7 余江区	4.24	57 万载县	3.31
8 寻乌县	4.23	58 乐安县	3.31
9 安源区	4.21	59 进贤县	3.31
10 吉安县	4.07	60 新建区	3.29
11 湖口县	4.07	61 奉新县	3.29
12 井冈山市	4.03	62 永修县	3.28
13 宁都县	4.03	63 遂川县	3.27
14 昌江区	3.95	64 新干县	3.26
15 莲花县	3.95	65 大余县	3.25
16 濂溪区	3.89	66 于都县	3.25
17 柴桑区	3.86	67 瑞金市	3.25
18 石城县	3.83	68 东乡区	3.22
19 上栗县	3.81	69 万年县	3.20
20 上高县	3.77	70 黎川县	3.17
21 临川区	3.70	71 广昌县	3.17
22 章贡区	3.69	72 宜黄县	3.16
23 兴国县	3.69	73 西湖区	3.15
24 分宜县	3.65	74 婺源县	3.15
25 高安市	3.64	75 安义县	3.14
26 月湖区	3.63	76 永丰县	3.11
27 定南县	3.62	77 资溪县	3.10
28 芦溪县	3.60	78 万安县	3.09
29 崇仁县	3.60	79 吉水县	3.01
30 乐平市	3.60	80 修水县	3.01
31 铜鼓县	3.58	81 上犹县	2.99
32 浔阳区	3.58	82 安远县	2.99
33 龙南县	3.56	83 吉州区	2.98
34 南昌县	3.56	84 会昌县	2.98
35 信丰县	3.55	85 铅山县	2.97
36 湾里区	3.55	86 南康区	2.97
37 崇义县	3.53	87 峡江县	2.96
38 玉山县	3.53	88 横峰县	2.96
39 袁州区	3.52	89 庐山市	2.95
40 南城县	3.51	90 安福县	2.95
41 彭泽县	3.50	91 南丰县	2.94
42 泰和县	3.48	92 广丰区	2.87
43 瑞昌市	3.48	93 青原区	2.84
44 共青城市	3.48	94 信州区	2.83
45 武宁县	3.47	95 永新县	2.81
46 宜丰县	3.46	96 都昌县	2.79
47 靖安县	3.45	97 弋阳县	2.69
48 全南县	3.43	98 鄱阳县	2.67
49 丰城市	3.43	99 余干县	2.64
50 樟树市	3.42	100 东湖区	2.24

江西省平均水平线 3.50

图 2-4　江西省 2018 年度县域科技创新投入得分

第二章 江西省县域科技创新能力评价指标得分

排名	县域	得分（分）	排名	县域	得分（分）
1	章贡区	5.16	51	乐安县	3.37
2	袁州区	5.06	52	全南县	3.36
3	昌江区	4.94	53	信州区	3.35
4	上饶县	4.81	54	乐平市	3.27
5	珠山区	4.69	55	安远县	3.27
6	泰和县	4.64	56	南城县	3.26
7	定南县	4.63	57	贵溪市	3.26
8	上犹县	4.61	58	西湖区	3.26
9	崇仁县	4.46	59	浮梁县	3.26
10	新建区	4.32	60	石城县	3.25
11	吉安县	4.24	61	遂川县	3.25
12	青云谱区	4.24	62	余江区	3.24
13	安义县	4.11	63	新干县	3.24
14	进贤县	4.10	64	南丰县	3.24
15	青山湖区	4.09	65	永修县	3.23
16	芦溪县	4.08	66	宁都县	3.23
17	樟树市	4.08	67	瑞昌市	3.21
18	湾里区	4.01	68	玉山县	3.19
19	永丰县	3.99	69	分宜县	3.19
20	万安县	3.96	70	黎川县	3.14
21	安源区	3.94	71	德兴市	3.13
22	湘东区	3.93	72	湖口县	3.09
23	吉州区	3.92	73	上栗县	3.09
24	赣县区	3.90	74	广昌县	3.09
25	龙南县	3.84	75	瑞金市	3.07
26	上高县	3.83	76	共青城市	3.05
27	大余县	3.83	77	于都县	3.05
28	武宁县	3.80	78	鄱阳县	3.02
29	临川区	3.80	79	井冈山市	3.02
30	信丰县	3.78	80	都昌县	3.00
31	铜鼓县	3.77	81	南康区	2.99
32	奉新县	3.74	82	万载县	2.96
33	月湖区	3.72	83	兴国县	2.96
34	德安县	3.66	84	靖安县	2.96
35	崇义县	3.64	85	峡江县	2.94
36	安福县	3.62	86	修水县	2.93
37	南昌县	3.56	87	寻乌县	2.93
38	渝水区	3.56	88	永新县	2.89
39	青原区	3.56	89	浔阳区	2.87
40	柴桑区	3.54	90	广丰区	2.86
41	濂溪区	3.54	91	婺源县	2.83
42	高安市	3.51	92	会昌县	2.83
43	宜丰县	3.49	93	宜黄县	2.80
44	金溪县	3.47	94	资溪县	2.79
45	东乡区	3.45	95	余干县	2.76
46	万年县	3.44	96	东湖区	2.73
47	吉水县	3.43	97	弋阳县	2.71
48	彭泽县	3.42	98	铅山县	2.71
49	丰城市	3.41	99	庐山市	2.61
50	莲花县	3.40	100	横峰县	2.55

（江西省平均水平线：3.51）

图 2-5　江西省 2018 年度县域科技创新成效得分

(市、区)得分情况,将江西省100个县(市、区)划分为以下六类(表2-5、图2-6)。

表2-5 江西省100个县(市、区)经济社会发展得分划分类别

类别	描述
第一类	经济社会发展得分在6.00分及以上的地区有1个,即西湖区
第二类	经济社会发展得分在5.00(含)~6.00分的地区,共有3个,即东湖区、青云谱区、浔阳区
第三类	经济社会发展得分在4.00(含)~5.00分的地区,共有湾里区等10个
第四类	经济社会发展得分在3.50(含)~4.00分的地区,共有共青城市等17个
第五类	经济社会发展得分在3.00(含)~3.50分的地区,共有青原区等60个
第六类	经济社会发展得分在3.00分以下的地区,共有余江区等9个

经济社会发展最高分与最低分比值为2.41,上一年为2.48,差距缩小。

第三节 区、县级市比较

截至2018年,江西省100个县(市、区)中,共有26个区、11个县级市。为更细致地了解各地区2018年度科技创新能力在江西省的状况,报告将区、县级市分类比较。

一、区

江西省26个区中,创新能力总得分最高的三个区(表2-6)分别是青云谱区(97.82分)、青山湖区(91.75分)、珠山区(84.92分),最低的三个区分别是青原区(58.61分)、东湖区(56.90分)、广丰区(55.32分)。平均得分为70.24分,高于江西省平均水平(63.64分)和县级市平均水平(63.34分),表明江西省各区的科技创新能力总体上要强于县和县级市。

排名	地区	得分（分）	排名	地区	得分（分）
1	西湖区	6.12	51	峡江县	3.30
2	东湖区	5.50	52	于都县	3.29
3	青云谱区	5.40	53	寻乌县	3.28
4	浔阳区	5.03	54	武宁县	3.28
5	湾里区	4.88	55	新干县	3.27
6	章贡区	4.85	56	永修县	3.27
7	珠山区	4.67	57	湖口县	3.27
8	信州区	4.63	58	上栗县	3.26
9	安源区	4.59	59	彭泽县	3.26
10	月湖区	4.56	60	万年县	3.24
11	青山湖区	4.54	61	全南县	3.24
12	吉州区	4.15	62	黎川县	3.22
13	井冈山市	4.15	63	泰和县	3.22
14	昌江区	4.03	64	赣县区	3.22
15	共青城市	3.98	65	上高县	3.21
16	濂溪区	3.98	66	宁都县	3.21
17	德兴市	3.95	67	广昌县	3.20
18	南昌县	3.89	68	永丰县	3.20
19	广丰区	3.85	69	上犹县	3.20
20	新建区	3.77	70	临川区	3.20
21	龙南县	3.71	71	南丰县	3.17
22	芦溪县	3.71	72	靖安县	3.17
23	渝水区	3.68	73	资溪县	3.16
24	德安县	3.67	74	铜鼓县	3.16
25	湘东区	3.62	75	吉安县	3.14
26	石城县	3.54	76	信丰县	3.13
27	庐山市	3.53	77	莲花县	3.13
28	分宜县	3.53	78	永新县	3.13
29	崇义县	3.50	79	丰城市	3.13
30	南城县	3.50	80	横峰县	3.12
31	贵溪市	3.50	81	万载县	3.08
32	青原区	3.48	82	瑞金市	3.07
33	柴桑区	3.47	83	兴国县	3.07
34	大余县	3.47	84	万安县	3.07
35	樟树市	3.46	85	遂川县	3.07
36	定南县	3.46	86	会昌县	3.06
37	安义县	3.46	87	修水县	3.05
38	奉新县	3.45	88	浮梁县	3.03
39	吉水县	3.44	89	乐安县	3.02
40	南康区	3.42	90	宜丰县	3.01
41	瑞昌市	3.41	91	安远县	3.00
42	铅山县	3.39	92	余江区	2.98
43	弋阳县	3.39	93	高安市	2.96
44	东乡区	3.39	94	上饶县	2.90
45	婺源县	3.37	95	宜黄县	2.90
46	玉山县	3.36	96	金溪县	2.89
47	乐平市	3.34	97	崇仁县	2.88
48	袁州区	3.32	98	余干县	2.73
49	进贤县	3.32	99	都昌县	2.69
50	安福县	3.32	100	鄱阳县	2.54

（江西省平均水平线：3.50）

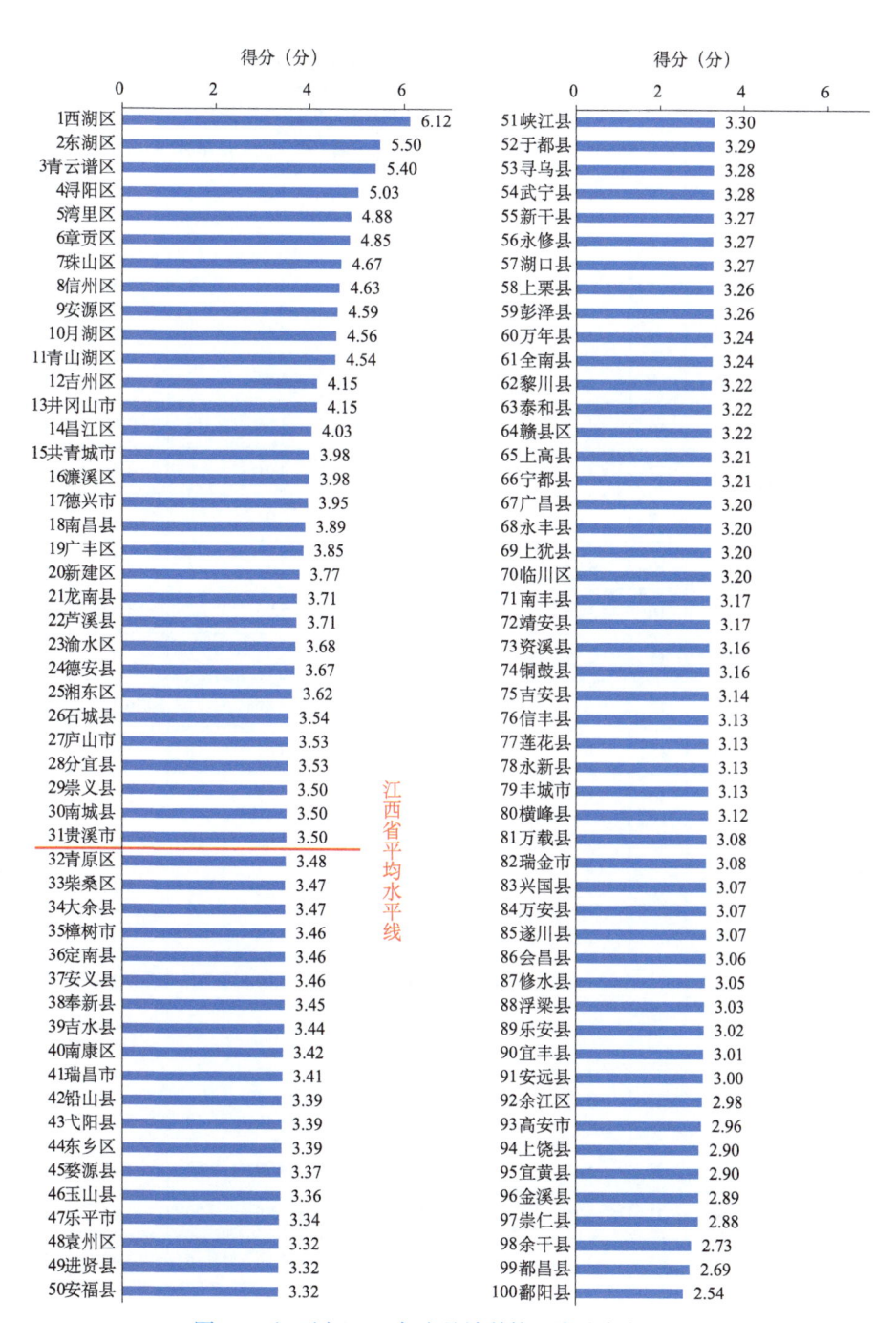

图 2-6　江西省 2018 年度县域科技经济社会发展得分

表 2-6　江西省 26 个区科技创新能力评价指标得分与位次

地区名称	总得分 得分（分）	排名	创新环境 得分（分）	排名	创新投入 得分（分）	排名	创新成效 得分（分）	排名	经济社会发展 得分（分）	排名
青云谱区	97.82	1	4.09	7	7.25	1	4.24	6	5.40	3
青山湖区	91.75	2	4.66	2	6.45	2	4.09	7	4.54	11
珠山区	84.92	3	3.38	20	5.50	3	4.69	4	4.67	7
章贡区	83.79	4	5.03	1	3.69	11	5.16	1	4.85	6
昌江区	79.25	5	4.45	4	3.95	7	4.94	3	4.03	13
渝水区	75.09	6	4.04	9	4.96	4	3.56	15	3.68	17
湾里区	74.36	7	4.34	5	3.55	14	4.01	8	4.88	5
安源区	74.22	8	3.64	15	4.21	6	3.94	9	4.59	9
月湖区	71.21	9	4.07	8	3.63	12	3.72	14	4.56	10
袁州区	70.89	10	3.36	21	3.52	15	5.06	2	3.32	23
新建区	70.22	11	4.17	6	3.29	18	4.32	5	3.77	16
西湖区	69.88	12	3.75	13	3.15	20	3.26	21	6.12	1
濂溪区	69.49	13	3.98	11	3.89	8	3.54	18	3.98	14
浔阳区	66.93	14	3.79	12	3.58	13	2.87	24	5.03	4
湘东区	65.91	15	3.58	16	3.38	16	3.93	10	3.62	18
临川区	65.56	16	3.56	17	3.70	10	3.80	13	3.20	25
柴桑区	65.38	17	3.38	19	3.86	9	3.54	17	3.47	20
赣县区	64.64	18	3.66	14	3.36	17	3.90	12	3.22	24
余江区	64.56	19	3.41	18	4.24	5	3.24	22	2.98	26
吉州区	63.47	20	3.11	24	2.98	21	3.92	11	4.15	12
东乡区	63.38	21	4.03	10	3.22	19	3.45	19	3.39	22
南康区	61.31	22	4.48	3	2.97	22	2.99	23	3.42	21
信州区	61.29	23	3.15	22	2.83	25	3.35	20	4.63	8
青原区	58.61	24	3.13	23	2.84	24	3.56	16	3.48	19
东湖区	56.90	25	3.01	25	2.24	26	2.73	26	5.50	2
广丰区	55.32	26	2.86	26	2.87	23	2.86	25	3.85	15
平均	70.24		3.77		3.81		3.80		4.17	

创新环境方面，得分最高的是章贡区（5.03分），其次是青山湖区（4.66分）、南康区（4.48分）；得分最低的三个区分别是吉州区（3.11分）、东湖区（3.01分）和广丰区（2.86分）。

创新投入方面，得分最高的三个区分别是青云谱区（7.25分）、青山湖区（6.45分）和珠山区（5.50分）；得分最低的三个区分别是青原区（2.84分）、信州区（2.83分）、东湖区（2.24分）。

创新成效方面，得分最高的三个区分别是章贡区（5.16分）、袁州区（5.06分）和昌江区（4.94分）；得分最低的三个区分别是浔阳区（2.87分）、广丰区（2.86分）和东湖区（2.73分）。

经济社会发展方面，得分最高的三个区分别是西湖区（6.12分）、东湖区（5.50分）、青云谱区（5.40分）；得分最低的三个区分别是赣县区（3.22分）、临川区（3.20分）和余江区（2.98分）。

二、县级市

江西省11个县级市中，创新能力总得分最高的三个市（表2-7）分别是贵溪市（71.60分）、樟树市（68.03分）、井冈山市（66.31分）；最低的三个市分别是丰城市（60.42分）、瑞金市（58.84分）、庐山市（55.20分）。平均得分63.34分，略低于江西省平均水平（63.64分），但远低于区平均水平（70.24分）。

表2-7 江西省11个县级市科技创新能力评价指标得分与位次

地区名称	总得分		创新环境		创新投入		创新成效		经济社会发展	
	得分（分）	排名	得分（分）	排名	得分（分）	排名	得分（分）	排名	得分（分）	排名
贵溪市	71.60	1	3.92	3	4.81	1	3.26	5	3.50	5
樟树市	68.03	2	4.00	2	3.42	8	4.08	1	3.46	6
井冈山市	66.31	3	3.50	8	4.03	2	3.02	10	4.15	1
共青城市	65.79	4	4.30	1	3.48	7	3.05	9	3.98	2
德兴市	64.23	5	3.92	4	3.40	9	3.13	7	3.95	3
高安市	62.97	6	3.56	6	3.64	3	3.51	2	2.96	11

续表

地区名称	总得分 得分（分）	总得分 排名	创新环境 得分（分）	创新环境 排名	创新投入 得分（分）	创新投入 排名	创新成效 得分（分）	创新成效 排名	经济社会发展 得分（分）	经济社会发展 排名
瑞昌市	61.76	7	3.52	7	3.48	5	3.21	6	3.41	7
乐平市	61.60	8	3.27	10	3.60	4	3.27	4	3.34	8
丰城市	60.42	9	3.21	11	3.43	7	3.41	3	3.13	9
瑞金市	58.84	10	3.58	5	3.25	10	3.07	8	3.08	10
庐山市	55.20	11	3.33	9	2.95	11	2.61	11	3.53	4
平均	63.34		3.65		3.59		3.24		3.50	

创新环境方面，得分最高的三个市分别是共青城市（4.30分）、樟树市（4.00分）和贵溪市（3.92分）；得分最低的三个市分别是庐山市（3.33分）、乐平市（3.27分）和丰城市（3.21分）。

创新投入方面，得分最高的三个市分别是贵溪市（4.81分）、井冈山市（4.03分）和高安市（3.64分）；得分最低的三个市分别是德兴市（3.40分）、瑞金市（3.25分）和庐山市（2.95分）。

创新成效方面，得分最高的三个市分别是樟树市（4.08分）、高安市（3.51分）和丰城市（3.41分）；得分最低的三个市分别是共青城市（3.05分）、井冈山市（3.02分）和庐山市（2.61分）。

经济社会发展方面，得分最高的三个市分别是井冈山市（4.15分）、共青城市（3.98分）和德兴市（3.95分）；得分最低的三个市分别是丰城市（3.13分）、瑞金市（3.08分）和高安市（2.96分）。

第四节　江西省主体功能区规划县（市、区）分类比较

根据江西省政府2013年发布的《江西省主体功能区规划》（赣府发〔2013〕4号），将江西省国土空间划分为重点开发区域、限制开发区域和禁

止开发区域。其中重点开发区域包括35个县（市、区），限制开发区域又分为农产品主产区［包括33个县（市、区）］和重点生态功能区［包括32个县（市、区）］。所以，本报告以此规划为依据，进行分类比较。

一、重点开发区域（一类）

重点开发区域的35个地区中，科技创新能力总得分最高的三个地区（表2-8）分别是青云谱区（97.82分）、青山湖区（91.75分）和珠山区（84.92分）；得分最低的三个地区分别是青原区（58.61分）、东湖区（56.90分）和广丰区（55.32分）。重点开发区域科技创新能力平均得分69.02分，高于江西省平均水平（63.64分），略低于江西省的区平均水平（70.24分），也高于江西省县级市平均水平（63.34分）。

表2-8 江西省重点开发区域科技创新能力评价指标得分与位次

地区名称	总得分 得分（分）	排名	创新环境 得分（分）	排名	创新投入 得分（分）	排名	创新成效 得分（分）	排名	经济社会发展 得分（分）	排名
青云谱区	97.82	1	4.09	8	7.25	1	4.24	8	5.40	3
青山湖区	91.75	2	4.66	3	6.45	2	4.09	9	4.54	10
珠山区	84.92	3	3.38	25	5.50	3	4.69	5	4.67	6
章贡区	83.79	4	5.03	1	3.69	14	5.16	1	4.85	5
昌江区	79.25	5	4.45	5	3.95	10	4.94	3	4.03	12
渝水区	75.09	6	4.04	10	4.96	4	3.56	18	3.68	18
安源区	74.22	7	3.64	17	4.21	7	3.94	11	4.59	8
上饶县	73.92	8	3.21	29	4.61	6	4.81	4	2.90	35
贵溪市	71.60	9	3.92	13	4.81	5	3.26	27	3.50	20
月湖区	71.21	10	4.07	9	3.63	16	3.72	16	4.56	9
袁州区	70.89	11	3.36	26	3.52	20	5.06	2	3.32	27
南昌县	70.73	12	4.85	2	3.56	19	3.56	17	3.89	15
新建区	70.22	13	4.17	11	3.29	28	4.32	6	3.77	17
西湖区	69.88	14	3.75	15	3.15	29	3.26	28	6.12	1
吉安县	69.74	15	3.51	22	4.07	8	4.24	7	3.14	32

续表

地区名称	总得分 得分（分）	排名	创新环境 得分（分）	排名	创新投入 得分（分）	排名	创新成效 得分（分）	排名	经济社会发展 得分（分）	排名
濂溪区	69.49	16	3.98	12	3.89	11	3.54	21	3.98	14
樟树市	68.03	17	4.00	11	3.42	25	4.08	10	3.46	23
浔阳区	66.93	18	3.79	14	3.58	18	2.87	33	5.03	4
湘东区	65.91	19	3.58	18	3.38	26	3.93	12	3.62	19
共青城市	65.79	20	4.30	6	3.48	23	3.05	31	3.98	13
临川区	65.56	21	3.56	19	3.70	13	3.80	15	3.20	31
柴桑区	65.38	22	3.38	24	3.86	12	3.54	20	3.47	22
赣县区	64.64	23	3.66	16	3.36	27	3.90	14	3.22	30
湖口县	63.81	24	3.45	23	4.07	9	3.09	30	3.27	28
吉州区	63.47	25	3.11	33	2.98	30	3.92	13	4.15	11
高安市	62.97	26	3.56	20	3.64	15	3.51	22	2.96	34
瑞昌市	61.76	27	3.52	21	3.48	22	3.21	29	3.41	25
彭泽县	61.64	28	3.30	27	3.50	21	3.42	23	3.26	29
乐平市	61.60	29	3.27	28	3.60	17	3.27	26	3.34	26
南康区	61.31	30	4.48	4	2.97	31	2.99	32	3.42	24
信州区	61.29	31	3.15	31	2.83	34	3.35	25	4.63	7
丰城市	60.42	32	3.21	30	3.43	24	3.41	24	3.13	33
青原区	58.61	33	3.13	32	2.84	33	3.56	19	3.48	21
东湖区	56.90	34	3.01	34	2.24	35	2.73	35	5.50	2
广丰区	55.32	35	2.86	35	2.87	32	2.86	34	3.85	16
平均	69.02		3.73		3.82		3.74		3.92	

创新环境方面，重点开发区域中得分最高的三个地区分别是章贡区（5.03分）、南昌县（4.85分）和青山湖区（4.66分）；得分最低的三个地区分别是吉州区（3.11分）、东湖区（3.01分）和广丰区（2.86分）。

创新投入方面，重点开发区域中得分最高的三个地区分别是青云谱区（7.25分）、青山湖区（6.45分）和珠山区（5.50分）；得分最低的三个地区分别是青原区（2.84分）、信州区（2.83分）和东湖区（2.24分）。

创新成效方面，重点开发区域中得分最高的三个地区分别是章贡区（5.16 分）、袁州区（5.06 分）、昌江区（4.94 分）；得分最低的三个地区分别是浔阳区（2.87 分）、广丰区（2.86 分）、东湖区（2.73 分）。

经济社会发展方面，重点开发区域中得分最高的三个地区分别是西湖区（6.12 分）、东湖区（5.50 分）、青云谱区（5.40 分）；得分最低的三个地区分别是丰城市（3.13 分）、高安市（2.96 分）、上饶县（2.90 分）。

二、农产品主产区（二类）

农产品主产区的 33 个地区中，科技创新能力总得分最高的三个地区（表2-9）分别是泰和县（67.65 分）、崇仁县（67.64 分）、上高县（66.48 分），得分最低的三个地区分别是弋阳县（51.71 分）、鄱阳县（50.19 分）、余干县（48.69 分）。农产品主产区科技创新能力平均得分 59.93 分，低于江西省平均水平（63.64 分），也低于重点开发区域平均水平（69.02 分）和重点生态功能区平均水平（61.57 分）。

表 2-9　江西省农产品主产区科技创新能力评价指标得分与位次

地区名称	总得分		创新环境		创新投入		创新成效		经济社会发展	
	得分（分）	排名	得分（分）	排名	得分（分）	排名	得分（分）	排名	得分（分）	排名
泰和县	67.65	1	3.25	19	3.48	11	4.64	1	3.22	17
崇仁县	67.64	2	3.60	7	3.60	7	4.46	2	2.88	30
上高县	66.48	3	3.62	5	3.77	4	3.83	5	3.21	18
德安县	64.98	4	3.70	3	3.36	13	3.66	8	3.67	1
信丰县	64.61	5	3.61	6	3.55	8	3.78	6	3.13	21
余江区	64.56	6	3.41	11	4.24	1	3.24	16	2.98	28
进贤县	64.30	7	3.28	18	3.31	17	4.10	3	3.32	10
分宜县	63.70	8	3.69	4	3.65	6	3.19	21	3.53	2
东乡区	63.38	9	4.03	1	3.22	23	3.45	11	3.39	8
宁都县	63.25	10	3.22	20	4.03	2	3.23	19	3.21	19
奉新县	62.69	11	3.29	17	3.29	18	3.74	7	3.45	4
永丰县	62.44	12	3.37	14	3.11	25	3.99	4	3.20	20

续表

地区名称	总得分 得分（分）	排名	创新环境 得分（分）	排名	创新投入 得分（分）	排名	创新成效 得分（分）	排名	经济社会发展 得分（分）	排名
南城县	62.29	13	3.46	10	3.51	10	3.26	15	3.50	3
上栗县	62.08	14	3.39	13	3.81	3	3.09	22	3.26	15
永修县	61.91	15	3.94	2	3.28	19	3.23	18	3.27	14
宜丰县	60.95	16	3.30	16	3.46	12	3.49	9	3.01	27
金溪县	60.52	17	3.47	9	3.35	14	3.47	10	2.89	29
万年县	60.22	18	3.37	15	3.20	24	3.44	12	3.24	16
玉山县	60.16	19	3.09	24	3.53	9	3.19	20	3.36	9
新干县	59.71	20	3.40	12	3.26	20	3.24	17	3.27	13
乐安县	58.96	21	3.16	22	3.31	16	3.37	14	3.02	26
兴国县	58.91	22	3.09	25	3.69	5	2.96	28	3.07	24
瑞金市	58.84	23	3.58	8	3.25	22	3.07	23	3.08	23
吉水县	58.68	24	3.09	23	3.01	26	3.43	13	3.44	5
于都县	57.32	25	3.03	26	3.25	21	3.05	24	3.29	12
万载县	57.28	26	3.22	21	3.31	15	2.96	27	3.08	22
峡江县	54.54	27	2.89	29	2.96	29	2.94	29	3.30	11
会昌县	53.55	28	2.96	27	2.98	27	2.83	30	3.06	25
铅山县	53.43	29	2.82	30	2.97	28	2.71	33	3.39	6
都昌县	52.08	30	2.94	28	2.79	30	3.00	26	2.69	32
弋阳县	51.71	31	2.80	31	2.69	31	2.71	32	3.39	7
鄱阳县	50.19	32	2.72	32	2.67	32	3.02	25	2.54	33
余干县	48.69	33	2.57	33	2.64	33	2.76	31	2.73	31
平均	59.93		3.28		3.32		3.35		3.18	

创新环境方面，农产品主产区中得分最高的三个地区分别是东乡区（4.03分）、永修县（3.94分）和德安县（3.70分）；得分最低的三个地区分别是弋阳县（2.80分）、鄱阳县（2.72分）、余干县（2.57分）。

创新投入方面，农产品主产区中得分最高的三个地区分别是余江区（4.24分）、宁都县（4.03分）、上栗县（3.81分）；得分最低的三个地区分别是弋阳县（2.69分）、鄱阳县（2.67分）、余干县（2.64分）。

创新成效方面，农产品主产区中得分最高的三个地区分别是泰和县（4.64分）、崇仁县（4.46分）、进贤县（4.10分）；得分最低的三个地区分别是余干县（2.76分）、弋阳县（2.71分）和铅山县（2.71分）。

经济社会发展方面，农产品主产区中得分最高的三个地区分别是德安县（3.67分）、分宜县（3.53分）、南城县（3.50分）；得分最低的三个地区分别是余干县（2.73分）、都昌县（2.69分）、鄱阳县（2.54分）。

三、重点生态功能区（三类）

重点生态功能区的32个地区中，科技创新能力总得分最高的三个地区（表2-10）分别是湾里区（74.36分）、定南县（69.54分）、芦溪县（69.26分）；得分最低的三个地区分别是庐山市（55.20分）、永新县（52.71分）、横峰县（51.30分）。重点生态功能区科技创新能力平均得分61.57分，低于江西省平均水平（63.64分）和重点开发区域平均水平（69.02分），高于农产品主产区平均水平（59.93分）。

表2-10 江西省重点生态功能区科技创新能力评价指标得分与位次

地区名称	总得分 得分（分）	排名	创新环境 得分（分）	排名	创新投入 得分（分）	排名	创新成效 得分（分）	排名	经济社会发展 得分（分）	排名
湾里区	74.36	1	4.34	1	3.55	9	4.01	5	4.88	1
定南县	69.54	2	3.33	23	3.62	5	4.63	1	3.46	10
芦溪县	69.26	3	3.84	4	3.60	6	4.08	4	3.71	5
龙南县	67.52	4	3.77	6	3.56	8	3.84	7	3.71	4
武宁县	66.38	5	4.05	2	3.47	11	3.80	9	3.28	15
井冈山市	66.31	6	3.50	16	4.03	2	3.02	23	4.15	2
上犹县	66.11	7	3.65	11	2.99	26	4.61	2	3.20	19
安义县	65.33	8	3.69	9	3.14	22	4.11	3	3.46	11
石城县	65.14	9	3.69	8	3.83	4	3.25	17	3.54	6
大余县	65.00	10	3.81	5	3.25	17	3.83	8	3.47	9

续表

地区名称	总得分 得分（分）	排名	创新环境 得分（分）	排名	创新投入 得分（分）	排名	创新成效 得分（分）	排名	经济社会发展 得分（分）	排名
寻乌县	64.68	11	3.64	13	4.23	1	2.93	26	3.28	14
德兴市	64.23	12	3.92	3	3.40	14	3.13	21	3.95	3
铜鼓县	64.07	13	3.41	19	3.58	7	3.77	10	3.16	23
莲花县	63.77	14	3.31	25	3.95	3	3.40	13	3.13	24
崇义县	62.77	15	3.02	28	3.53	10	3.64	11	3.50	8
全南县	62.27	16	3.66	10	3.43	13	3.36	14	3.24	16
万安县	61.66	17	3.35	22	3.09	24	3.96	6	3.07	27
安福县	60.40	18	3.48	17	2.95	30	3.62	12	3.32	13
浮梁县	60.28	19	3.55	15	3.38	15	3.26	16	3.03	30
黎川县	59.89	20	3.76	7	3.17	18	3.14	20	3.22	17
靖安县	58.94	21	3.38	20	3.45	12	2.96	24	3.17	21
南丰县	58.45	22	3.65	12	2.94	31	3.24	19	3.17	20
安远县	57.71	23	3.48	18	2.99	27	3.27	15	3.00	31
遂川县	57.57	24	2.98	29	3.27	16	3.25	18	3.07	28
资溪县	56.79	25	3.59	14	3.10	23	2.79	30	3.16	22
广昌县	55.86	26	2.79	31	3.17	19	3.09	22	3.20	18
婺源县	55.83	27	3.03	27	3.15	21	2.83	28	3.37	12
修水县	55.49	28	3.28	26	3.01	25	2.93	25	3.05	29
宜黄县	55.40	29	3.35	21	3.16	20	2.80	29	2.90	32
庐山市	55.20	30	3.33	24	2.95	29	2.61	31	3.53	7
永新县	52.71	31	2.84	30	2.81	32	2.89	27	3.13	25
横峰县	51.30	32	2.73	32	2.96	28	2.55	32	3.12	26
平均	61.57		3.47		3.34		3.39		3.36	

创新环境方面，重点生态功能区中得分最高的三个地区分别是湾里区（4.34分）、武宁县（4.05分）、德兴市（3.92分）；得分最低的三个地区分别是永新县（2.84分）、广昌县（2.79分）和横峰县（2.73分）。

创新投入方面，重点生态功能区中得分最高的三个地区分别是寻乌县（4.23分）、井冈山市（4.03分）、莲花县（3.95分）；得分最低的三个地区分别是安福县（2.95分）、南丰县（2.94分）、永新县（2.81分）。

创新成效方面，重点生态功能区中得分最高的三个地区分别是定南县（4.63分）、上犹县（4.61分）、安义县（4.11分）；得分最低的三个地区是资溪县（2.79分）、庐山市（2.61分）和横峰县（2.55分）。

经济社会发展方面，重点生态功能区中得分最高的三个地区分别是湾里区（4.88分）、井冈山市（4.15分）和德兴市（3.95分）；得分最低的三个地区分别是浮梁县（3.03分）、安远县（3.00分）、宜黄县（2.90分）。

第五节 贫 困 县

2017年9月，江西省委办公厅、省政府办公厅联合下发了《中共江西省委办公厅 江西省人民政府办公厅〈关于深入推进脱贫攻坚工作的意见〉的通知》，就推进脱贫攻坚工作再深入提出了具体意见。继2017年井冈山市、吉安县已经先后脱贫摘帽后，2018年8月瑞金市、万安县、永新县、广昌县、上饶县、横峰县6地也宣布退出贫困县序列，2019年4月底会昌县、寻乌县、安远县、上犹县、石城县、南康区、遂川县、余干县、乐安县、莲花县10个县（区）正式退出贫困县序列，截至2019年4月30日，江西省贫困县数目下降为7个。

江西省的7个贫困县中，创新能力总得分最高的三个地区（表2-11）分别是赣县区（64.64分）、宁都县（63.25分）、兴国县（58.91分）；得分最低的三个地区分别是修水县（55.49分）、都昌县（52.08分）、鄱阳县（50.19分）。贫困县科技创新能力平均得分为57.41分，低于江西省平均水平（63.64分）、农产品主产区平均水平（59.93分）和重点生态功能区平均水平（61.57分）。

表 2-11 江西省贫困县科技创新能力评价指标得分与位次

地区名称	总得分 得分（分）	排名	创新环境 得分（分）	排名	创新投入 得分（分）	排名	创新成效 得分（分）	排名	经济社会发展 得分（分）	排名
赣县区	64.64	1	3.66	1	3.36	3	3.90	1	3.22	2
宁都县	63.25	2	3.22	3	4.03	1	3.23	2	3.21	3
兴国县	58.91	3	3.09	4	3.69	2	2.96	6	3.07	4
于都县	57.32	4	3.03	5	3.25	4	3.05	3	3.29	1
修水县	55.49	5	3.28	2	3.01	5	2.93	7	3.05	5
都昌县	52.08	6	2.94	6	2.79	6	3.00	5	2.69	6
鄱阳县	50.19	7	2.72	7	2.67	7	3.02	4	2.54	7
平均	57.41		3.13		3.26		3.16		3.01	

创新环境方面，贫困县中得分最高的三个地区分别是赣县区（3.66分）、修水县（3.28分）、宁都县（3.22分）；得分最低的三个地区分别是于都县（3.03分）、都昌县（2.94分）、鄱阳县（2.72分）。

创新投入方面，贫困县中得分最高的三个地区分别是宁都县（4.03分）、兴国县（3.69分）、赣县区（3.36分）；得分最低的三个地区分别是修水县（3.01分）、都昌县（2.79分）、鄱阳县（2.67分）。

创新成效方面，贫困县中得分最高的三个地区分别是赣县区（3.90分）、宁都县（3.23分）、于都县（3.05分）；得分最低的三个地区分别是都昌县（3.00分）、兴国县（2.96分）、修水县（2.93分）。

经济社会发展方面，贫困县中得分最高的三个地区分别是于都县（3.29分）、赣县区（3.22分）、宁都县（3.21分）；得分最低的三个地区分别是修水县（3.05分）、都昌县（2.69分）、鄱阳县（2.54分）。

第三章 江西省各县（市、区）科技创新能力水平分析

第一节 南 昌 市

一、东湖区

东湖区是江西省南昌市市辖区、中心城区。2018年，该区常住人口50.36万人，地区GDP 513.05亿元。居民人均可支配收入42 632元，排在江西省第1位、南昌市第1位。万人GDP 10.19亿元，排在江西省第6位、南昌市第2位。GDP增长8.10%，排在江西省第79位、南昌市第8位。城镇化率99.60%，排在江西省第5位、南昌市第3位。万人专利申请量19.30件，排在江西省第39位、南昌市第7位。万人发明专利授权量0.58件，排在江西省第19位、南昌市第6位。人均科普经费投入1元，排在江西省第7位、南昌市第4位。万人财政收入1.53亿元，排在江西省第4位、南昌市第3位。万人社会消费品零售额6.33亿元，排在江西省第3位、南昌市第3位。第三产业占GDP比重91.88%，排在江西省第1位、南昌市第1位。具体如图3-1、图3-2、表3-1所示。

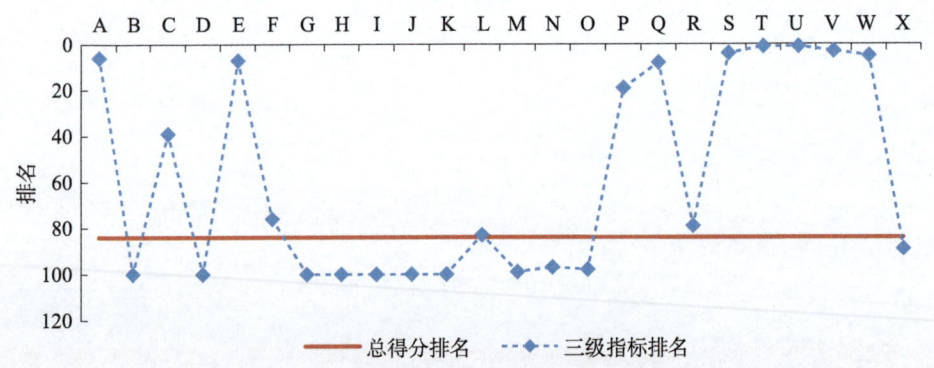

图 3-1 东湖区科技创新能力总得分、三级指标得分在江西省位次排名

A—万人 GDP（亿元）
B—规模以上工业企业数（家）
C—万人专利申请量（件）
D—开展 R&D 活动的企业占比（%）
E—人均科普经费投入（元）
F—民众浏览科技网页频度（个）
G—万人 R&D 人员数（人）
H—研究人员占 R&D 人员比（%）
I—R&D 人员全时当量（人·年）
J—R&D 经费投入占 GDP 百分比（%）
K—企业 R&D 经费投入占主营业务收入比（%）
L—企业技术获取和改造费用占主营业务收入比（%）
M—高新技术产业增加值占规模以上工业增加值比（%）
N—高新技术企业数（家）
O—新产品销售收入占主营业务收入比（%）
P—万人发明专利授权量（件）
Q—技术合同成交额（万元）
R—GDP 增长百分比（%）
S—万人财政收入（亿元）
T—第三产业占 GDP 比重（%）
U—居民人均可支配收入（元）
V—万人社会消费品零售额（亿元）
W—城镇化率（%）
X—空气质量指数

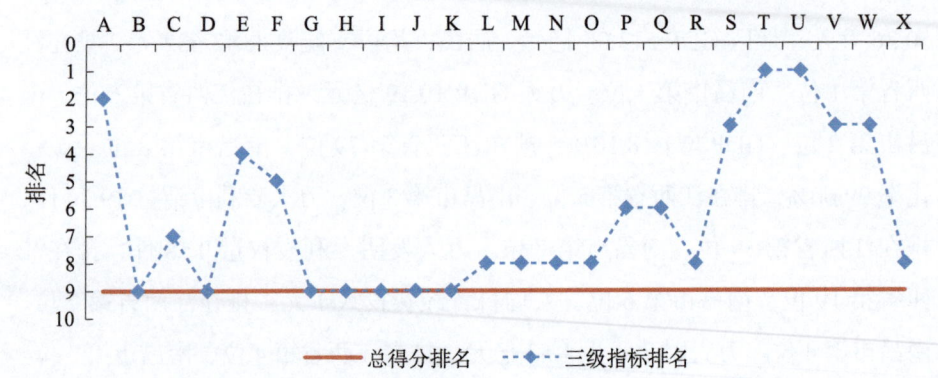

图 3-2 东湖区科技创新能力总得分、三级指标得分在南昌市位次排名[①]

---

① 图注同图 3-1。

表 3-1 东湖区科技创新能力评价指标得分与位次

指标名称	得分（分） 2018年	江西省排名 2017年	江西省排名 2018年	南昌市排名 2017年	南昌市排名 2018年
科技创新能力总得分	56.90	72	84	9	9
创新环境	3.01	51	88	8	9
创新基础	3.71	33	24	7	7
万人GDP	5.63	9	6	4	2
规模以上工业企业数	2.16	100	100	9	9
万人专利申请量	3.64	33	39	6	7
科技意识	2.29	67	98	8	9
开展R&D活动的企业占比	0.37	84	100	7	9
人均科普经费投入	4.54	17	7	7	4
民众浏览科技网页频度	3.02	21	76	5	5
创新投入	2.24	100	100	9	9
人力投入	1.93	100	100	9	9
万人R&D人员数	2.72	100	100	9	9
研究人员占R&D人员比	0.43	100	100	9	9
R&D人员全时当量	2.83	100	100	9	9
财力投入	2.55	100	100	9	9
R&D经费投入占GDP百分比	2.48	100	100	9	9
企业R&D经费投入占主营业务收入比	2.19	100	100	9	9
企业技术获取和改造费用占主营业务收入比	3.06	71	83	6	8
创新成效	2.73	86	96	9	9
技术创新	1.89	99	99	8	8
高新技术产业增加值占规模以上工业增加值比	1.73	99	99	8	8
高新技术企业数	2.12	99	97	8	8
产业化水平	3.59	19	30	7	7
新产品销售收入占主营业务收入比	2.30	97	98	8	8
万人发明专利授权量	3.75	27	19	7	6
技术合同成交额	5.14	6	8	5	6
经济社会发展	5.50	2	2	2	2

续表

指标名称	得分（分）	江西省排名		南昌市排名	
	2018年	2017年	2018年	2017年	2018年
经济增长	5.26	2	3	2	3
GDP 增长百分比	2.57	42	79	7	8
万人财政收入	5.79	6	4	5	3
第三产业占 GDP 比重	7.40	1	1	1	1
社会生活	5.77	3	3	3	3
居民人均可支配收入	6.32	1	1	1	1
万人社会消费品零售额	7.00	4	3	3	3
城镇化率	6.32	5	5	3	3
空气质量指数	2.62	81	89	5	8

如图 3-1、图 3-2、表 3-1 所示，东湖区科技创新能力总得分 56.90 分，排在江西省第 84 位，比上一年下降了 12 位，排在南昌市第 9 位，与上一年位次相同。在一级指标中，经济社会发展排在江西省第 2 位，排在南昌市第 2 位，都与上一年位次相同；创新投入排在江西省第 100 位，排在南昌市第 9 位，都与上一年位次相同；创新成效排在江西省第 96 位，比上一年下降了 10 位，排在南昌市第 9 位，与上一年位次相同；创新环境排在江西省第 88 位，比上一年下降了 37 位，排在南昌市第 9 位，比上一年下降了 1 位。

综上所述，东湖区在经济社会发展方面得分较高，第三产业发展势头强劲，具有明显优势。但在创新投入、创新成效和创新环境方面得分都较低，建议该区加大科研投入，鼓励企业自主研发，提高产品性能，积极培养和引进人才，因地制宜筛选和培育战略性新兴企业，优化创新环境，不断提高科技创新竞争力。

二、西湖区

西湖区是江西省南昌市市辖区、中心城区。2018 年，该区常住人口 51.39 万人，地区 GDP 527.71 亿元。居民人均可支配收入 41 865 元，排在江西省第 2 位、南昌市第 2 位。万人 GDP 10.27 亿元，排在江西省第 5 位、南昌市第1位。GDP增长8%，排在江西省第85位、南昌市第9位。城镇化率100%，排在江西省第1位、南昌市第1位。开展R&D活动的企业占比50%，排在江西省第54位、南昌市第2位。万人专利申请量17.45件，排在江西省第47位、南昌市第8位。万人发明专利授权量2.63件，排在江西省第3位、南昌市第1位。人均科普经费投入1元，排在江西省第7位、南昌市第4位。研究人员占R&D人员比45.65%，排在江西省第8位、南昌市第4位。企业技术获取和改造费用占主营业务收入比0.01%，排在江西省第65位、南昌市第7位。万人财政收入2.13亿元，排在江西省第1位、南昌市第1位。万人社会消费品零售额7.56亿元，排在江西省第1位、南昌市第1位。第三产业占GDP比重74.61%，排在江西省第5位、南昌市第2位。具体如图3-3、图3-4、表3-2所示。

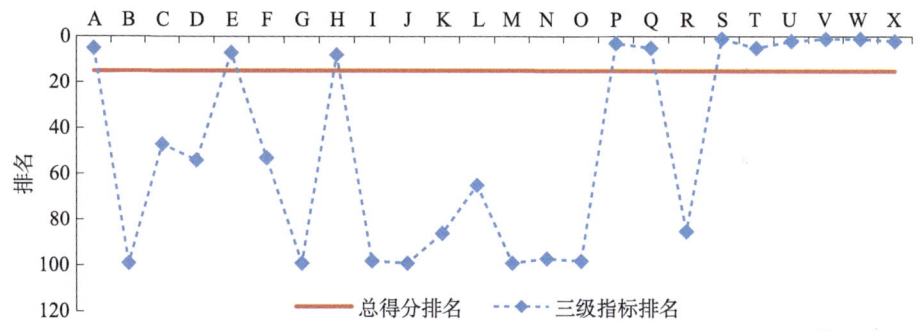

图3-3 西湖区科技创新能力总得分、三级指标得分在江西省位次排名[①]

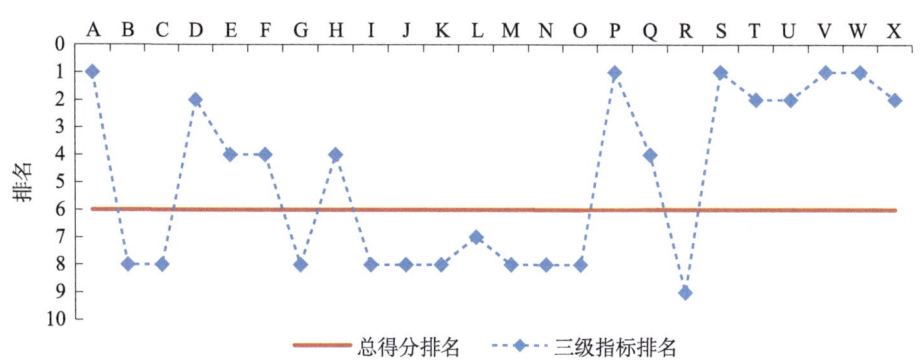

图3-4 西湖区科技创新能力总得分、三级指标得分在南昌市位次排名[②]

[①][②] 图注同本书28页图3-1图注。

表 3-2　西湖区科技创新能力评价指标得分与位次

指标名称	得分（分）2018年	江西省排名 2017年	江西省排名 2018年	南昌市排名 2017年	南昌市排名 2018年
科技创新能力总得分	69.88	22	15	5	6
创新环境	3.75	30	24	7	6
创新基础	3.66	34	27	8	8
万人 GDP	5.66	7	5	2	1
规模以上工业企业数	2.18	99	99	8	8
万人专利申请量	3.47	45	47	7	8
科技意识	3.83	31	24	5	4
开展 R&D 活动的企业占比	3.45	97	54	9	2
人均科普经费投入	4.54	12	7	4	4
民众浏览科技网页频度	3.65	3	53	2	4
创新投入	3.15	85	73	8	7
人力投入	3.59	48	37	8	7
万人 R&D 人员数	2.75	99	99	8	8
研究人员占 R&D 人员比	4.96	17	8	3	4
R&D 人员全时当量	2.88	99	98	8	8
财力投入	2.72	96	93	8	8
R&D 经费投入占 GDP 百分比	2.50	99	99	8	8
企业 R&D 经费投入占主营业务收入比	2.65	94	86	8	8
企业技术获取和改造费用占主营业务收入比	3.10	44	65	3	7
创新成效	3.26	76	58	8	8
技术创新	1.89	99	99	8	8
高新技术产业增加值占规模以上工业增加值比	1.73	99	99	8	8
高新技术企业数	2.12	99	97	8	8
产业化水平	4.67	10	7	4	3
新产品销售收入占主营业务收入比	2.30	97	98	8	8
万人发明专利授权量	6.81	9	3	4	1
技术合同成交额	5.48	5	5	4	4

续表

指标名称	得分（分） 2018年	江西省排名 2017年	江西省排名 2018年	南昌市排名 2017年	南昌市排名 2018年
经济社会发展	6.12	1	1	1	1
经济增长	5.28	1	2	1	2
GDP增长百分比	2.41	78	85	8	9
万人财政收入	7.35	1	1	1	1
第三产业占GDP比重	5.99	3	5	2	2
社会生活	7.08	2	1	1	1
居民人均可支配收入	6.20	2	2	2	2
万人社会消费品零售额	7.90	2	1	1	1
城镇化率	6.35	1	1	1	1
空气质量指数	8.56	2	2	2	2

如图3-3、图3-4、表3-2所示，西湖区科技创新能力总得分69.88分，排在江西省第15位，比上一年提升了7位，排在南昌市第6位，比上一年下降了1位。在一级指标中，经济社会发展排在江西省第1位、南昌市第1位，都与上一年位次相同；创新投入排在江西省第73位，比上一年提升了12位，排在南昌市第7位，比上一年提升了1位；创新成效排在江西省第58位，比上一年提升了18位，排在南昌市第8位，与上一年位次相同；创新环境排在江西省第24位，比上一年提升了6位，排在南昌市第6位，比上一年提升了1位。

综上所述，西湖区在经济社会发展方面得分较高，第三产业发展势头强劲，经济增长与居民社会生活均排名靠前，具有明显优势。但在创新投入和创新成效方面得分较低，建议该区加大科研经费投入，支持企业开展科研活动，提升产品性能，带动产业升级，因地制宜筛选和培育战略性新兴产业，不断提高科技创新竞争力。

三、青云谱区

青云谱区是江西省南昌市市辖区、中心城区，位于南昌市区的南部。

2018年，该区常住人口34.28万人，地区GDP 332.67亿元。居民人均可支配收入41 197元，排在江西省第3位、南昌市第3位。万人GDP 9.7亿元，排在江西省第8位、南昌市第3位。GDP增长8.3%，排在江西省第69位、南昌市第7位。城镇化率100%，排在江西省第1位、南昌市第1位。开展R&D活动的企业占比54.17%，排在江西省第42位、南昌市第1位。万人专利申请量48.75件，排在江西省第2位、南昌市第1位。万人发明专利授权量2.57件，排在江西省第4位、南昌市第2位。人均科普经费投入1元，排在江西省第7位、南昌市第4位。万人R&D人员数189.15人，排在江西省第1位、南昌市第1位。研究人员占R&D人员比51.67%，排在江西省第4位、南昌市第2位。R&D人员全时当量4050人·年，排在江西省第3位、南昌市第2位。R&D经费投入占GDP百分比7.2%，排在江西省第1位、南昌市第1位。高新技术产业增加值占规模以上工业增加值比2.4%，排在江西省第97位、南昌市第7位。新产品销售收入占主营业务收入比42.11%，排在江西省第2位、南昌市第1位。万人财政收入1.32亿元，排在江西省第7位、南昌市第5位。万人社会消费品零售额6.61亿元，排在江西省第2位、南昌市第2位。第三产业占GDP比重49.35%，排在江西省第21位、南昌市第4位。具体如图3-5、图3-6、表3-3所示。

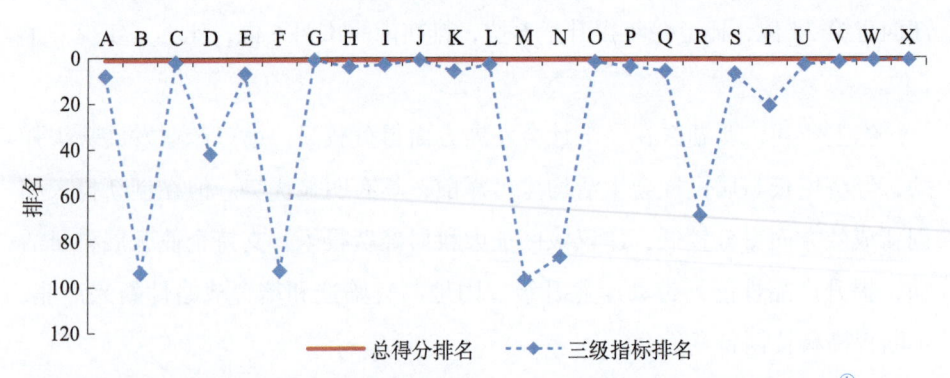

图3-5 青云谱区科技创新能力总得分、三级指标得分在江西省位次排名[①]

---

① 图注同本书28页图3-1图注。

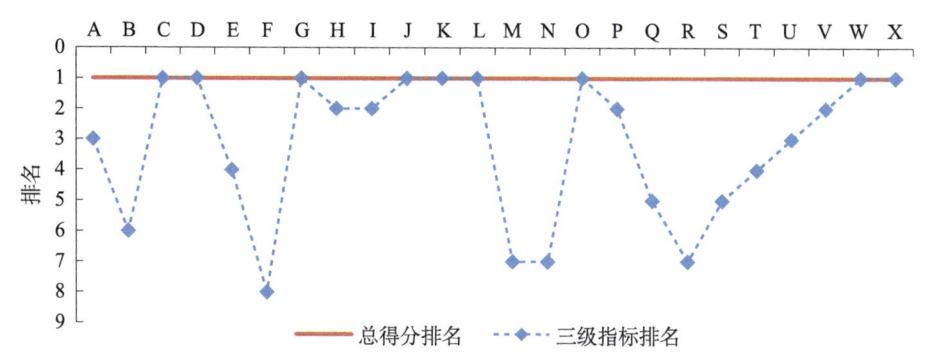

图 3-6 青云谱区科技创新能力总得分、三级指标得分在南昌市位次排名[①]

表 3-3 青云谱区科技创新能力评价指标得分与位次

指标名称	得分（分） 2018年	江西省排名 2017年	江西省排名 2018年	南昌市排名 2017年	南昌市排名 2018年
科技创新能力总得分	97.82	1	1	1	1
创新环境	4.09	8	9	4	5
创新基础	4.73	8	9	3	3
万人 GDP	5.44	4	8	1	3
规模以上工业企业数	2.42	95	94	6	6
万人专利申请量	6.35	2	2	1	1
科技意识	3.43	17	60	4	5
开展 R&D 活动的企业占比	3.70	51	42	3	1
人均科普经费投入	4.54	5	7	2	4
民众浏览科技网页频度	1.44	39	93	7	8
创新投入	7.25	1	1	1	1
人力投入	7.23	1	2	1	2
万人 R&D 人员数	9.62	1	1	1	1
研究人员占 R&D 人员比	5.56	4	4	2	2
R&D 人员全时当量	6.67	2	3	2	2
财力投入	7.27	1	1	1	1
R&D 经费投入占 GDP 百分比	8.72	1	1	1	1
企业 R&D 经费投入占主营业务收入比	5.61	2	6	1	1
企业技术获取和改造费用占主营业务收入比	7.47	1	3	1	1

---

① 图注同本书 28 页图 3-1 图注。

续表

指标名称	得分（分）	江西省排名		南昌市排名	
	2018年	2017年	2018年	2017年	2018年
创新成效	4.24	4	12	2	2
技术创新	2.12	78	97	7	7
高新技术产业增加值占规模以上工业增加值比	1.86	69	97	6	7
高新技术企业数	2.49	88	87	7	7
产业化水平	6.42	2	2	1	1
新产品销售收入占主营业务收入比	6.88	2	2	1	1
万人发明专利授权量	6.72	2	4	1	2
技术合同成交额	5.47	3	6	2	5
经济社会发展	5.40	3	3	3	3
经济增长	4.04	8	14	4	5
GDP增长百分比	2.88	25	69	5	7
万人财政收入	5.25	4	7	3	5
第三产业占GDP比重	3.92	51	21	5	4
社会生活	6.96	1	2	1	2
居民人均可支配收入	6.10	3	3	3	3
万人社会消费品零售额	7.21	1	2	1	2
城镇化率	6.35	1	1	1	1
空气质量指数	8.91	1	1	1	1

如图3-5、图3-6、表3-3所示，青云谱区科技创新能力总得分97.82分，排在江西省第1位、南昌市第1位，都与上一年位次相同。在一级指标中，经济社会发展排在江西省第3位、南昌市第3位，都与上一年位次相同；创新投入排在江西省第1位、南昌市第1位，都与上一年位次相同；创新成效排在江西省第12位，比上一年下降了8位，排在南昌市第2位，与上一年位次相同；创新环境排在江西省第9位，比上一年下降了1位，排在南昌市第5位，比上一年下降了1位。

综上所述，青云谱区在创新投入方面得分较高，R&D经费投入占GDP百分比、企业技术获取和改造费用占主营业务收入比、万人R&D人员数等均排在江西省前列，具有明显优势。但在创新环境方面得分较低，规模以上工业企业数和民众浏览科技网页频度排名靠后。建议该区加大科普宣传力度，提升民众及企业科技创新意识，提升区域科技创新力。

四、湾里区

湾里区是江西省南昌市市辖区，位于南昌市西郊，距市中心约 18 千米。2018 年，该区常住人口 6.95 万人，地区 GDP 67.02 亿元。居民人均可支配收入 29 940.53 元，排在江西省第 16 位、南昌市第 5 位。万人 GDP 9.64 亿元，排在江西省第 9 位、南昌市第 4 位。GDP 增长 9.5%，排在江西省第 11 位、南昌市第 2 位。城镇化率 69.83%，排在江西省第 15 位、南昌市第 5 位。开展 R&D 活动的企业占比 12.5%，排在江西省第 99 位、南昌市第 8 位。万人专利申请量 39.71 件，排在江西省第 4 位、南昌市第 2 位。万人发明专利授权量 1.87 件，排在江西省第 6 位、南昌市第 3 位。人均科普经费投入 4 元，排在江西省第 1 位、南昌市第 1 位。万人 R&D 人员数 8.2 人，排在江西省第 73 位、南昌市第 7 位。研究人员占 R&D 人员比 57.89%，排在江西省第 1 位、南昌市第 1 位。高新技术产业增加值占规模以上工业增加值比 36.15%，排在江西省第 42 位、南昌市第 5 位。万人财政收入 2.09 亿元，排在江西省第 2 位、南昌市第 2 位。第三产业占 GDP 比重 62.25%，排在江西省第 9 位、南昌市第 3 位。具体如图 3-7、图 3-8、表 3-4 所示。

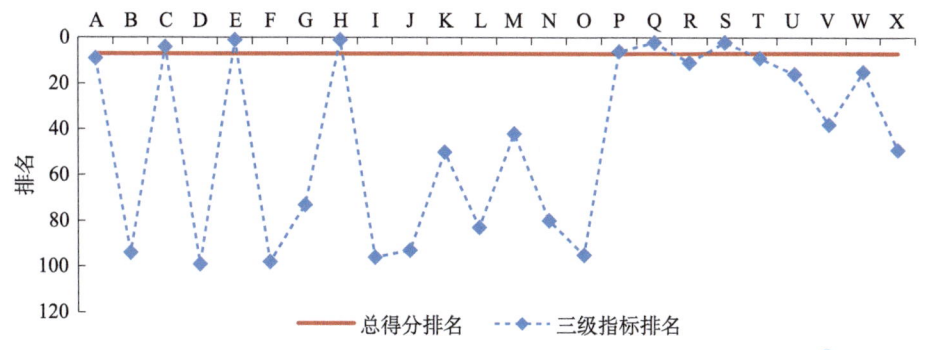

图 3-7 湾里区科技创新能力总得分、三级指标得分在江西省位次排名[①]

---

① 图注同本书 28 页图 3-1 图注。

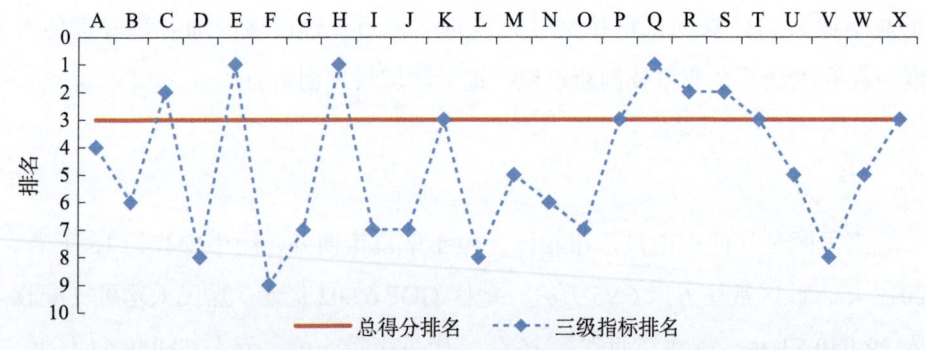

图 3-8 湾里区科技创新能力总得分、三级指标得分在南昌市位次排名①

表 3-4 湾里区科技创新能力评价指标得分与位次

指标名称	得分（分）	江西省排名		南昌市排名	
	2018年	2017年	2018年	2017年	2018年
科技创新能力总得分	74.36	6	7	3	3
创新环境	4.34	6	6	3	3
创新基础	4.42	16	12	5	5
万人 GDP	5.42	8	9	3	4
规模以上工业企业数	2.42	96	94	7	6
万人专利申请量	5.52	14	4	5	2
科技意识	4.25	2	8	2	2
开展 R&D 活动的企业占比	1.14	30	99	1	8
人均科普经费投入	10.94	1	1	1	1
民众浏览科技网页频度	1.43	31	98	6	9
创新投入	3.55	28	36	3	4
人力投入	4.12	9	10	3	3
万人 R&D 人员数	3.02	59	73	6	7
研究人员占 R&D 人员比	6.17	3	1	1	1
R&D 人员全时当量	2.88	87	96	7	7
财力投入	2.99	72	78	3	5
R&D 经费投入占 GDP 百分比	2.66	92	93	7	7

① 图注同本书 28 页图 3-1 图注。

续表

指标名称	得分（分） 2018年	江西省排名 2017年	江西省排名 2018年	南昌市排名 2017年	南昌市排名 2018年
企业R&D经费投入占主营业务收入比	3.26	37	50	3	3
企业技术获取和改造费用占主营业务收入比	3.06	71	83	6	8
创新成效	4.01	12	18	3	6
技术创新	3.21	41	62	4	6
高新技术产业增加值占规模以上工业增加值比	3.68	24	42	3	5
高新技术企业数	2.55	86	80	6	6
产业化水平	4.85	5	6	2	2
新产品销售收入占主营业务收入比	2.37	86	95	7	7
万人发明专利授权量	5.69	5	6	2	3
技术合同成交额	7.25	2	2	1	1
经济社会发展	4.88	5	5	4	4
经济增长	5.70	3	1	3	1
GDP增长百分比	4.78	2	11	1	2
万人财政收入	7.23	2	2	2	2
第三产业占GDP比重	4.98	12	9	3	3
社会生活	3.95	16	15	5	5
居民人均可支配收入	4.35	16	16	5	5
万人社会消费品零售额	3.32	42	38	7	8
城镇化率	4.39	15	15	5	5
空气质量指数	3.45	47	49	3	3

如图3-7、图3-8、表3-4所示，湾里区科技创新能力总得分74.36分，排在江西省第7位，比上一年下降了1位，排在南昌市第3位，与上一年位次相同。在一级指标中，经济社会发展排在江西省第5位、南昌市第4位，都与上一年位次相同；创新投入排在江西省第36位，比上一年下降了8位，排在南昌市第4位，比上一年下降了1位；创新成效排在江西省第18位，比上一年下降了6位，排在南昌市第6位，比上一年下降了3位；创新环境排

在江西省第 6 位、南昌市第 3 位，与上一年位次相同。

综上所述，湾里区在经济社会发展方面得分较高，第三产业发展势头强劲，具有一定优势。但在创新投入和创新成效方面得分较低，万人 R&D 人员数、R&D 人员全时当量、R&D 经费投入占 GDP 百分比、高新技术企业数、新产品销售收入占主营业务收入比等排名靠后。建议该区加大科研经费投入，鼓励企业自主研发，提高产品性能，加大人才引进力度，因地制宜孵化和培育战略性新兴产业，不断提高科技竞争力。

五、青山湖区

青山湖区是江西省南昌市市辖区，位于南昌市城东。2018 年，该区常住人口 64 万人，地区 GDP 562.74 亿元。居民人均可支配收入 39 838.91 元，排在江西省第 4 位、南昌市第 4 位。万人 GDP 8.79 亿万元，排在江西省第 12 位、南昌市第 6 位。GDP 增长 9.3%，排在江西省第 18 位、南昌市第 3 位。城镇化率 91.91%，排在江西省第 8 位、南昌市第 4 位。规模以上工业企业数 514 家，排在江西省第 2 位、南昌市第 1 位。万人专利申请量 35.97 件，排在江西省第 8 位、南昌市第 4 位。万人发明专利授权量 1.09 件，排在江西省第 7 位、南昌市第 4 位。人均科普经费投入 1 元，排在江西省第 7 位、南昌市第 4 位。万人 R&D 人员数 168.83 人，排在江西省第 2 位、南昌市第 2 位。研究人员占 R&D 人员比 48.01%，排在江西省第 6 位、南昌市第 3 位。R&D 人员全时当量 8088 人·年，排在江西省第 1 位、南昌市第 1 位。R&D 经费投入占 GDP 百分比 5.04%，排在江西省第 3 位、南昌市第 2 位。高新技术产业增加值占规模以上工业增加值比 44.17%，排在江西省第 26 位、南昌市第 3 位。新产品销售收入占主营业务收入比 12.54%，排在江西省第 37 位、南昌市第 3 位。万人财政收入 1 亿元，排在江西省第 15 位、南昌市第 6 位。万人社会消费品零售额 3.59 亿元，排在江西省第 9 位、南昌市第 4 位。第三产业占 GDP 比重 42.93%，排在江西省第 45 位、南昌市第 5 位。具体如图 3-9、图 3-10、表 3-5 所示。

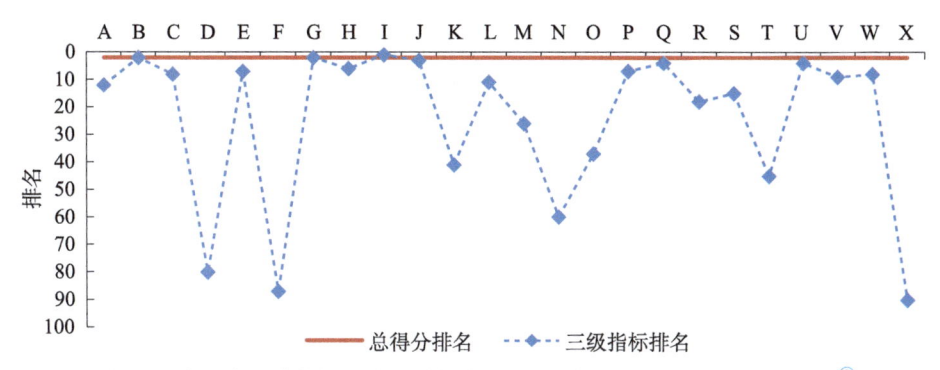

第三章 江西省各县（市、区）科技创新能力水平分析 | 041

图 3-9 青山湖区科技创新能力总得分、三级指标得分在江西省位次排名①

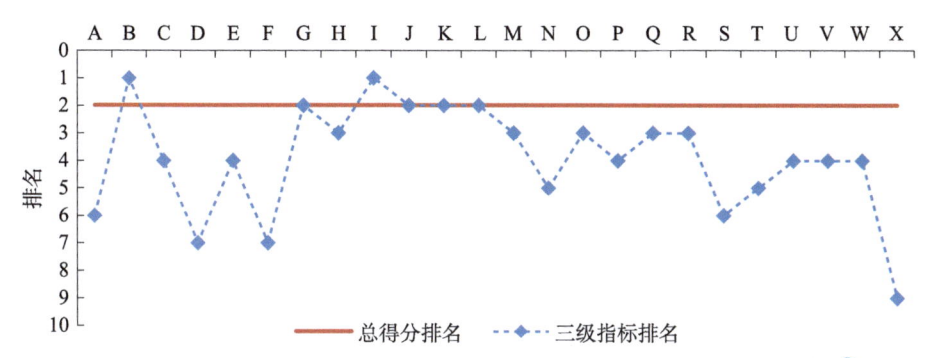

图 3-10 青山湖区科技创新能力总得分、三级指标得分在南昌市位次排名②

表 3-5 青山湖区科技创新能力评价指标得分与位次

指标名称	得分（分）	江西省排名		南昌市排名	
	2018 年	2017 年	2018 年	2017 年	2018 年
科技创新能力总得分	91.75	2	2	2	2
创新环境	4.66	3	3	2	2
创新基础	6.09	2	1	1	1
万人 GDP	5.08	10	12	5	6
规模以上工业企业数	7.91	1	2	1	1
万人专利申请量	5.17	6	8	2	4
科技意识	3.17	57	75	7	6
开展 R&D 活动的企业占比	2.82	96	80	8	7
人均科普经费投入	4.54	12	7	4	4

①② 图注同本书 28 页图 3-1 图注。

续表

指标名称	得分（分） 2018年	江西省排名 2017年	江西省排名 2018年	南昌市排名 2017年	南昌市排名 2018年
民众浏览科技网页频度	2.05	16	87	4	7
创新投入	6.45	2	2	2	2
人力投入	8.04	2	1	2	1
万人R&D人员数	8.88	2	2	2	2
研究人员占R&D人员比	5.19	19	6	4	3
R&D人员全时当量	10.49	1	1	1	1
财力投入	4.86	9	7	2	2
R&D经费投入占GDP百分比	6.85	4	3	2	2
企业R&D经费投入占主营业务收入比	3.39	35	41	2	2
企业技术获取和改造费用占主营业务收入比	4.17	71	11	6	2
创新成效	4.09	1	15	1	5
技术创新	3.69	1	35	1	4
高新技术产业增加值占规模以上工业增加值比	4.12	15	26	2	3
高新技术企业数	3.09	1	60	1	5
产业化水平	4.51	6	8	3	4
新产品销售收入占主营业务收入比	3.66	26	37	3	3
万人发明专利授权量	4.53	8	7	3	4
技术合同成交额	5.64	4	4	3	3
经济社会发展	4.54	13	11	5	5
经济增长	4.11	64	12	8	4
GDP增长百分比	4.47	89	18	9	3
万人财政收入	4.43	15	15	6	6
第三产业占GDP比重	3.40	60	45	6	5
社会生活	5.04	7	8	4	4
居民人均可支配收入	5.89	4	4	4	4
万人社会消费品零售额	4.99	9	9	4	4
城镇化率	5.82	8	8	4	4
空气质量指数	2.62	82	90	6	9

如图 3-9、图 3-10、表 3-5 所示，青山湖区科技创新能力总得分 91.75 分，排在江西省第 2 位、南昌市第 2 位，都与上一年位次相同。在一级指标中，经济社会发展排在江西省第 11 位，比上一年提升了 2 位，排在南昌市第 5 位，与上一年位次相同；创新投入排在江西省第 2 位、南昌市第 2 位，都与上一年位次相同；创新成效排在江西省第 15 位，比上一年下降了 14 位，排在南昌市第 5 位，比上一年下降了 4 位；创新环境排在江西省第 3 位、南昌市第 2 位，都与上一年位次相同。

综上所述，青山湖区在创新投入方面得分较高，人力投入和财力投入均排在江西省前列，具有明显优势。但在创新成效方面得分较低，高新技术产业增加值占规模以上工业增加值比、高新技术企业数、新产品销售收入占主营业务收入比等排名靠后。建议该区在科技企业培育方面做进一步的强化和提升。

六、新建区

新建区，原名新建县，2015 年 8 月，撤销新建县设立南昌市新建区，以原新建县的行政区域为新建区的行政区域，位于江西省南昌市中心城区西北。2018 年，该区常住人口 67.86 万人，地区 GDP 450.56 亿元。居民人均可支配收入 28 109.69 元，排在江西省第 21 位、南昌市第 7 位。万人 GDP 6.64 亿元，排在江西省第 18 位、南昌市第 7 位。GDP 增长 9.6%，排在江西省第 6 位、南昌市第 1 位。城镇化率 54.35%，排在江西省第 33 位、南昌市第 7 位。规模以上工业企业数 198 家，排在江西省第 13 位、南昌市第 3 位。开展 R&D 活动的企业占比 43.94%，排在江西省第 67 位、南昌市第 4 位。万人专利申请量 22 件，排在江西省第 27 位、南昌市第 6 位。万人发明专利授权量 0.25 件，排在江西省第 44 位、南昌市第 7 位。人均科普经费投入 1.03 元，排在江西省第 5 位、南昌市第 3 位。万人 R&D 人员数 13.51 人，排在江西省第 58 位、南昌市第 5 位。R&D 人员全时当量 596 人·年，排在江西省第 37 位、南昌市第 5 位。高新技术产业增加值占规模以上工业增加值比 55.01%，排在江西省第 14 位、南昌市第 2 位。新产品销售收入占主营业务收入比 7.88%，排在江西省第 59 位、南昌市第 5 位。万人财政收入 0.89 亿元，排在江西省第 18 位、南昌市第 7 位。万人社会消费品零售额 1.38 亿元，排在江西省第 33 位、南昌市第 6 位。第三产业占 GDP 比重 38.26%，排在江西省第 73 位、南昌市第 7 位。具体如图 3-11、图 3-12、表 3-6 所示。

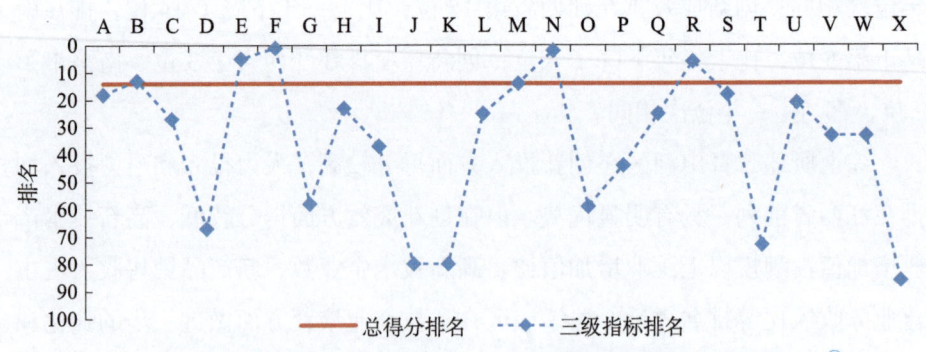

图 3-11 新建区科技创新能力总得分、三级指标得分在江西省位次排名[①]

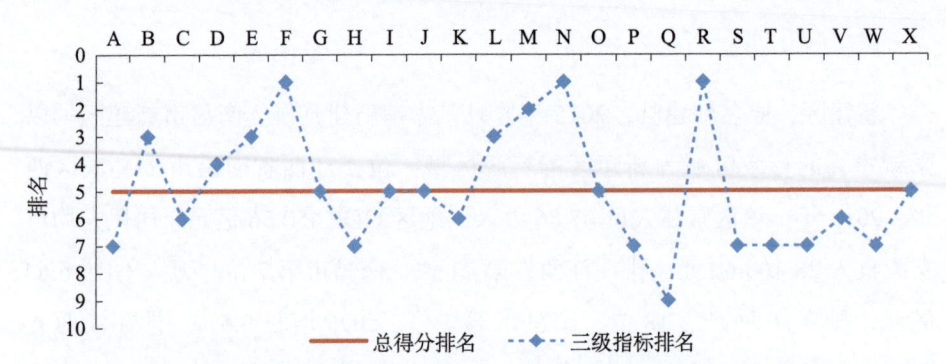

图 3-12 新建区科技创新能力总得分、三级指标得分在南昌市位次排名[②]

表 3-6 新建区科技创新能力评价指标得分与位次

指标名称	得分（分） 2018 年	江西省排名 2017 年	江西省排名 2018 年	南昌市排名 2017 年	南昌市排名 2018 年
科技创新能力总得分	70.22	45	14	8	5
创新环境	4.17	12	8	5	4
创新基础	4.16	22	15	6	6

①② 图注同本书 28 页图 3-1 图注。

续表

指标名称	得分（分）2018年	江西省排名 2017年	江西省排名 2018年	南昌市排名 2017年	南昌市排名 2018年
万人 GDP	4.24	18	18	7	7
规模以上工业企业数	4.37	29	13	4	3
万人专利申请量	3.89	49	27	8	6
科技意识	4.18	9	11	3	3
开展 R&D 活动的企业占比	3.07	63	67	6	4
人均科普经费投入	4.60	7	5	3	3
民众浏览科技网页频度	5.75	5	1	3	1
创新投入	3.29	72	60	7	6
人力投入	3.65	44	31	6	6
万人 R&D 人员数	3.21	55	58	5	5
研究人员占 R&D 人员比	4.26	46	23	6	7
R&D 人员全时当量	3.40	24	37	5	5
财力投入	2.94	88	81	6	6
R&D 经费投入占 GDP 百分比	2.86	80	80	4	5
企业 R&D 经费投入占主营业务收入比	2.70	83	80	6	6
企业技术获取和改造费用占主营业务收入比	3.33	64	25	4	3
创新成效	4.32	50	10	7	1
技术创新	5.33	55	4	6	1
高新技术产业增加值占规模以上工业增加值比	4.70	80	14	7	2
高新技术企业数	6.19	16	2	4	1
产业化水平	3.29	29	59	8	9
新产品销售收入占主营业务收入比	3.15	23	59	2	5
万人发明专利授权量	3.27	60	44	8	7
技术合同成交额	3.48	16	25	9	9
经济社会发展	3.77	30	20	8	7
经济增长	4.03	27	15	7	6
GDP 增长百分比	4.94	11	6	3	1

续表

指标名称	得分（分）2018年	江西省排名 2017年	江西省排名 2018年	南昌市排名 2017年	南昌市排名 2018年
万人财政收入	4.13	18	18	7	7
第三产业占GDP比重	3.01	83	73	8	7
社会生活	3.47	39	31	7	7
居民人均可支配收入	4.06	21	21	7	7
万人社会消费品零售额	3.36	35	33	6	6
城镇化率	3.38	33	33	7	7
空气质量指数	2.67	91	86	8	5

如图3-11、图3-12、表3-6所示，新建区科技创新能力总得分70.22分，排在江西省第14位，比上一年提升了31位，排在南昌市第5位，比上一年提升了3位。在一级指标中，经济社会发展排在江西省第20位，比上一年提升了10位，排在南昌市第7位，比上一年提升了1位；创新投入排在江西省第60位，比上一年提升了12位，排在南昌市第6位，比上一年提升了1位；创新成效排在江西省第10位，比上一年提升了40位，排在南昌市第1位，比上一年提升了6位；创新环境排在江西省第8位，比上一年提升了4位，排在南昌市第4位，比上一年提升了1位。

综上所述，新建区在创新成效方面得分较高，高新技术产业增加值占规模以上工业增加值比、高新技术企业数均排在江西省前列，具有一定优势。但在创新投入方面得分较低，万人R&D人员数、R&D经费投入占GDP百分比、企业R&D经费投入占主营业务收入比等排名靠后。建议该区增加科研经费投入，鼓励企业自主研发，提高产品性能，积极引进和培养人才，不断提高科技竞争力。

七、南昌县

南昌县，位于江西省南昌市南部，是江西省首府首县。2018年，该县常住人口 90.05 万人，地区 GDP 811.63 亿元。居民人均可支配收入 29 863.31 元，排在江西省第 17 位、南昌市第 6 位。万人 GDP 9.01 亿元，排在江西省第 11 位、南昌市第 5 位。GDP 增长 9%，排在江西省第 32 位、南昌市第 5 位。城镇化率 59.11%，排在江西省第 21 位、南昌市第 6 位。规模以上工业企业数 333 家，排在江西省第 3 位、南昌市第 2 位。开展 R&D 活动的企业占比 46.55%，排在江西省第 60 位、南昌市第 3 位。万人专利申请量 35.25 件，排在江西省第 10 位、南昌市第 5 位。万人发明专利授权量 0.59 件，排在江西省第 18 位、南昌市第 5 位。人均科普经费投入 1.38 元，排在江西省第 2 位、南昌市第 2 位。万人 R&D 人员数 19.18 人，排在江西省第 37 位、南昌市第 3 位。R&D 人员全时当量 1146 人·年，排在江西省第 13 位、南昌市第 3 位。高新技术产业增加值占规模以上工业增加值比 25.99%，排在江西省第 59 位、南昌市第 6 位。新产品销售收入占主营业务收入比 6.24%，排在江西省第 67 位、南昌市第 6 位。万人财政收入 1.42 亿元，排在江西省第 6 位、南昌市第 4 位。万人社会消费品零售额 2.23 亿元，排在江西省第 14 位、南昌市第 5 位。第三产业占 GDP 比重 30.52%，排在江西省第 91 位、南昌市第 9 位。具体如图 3-13、图 3-14、表 3-7 所示。

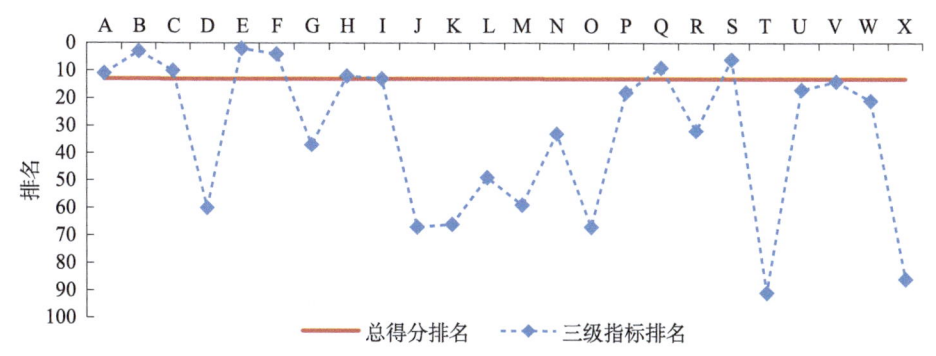

图 3-13　南昌县科技创新能力总得分、三级指标得分在江西省位次排名[①]

---

① 图注同本书 28 页图 3-1 图注。

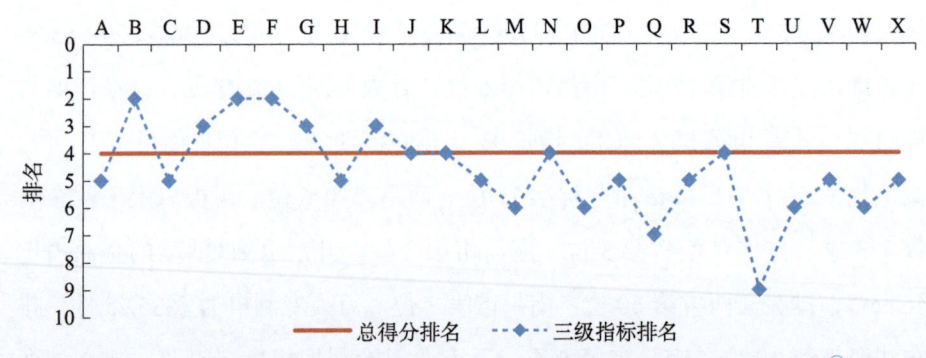

图 3-14 南昌县科技创新能力总得分、三级指标得分在南昌市位次排名[①]

表 3-7 南昌县科技创新能力评价指标得分与位次

指标名称	得分（分） 2018年	江西省排名 2017年	江西省排名 2018年	南昌市排名 2017年	南昌市排名 2018年
科技创新能力总得分	70.73	8	13	4	4
创新环境	4.85	2	2	1	1
创新基础	5.39	4	3	2	2
万人 GDP	5.17	11	11	6	5
规模以上工业企业数	5.88	5	3	2	2
万人专利申请量	5.11	7	10	3	5
科技意识	4.28	1	7	1	1
开展 R&D 活动的企业占比	3.23	53	60	4	3
人均科普经费投入	5.35	14	2	6	2
民众浏览科技网页频度	4.89	1	4	1	2
创新投入	3.56	49	34	4	3
人力投入	4.07	24	11	4	4
万人 R&D 人员数	3.42	54	37	4	3
研究人员占 R&D 人员比	4.80	30	12	5	5
R&D 人员全时当量	3.92	18	13	3	3
财力投入	3.04	77	74	4	4
R&D 经费投入占 GDP 百分比	3.04	84	67	5	4

---

① 图注同本书 28 页图 3-1 图注。

续表

指标名称	得分（分）2018年	江西省排名 2017年	江西省排名 2018年	南昌市排名 2017年	南昌市排名 2018年
企业R&D经费投入占主营业务收入比	2.96	71	66	4	4
企业技术获取和改造费用占主营业务收入比	3.15	20	49	2	5
创新成效	3.56	16	37	5	7
技术创新	3.42	16	50	3	5
高新技术产业增加值占规模以上工业增加值比	3.13	42	59	5	6
高新技术企业数	3.82	5	33	2	4
产业化水平	3.71	18	21	6	6
新产品销售收入占主营业务收入比	2.98	49	67	5	6
万人发明专利授权量	3.77	24	18	6	5
技术合同成交额	4.61	8	9	7	7
经济社会发展	3.89	16	18	6	6
经济增长	3.99	12	18	5	7
GDP增长百分比	3.99	7	32	2	5
万人财政收入	5.51	5	6	4	4
第三产业占GDP比重	2.38	92	91	9	9
社会生活	3.78	22	17	6	6
居民人均可支配收入	4.33	18	17	6	6
万人社会消费品零售额	3.99	14	14	5	5
城镇化率	3.69	21	21	6	6
空气质量指数	2.67	85	86	7	5

如图 3-13、图 3-14、表 3-7 所示，南昌县科技创新能力总得分 70.73 分，排在江西省第 13 位，比上一年下降了 5 位，排在南昌市第 4 位，与上一年位次相同。在一级指标中，经济社会发展排在江西省第 18 位，比上一年下降了 2 位，排在南昌市第 6 位，与上一年位次相同；创新投入排在江西省第 34 位，比上一年提升了 15 位，排在南昌市第 3 位，比上一年提升了 1 位；创新成效排在江西省第 37 位，比上一年下降了 21 位，排在南昌市第 7 位，比上一年下降了 2 位；创新环境排在江西省第 2 位、南昌市第 1 位，都与上一年位次相同。

综上所述，南昌县在创新环境方面得分较高，规模以上工业企业数、人均科普经费投入、民众浏览科技网页频度等均排在江西省前列。但在创新投入和创新成效方面得分较低，R&D 经费投入占 GDP 百分比、企业 R&D 经费投入占主营业务收入比、高新技术产业增加值占规模以上工业增加值比、新产品销售收入占主营业务收入比等排名靠后。建议该县加大科研经费投入，鼓励企业自主研发，提高产品性能，积极孵化和培育战略性新兴产业，提升企业技术创新能力与成果转化水平，促进产业转型与经济高质量发展。

八、安义县

安义县，位于江西省中北部，是南昌市代管郊县。2018 年，该县常住人口 19.58 万人，地区 GDP 120.19 亿元。居民人均可支配收入 24 537.5 元，排在江西省第 46 位、南昌市第 9 位。万人 GDP 6.14 亿元，排在江西省第 20 位、南昌市第 8 位。GDP 增长 8.7%，排在江西省第 44 位、南昌市第 6 位。城镇化率 51.86%，排在江西省第 47 位、南昌市第 9 位。规模以上工业企业数 149 家，排在江西省第 25 位、南昌市第 4 位。开展 R&D 活动的企业占比 40.27%，排在江西省第 79 位、南昌市第 6 位。万人专利申请量 37.95 件，排在江西省第 5 位、南昌市第 3 位。万人发明专利授权量 0.05 件，排在江西省第 88 位、南昌市第 9 位。人均科普经费投入 0.48 元，排在江西省第 38 位、南昌市第 8 位。万人 R&D 人员数 15.58 人，排在江西省第 45 位、南昌市第 4 位。R&D 人员全时当量 170 人·年，排在江西省第 79 位、南昌市第 6 位。R&D 经费投入占 GDP 百分比 0.77%，排在江西省第 57 位、南昌市第 3 位。高新技术产业增加值占规模以上工业增加值比 37.91%，排在江西省第 39 位、南昌市第 4 位。新产品销售收入占主营业务收入比 13.66%，排在江西省第 33 位、南昌市第 2 位。万人财政收入 0.8 亿元，排在江西省第 23 位、南昌市第 8 位。万人社会消费品零售额 1.2 亿元，排在江西省第 45 位、南昌市第 9 位。第三产业占 GDP 比重 42.06%，排在江西省第 53 位、南昌市第 6 位。具体如图 3-15、图 3-16、表 3-8 所示。

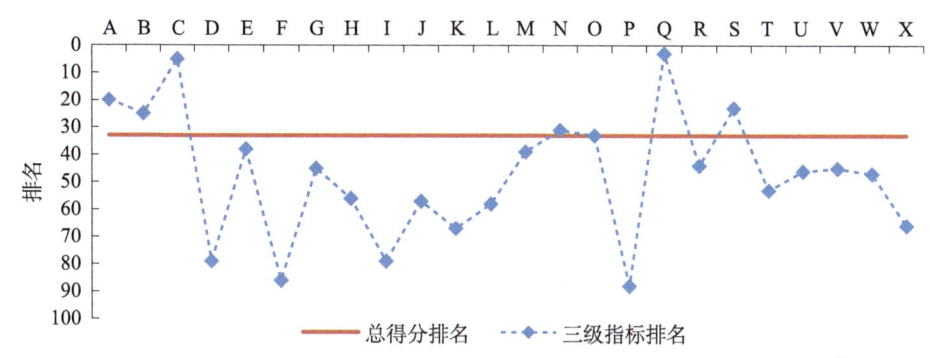

图 3-15 安义县科技创新能力总得分、三级指标得分在江西省位次排名[①]

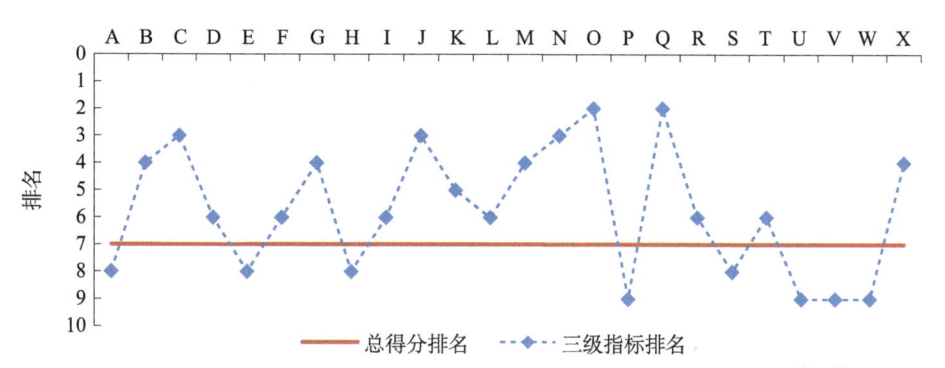

图 3-16 安义县科技创新能力总得分、三级指标得分在南昌市位次排名[②]

表 3-8 安义县科技创新能力评价指标得分与位次

指标名称	得分（分）	江西省排名		南昌市排名	
	2018年	2017年	2018年	2017年	2018年
科技创新能力总得分	65.33	34	33	6	7
创新环境	3.69	21	28	6	7
创新基础	4.44	14	11	4	4
万人GDP	4.04	21	20	8	8
规模以上工业企业数	3.82	25	25	3	4
万人专利申请量	5.35	13	5	4	3
科技意识	2.90	44	87	6	8
开展R&D活动的企业占比	2.85	41	79	2	6
人均科普经费投入	3.43	30	38	8	8

①② 图注同本书 28 页图 3-1 图注。

续表

指标名称	得分（分） 2018年	江西省排名 2017年	江西省排名 2018年	南昌市排名 2017年	南昌市排名 2018年
民众浏览科技网页频度	2.33	60	86	8	6
创新投入	3.14	67	75	5	8
人力投入	3.20	47	66	7	8
万人R&D人员数	3.29	27	45	3	4
研究人员占R&D人员比	3.29	48	56	8	8
R&D人员全时当量	2.99	55	79	6	6
财力投入	3.08	80	70	5	3
R&D经费投入占GDP百分比	3.15	69	57	3	3
企业R&D经费投入占主营业务收入比	2.96	81	67	5	5
企业技术获取和改造费用占主营业务收入比	3.13	70	58	5	6
创新成效	4.11	30	13	6	3
技术创新	3.82	46	29	5	3
高新技术产业增加值占规模以上工业增加值比	3.78	39	39	4	4
高新技术企业数	3.88	46	31	5	3
产业化水平	4.41	16	10	5	5
新产品销售收入占主营业务收入比	3.78	46	33	4	2
万人发明专利授权量	2.97	23	88	5	9
技术合同成交额	6.84	7	3	6	2
经济社会发展	3.46	29	37	7	8
经济增长	3.59	23	34	6	8
GDP增长百分比	3.52	16	44	4	6
万人财政收入	3.90	25	23	8	8
第三产业占GDP比重	3.32	46	53	4	6
社会生活	3.31	44	46	8	9
居民人均可支配收入	3.50	46	46	9	9
万人社会消费品零售额	3.23	52	45	9	9
城镇化率	3.22	46	47	8	9
空气质量指数	3.16	50	66	4	4

如图 3-15、图 3-16、表 3-8 所示，安义县科技创新能力总得分 65.33 分，排在江西省第 33 位，比上一年提升了 1 位，排在南昌市第 7 位，比上一年下降了 1 位。在一级指标中，经济社会发展排在江西省第 37 位，比上一年下降了 8 位，排在南昌市第 8 位，比上一年下降了 1 位；创新投入排在江西省第 75 位，比上一年下降了 8 位，排在南昌市第 8 位，比上一年下降了 3 位；创新成效排在江西省第 13 位，比上一年提升了 17 位，排在南昌市第 3 位，比上一年提升了 3 位；创新环境排在江西省第 28 位，比上一年下降了 7 位，排在南昌市第 7 位，比上一年下降了 1 位。

综上所述，安义县在创新成效方面得分较高，技术合同成交额排在江西省前列，具有一定优势。但在创新投入和经济社会发展方面得分较低，R&D 人员全时当量、企业 R&D 经费投入占主营业务收入比、第三产业占 GDP 比重、空气质量指数等排名靠后。建议该县在创新人力投入、科研经费投入方面进一步强化和提升，注重节能环保，发展低碳经济，不断提高科技促进经济社会发展的能力。

九、进贤县

进贤县，位于江西省中部偏北，是江西省南昌市下辖县。2018 年，该县常住人口 74.23 万人，地区 GDP 362.68 亿元。居民人均可支配收入 26 747.4 元，排在江西省第 24 位、南昌市第 8 位。万人 GDP 4.89 亿元，排在江西省第 34 位、南昌市第 9 位。GDP 增长 9.1%，排在江西省第 26 位、南昌市第 4 位。城镇化率 51.91%，排在江西省第 46 位、南昌市第 8 位。规模以上工业企业数 144 家，排在江西省第 28 位、南昌市第 5 位。开展 R&D 活动的企业占比 41.67%，排在江西省第 74 位、南昌市第 5 位。万人专利申请量 11.42 件，排在江西省第 69 位、南昌市第 9 位。万人 R&D 人员数 13.31 人，排在江西省第 60 位、南昌市第 6 位。研究人员占 R&D 人员比 40.08%，排在江西省第 18 位、南昌市第 6 位。R&D 人员全时当量 913 人·年，排在江西省第 20 位、南昌市第 4 位。高新技术产业增加值占规模以上工业增加值比 64.73%，排在江西省第 6 位、南昌市第 1 位。新产品销售收入占主营业务收入比 9.11%，排在江西省第49位、南昌市第4位。万人财政收入0.4亿元，排在江西省第74位、南昌市第9位。万人社会消费品零售额1.33亿元，排在江西省第36位、南昌市第7位。第三产业占GDP比重36.48%，排在江西省第81位、南昌市第8位。具体如图3-17、图3-18、表3-9所示。

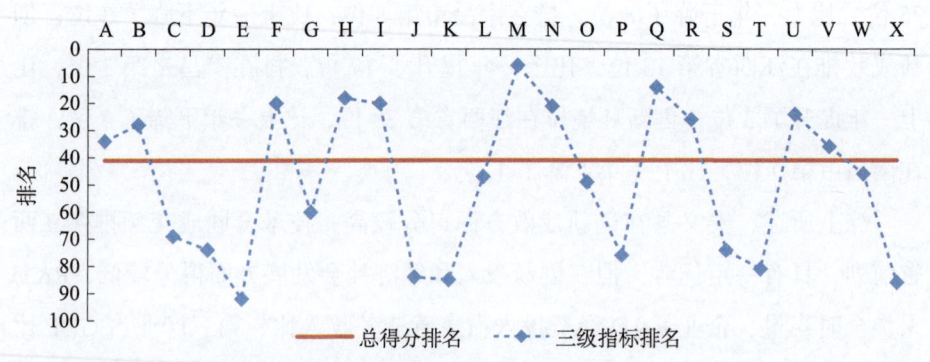

图3-17 进贤县科技创新能力总得分、三级指标得分在江西省位次排名[①]

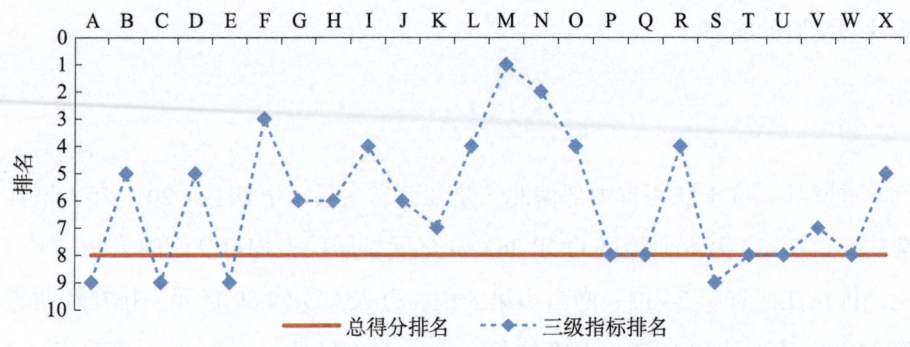

图3-18 进贤县科技创新能力总得分、三级指标得分在南昌市位次排名[②]

表3-9 进贤县科技创新能力评价指标得分与位次

指标名称	得分（分）	江西省排名		南昌市排名	
	2018年	2017年	2018年	2017年	2018年
科技创新能力总得分	64.30	35	41	7	8
创新环境	3.28	80	70	9	8
创新基础	3.40	59	46	9	9

①② 图注同本书28页图3-1图注。

续表

指标名称	得分（分）2018年	江西省排名 2017年	江西省排名 2018年	南昌市排名 2017年	南昌市排名 2018年
万人 GDP	3.55	33	34	9	9
规模以上工业企业数	3.77	49	28	5	5
万人专利申请量	2.91	70	69	9	9
科技意识	3.16	82	76	9	7
开展 R&D 活动的企业占比	2.93	60	74	5	5
人均科普经费投入	2.66	89	92	9	9
民众浏览科技网页频度	4.26	62	20	9	3
创新投入	3.31	71	59	6	5
人力投入	3.79	37	21	5	5
万人 R&D 人员数	3.21	65	60	7	6
研究人员占 R&D 人员比	4.41	40	18	6	6
R&D 人员全时当量	3.70	22	20	4	4
财力投入	2.83	91	89	7	7
R&D 经费投入占 GDP 百分比	2.74	90	84	6	6
企业 R&D 经费投入占主营业务收入比	2.65	84	85	7	7
企业技术获取和改造费用占主营业务收入比	3.16	71	47	6	4
创新成效	4.10	15	14	4	4
技术创新	4.84	5	6	2	2
高新技术产业增加值占规模以上工业增加值比	5.23	5	6	1	1
高新技术企业数	4.31	12	21	3	2
产业化水平	3.34	53	50	9	8
新产品销售收入占主营业务收入比	3.29	61	49	6	4
万人发明专利授权量	3.01	70	76	9	9
技术合同成交额	3.78	13	14	8	8
经济社会发展	3.32	64	49	9	9
经济增长	3.30	70	59	9	9
GDP 增长百分比	4.15	29	26	6	4
万人财政收入	2.89	78	74	9	9

续表

指标名称	得分（分）	江西省排名		南昌市排名	
	2018年	2017年	2018年	2017年	2018年
第三产业占GDP比重	2.87	81	81	7	8
社会生活	3.35	57	40	9	8
居民人均可支配收入	3.85	25	24	8	8
万人社会消费品零售额	3.33	43	36	8	7
城镇化率	3.22	50	46	9	8
空气质量指数	2.67	92	86	9	5

如图3-17、图3-18、表3-9所示，进贤县科技创新能力总得分64.30分，排在江西省第41位，比上一年下降了6位，排在南昌市第8位，比上一年下降了1位。在一级指标中，经济社会发展排在江西省第49位，比上一年提升了15位，排在南昌市第9位，与上一年位次相同；创新投入排在江西省第59位，比上一年提升了12位，排在南昌市第5位，比上一年提升了1位；创新成效排在江西省第14位，比上一年提升了1位，排在南昌市第4位，与上一年位次相同；创新环境排在江西省第70位，比上一年提升了10位，排在南昌市第8位，比上一年提升了1位。

综上所述，进贤县在创新成效方面得分较高，高新技术产业增加值占规模以上工业增加值比、技术合同成交额均排在江西省前列，具有一定优势。但在创新环境和创新投入方面得分较低，万人专利申请量、开展R&D活动的企业占比、人均科普经费投入、万人R&D人员数、R&D经费投入占GDP百分比、企业R&D经费投入占主营业务收入比等排名靠后。建议该县加大科普宣传力度，提高企业及民众科技意识、专利意识，加大科研经费投入，支持企业自主研发，提升产品性能，积极引进和培养人才，提高科技竞争力。

第二节 景德镇市

一、昌江区

昌江区位于江西省景德镇市市辖区。2018 年，该区常住人口 16.47 万人，地区 GDP 214.21 亿元。居民人均可支配收入 35 054.43 元，排在江西省第 9 位、景德镇市第 2 位。万人 GDP 13.01 亿元，排在江西省第 1 位、景德镇市第 1 位。GDP 增长 7.6%，排在江西省第 95 位、景德镇市第 4 位。城镇化率 83.88%，排在江西省第 9 位、景德镇市第 2 位。规模以上工业企业数 96 家，排在江西省第 56 位、景德镇市第 3 位。开展 R&D 活动的企业占比 51.04%，排在江西省第 50 位、景德镇市第 2 位。万人专利申请量 44.02 件，排在江西省第 3 位、景德镇市第 1 位。万人发明专利授权量 3.76 件，排在江西省第 2 位、景德镇市第 1 位。人均科普经费投入 0.46 元，排在江西省第 41 位、景德镇市第 3 位。万人 R&D 人员数 75.96 人，排在江西省第 4 位、景德镇市第 1 位。研究人员占 R&D 人员比 34.93%，排在江西省第 31 位、景德镇市第 3 位。R&D 人员全时当量 803 人·年，排在江西省第 24 位、景德镇市第 2 位。R&D 经费投入占 GDP 百分比 1.44%，排在江西省第 25 位、景德镇市第 2 位。新产品销售收入占主营业务收入比 14.12%，排在江西省第 31 位、景德镇市第 2 位。万人财政收入 1.08 亿元，排在江西省第 13 位、景德镇市第 1 位。万人社会消费品零售额 4.95 亿元，排在江西省第 6 位、景德镇市第 1 位。第三产业占 GDP 比重 36.68%，排在江西省第 80 位、景德镇市第 3 位。具体如图 3-19、图 3-20、表 3-10 所示。

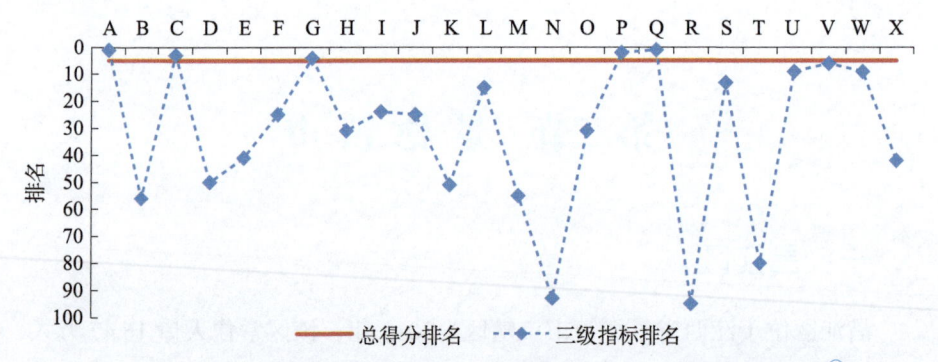

图 3-19　昌江区科技创新能力总得分、三级指标得分在江西省位次排名[①]

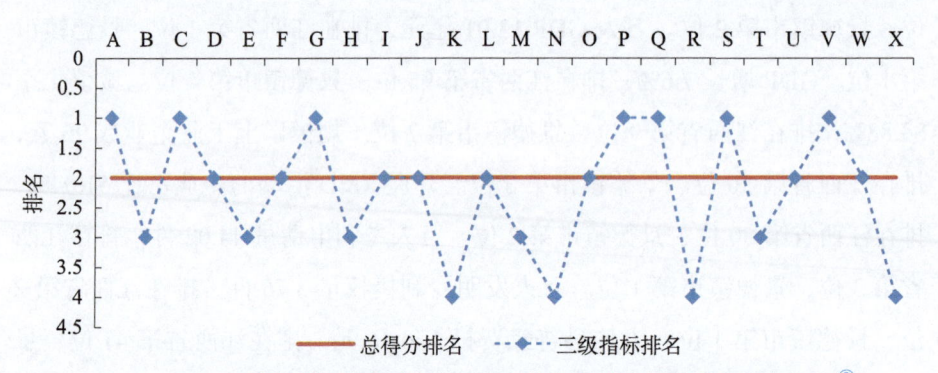

图 3-20　昌江区科技创新能力总得分、三级指标得分在景德镇市位次排名[②]

表 3-10　昌江区科技创新能力评价指标得分与位次

指标名称	得分（分）	江西省排名		景德镇市排名	
	2018 年	2017 年	2018 年	2017 年	2018 年
科技创新能力总得分	79.25	3	5	1	2
创新环境	4.45	4	5	1	1
创新基础	5.22	3	4	1	1
万人 GDP	6.73	1	1	1	1
规模以上工业企业数	3.23	51	56	2	3
万人专利申请量	5.91	4	3	1	1
科技意识	3.63	13	41	2	3
开展 R&D 活动的企业占比	3.51	4	50	1	2
人均科普经费投入	3.39	45	41	3	3

①② 图注同本书 28 页图 3-1 图注。

续表

指标名称	得分（分） 2018年	江西省排名 2017年	江西省排名 2018年	景德镇市排名 2017年	景德镇市排名 2018年
民众浏览科技网页频度	4.19	95	25	3	2
创新投入	3.95	5	14	2	2
人力投入	4.33	5	6	2	2
万人R&D人员数	5.49	3	4	1	1
研究人员占R&D人员比	3.90	29	31	3	3
R&D人员全时当量	3.59	13	24	2	2
财力投入	3.59	12	34	2	3
R&D经费投入占GDP百分比	3.73	8	25	2	2
企业R&D经费投入占主营业务收入比	3.25	13	51	2	4
企业技术获取和改造费用占主营业务收入比	3.82	48	15	3	2
创新成效	4.94	2	3	1	1
技术创新	2.87	34	76	1	4
高新技术产业增加值占规模以上工业增加值比	3.28	32	55	2	3
高新技术企业数	2.31	29	93	1	4
产业化水平	7.09	1	1	1	1
新产品销售收入占主营业务收入比	3.83	18	31	2	2
万人发明专利授权量	8.51	1	2	1	1
技术合同成交额	9.88	1	1	1	1
经济社会发展	4.03	19	14	2	2
经济增长	3.13	97	75	3	2
GDP增长百分比	1.77	99	95	4	4
万人财政收入	4.64	22	13	1	1
第三产业占GDP比重	2.88	74	80	3	3
社会生活	5.06	9	7	2	2
居民人均可支配收入	5.14	9	9	2	2
万人社会消费品零售额	5.99	6	6	1	1
城镇化率	5.30	9	9	2	2
空气质量指数	3.52	55	42	3	4

如图3-19、图3-20、表3-10所示，昌江区科技创新能力总得分79.25分，排在江西省第5位，比上一年下降了2位，排在景德镇市第2位，比上一年下降了1位。在一级指标中，经济社会发展排在江西省第14位，比上一年提升了5位，排在景德镇市第2位，与上一年位次相同；创新投入排在江西省第14位，比上一年下降了9位，排在景德镇市第2位，与上一年位次相同；创新成效排在江西省第3位，比上一年下降了1位，排在景德镇市第1位，与上一年位次相同；创新环境排在江西省第5位，比上一年下降了1位，排在景德镇市第1位，与上一年位次相同。

综上所述，昌江区在创新成效方面得分较高，科技成果的产业化水平排在江西省第一，具有明显优势。但在经济社会发展方面得分较低，GDP增长百分比、第三产业占GDP比重等排名靠后。建议该区加大科技创新人力和财力投入，加强第三产业发展，提高经济增长质量。

二、珠山区

珠山区位于江西省东北部，是景德镇市中心城区。2018年，该区常住人口33.78万人，地区GDP 203.39亿元。居民人均可支配收入39 518元，排在江西省第5位、景德镇市第1位。万人GDP 6.02亿元，排在江西省第21位、景德镇市第2位。GDP增长8.2%，排在江西省第76位、景德镇市第3位。城镇化率100%，排在江西省第1位、景德镇市第1位。开展R&D活动的企业占比52.17%，排在江西省第45位、景德镇市第1位。万人专利申请量21.31件，排在江西省第30位、景德镇市第2位。万人发明专利授权量2.01件，排在江西省第5位、景德镇市第2位。人均科普经费投入0.18元，排在江西省第89位、景德镇市第4位。万人R&D人员数59.24人，排在江西省第6位、景德镇市第2位。研究人员占R&D人员比55.92%，排在江西省第2位、景德镇市第1位。R&D人员全时当量1924人·年，排在江西省第7位、景德镇市第1位。R&D经费投入占GDP百分比4.23%，排在江西省第4位、景德镇市第1位。高新技术产业增加值占规模以上工业增加值比65.8%，排在江西省第5位、景德镇市第1位。新产品销售收入占主营业务收入比

37.55%，排在江西省第 4 位、景德镇市第 1 位。万人财政收入 0.63 亿元，排在江西省第 37 位、景德镇市第 2 位。万人社会消费品零售额 3.72 亿元，排在江西省第 8 位、景德镇市第 2 位。第三产业占 GDP 比重 75.69%，排在江西省第 3 位、景德镇市第 1 位。具体如图 3-21、图 3-22、表 3-11 所示。

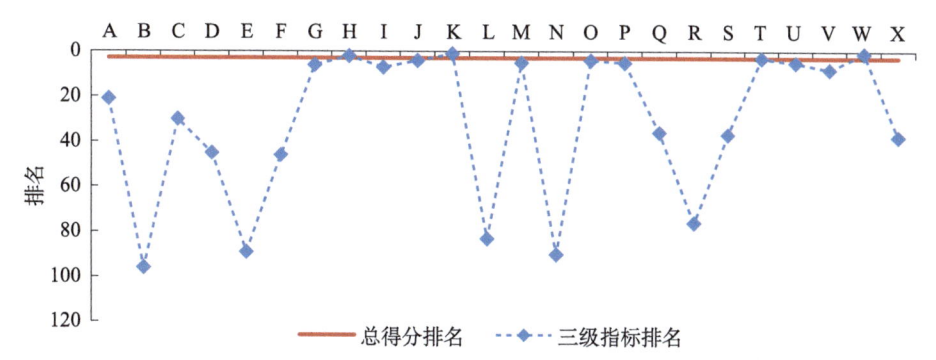

图 3-21　珠山区科技创新能力总得分、三级指标得分在江西省位次排名 ①

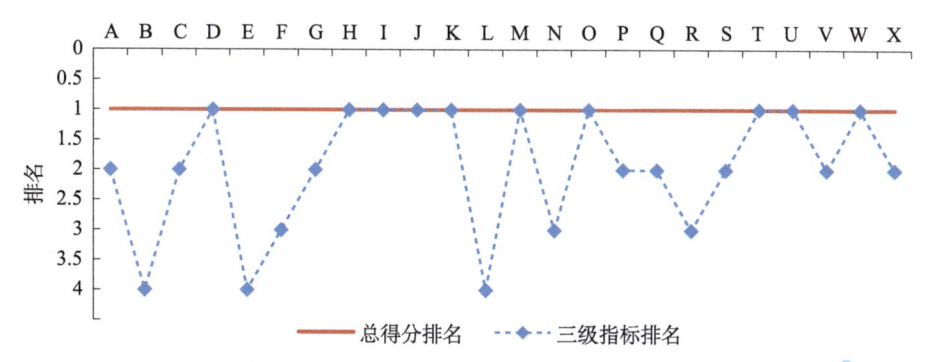

图 3-22　珠山区科技创新能力总得分、三级指标得分在景德镇市位次排名 ②

表 3-11　珠山区科技创新能力评价指标得分与位次

指标名称	得分（分）	江西省排名		景德镇市排名	
	2018 年	2017 年	2018 年	2017 年	2018 年
科技创新能力总得分	84.92	4	3	2	1
创新环境	3.38	86	57	4	3
创新基础	3.39	36	47	3	2

①② 图注同本书 28 页图 3-1 图注。

续表

指标名称	得分（分） 2018年	江西省排名 2017年	江西省排名 2018年	景德镇市排名 2017年	景德镇市排名 2018年
万人GDP	4.00	17	21	2	2
规模以上工业企业数	2.41	92	96	4	4
万人专利申请量	3.82	23	30	3	2
科技意识	3.38	98	65	4	4
开展R&D活动的企业占比	3.58	92	45	4	1
人均科普经费投入	2.78	90	89	4	4
民众浏览科技网页频度	3.77	100	46	4	3
创新投入	5.50	3	3	1	1
人力投入	5.21	3	3	1	1
万人R&D人员数	4.88	5	6	2	2
研究人员占R&D人员比	5.98	1	2	1	1
R&D人员全时当量	4.65	8	7	1	1
财力投入	5.79	2	2	1	1
R&D经费投入占GDP百分比	6.14	5	4	1	1
企业R&D经费投入占主营业务收入比	7.64	1	1	1	1
企业技术获取和改造费用占主营业务收入比	3.06	47	83	2	4
创新成效	4.69	3	5	2	2
技术创新	4.06	38	25	2	1
高新技术产业增加值占规模以上工业增加值比	5.29	21	5	1	1
高新技术企业数	2.37	81	90	4	3
产业化水平	5.34	3	3	2	2
新产品销售收入占主营业务收入比	6.38	1	4	1	1
万人发明专利授权量	5.90	4	5	2	2
技术合同成交额	3.32	49	36	2	2
经济社会发展	4.67	10	7	1	1
经济增长	4.07	63	13	1	1
GDP增长百分比	2.72	98	76	3	3
万人财政收入	3.46	55	37	3	2

续表

指标名称	得分（分）	江西省排名		景德镇市排名	
	2018年	2017年	2018年	2017年	2018年
第三产业占GDP比重	6.08	5	3	1	1
社会生活	5.36	5	5	1	1
居民人均可支配收入	5.84	5	5	1	1
万人社会消费品零售额	5.08	8	8	2	2
城镇化率	6.35	1	1	1	1
空气质量指数	3.60	59	38	4	2

如图3-21、图3-22、表3-11所示，珠山区科技创新能力总得分84.92分，排在江西省第3位，比上一年提升了1位，排在景德镇市第1位，比上一年提升了1位。在一级指标中，经济社会发展排在江西省第7位，比上一年提升了3位，排在景德镇市第1位，与上一年位次相同；创新投入排在江西省第3位、景德镇市第1位，都与上一年位次相同；创新成效排在江西省第5位，比上一年下降了2位，排在景德镇市第2位，与上一年位次相同；创新环境排在江西省第57位，比上一年提升了29位，排在景德镇市第3位，比上一年提升了1位。

综上所述，珠山区在创新投入方面得分较高，研究人员占R&D人员比、企业R&D经费投入占主营业务收入比均排在江西省前列，具有一定优势。但在创新环境方面得分较低，规模以上工业企业数、人均科普经费投入等排名靠后。建议该区做大做强优势产业，夯实创新基础，积极开展科普宣传活动，提高企业及民众科技意识，不断提高科技竞争力。

三、浮梁县

浮梁县位于江西省东北部，隶属景德镇市。2018年，该县常住人口31.79万人，地区GDP 120.88亿元。居民人均可支配收入23 187.3元，排在江西省第54位、景德镇市第4位。万人GDP 3.8亿元，排在江西省第53位、景德镇市第3位。GDP增长8.3%，排在江西省第69位、景德镇市第2位。

城镇化率 48.4%，排在江西省第 69 位、景德镇市第 4 位。开展 R&D 活动的企业占比 42.42%，排在江西省第 71 位、景德镇市第 3 位。万人专利申请量 18.5 件，排在江西省第 43 位、景德镇市第 3 位。万人发明专利授权量 0.41 件，排在江西省第 26 位、景德镇市第 3 位。人均科普经费投入 1.26 元，排在江西省第 3 位、景德镇市第 1 位。万人 R&D 人员数 17.14 人，排在江西省第 42 位、景德镇市第 3 位。研究人员占 R&D 人员比 37.25%，排在江西省第 25 位、景德镇市第 2 位。R&D 经费投入占 GDP 百分比 0.55%，排在江西省第 74 位、景德镇市第 4 位。万人财政收入 0.38 亿元，排在江西省第 78 位、景德镇市第 4 位。万人社会消费品零售额 0.85 亿元，排在江西省第 77 位、景德镇市第 4 位。第三产业占 GDP 比重 32.07%，排在江西省第 88 位、景德镇市第 4 位。具体如图 3-23、图 3-24、表 3-12 所示。

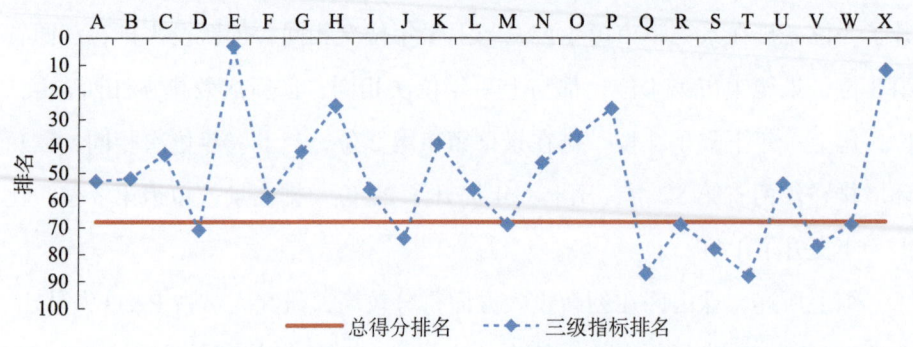

图 3-23　浮梁县科技创新能力总得分、三级指标得分在江西省位次排名[①]

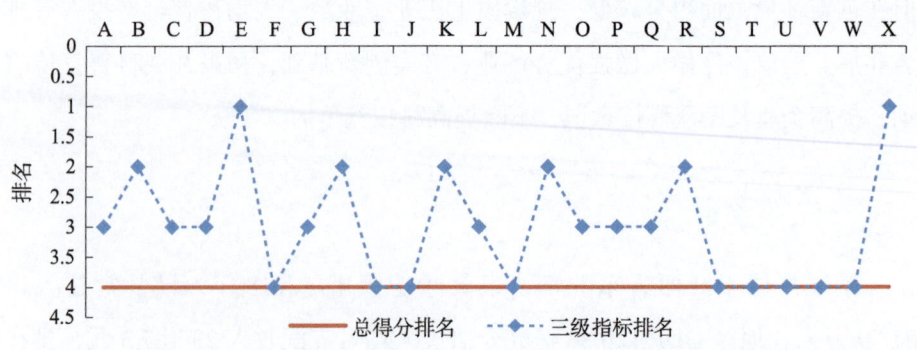

图 3-24　浮梁县科技创新能力总得分、三级指标得分在景德镇市位次排名[②]

[①][②]　图注同本书 28 页图 3-1 图注。

表 3-12　浮梁县科技创新能力评价指标得分与位次

指标名称	得分（分）2018年	江西省排名 2017年	江西省排名 2018年	景德镇市排名 2017年	景德镇市排名 2018年
科技创新能力总得分	60.28	66	68	3	4
创新环境	3.55	11	43	2	2
创新基础	3.33	23	51	2	3
万人GDP	3.13	53	53	3	3
规模以上工业企业数	3.26	53	52	3	2
万人专利申请量	3.56	9	43	2	3
科技意识	3.77	6	32	1	1
开展R&D活动的企业占比	2.98	31	71	2	3
人均科普经费投入	5.10	3	3	1	1
民众浏览科技网页频度	3.56	41	59	1	4
创新投入	3.38	29	53	3	4
人力投入	3.59	19	38	3	3
万人R&D人员数	3.35	56	42	3	3
研究人员占R&D人员比	4.13	7	25	2	2
R&D人员全时当量	3.22	83	56	4	4
财力投入	3.17	45	64	4	4
R&D经费投入占GDP百分比	2.96	26	74	3	4
企业R&D经费投入占主营业务收入比	3.42	45	39	3	2
企业技术获取和改造费用占主营业务收入比	3.13	54	56	4	3
创新成效	3.26	88	59	4	4
技术创新	3.09	83	67	4	3
高新技术产业增加值占规模以上工业增加值比	2.87	85	69	4	4
高新技术企业数	3.40	63	46	3	2
产业化水平	3.42	82	41	4	3
新产品销售收入占主营业务收入比	3.70	79	36	4	3
万人发明专利授权量	3.50	55	26	4	3
技术合同成交额	2.96	76	87	3	3
经济社会发展	3.03	94	88	4	4

续表

指标名称	得分（分） 2018年	江西省排名 2017年	江西省排名 2018年	景德镇市排名 2017年	景德镇市排名 2018年
经济增长	2.74	99	94	4	4
GDP增长百分比	2.88	96	69	2	2
万人财政收入	2.82	79	78	4	4
第三产业占GDP比重	2.51	82	88	4	4
社会生活	3.35	32	38	4	4
居民人均可支配收入	3.29	52	54	4	4
万人社会消费品零售额	2.98	81	77	4	4
城镇化率	3.00	68	69	4	4
空气质量指数	4.37	12	12	1	1

如图3-23、图3-24、表3-12所示，浮梁县科技创新能力总得分60.28分，排在江西省第68位，比上一年下降了2位，排在景德镇市第4位，比上一年下降了1位。在一级指标中，经济社会发展排在江西省第88位，比上一年提升了6位，排在景德镇市第4位，与上一年位次相同；创新投入排在江西省第53位，比上一年下降了24位，排在景德镇市第4位，比上一年下降了1位；创新成效排在江西省第59位，比上一年提升了29位，排在景德镇市第4位，与上一年位次相同；创新环境排在江西省第43位，比上一年下降了32位，排在景德镇市第2位，与上一年位次相同。

综上所述，浮梁县在创新环境方面得分相对较高，人均科普经费投入排在江西省前列，具有一定优势。但在创新投入、创新成效和经济社会发展方面得分较低，R&D经费投入占GDP百分比、技术合同成交额、第三产业占GDP比重等排名靠后。建议该县加大科研经费投入，鼓励企业自主研发，提高科技成果转移转化能力，加强第三产业发展，提高经济增长质量。

四、乐平市

乐平市位于江西省东北部，是景德镇市下辖县级市。2018年，该市常住人口85.28万人，地区GDP 308.11亿元。居民人均可支配收入26 732.79元，排在江西省第 25 位、景德镇市第 3 位。万人 GDP 3.61 亿元，排在江西省第 59 位、景德镇市第 4 位。GDP 增长 8.5%，排在江西省第 58 位、景德镇市第 1 位。城镇化率 57.48%，排在江西省第 23 位、景德镇市第 3 位。规模以上工业企业数 113 家，排在江西省第 38 位、景德镇市第 1 位。开展 R&D 活动的企业占比 36.28%，排在江西省第 85 位、景德镇市第 4 位。万人专利申请量 3.67 件，排在江西省第 99 位、景德镇市第 4 位。万人发明专利授权量 0.13 件，排在江西省第 63 位、景德镇市第 4 位。人均科普经费投入 1.03 元，排在江西省第 5 位、景德镇市第 2 位。R&D 人员全时当量 646 人·年，排在江西省第 34 位、景德镇市第 3 位。R&D 经费投入占 GDP 百分比 0.84%，排在江西省第 53 位、景德镇市第 3 位。企业技术获取和改造费用占主营业务收入比 0.69%，排在江西省第 6 位、景德镇市第 1 位。高新技术产业增加值占规模以上工业增加值比 29.18%，排在江西省第 53 位、景德镇市第 2 位。新产品销售收入占主营业务收入比 8.87%，排在江西省第 52 位、景德镇市第 4 位。万人财政收入 0.51 亿元，排在江西省第 55 位、景德镇市第 3 位。万人社会消费品零售额 1.25 亿元，排在江西省第 42 位、景德镇市第 3 位。第三产业占 GDP 比重 37.83%，排在江西省第 75 位、景德镇市第 2 位。具体如图 3-25、图 3-26、表 3-13 所示。

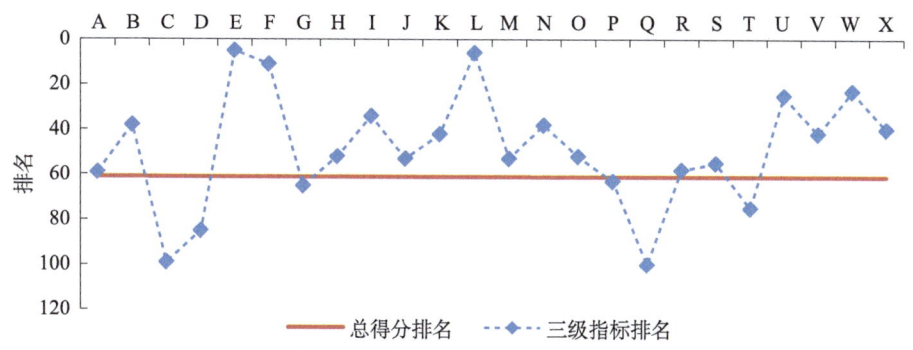

图 3-25 乐平市科技创新能力总得分、三级指标得分在江西省位次排名[①]

---

① 图注同本书 28 页图 3-1 图注。

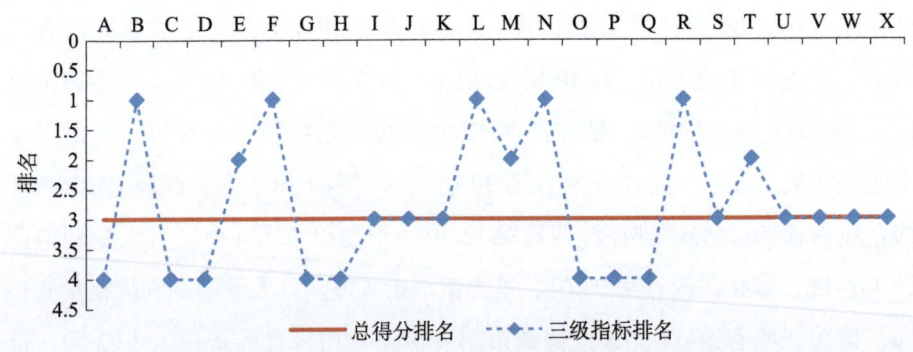

图 3-26 乐平市科技创新能力总得分、三级指标得分在景德镇市位次排名[①]

表 3-13 乐平市科技创新能力评价指标得分与位次

指标名称	得分（分）2018年	江西省排名 2017年	江西省排名 2018年	景德镇市排名 2017年	景德镇市排名 2018年
科技创新能力总得分	61.60	75	61	4	3
创新环境	3.27	77	72	3	4
创新基础	2.87	74	85	4	4
万人 GDP	3.06	55	59	4	4
规模以上工业企业数	3.42	34	38	1	1
万人专利申请量	2.20	97	99	4	4
科技意识	3.69	63	38	3	2
开展 R&D 活动的企业占比	2.60	76	85	3	4
人均科普经费投入	4.60	16	5	2	2
民众浏览科技网页频度	4.57	52	11	2	1
创新投入	3.60	52	30	4	3
人力投入	3.29	71	54	4	4
万人 R&D 人员数	3.10	64	65	4	4
研究人员占 R&D 人员比	3.33	68	52	4	4
R&D 人员全时当量	3.44	31	34	3	3
财力投入	3.90	35	18	3	2
R&D 经费投入占 GDP 百分比	3.21	48	53	4	3

① 图注同本书 28 页图 3-1 图注。

续表

指标名称	得分（分） 2018年	江西省排名 2017年	江西省排名 2018年	景德镇市排名 2017年	景德镇市排名 2018年
企业R&D经费投入占主营业务收入比	3.38	47	42	4	3
企业技术获取和改造费用占主营业务收入比	5.42	10	6	1	1
创新成效	3.27	57	54	3	3
技术创新	3.47	48	48	3	2
高新技术产业增加值占规模以上工业增加值比	3.31	50	53	3	2
高新技术企业数	3.70	40	38	2	1
产业化水平	3.07	77	78	3	4
新产品销售收入占主营业务收入比	3.26	56	52	3	4
万人发明专利授权量	3.09	49	63	3	4
技术合同成交额	2.79	100	100	4	4
经济社会发展	3.34	79	47	3	3
经济增长	3.11	95	78	2	3
GDP增长百分比	3.20	92	58	1	1
万人财政收入	3.16	54	55	2	3
第三产业占GDP比重	2.98	58	75	2	2
社会生活	3.59	26	26	3	3
居民人均可支配收入	3.85	24	25	3	3
万人社会消费品零售额	3.27	51	42	3	3
城镇化率	3.59	23	23	3	3
空气质量指数	3.53	41	40	2	3

如图3-25、图3-26、表3-13所示，乐平市科技创新能力总得分61.60分，排在江西省第61位，比上一年提升了14位，排在景德镇市第3位，比上一年提升了1位。在一级指标中，经济社会发展排在江西省第47位，比上一年提升了32位，排在景德镇市第3位，与上一年位次相同；创新投入排在江西省第30位，比上一年提升了22位，排在景德镇市第3位，比上一年提升了1位；创新成效排在江西省第54位，比上一年提升了3位，排在景德镇市第3位，与上一年位次相同；创新环境排在江西省第72位，比上一年提升了5

位，排在景德镇市第 4 位，比上一年下降了 1 位。

综上所述，乐平市在创新投入方面得分较高，企业技术获取和改造费用占主营业务收入比排在江西省前列，具有一定优势。但在创新环境和创新成效方面得分较低，万人专利申请量、开展 R&D 活动的企业占比、技术合同成交额等排名靠后。建议该市加强知识产权管理，加大科普宣传力度，营造科技创新氛围，加强科技成果转移转化能力，有效发挥科技带动经济发展的作用。

第三节　萍　乡　市

一、安源区

安源区位于江西省西部，是江西省萍乡市市辖区。2018 年，该区常住人口 47.52 万人，地区 GDP 270.88 亿元。居民人均可支配收入 37 832.62 元，排在江西省第 7 位、萍乡市第 1 位。万人 GDP 5.7 亿元，排在江西省第 22 位、萍乡市第 1 位。GDP 增长 8.7%，排在江西省第 44 位、萍乡市第 2 位。城镇化率 99.55%，排在江西省第 6 位、萍乡市第 1 位。规模以上工业企业数 123 家，排在江西省第 34 位、萍乡市第 2 位。开展 R&D 活动的企业占比 55.28%，排在江西省第 40 位、萍乡市第 3 位。万人专利申请量 19.99 件，排在江西省第 35 位、萍乡市第 2 位。万人发明专利授权量 0.27 件，排在江西省第 40 位、萍乡市第 4 位。人均科普经费投入 0.3 元，排在江西省第 58 位、萍乡市第 3 位。万人 R&D 人员数 29.55 人，排在江西省第 17 位、萍乡市第 1 位。研究人员占 R&D 人员比 20.58%，排在江西省第 84 位、萍乡市第 5 位。R&D 人员全时当量 1297 人·年，排在江西省第 11 位、萍乡市第 1 位。R&D 经费投入占 GDP 百分比 1.37%，排在江西省第 27 位、萍乡市第 3 位。高新技术产业增加值占规模以上工业增加值比 38.9%，排在江西省第 36 位、萍乡市第 4 位。万人财政收入 0.97 亿元，排在江西省第 16 位、萍乡市第 1 位。万人社会消费品零售额 3.29 亿元，排在江西省第 11 位、萍乡市第 1 位。第三产业占 GDP 比重 60.8%，排在江西省第 10 位、萍乡市第 1 位。具体如图 3-27、图 3-28、表 3-14 所示。

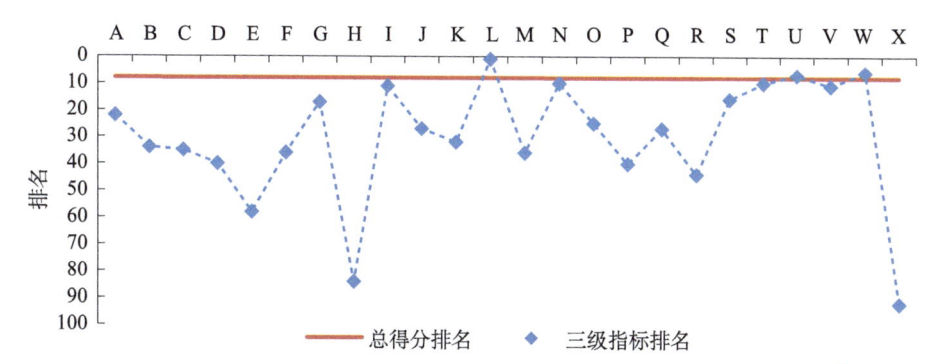

图 3-27　安源区科技创新能力总得分、三级指标得分在江西省位次排名①

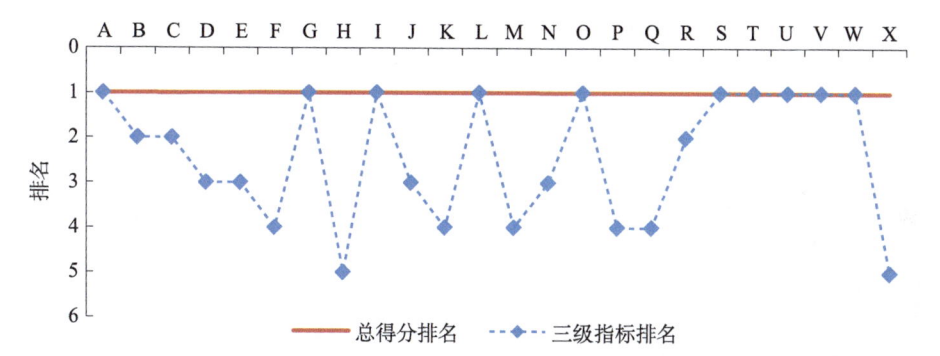

图 3-28　安源区科技创新能力总得分、三级指标得分在萍乡市位次排名②

表 3-14　安源区科技创新能力评价指标得分与位次

指标名称	得分（分）	江西省排名		萍乡市排名	
	2018 年	2017 年	2018 年	2017 年	2018 年
科技创新能力总得分	74.22	16	8	2	1
创新环境	3.64	33	33	3	2
创新基础	3.69	19	25	1	2
万人 GDP	3.87	20	22	1	1
规模以上工业企业数	3.53	24	34	2	2

①② 图注同本书 28 页图 3-1 图注。

续表

指标名称	得分（分） 2018年	江西省排名 2017年	江西省排名 2018年	萍乡市排名 2017年	萍乡市排名 2018年
万人专利申请量	3.70	31	35	2	2
科技意识	3.59	60	44	3	4
开展R&D活动的企业占比	3.77	56	40	3	3
人均科普经费投入	3.05	50	58	4	3
民众浏览科技网页频度	3.96	26	36	1	4
创新投入	4.21	37	9	4	1
人力投入	3.40	26	48	3	5
万人R&D人员数	3.80	48	17	4	1
研究人员占R&D人员比	2.47	22	84	3	5
R&D人员全时当量	4.06	44	11	3	1
财力投入	5.02	55	5	4	1
R&D经费投入占GDP百分比	3.67	64	27	4	3
企业R&D经费投入占主营业务收入比	3.66	36	32	3	4
企业技术获取和改造费用占主营业务收入比	8.40	56	1	3	1
创新成效	3.94	21	21	3	2
技术创新	4.24	12	20	3	3
高新技术产业增加值占规模以上工业增加值比	3.83	23	36	3	4
高新技术企业数	4.79	7	10	2	3
产业化水平	3.63	51	25	4	1
新产品销售收入占主营业务收入比	4.04	59	25	2	1
万人发明专利授权量	3.30	26	40	2	4
技术合同成交额	3.44	27	27	5	4
经济社会发展	4.59	9	9	1	1
经济增长	4.24	21	8	1	1
GDP增长百分比	3.52	90	44	1	2
万人财政收入	4.35	16	16	1	1
第三产业占GDP比重	4.86	9	10	1	1
社会生活	4.99	8	9	1	1

续表

指标名称	得分（分）	江西省排名		萍乡市排名	
	2018年	2017年	2018年	2017年	2018年
居民人均可支配收入	5.58	7	7	1	1
万人社会消费品零售额	4.77	11	11	1	1
城镇化率	6.32	6	6	1	1
空气质量指数	2.56	88	92	4	5

如图3-27、图3-28、表3-14所示，安源区科技创新能力总得分74.22分，排在江西省第8位，比上一年提升了8位，排在萍乡市第1位，比上一年提升了1位。在一级指标中，经济社会发展排在江西省第9位、萍乡市第1位，都与上一年位次相同；创新投入排在江西省第9位，比上一年提升了28位，排在萍乡市第1位，比上一年提升了3位；创新成效排在江西省第21位，与上一年位次相同，排在萍乡市第2位，比上一年提升了1位；创新环境排在江西省第33位，与上一年位次相同，排在萍乡市第2位，比上一年提升了1位。

综上所述，安源区在经济社会发展方面得分较高，居民人均可支配收入、城镇化率均排在江西省前列，具有明显优势。但在创新环境方面得分较低，开展R&D活动的企业占比、人均科普经费投入等排名靠后。建议该区加大科普宣传力度，提高企业及民众科技意识，营造科技创新的良好氛围。

二、湘东区

湘东区位于江西省西部，是江西省萍乡市市辖区。2018年，该区常住人口37.18万人，地区GDP 184.69亿元。居民人均可支配收入30 056元，排在江西省第15位、萍乡市第2位。万人GDP 4.97亿元，排在江西省第32位、萍乡市第3位。GDP增长8.7%，排在江西省第44位、萍乡市第2位。城镇化率66.82%，排在江西省第16位、萍乡市第2位。规模以上工业企业数107家，排在江西省第47位、萍乡市第4位。开展R&D活动的企业占比64.49%，排在江西省第20位、萍乡市第1位。万人专利申请量14.63件，排在江西省第55位，排在萍乡市第3位。万人发明专利授权量0.43件，排在江西省第 23 位、萍乡市第 2 位。万人 R&D 人员数 21.92 人，排在江西省第 30 位、萍乡市第 3 位。研究人员占 R&D 人员比 32.02%，排在江西省第 43 位、萍乡市第 4 位。R&D 人员全时当量 682 人·年，排在江西省第 30 位、萍乡市第 3 位。R&D 经费投入占 GDP 百分比 0.64%，排在江西省第 68 位、萍乡市第 5 位。企业技术获取和改造费用占主营业务收入比 0.08%，排在江西省第 24 位、萍乡市第 2 位。高新技术产业增加值占规模以上工业增加值比 41.56%，排在江西省第 33 位、萍乡市第 2 位。新产品销售收入占主营业务收入比 7.24%，排在江西省第 64 位、萍乡市第 3 位。万人财政收入 0.54 亿元，排在江西省第 52 位、萍乡市第 3 位。万人社会消费品零售额 1.49 亿元，排在江西省第 28 位、萍乡市第 3 位。第三产业占 GDP 比重 46.82%，排在江西省第 29 位、萍乡市第 2 位。具体如图 3-29、图 3-30、表 3-15 所示。

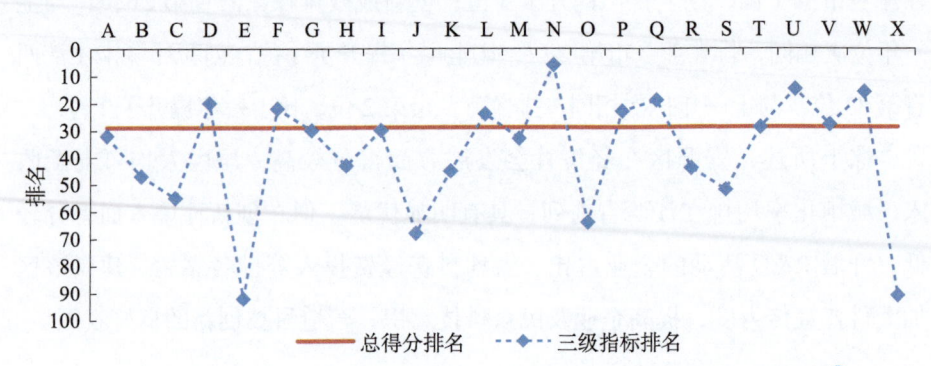

图 3-29　湘东区科技创新能力总得分、三级指标得分在江西省位次排名 ①

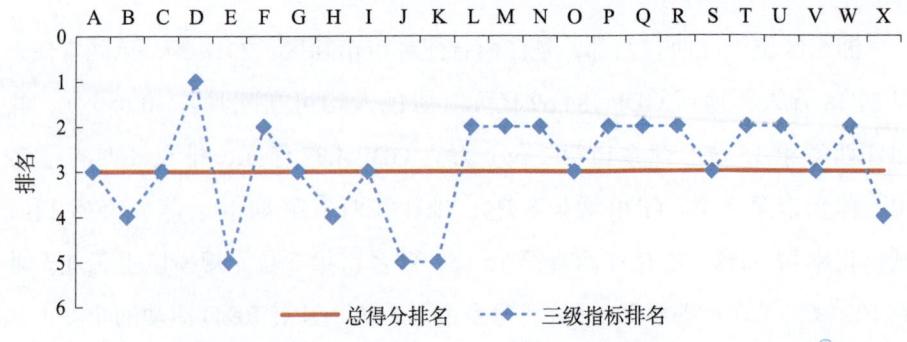

图 3-30　湘东区科技创新能力总得分、三级指标得分在萍乡市位次排名 ②

①② 图注同本书 28 页图 3-1 图注。

表 3-15　湘东区科技创新能力评价指标得分与位次

指标名称	得分（分）2018年	江西省排名 2017年	江西省排名 2018年	萍乡市排名 2017年	萍乡市排名 2018年
科技创新能力总得分	65.91	36	29	3	3
创新环境	3.58	66	40	4	3
创新基础	3.37	37	49	4	4
万人 GDP	3.59	23	32	2	3
规模以上工业企业数	3.35	39	47	4	4
万人专利申请量	3.21	44	55	3	3
科技意识	3.80	85	29	5	3
开展 R&D 活动的企业占比	4.34	68	20	4	1
人均科普经费投入	2.66	95	92	5	5
民众浏览科技网页频度	4.25	32	22	2	2
创新投入	3.38	63	52	5	5
人力投入	3.54	61	41	5	4
万人 R&D 人员数	3.52	63	30	5	3
研究人员占 R&D 人员比	3.61	42	43	5	4
R&D 人员全时当量	3.48	58	30	4	3
财力投入	3.23	60	60	5	5
R&D 经费投入占 GDP 百分比	3.04	73	68	5	5
企业 R&D 经费投入占主营业务收入比	3.33	44	45	4	5
企业技术获取和改造费用占主营业务收入比	3.34	30	24	1	2
创新成效	3.93	20	22	2	3
技术创新	4.47	11	17	2	2
高新技术产业增加值占规模以上工业增加值比	3.98	14	33	2	2
高新技术企业数	5.16	8	6	3	2
产业化水平	3.38	49	47	3	3
新产品销售收入占主营业务收入比	3.09	60	64	3	3
万人发明专利授权量	3.54	41	23	3	2
技术合同成交额	3.59	15	19	2	2

续表

指标名称	得分（分） 2018年	江西省排名 2017年	江西省排名 2018年	萍乡市排名 2017年	萍乡市排名 2018年
经济社会发展	3.62	63	25	3	3
经济增长	3.48	86	43	2	3
GDP增长百分比	3.52	93	44	2	2
万人财政收入	3.24	41	52	3	3
第三产业占GDP比重	3.71	30	29	3	2
社会生活	3.77	24	18	3	2
居民人均可支配收入	4.36	15	15	2	2
万人社会消费品零售额	3.45	29	28	3	3
城镇化率	4.19	16	16	2	2
空气质量指数	2.58	98	91	5	4

如图3-29、图3-30、表3-15所示，湘东区科技创新能力总得分65.91分，排在江西省第29位，比上一年提升了7位，排在萍乡市第3位，与上一年位次相同。在一级指标中，经济社会发展排在江西省第25位，比上一年提升了38位，排在萍乡市第3位，与上一年位次相同；创新投入排在江西省第52位，比上一年提升了11位，排在萍乡市第5位，与上一年位次相同；创新成效排在江西省第22位，比上一年下降了2位，排在萍乡市第3位，比上一年下降了1位；创新环境排在江西省第40位，比上一年提升了26位，排在萍乡市第3位，比上一年提升了1位。

综上所述，湘东区在创新成效方面得分较高，高新技术企业数排在江西省前列，具有一定优势。但在创新投入和创新环境方面得分较低，R&D经费投入占GDP百分比、万人专利申请量、人均科普经费投入等排名靠后。建议该区加大科研经费投入，鼓励企业开展科研活动，提高知识产权管理意识，不断提高科技竞争力。

三、莲花县

莲花县位于江西省西部，萍乡市南部，是江西省萍乡市下辖县。2018

年，该县常住人口24.56万人，地区GDP 61.52亿元。居民人均可支配收入17 756.65元，排在江西省第89位、萍乡市第5位。万人GDP 2.5亿元，排在江西省第87位、萍乡市第5位。GDP增长8.4%，排在江西省第64位、萍乡市第4位。城镇化率49.2%，排在江西省第67位、萍乡市第5位。开展R&D活动的企业占比52.83%，排在江西省第43位、萍乡市第4位。万人专利申请量12.26件，排在江西省第66位、萍乡市第5位。万人发明专利授权量0.24件，排在江西省第45位、萍乡市第5位。人均科普经费投入0.19元，排在江西省第88位、萍乡市第4位。万人R&D人员数14.9人，排在江西省第48位、萍乡市第5位。研究人员占R&D人员比40.16%，排在江西省第17位、萍乡市第1位。R&D经费投入占GDP百分比1.39%，排在江西省第26位、萍乡市第2位。高新技术产业增加值占规模以上工业增加值比43.38%，排在江西省第27位、萍乡市第1位。新产品销售收入占主营业务收入比4.67%，排在江西省第75位、萍乡市第4位。万人财政收入0.38亿元，排在江西省第76位、萍乡市第5位。万人社会消费品零售额1.36亿元，排在江西省第35位、萍乡市第4位。第三产业占GDP比重46.11%，排在江西省第31位、萍乡市第3位。具体如图3-31、图3-32、表3-16所示。

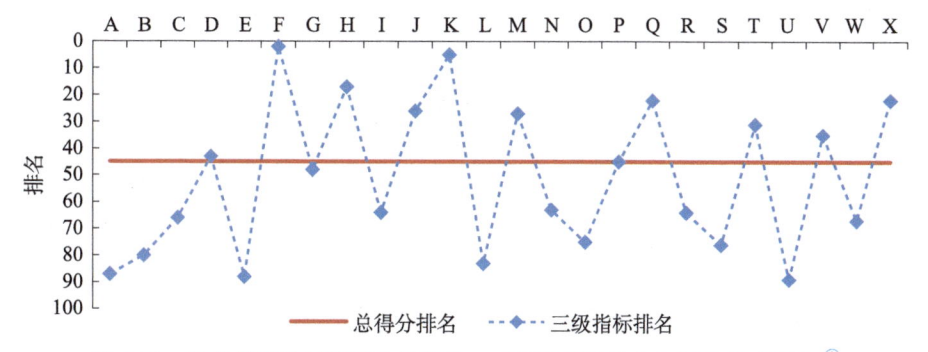

图3-31 莲花县科技创新能力总得分、三级指标得分在江西省位次排名[①]

---

① 图注同本书28页图3-1图注。

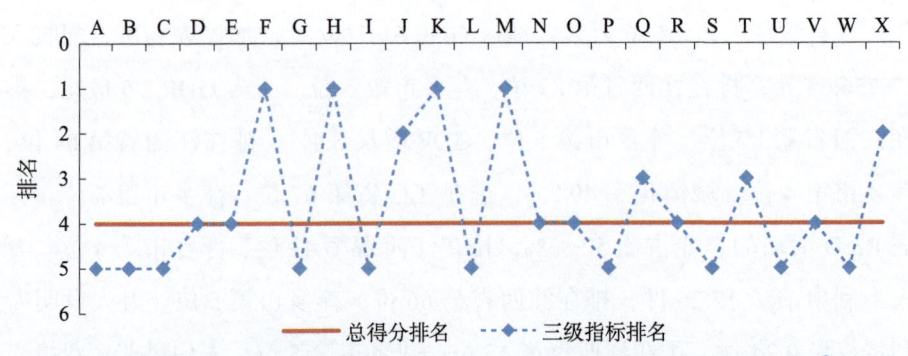

图 3-32 莲花县科技创新能力总得分、三级指标得分在萍乡市位次排名[①]

表 3-16 莲花县科技创新能力评价指标得分与位次

指标名称	得分（分）2018年	江西省排名 2017年	江西省排名 2018年	萍乡市排名 2017年	萍乡市排名 2018年
科技创新能力总得分	63.77	48	45	5	4
创新环境	3.31	87	66	5	5
创新基础	2.80	87	87	5	5
万人 GDP	2.62	83	87	5	5
规模以上工业企业数	2.75	79	80	5	5
万人专利申请量	2.99	64	66	5	5
科技意识	3.84	64	23	4	1
开展 R&D 活动的企业占比	3.62	72	43	5	4
人均科普经费投入	2.80	23	88	2	4
民众浏览科技网页频度	5.62	44	2	3	1
创新投入	3.95	7	15	1	2
人力投入	3.63	16	33	2	3
万人 R&D 人员数	3.26	37	48	3	5
研究人员占 R&D 人员比	4.42	9	17	1	1
R&D 人员全时当量	3.10	71	64	5	5
财力投入	4.26	5	12	1	2
R&D 经费投入占 GDP 百分比	3.68	16	26	1	2

① 图注同本书 28 页图 3-1 图注。

续表

指标名称	得分（分） 2018年	江西省排名 2017年	江西省排名 2018年	萍乡市排名 2017年	萍乡市排名 2018年
企业 R&D 经费投入占主营业务收入比	5.83	3	5	1	1
企业技术获取和改造费用占主营业务收入比	3.06	71	83	5	5
创新成效	3.40	63	50	5	4
技术创新	3.64	58	38	5	4
高新技术产业增加值占规模以上工业增加值比	4.07	47	27	4	1
高新技术企业数	3.03	75	63	4	4
产业化水平	3.15	61	70	5	4
新产品销售收入占主营业务收入比	2.81	70	75	5	4
万人发明专利授权量	3.26	51	45	4	5
技术合同成交额	3.50	18	22	3	3
经济社会发展	3.13	95	77	5	5
经济增长	3.17	93	73	4	4
GDP 增长百分比	3.04	95	64	4	4
万人财政收入	2.84	76	76	5	5
第三产业占 GDP 比重	3.66	21	31	2	3
社会生活	3.09	88	71	5	5
居民人均可支配收入	2.45	88	89	5	5
万人社会消费品零售额	3.35	60	35	5	4
城镇化率	3.05	64	67	5	5
空气质量指数	3.93	63	22	2	2

如图 3-31、图 3-32、表 3-16 所示，莲花县科技创新能力总得分 63.77 分，排在江西省第 45 位，比上一年提升了 3 位，排在萍乡市第 4 位，比上一年提升了 1 位。在一级指标中，经济社会发展排在江西省第 77 位，比上一年提升了 18 位，排在萍乡市第 5 位，与上一年位次相同；创新投入排在江西省第 15 位，比上一年下降了 8 位，排在萍乡市第 2 位，比上一年下降了 1 位；创新成效排在江西省第 50 位，比上一年提升了 13 位，排在萍乡市第 4 位，比上一年提升了 1 位；创新环境排在江西省第 66 位，比上一年提升了 21 位，

排在萍乡市第5位，与上一年位次相同。

综上所述，莲花县在创新投入方面得分较高，企业R&D经费投入占主营业务收入比排在江西省前列，具有一定优势。但在经济社会发展、创新环境和创新成效方面得分较低，居民人均可支配收入、规模以上工业企业数、人均科普经费投入、新产品销售收入占主营业务收入比等排名靠后。建议该县深入实施创新驱动发展战略，加速传统企业转型升级，优化创新环境，提高企业及民众科技意识，促进当地经济发展。

四、上栗县

上栗县位于江西省西部，萍乡市北部，是江西省萍乡市下辖县。2018年，该县常住人口45.75万人，地区GDP 177.2亿元。居民人均可支配收入25 646.02元，排在江西省第34位、萍乡市第4位。万人GDP 3.87亿元，排在江西省第50位、萍乡市第4位。GDP增长8.3%，排在江西省第69位、萍乡市第5位。城镇化率50.33%，排在江西省第58位、萍乡市第4位。规模以上工业企业数187家，排在江西省第16位、萍乡市第1位。开展R&D活动的企业占比41.71%，排在江西省第73位、萍乡市第5位。万人专利申请量12.57件，排在江西省第64位、萍乡市第4位。万人发明专利授权量0.35件，排在江西省第31位、萍乡市第3位。人均科普经费投入0.56元，排在江西省第32位、萍乡市第1位。万人R&D人员数21.44人，排在江西省第32位、萍乡市第4位。研究人员占R&D人员比39.25%，排在江西省第20位、萍乡市第2位。R&D人员全时当量898人·年，排在江西省第21位、萍乡市第2位。R&D经费投入占GDP百分比2.17%，排在江西省第9位、萍乡市第1位。高新技术产业增加值占规模以上工业增加值比27.83%，排在江西省第58位、萍乡市第5位。新产品销售收入占主营业务收入比2.21%，排在江西省第89位、萍乡市第5位。万人财政收入0.51亿元，排在江西省第54位、萍乡市第4位。万人社会消费品零售额1.62亿元，排在江西省第22位、萍乡市第2位。第三产业占GDP比重44.24%，排在江西省第37位、萍乡市第4位。具体如图3-33、图3-34、表3-17所示。

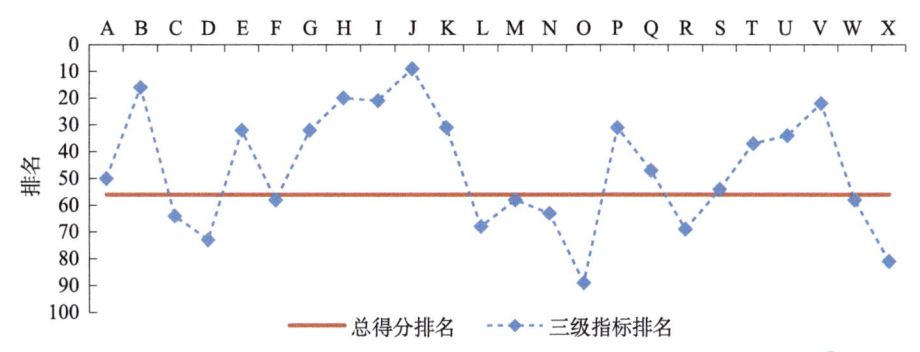

图 3-33　上栗县科技创新能力总得分、三级指标得分在江西省位次排名[①]

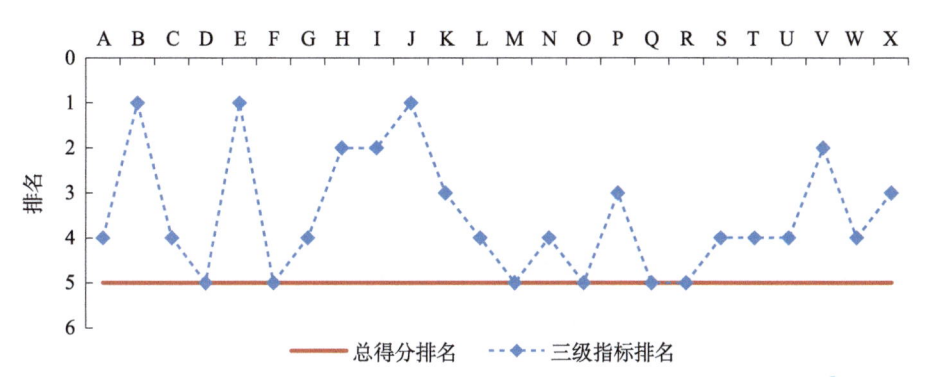

图 3-34　上栗县科技创新能力总得分、三级指标得分在萍乡市位次排名[②]

表 3-17　上栗县科技创新能力评价指标得分与位次

指标名称	得分（分）	江西省排名		萍乡市排名	
	2018 年	2017 年	2018 年	2017 年	2018 年
科技创新能力总得分	62.08	46	56	4	5
创新环境	3.39	32	55	2	4
创新基础	3.48	29	37	3	3
万人 GDP	3.16	39	50	4	4
规模以上工业企业数	4.25	15	16	1	1
万人专利申请量	3.02	53	64	4	4
科技意识	3.29	39	67	2	5
开展 R&D 活动的企业占比	2.94	44	73	2	5
人均科普经费投入	3.60	21	32	1	1

①②　图注同本书 28 页图 3-1 图注。

续表

指标名称	得分（分） 2018年	江西省排名 2017年	江西省排名 2018年	萍乡市排名 2017年	萍乡市排名 2018年
民众浏览科技网页频度	3.57	71	58	5	5
创新投入	3.81	36	19	3	3
人力投入	3.86	34	20	4	1
万人R&D人员数	3.50	34	32	2	4
研究人员占R&D人员比	4.32	39	20	4	2
R&D人员全时当量	3.68	25	21	1	2
财力投入	3.77	50	25	3	3
R&D经费投入占GDP百分比	4.36	23	9	3	1
企业R&D经费投入占主营业务收入比	3.71	63	31	5	3
企业技术获取和改造费用占主营业务收入比	3.09	67	68	4	4
创新成效	3.09	33	73	4	5
技术创新	3.15	32	63	4	5
高新技术产业增加值占规模以上工业增加值比	3.23	49	58	5	5
高新技术企业数	3.03	12	63	4	4
产业化水平	3.03	31	81	2	5
新产品销售收入占主营业务收入比	2.54	19	89	1	5
万人发明专利授权量	3.42	61	31	5	3
技术合同成交额	3.26	25	47	4	5
经济社会发展	3.26	91	58	4	4
经济增长	3.18	96	71	5	4
GDP增长百分比	2.88	97	69	5	5
万人财政收入	3.17	52	54	4	4
第三产业占GDP比重	3.50	35	37	4	4
社会生活	3.35	43	42	4	4
居民人均可支配收入	3.68	35	34	4	4
万人社会消费品零售额	3.54	23	22	2	2
城镇化率	3.12	58	58	4	4
空气质量指数	2.82	80	81	3	3

如图3-33、图3-34、表3-17所示，上栗县科技创新能力总得分62.08分，排在江西省第56位，比上一年下降了10位，排在萍乡市第5位，比上一年下降了1位。在一级指标中，经济社会发展排在江西省第58位，比上一年下降了33位，排在萍乡市第4位，与上一年位次相同；创新投入排在江西省第19位，比上一年提升了17位，排在萍乡市第3位，与上一年位次相同；创新成效排在江西省第73位，比上一年下降了40位，排在萍乡市第5位，比上一年下降了1位；创新环境排在江西省第55位，比上一年下降了23位，排在萍乡市第4位，比上一年下降了2位。

综上所述，上栗县在创新投入方面得分较高，R&D经费投入占GDP百分比排在江西省前列，具有一定优势。但在经济社会发展、创新成效和创新环境方面得分较低，GDP增长百分比、空气质量指数、新产品销售收入占主营业务收入比、开展R&D活动的企业占比等排名靠后。建议该县加大科研经费投入，加强科研人才培养，加速高新技术企业培育，发展低碳经济。

五、芦溪县

芦溪县位于江西省西部，萍乡市东部，是江西省萍乡市下辖县。2018年，该县常住人口26.89万人，地区GDP 136.26万元。居民人均可支配收入26 382.94元，排在江西省第30位、萍乡市第3位。万人GDP 5.07亿元，排在江西省第31位、萍乡市第2位。GDP增长9.1%，排在江西省第26位、萍乡市第1位。城镇化率55.22%，排在江西省第31位、萍乡市第3位。规模以上工业企业数110家，排在江西省第44位、萍乡市第3位。开展R&D活动的企业占比56.36%，排在江西省第37位、萍乡市第2位。万人专利申请量28.82件，排在江西省第16位、萍乡市第1位。万人发明专利授权量0.6件，排在江西省第17位、萍乡市第1位。人均科普经费投入0.5元，排在江西省第35位、萍乡市第2位。万人R&D人员数27人，排在江西省第18位、萍乡市第2位。研究人员占R&D人员比37.19%，排在江西省第26位、萍乡市第3位。R&D人员全时当量613人·年，排在江西省第35位、萍乡市第4位。R&D经费投入占GDP百分比0.98%，排在江西省第47位、萍乡市第

4位。企业技术获取和改造费用占主营业务收入比 0.04%，排在江西省第 39 位、萍乡市第 3 位。高新技术产业增加值占规模以上工业增加值比 40.4%，排在江西省第 35 位、萍乡市第 3 位。万人财政收入 0.6 亿元，排在江西省第 40 位、萍乡市第 2 位。万人社会消费品零售额 0.93 亿元，排在江西省第 67 位、萍乡市第 5 位。第三产业占 GDP 比重 44.22%，排在江西省第 38 位、萍乡市第 5 位。具体如图 3-35、图 3-36、表 3-18 所示。

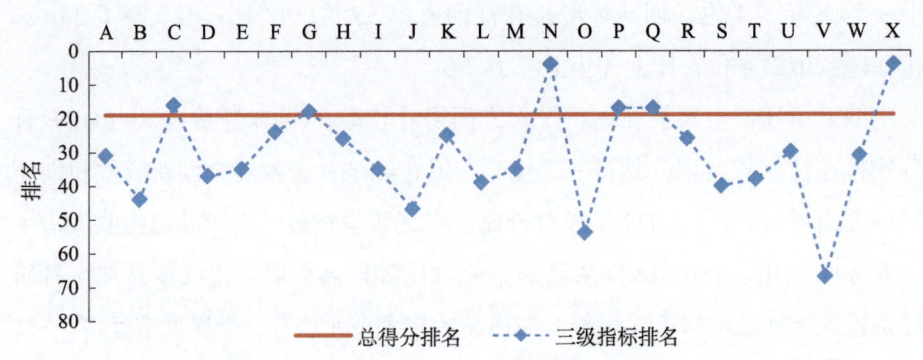

图 3-35　芦溪县科技创新能力总得分、三级指标得分在江西省位次排名[①]

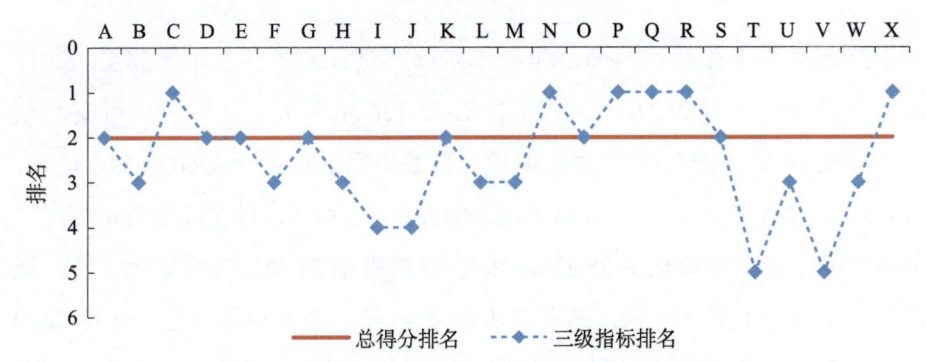

图 3-36　芦溪县科技创新能力总得分、三级指标得分在萍乡市位次排名[②]

表 3-18　芦溪县科技创新能力评价指标得分与位次

指标名称	得分（分）	江西省排名		萍乡市排名	
	2018 年	2017 年	2018 年	2017 年	2018 年
科技创新能力总得分	69.26	11	19	1	2

---

①②　图注同本书 28 页图 3-1 图注。

续表

指标名称	得分（分）	江西省排名		萍乡市排名	
	2018年	2017年	2018年	2017年	2018年
创新环境	3.84	25	19	1	1
创新基础	3.87	20	22	2	1
万人GDP	3.63	24	31	3	2
规模以上工业企业数	3.39	36	44	3	3
万人专利申请量	4.51	18	16	1	1
科技意识	3.81	36	26	1	2
开展R&D活动的企业占比	3.84	34	37	1	2
人均科普经费投入	3.47	24	35	3	2
民众浏览科技网页频度	4.20	59	24	4	3
创新投入	3.60	10	28	2	4
人力投入	3.76	11	24	1	2
万人R&D人员数	3.70	14	18	1	2
研究人员占R&D人员比	4.12	10	26	2	3
R&D人员全时当量	3.41	34	35	2	4
财力投入	3.45	13	44	2	4
R&D经费投入占GDP百分比	3.33	22	47	2	4
企业R&D经费投入占主营业务收入比	3.77	6	25	2	2
企业技术获取和改造费用占主营业务收入比	3.19	31	39	2	3
创新成效	4.08	11	16	1	1
技术创新	4.59	6	15	1	1
高新技术产业增加值占规模以上工业增加值比	3.91	9	35	1	3
高新技术企业数	5.52	6	4	1	1
产业化水平	3.55	28	32	1	2
新产品销售收入占主营业务收入比	3.21	66	54	4	2
万人发明专利授权量	3.78	14	17	1	1
技术合同成交额	3.75	9	17	1	1
经济社会发展	3.71	42	22	2	2
经济增长	3.68	89	27	3	2

续表

指标名称	得分（分）	江西省排名		萍乡市排名	
	2018年	2017年	2018年	2017年	2018年
GDP增长百分比	4.15	94	26	3	1
万人财政收入	3.40	38	40	2	2
第三产业占GDP比重	3.50	36	38	5	5
社会生活	3.74	15	22	2	3
居民人均可支配收入	3.79	28	30	3	3
万人社会消费品零售额	3.03	41	67	4	5
城镇化率	3.44	30	31	3	3
空气质量指数	4.85	4	4	1	1

如图3-35、图3-36、表3-18所示，芦溪县科技创新能力总得分69.26分，排在江西省第19位，比上一年下降了8位，排在萍乡市第2位，比上一年下降了1位。在一级指标中，经济社会发展排在江西省第22位，比上一年提升了20位，排在萍乡市第2位，与上一年位次相同；创新投入排在江西省第28位，比上一年下降了18位，排在萍乡市第4位，比上一年下降了2位；创新成效排在江西省第16位，比上一年下降了5位，排在萍乡市第1位，与上一年位次相同；创新环境排在江西省第19位，比上一年提升了6位，排在萍乡市第1位，与上一年位次相同。

综上所述，芦溪县在创新成效方面得分较高，高新技术企业数排在江西省前列，具有明显优势。但在创新投入方面得分较低，R&D经费投入占GDP百分比、企业技术获取和改造费用占主营业务收入比等排名靠后。建议该县加大科研经费投入，支持企业发展科研活动，助力经济高质量发展。

第四节 九 江 市

一、濂溪区

濂溪区，原名庐山区，2016年4月8日，为避免与庐山市重名，更名为濂溪区。濂溪区位于江西省北部，是江西省九江市市辖区。2018年，该区常住人口25.95万人，地区GDP 287.68亿元。居民人均可支配收入34 101.95元，排在江西省第10位、九江市第2位。万人GDP 11.09亿元，排在江西省第4位、九江市第2位。GDP增长8%，排在江西省第85位、九江市第13位。城镇化率80.88%，排在江西省第12位、九江市第2位。规模以上工业企业数155家，排在江西省第23位、九江市第4位。开展R&D活动的企业占比27.1%，排在江西省第93位、九江市第13位。万人专利申请量31.02件，排在江西省第13位、九江市第2位。万人发明专利授权量0.66件，排在江西省第14位、九江市第2位。人均科普经费投入0.8元，排在江西省第21位、九江市第3位。研究人员占R&D人员比41.66%，排在江西省第14位、九江市第1位。企业技术获取和改造费用占主营业务收入比0.83%，排在江西省第5位、九江市第2位。高新技术产业增加值占规模以上工业增加值比33.92%，排在江西省第45位、九江市第4位。万人财政收入1.31亿元，排在江西省第8位、九江市第3位。万人社会消费品零售额1.45亿元，排在江西省第31位、九江市第4位。第三产业占GDP比重48.16%，排在江西省第26位、九江市第3位。具体如图3-37、图3-38、表3-19所示。

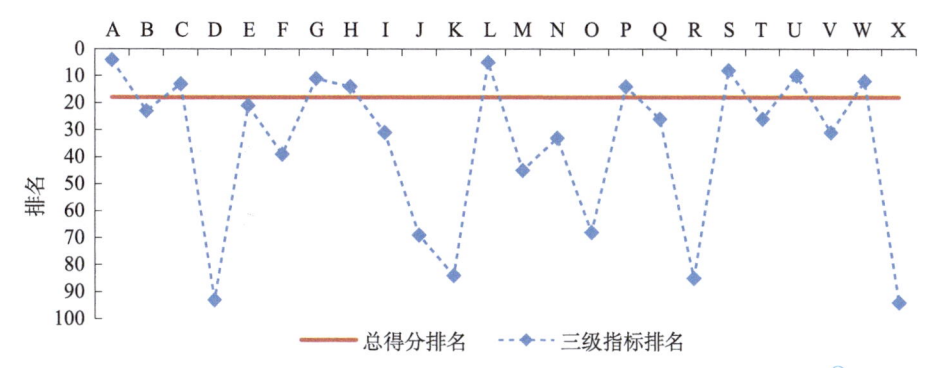

图3-37 濂溪区科技创新能力总得分、三级指标得分在江西省位次排名[①]

---

① 图注同本书28页图3-1图注。

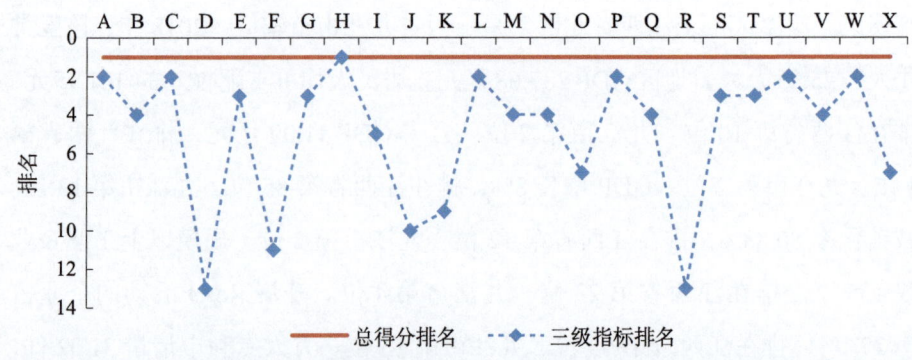

图 3-38　濂溪区科技创新能力总得分、三级指标得分在九江市位次排名①

表 3-19　濂溪区科技创新能力评价指标得分与位次

指标名称	得分（分）	江西省排名		九江市排名	
	2018 年	2017 年	2018 年	2017 年	2018 年
科技创新能力总得分	69.49	12	18	1	1
创新环境	3.98	17	15	2	3
创新基础	4.80	9	8	2	2
万人 GDP	5.98	5	4	2	2
规模以上工业企业数	3.89	17	23	2	4
万人专利申请量	4.72	15	13	2	2
科技意识	3.12	77	78	11	12
开展 R&D 活动的企业占比	2.04	90	93	11	13
人均科普经费投入	4.11	17	21	4	3
民众浏览科技网页频度	3.88	60	39	9	11
创新投入	3.89	12	16	2	2
人力投入	4.06	7	12	1	1
万人 R&D 人员数	4.04	9	11	1	3
研究人员占 R&D 人员比	4.56	14	14	1	1
R&D 人员全时当量	3.48	11	31	1	5
财力投入	3.72	51	30	7	3
R&D 经费投入占 GDP 百分比	3.03	27	69	4	10

① 图注同本书 28 页图 3-1 图注。

续表

指标名称	得分（分） 2018年	江西省排名 2017年	江西省排名 2018年	九江市排名 2017年	九江市排名 2018年
企业R&D经费投入占主营业务收入比	2.66	67	84	3	9
企业技术获取和改造费用占主营业务收入比	5.91	26	5	7	2
创新成效	3.54	23	41	1	4
技术创新	3.67	24	36	2	4
高新技术产业增加值占规模以上工业增加值比	3.56	31	45	3	4
高新技术企业数	3.82	12	33	1	4
产业化水平	3.40	21	43	1	2
新产品销售收入占主营业务收入比	2.96	64	68	7	7
万人发明专利授权量	3.87	7	14	1	2
技术合同成交额	3.46	24	26	4	4
经济社会发展	3.98	11	16	2	3
经济增长	3.85	9	23	3	4
GDP增长百分比	2.41	32	85	9	13
万人财政收入	5.23	8	8	2	3
第三产业占GDP比重	3.82	23	26	3	3
社会生活	4.13	14	14	2	2
居民人均可支配收入	4.99	10	10	2	2
万人社会消费品零售额	3.41	33	31	4	4
城镇化率	5.11	10	12	2	2
空气质量指数	2.27	89	94	6	7

如图3-37、图3-38、表3-19所示，濂溪区科技创新能力总得分69.49分，排在江西省第18位，比上一年下降了6位，排在九江市第1位，与上一年位次相同。在一级指标中，经济社会发展排在江西省第16位，比上一年下降了5位，排在九江市第3位，比上一年下降了1位；创新投入排在江西省第16位，比上一年下降了4位，排在九江市第2位，与上一年位次相同；创新成效排在江西省第41位，比上一年下降了18位，排在九江市第4位，比上一年下降了3位；创新环境排在江西省第15位，比上一年提升了2位，排在九

江市第 3 位，比上一年下降了 1 位。

综上所述，濂溪区在经济社会发展和创新环境方面得分较高，万人财政收入、万人 GDP、万人专利申请量均排在江西省前列，具有一定优势。但在创新成效方面得分较低，高新技术产业增加值占规模以上工业增加值比、新产品销售收入占主营业务收入比等排名靠后。建议该区做大做强高新技术产业，提高科技成果产业化水平，不断提高科技竞争力。

二、浔阳区

浔阳区位于江西省北部，是江西省九江市市辖区。2018 年，该区常住人口 32.13 万人，地区 GDP 409.92 亿元。居民人均可支配收入 38 860 元，排在江西省第 6 位、九江市第 1 位。万人 GDP 12.76 亿元，排在江西省第 2 位、九江市第 1 位。GDP 增长 8.2%，排在江西省第 76 位、九江市第 11 位。城镇化率 100%，排在江西省第 1 位、九江市第 1 位。规模以上工业企业数 75 家，排在江西省第 69 位、九江市第 12 位。开展 R&D 活动的企业占比 57.33%，排在江西省第 34 位、九江市第 3 位。万人专利申请量 11.64 件，排在江西省第 67 位、九江市第 8 位。万人发明专利授权量 0.4 件，排在江西省第 27 位、九江市第 3 位。万人 R&D 人员数 25.61 人，排在江西省第 23 位、九江市第 7 位。研究人员占 R&D 人员比 39.98%，排在江西省第 19 位、九江市第 3 位。R&D 人员全时当量 694 人·年，排在江西省第 29 位、九江市第 4 位。R&D 经费投入占 GDP 百分比 0.5%，排在江西省第 78 位、九江市第 11 位。新产品销售收入占主营业务收入比 16.39%，排在江西省第 24 位、九江市第 1 位。万人财政收入 1.14 亿元，排在江西省第 11 位、九江市第 5 位。万人社会消费品零售额 5.7 亿元，排在江西省第 4 位、九江市第 1 位。第三产业占 GDP 比重 84.01%，排在江西省第 2 位、九江市第 1 位。具体如图 3-39、图 3-40、表 3-20 所示。

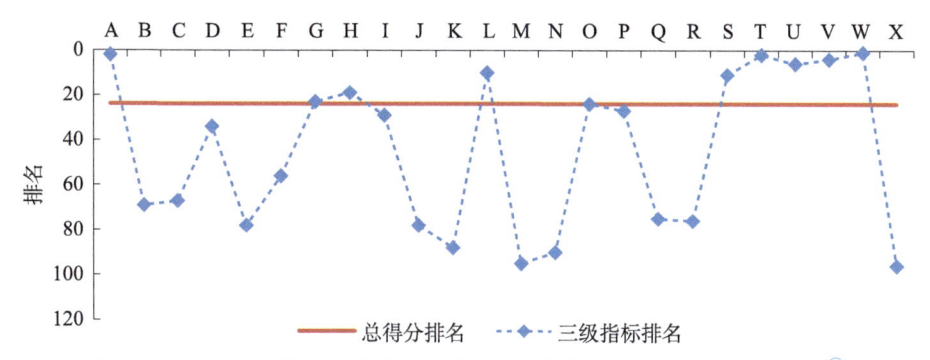

图 3-39　浔阳区科技创新能力总得分、三级指标得分在江西省位次排名①

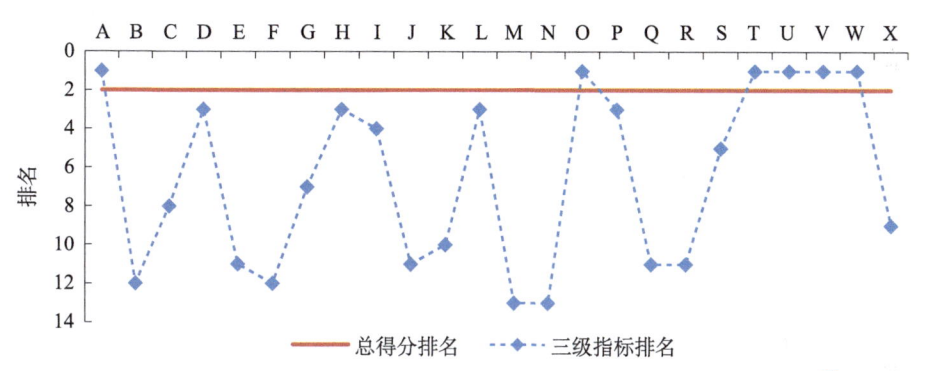

图 3-40　浔阳区科技创新能力总得分、三级指标得分在九江市位次排名②

表 3-20　浔阳区科技创新能力评价指标得分与位次

指标名称	得分（分）	江西省排名		九江市排名	
	2018 年	2017 年	2018 年	2017 年	2018 年
科技创新能力总得分	66.93	29	24	3	2
创新环境	3.79	35	21	6	5
创新基础	4.03	13	17	3	3
万人 GDP	6.63	2	2	1	1
规模以上工业企业数	3.00	65	69	12	12
万人专利申请量	2.93	59	67	8	8
科技意识	3.54	75	52	10	6
开展 R&D 活动的企业占比	3.90	79	34	10	3
人均科普经费投入	2.96	50	78	8	11

①② 图注同本书 28 页图 3-1 图注。

续表

指标名称	得分（分）	江西省排名		九江市排名	
	2018年	2017年	2018年	2017年	2018年
民众浏览科技网页频度	3.63	11	56	2	12
创新投入	3.58	51	32	8	4
人力投入	3.87	25	19	4	4
万人R&D人员数	3.65	24	23	6	7
研究人员占R&D人员比	4.40	32	19	5	3
R&D人员全时当量	3.49	33	29	6	4
财力投入	3.29	79	56	9	7
R&D经费投入占GDP百分比	2.91	70	78	9	11
企业R&D经费投入占主营业务收入比	2.62	79	88	7	10
企业技术获取和改造费用占主营业务收入比	4.58	50	10	10	3
创新成效	2.87	82	89	10	12
技术创新	2.18	90	96	12	13
高新技术产业增加值占规模以上工业增加值比	2.04	96	95	13	13
高新技术企业数	2.37	50	90	8	13
产业化水平	3.60	41	29	5	1
新产品销售收入占主营业务收入比	4.08	68	24	8	1
万人发明专利授权量	3.50	12	27	2	3
技术合同成交额	3.06	66	75	10	11
经济社会发展	5.03	4	4	1	1
经济增长	4.75	4	5	1	1
GDP增长百分比	2.72	64	76	12	11
万人财政收入	4.78	10	11	4	5
第三产业占GDP比重	6.76	2	2	1	1
社会生活	5.36	4	4	1	1
居民人均可支配收入	5.74	6	6	1	1
万人社会消费品零售额	6.54	3	4	1	1
城镇化率	6.35	1	1	1	1
空气质量指数	2.06	93	96	8	9

如图 3-39、图 3-40、表 3-20 所示，浔阳区科技创新能力总得分 66.93 分，排在江西省第 24 位，比上一年提升了 5 位，排在九江市第 2 位，比上一年提升了 1 位。在一级指标中，经济社会发展排在江西省第 4 位、九江市第 1 位，都与上一年位次相同；创新投入排在江西省第 32 位，比上一年提升了 19 位，排在九江市第 4 位，比上一年提升了 4 位；创新成效排在江西省第 89 位，比上一年下降了 7 位，排在九江市第 12 位，比上一年下降了 2 位；创新环境排在江西省第 21 位，比上一年提升了 14 位，排在九江市第 5 位，比上一年提升了 1 位。

综上所述，浔阳区在经济社会发展方面得分较高，第三产业占 GDP 比重、城镇化率均排在江西省前列，具有明显优势。但在创新成效方面得分较低，高新技术产业增加值占规模以上工业增加值比、高新技术企业数、技术合同成交额等排名靠后。建议该区因地制宜筛选和培育战略性新兴产业，加强科技成果转移转化能力，深化科技创新对经济社会发展的支撑引领作用。

三、柴桑区

柴桑区，原名九江县，位于江西省北部，九江市西部，是江西省九江市市辖区。2018 年，该区常住人口 29.16 万人，地区 GDP 142.25 万元。居民人均可支配收入 24 764.26 元，排在江西省第 43 位、九江市第 9 位。万人 GDP 4.88 亿元，排在江西省第 35 位、九江市第 8 位。GDP 增长 8.9%，排在江西省第 35 位、九江市第 4 位。城镇化率 50.86%，排在江西省第 57 位、九江市第 9 位。规模以上工业企业数 172 家，排在江西省第 19 位、九江市第 1 位。开展 R&D 活动的企业占比 45.35%，排在江西省第 64 位、九江市第 6 位。人均科普经费投入 0.54 元，排在江西省第 33 位、九江市第 6 位。万人 R&D 人员数 46.12 人，排在江西省第 8 位、九江市第 1 位。研究人员占 R&D 人员比 32.64%，排在江西省第 40 位、九江市第 7 位。R&D 人员全时当量 1144 人·年，排在江西省第 14 位、九江市第 1 位。R&D 经费投入占 GDP 百分比 2.58%，排在江西省第 8 位、九江市第 1 位。高新技术产业增加值占规模以上工业增加值比 42.8%，排在江西省第 30 位、九江市第 3 位。新产品销售收入占主营业务收入比 10.47%，排在江西省第 42 位、九江市第 2 位。万人财政收入 0.74 亿元，排在江西省第 26 位、九江市第 8 位。万人社会消费品零售额 1.13 亿元，排在江西省第 54 位、九江市第 9 位。第三产业占 GDP 比重 37.03%，排在江西省第 79 位、九江市第 7 位。具体如图 3-41、图 3-42、表 3-21 所示。

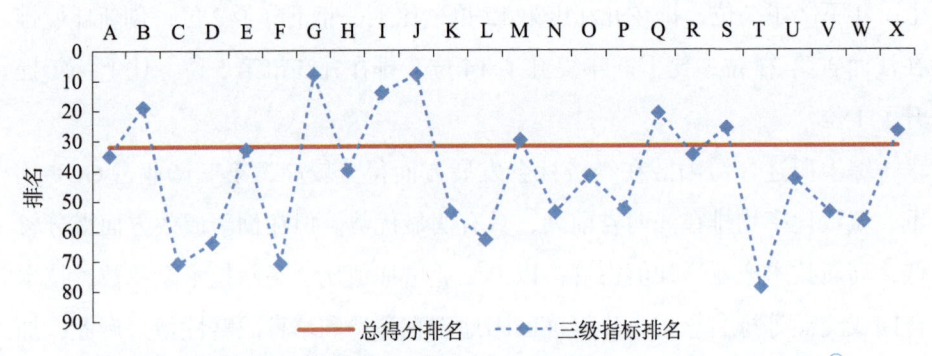

图 3-41　柴桑区科技创新能力总得分、三级指标得分在江西省位次排名[①]

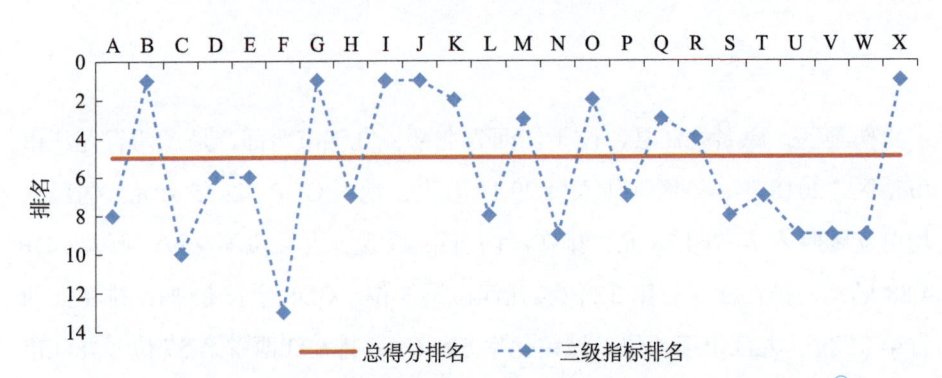

图 3-42　柴桑区科技创新能力总得分、三级指标得分在九江市位次排名[②]

表 3-21　柴桑区科技创新能力评价指标得分与位次

指标名称	得分（分）	江西省排名		九江市排名	
	2018 年	2017 年	2018 年	2017 年	2018 年
科技创新能力总得分	65.38	49	32	7	5
创新环境	3.38	38	56	7	9

---

①② 图注同本书 28 页图 3-1 图注。

续表

指标名称	得分（分） 2018年	江西省排名 2017年	江西省排名 2018年	九江市排名 2017年	九江市排名 2018年
创新基础	3.47	51	38	10	8
万人GDP	3.55	41	35	9	8
规模以上工业企业数	4.08	21	19	4	1
万人专利申请量	2.83	87	71	11	10
科技意识	3.29	35	68	5	10
开展R&D活动的企业占比	3.16	71	64	7	6
人均科普经费投入	3.56	7	33	2	6
民众浏览科技网页频度	3.18	94	71	13	13
创新投入	3.86	34	17	4	3
人力投入	3.99	28	14	5	2
万人R&D人员数	4.40	18	8	5	1
研究人员占R&D人员比	3.67	47	40	6	7
R&D人员全时当量	3.92	28	14	3	1
财力投入	3.74	48	29	6	2
R&D经费投入占GDP百分比	4.72	21	8	2	1
企业R&D经费投入占主营业务收入比	3.24	64	54	2	2
企业技术获取和改造费用占主营业务收入比	3.11	63	63	11	8
创新成效	3.54	42	40	4	3
技术创新	3.70	35	34	4	3
高新技术产业增加值占规模以上工业增加值比	4.04	34	30	4	3
高新技术企业数	3.22	32	54	3	9
产业化水平	3.37	64	48	8	4
新产品销售收入占主营业务收入比	3.44	44	42	3	2
万人发明专利授权量	3.15	69	53	8	7
技术合同成交额	3.54	34	21	6	3
经济社会发展	3.47	60	33	10	6

续表

指标名称	得分（分）2018年	江西省排名 2017年	江西省排名 2018年	九江市排名 2017年	九江市排名 2018年
经济增长	3.51	36	41	8	7
GDP增长百分比	3.83	23	35	8	4
万人财政收入	3.77	32	26	9	8
第三产业占GDP比重	2.91	79	79	7	7
社会生活	3.42	80	33	11	5
居民人均可支配收入	3.54	44	43	9	9
万人社会消费品零售额	3.18	58	54	9	9
城镇化率	3.15	57	57	9	9
空气质量指数	3.82	100	27	13	1

如图3-41、图3-42、表3-21所示，柴桑区科技创新能力总得分65.38分，排在江西省第32位，比上一年提升了17位，排在九江市第5位，比上一年提升了2位。在一级指标中，经济社会发展排在江西省第33位，比上一年提升了27位，排在九江市第6位，比上一年提升了4位；创新投入排在江西省第17位，比上一年提升了17位，排在九江市第3位，比上一年提升了1位；创新成效排在江西省第40位，比上一年提升了2位，排在九江市第3位，比上一年提升了1位；创新环境排在江西省第56位，比上一年下降了18位，排在九江市第9位，比上一年下降了2位。

综上所述，柴桑区在创新投入方面得分较高，万人R&D人员数、R&D经费投入占GDP百分比均排在江西省前列，具有一定优势。但在创新环境方面得分较低，开展R&D活动的企业占比、民众浏览科技网页频度等排名靠后。建议该区加大科普宣传力度，鼓励企业开展科研活动，提高企业及民众科技意识，营造良好的科技创新氛围。

四、武宁县

武宁县位于江西省西北部，是江西省九江市下辖县。2018年，该县常住人口37.08万人，地区GDP 137.81亿元。居民人均可支配收入24 196.79元，排在江西省第48位、九江市第10位。万人GDP 3.72亿元，排在江西省第55位、九江市第11位。GDP增长8.7%，排在江西省第44位、九江市第6位。城镇化率50.23%，排在江西省第59位、九江市第10位。规模以上工业企业数111家，排在江西省第41位、九江市第9位。开展R&D活动的企业占比74.77%，排在江西省第8位、九江市第2位。万人专利申请量21.33件，排在江西省第29位、九江市第4位。万人发明专利授权量0.05件，排在江西省第85位、九江市第11位。人均科普经费投入1元，排在江西省第7位、九江市第2位。万人R&D人员数16.64人，排在江西省第43位、九江市第10位。研究人员占R&D人员比41.49%，排在江西省第15位、九江市第2位。高新技术产业增加值占规模以上工业增加值比62.37%，排在江西省第8位、九江市第1位。新产品销售收入占主营业务收入比1.89%，排在江西省第90位、九江市第12位。万人财政收入0.55亿元，排在江西省第49位、九江市第11位。万人社会消费品零售额1.37亿元，排在江西省第34位、九江市第5位。第三产业占GDP比重37.82%，排在江西省第76位、九江市第6位。具体如图3-43、图3-44、表3-22所示。

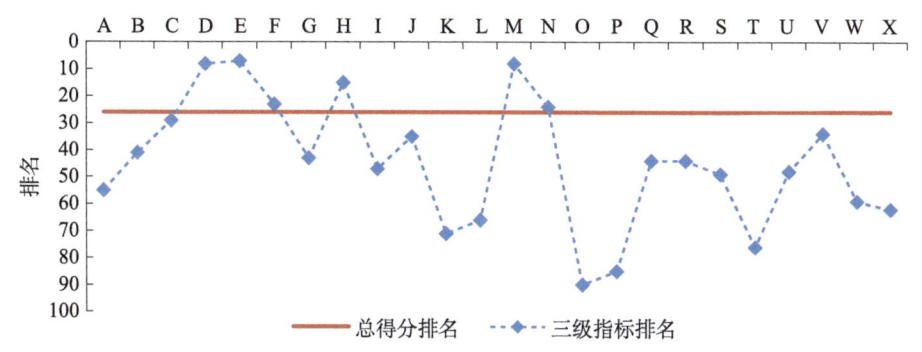

图3-43 武宁县科技创新能力总得分、三级指标得分在江西省位次排名[①]

---

① 图注同本书28页图3-1图注。

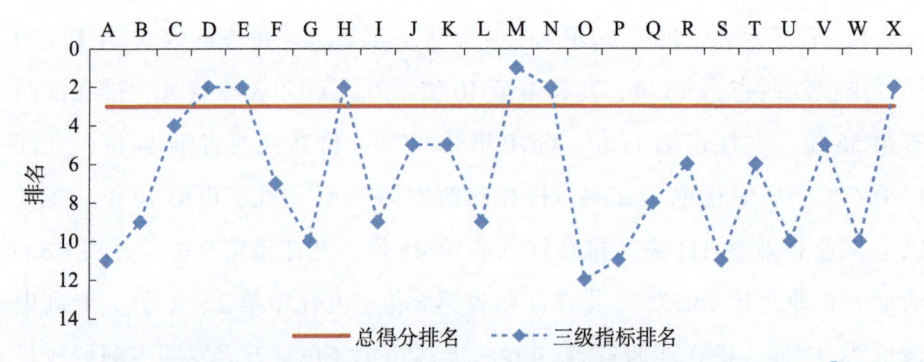

图 3-44 武宁县科技创新能力总得分、三级指标得分在九江市位次排名[①]

表 3-22 武宁县科技创新能力评价指标得分与位次

指标名称	得分（分）2018年	江西省排名 2017年	江西省排名 2018年	九江市排名 2017年	九江市排名 2018年
科技创新能力总得分	66.38	51	26	8	3
创新环境	4.05	34	11	5	2
创新基础	3.47	65	39	11	9
万人 GDP	3.10	62	55	11	11
规模以上工业企业数	3.40	44	41	9	9
万人专利申请量	3.83	56	29	7	4
科技意识	4.66	22	2	2	1
开展 R&D 活动的企业占比	4.97	11	8	2	2
人均科普经费投入	4.54	46	7	7	2
民众浏览科技网页频度	4.23	77	23	12	7
创新投入	3.47	73	45	9	8
人力投入	3.76	35	25	6	5
万人 R&D 人员数	3.33	79	43	11	10
研究人员占 R&D 人员比	4.55	15	15	2	2
R&D 人员全时当量	3.31	69	47	10	9
财力投入	3.17	94	63	13	8
R&D 经费投入占 GDP 百分比	3.52	87	35	12	5
企业 R&D 经费投入占主营业务收入比	2.88	96	71	13	5

[①] 图注同本书 28 页图 3-1 图注。

续表

指标名称	得分（分） 2018年	江西省排名 2017年	江西省排名 2018年	九江市排名 2017年	九江市排名 2018年
企业技术获取和改造费用占主营业务收入比	3.09	71	66	12	9
创新成效	3.80	36	28	3	1
技术创新	4.69	18	11	1	1
高新技术产业增加值占规模以上工业增加值比	5.10	11	8	1	1
高新技术企业数	4.13	36	24	4	2
产业化水平	2.88	90	90	10	11
新产品销售收入占主营业务收入比	2.50	91	90	12	12
万人发明专利授权量	2.97	98	85	13	11
技术合同成交额	3.27	47	44	8	8
经济社会发展	3.28	52	54	9	8
经济增长	3.26	52	62	12	10
GDP增长百分比	3.52	54	44	11	6
万人财政收入	3.27	48	49	11	11
第三产业占GDP比重	2.98	62	76	5	6
社会生活	3.30	51	49	6	7
居民人均可支配收入	3.45	49	48	10	10
万人社会消费品零售额	3.35	40	34	6	5
城镇化率	3.11	59	59	10	10
空气质量指数	3.20	68	62	4	2

如图3-43、图3-44、表3-22所示，武宁县科技创新能力总得分66.38分，排在江西省第26位，比上一年提升了25位，排在九江市第3位，比上一年提升了5位。在一级指标中，经济社会发展排在江西省第54位，比上一年下降了2位，排在九江市第8位，比上一年提升了1位；创新投入排在江西省第45位，比上一年提升了28位，排在九江市第8位，比上一年提升了1位；创新成效排在江西省第28位，比上一年提升了8位，排在九江市第1位，比上一年提升了2位；创新环境排在江西省第11位，比上一年提升了23位，排在九江市第2位，比上一年提升了3位。

综上所述，武宁县在创新环境方面得分较高，开展 R&D 活动的企业占比、人均科普经费投入均排在江西省前列，具有明显优势。但在经济社会发展和创新投入方面得分较低，第三产业占 GDP 比重、空气质量指数、企业 R&D 经费投入占主营业务收入比、企业技术获取和改造费用占主营业务收入比等排名靠后。建议该县加大科研经费投入，鼓励企业开展科研活动，加快传统企业转型升级，优化调整经济结构，发展低碳经济，不断提高科技竞争力。

五、修水县

修水县位于江西省西北部，九江市西部，是江西省九江市下辖县。2018 年，该县常住人口 76.30 万人，地区 GDP 204.02 亿元。居民人均可支配收入 18 593.88 元，排在江西省第 80 位、九江市第 12 位。万人 GDP 2.67 亿元，排在江西省第 85 位、九江市第 12 位。GDP 增长 8.9%，排在江西省第 35 位、九江市第 4 位。城镇化率 45%，排在江西省第 83 位、九江市第 12 位。规模以上工业企业数 138 家，排在江西省第 30 位、九江市第 7 位。万人专利申请量 26.08 件，排在江西省第 18 位、九江市第 3 位。万人发明专利授权量 0.08 件，排在江西省第 77 位、九江市第 10 位。人均科普经费投入 0.34 元，排在江西省第 54 位、九江市第 8 位。R&D 人员全时当量 561 人·年，排在江西省第 39 位、九江市第 7 位。R&D 经费投入占 GDP 百分比 0.68%，排在江西省第 62 位、九江市第 9 位。高新技术产业增加值占规模以上工业增加值比 20.44%，排在江西省第 72 位、九江市第 9 位。万人财政收入 0.34 亿元，排在江西省第 84 位、九江市第 12 位。万人社会消费品零售额 0.87 亿元，排在江西省第 75 位、九江市第 11 位。第三产业占 GDP 比重 40.6%，排在江西省第 62 位、九江市第 4 位。具体如图 3-45、图 3-46、表 3-23 所示。

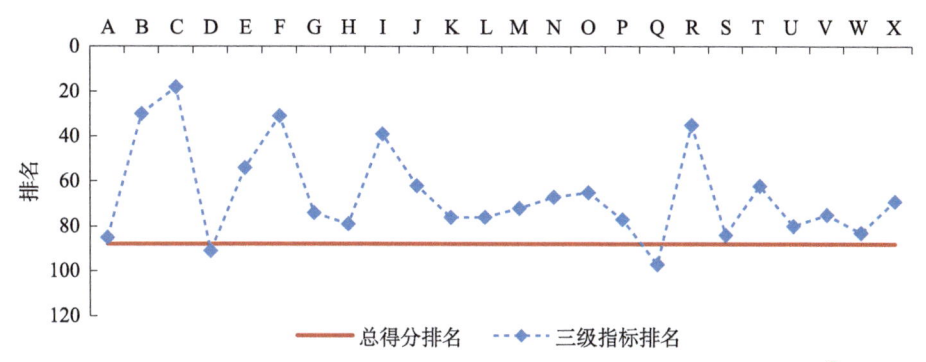

第三章 江西省各县（市、区）科技创新能力水平分析 | *101*

图 3-45 修水县科技创新能力总得分、三级指标得分在江西省位次排名 ①

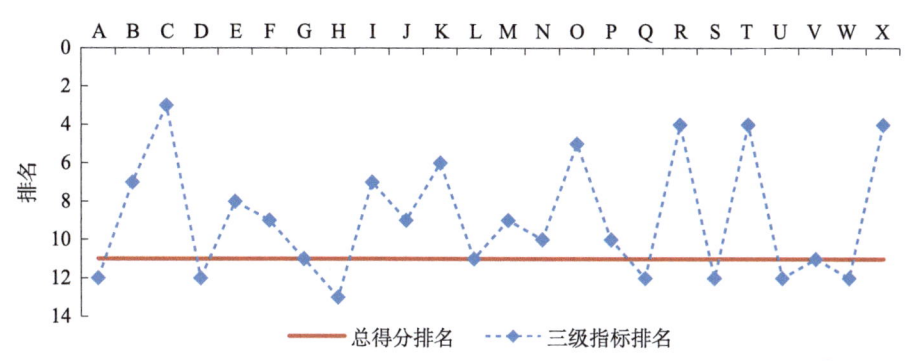

图 3-46 修水县科技创新能力总得分、三级指标得分在九江市位次排名 ②

表 3-23 修水县科技创新能力评价指标得分与位次

指标名称	得分（分）	江西省排名		九江市排名	
	2018 年	2017 年	2018 年	2017 年	2018 年
科技创新能力总得分	55.49	93	88	12	11
创新环境	3.28	82	71	12	12
创新基础	3.61	49	29	9	5
万人 GDP	2.69	91	85	12	12
规模以上工业企业数	3.70	26	30	7	7
万人专利申请量	4.26	32	18	3	3
科技意识	2.93	89	85	13	13
开展 R&D 活动的企业占比	2.20	98	91	13	12

①② 图注同本书 28 页图 3-1 图注。

续表

指标名称	得分（分） 2018年	江西省排名 2017年	江西省排名 2018年	九江市排名 2017年	九江市排名 2018年
人均科普经费投入	3.13	17	54	4	8
民众浏览科技网页频度	4.08	23	31	4	9
创新投入	3.01	93	80	13	11
人力投入	3.05	80	78	12	12
万人R&D人员数	3.01	94	74	13	11
研究人员占R&D人员比	2.81	58	79	8	13
R&D人员全时当量	3.36	76	39	11	7
财力投入	2.98	89	79	11	11
R&D经费投入占GDP百分比	3.07	75	62	10	9
企业R&D经费投入占主营业务收入比	2.80	87	76	9	6
企业技术获取和改造费用占主营业务收入比	3.07	71	76	12	11
创新成效	2.93	94	86	12	11
技术创新	2.89	84	74	11	9
高新技术产业增加值占规模以上工业增加值比	2.83	79	72	11	9
高新技术企业数	2.97	73	67	11	10
产业化水平	2.98	96	85	12	10
新产品销售收入占主营业务收入比	3.00	83	65	10	5
万人发明专利授权量	3.01	76	77	10	10
技术合同成交额	2.91	97	97	12	12
经济社会发展	3.05	80	87	12	12
经济增长	3.24	49	64	10	11
GDP增长百分比	3.83	14	35	5	4
万人财政收入	2.71	82	84	12	12
第三产业占GDP比重	3.21	50	62	4	4
社会生活	2.83	96	95	12	12
居民人均可支配收入	2.58	80	80	12	12
万人社会消费品零售额	2.99	79	75	12	11

续表

指标名称	得分（分） 2018年	江西省排名 2017年	江西省排名 2018年	九江市排名 2017年	九江市排名 2018年
城镇化率	2.77	84	83	12	12
空气质量指数	3.13	65	69	2	4

如图 3-45、图 3-46、表 3-23 所示，修水县科技创新能力总得分 55.49 分，排在江西省第 88 位，比上一年提升了 5 位，排在九江市第 11 位，比上一年提升了 1 位。在一级指标中，经济社会发展排在江西省第 87 位，比上一年下降了 7 位，排在九江市第 12 位，与上一年位次相同；创新投入排在江西省第 80 位，比上一年提升了 13 位，排在九江市第 11 位，比上一年提升了 2 位；创新成效排在江西省第 86 位，比上一年提升了 8 位，排在九江市第 11 位，比上一年提升了 1 位；创新环境排在江西省第 71 位，比上一年提升了 11 位，排在九江市第 12 位，与上一年位次相同。

综上所述，修水县在创新投入、创新成效和创新环境方面较上一年排名都有所提升，但得分较低，研究人员占 R&D 人员比、技术合同成交额、开展 R&D 活动的企业占比等排名靠后。建议该县优化创新环境，营造科技创新氛围，加大科研投入，培育战略性新兴产业，促进当地经济发展。

六、永修县

永修县位于江西省北部，九江市南部，是江西省九江市下辖县。2018 年，该县常住人口 37.22 万人，地区 GDP 180.50 亿元。居民人均可支配收入 25 952.95 元，排在江西省第 32 位、九江市第 5 位。万人 GDP 4.85 亿元，排在江西省第 37 位、九江市第 9 位。GDP 增长 8.7%，排在江西省第 44 位、九江市第 6 位。城镇化率 55.32%，排在江西省第 30 位、九江市第 6 位。规模以上工业企业数 164 家，排在江西省第 22 位、九江市第 3 位。开展 R&D 活动的企业占比 78.66%，排在江西省第 5 位、九江市第 1 位。万人专利申请量 13.16 件，排在江西省第 62 位、九江市第 7 位。万人发明专利授权量 0.21 件，排在江西省第 48 位、九江市第 6 位。万人 R&D 人员数 18.46 人，排在江西省第40位、九江市第9位。R&D人员全时当量537人·年，排在江西省第43位、九江市第8位。R&D经费投入占GDP百分比1.49%，排在江西省第21位、九江市第4位。企业技术获取和改造费用占主营业务收入比0.04%，排在江西省第35位、九江市第6位。高新技术产业增加值占规模以上工业增加值比22.16%，排在江西省第67位、九江市第7位。新产品销售收入占主营业务收入比6.42%，排在江西省第66位、九江市第6位。万人财政收入0.74亿元，排在江西省第27位、九江市第9位。万人社会消费品零售额1.19亿元，排在江西省第47位、九江市第7位。第三产业占GDP比重26.48%，排在江西省第97位、九江市第11位。具体如图3-47、图3-48、表3-24所示。

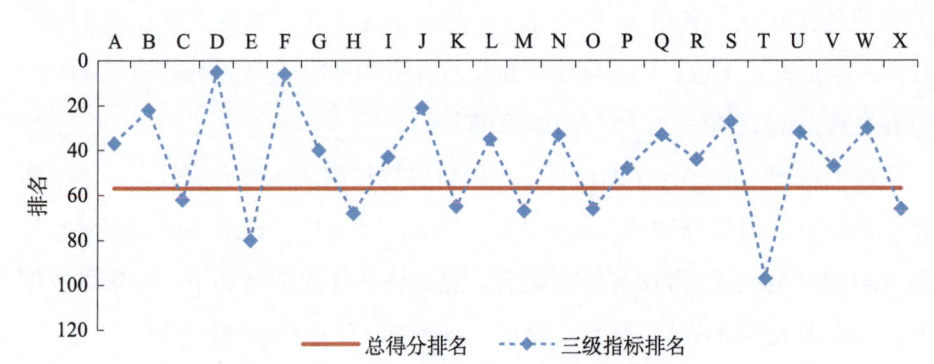

图3-47 永修县科技创新能力总得分、三级指标得分在江西省位次排名[①]

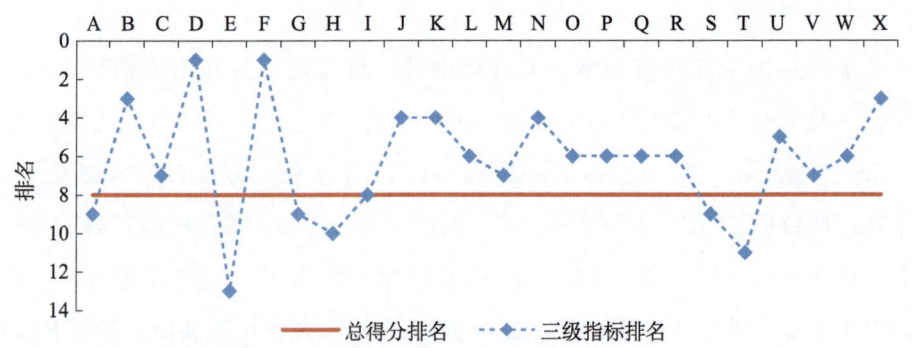

图3-48 永修县科技创新能力总得分、三级指标得分在九江市位次排名[②]

①② 图注同本书28页图3-1图注。

表 3-24 永修县科技创新能力评价指标得分与位次

指标名称	得分（分）2018年	江西省排名 2017年	江西省排名 2018年	九江市排名 2017年	九江市排名 2018年
科技创新能力总得分	61.91	42	57	6	8
创新环境	3.94	18	16	3	4
创新基础	3.53	44	35	7	7
万人 GDP	3.54	37	37	8	9
规模以上工业企业数	3.99	18	22	3	3
万人专利申请量	3.07	75	62	10	7
科技意识	4.38	10	3	1	2
开展 R&D 活动的企业占比	5.21	3	5	1	1
人均科普经费投入	2.94	82	80	13	13
民众浏览科技网页频度	4.66	20	6	3	1
创新投入	3.28	45	62	6	10
人力投入	3.24	77	59	10	10
万人 R&D 人员数	3.39	43	40	9	9
研究人员占 R&D 人员比	3.02	75	68	10	10
R&D 人员全时当量	3.34	47	43	9	8
财力投入	3.33	32	52	3	6
R&D 经费投入占 GDP 百分比	3.77	24	21	3	4
企业 R&D 经费投入占主营业务收入比	2.96	68	65	4	4
企业技术获取和改造费用占主营业务收入比	3.22	9	35	4	6
创新成效	3.23	45	65	5	6
技术创新	3.30	45	54	5	6
高新技术产业增加值占规模以上工业增加值比	2.93	44	67	5	7
高新技术企业数	3.82	42	33	6	4
产业化水平	3.16	37	68	4	8
新产品销售收入占主营业务收入比	3.00	40	66	2	6
万人发明专利授权量	3.21	37	48	5	6
技术合同成交额	3.33	20	33	3	6

续表

指标名称	得分（分）	江西省排名		九江市排名	
	2018年	2017年	2018年	2017年	2018年
经济社会发展	3.27	36	56	6	9
经济增长	3.12	44	76	9	12
GDP增长百分比	3.52	6	44	3	6
万人财政收入	3.75	28	27	8	9
第三产业占GDP比重	2.05	97	97	11	11
社会生活	3.43	31	32	4	4
居民人均可支配收入	3.72	32	32	5	5
万人社会消费品零售额	3.22	49	47	8	7
城镇化率	3.45	31	30	6	6
空气质量指数	3.16	51	66	1	3

如图3-47、图3-48、表3-24所示，永修县科技创新能力总得分61.91分，排在江西省第57位，比上一年下降了15位，排在九江市第8位，比上一年下降了2位。在一级指标中，经济社会发展排在江西省第56位，比上一年下降了20位，排在九江市第9位，比上一年下降了3位；创新投入排在江西省第62位，比上一年下降了17位，排在九江市第10位，比上一年下降了4位；创新成效排在江西省第65位，比上一年下降了20位，排在九江市第6位，比上一年下降了1位；创新环境排在江西省第16位，比上一年提升了2位，排在九江市第4位，比上一年下降了1位。

综上所述，永修县在创新环境方面得分较高，开展R&D活动的企业占比、民众浏览科技网页频度均排在江西省前列，具有一定优势。但在创新投入和创新成效方面得分较低，研究人员占R&D人员比、企业R&D经费投入占主营业务收入比、高新技术产业增加值占规模以上工业增加值比、新产品销售收入占主营业务收入比等排名靠后。建议该县加大科研经费投入，鼓励企业开展科研活动，提升产品性能，带动产业转型升级，不断推进经济社会发展。

七、德安县

德安县位于江西省北部，九江市南部，是江西省九江市下辖县。2018年，该县常住人口 16.11 万人，地区 GDP 127.58 亿元。居民人均可支配收入 26 659.92 元，排在江西省第 26 位、九江市第 4 位。万人 GDP 7.92 亿元，排在江西省第 14 位、九江市第 4 位。GDP 增长 9.3%，排在江西省第 18 位、在九江市第 2 位。城镇化率 57.18%，排在江西省第 24 位、九江市第 4 位。规模以上工业企业数 134 家，排在江西省第 32 位、九江市第 8 位。开展 R&D 活动的企业占比 41.04%，排在江西省第 77 位、九江市第 9 位。万人专利申请量 19.99 件，排在江西省第 36 位、九江市第 5 位。万人发明专利授权量 0.12 件，排在江西省第 66 位、九江市第 8 位。人均科普经费投入 0.45 元，排在江西省第 42 位、九江市第 7 位。万人 R&D 人员数 31.04 人，排在江西省第 14 位、九江市第 4 位。R&D 人员全时当量 411 人·年，排在江西省第 55 位、九江市第 11 位。R&D 经费投入占 GDP 百分比 0.93%，排在江西省第 49 位、九江市第 8 位。企业技术获取和改造费用占主营业务收入比 0.14%，排在江西省第 18 位、九江市第 5 位。高新技术产业增加值占规模以上工业增加值比 43.11%，排在江西省第 28 位、九江市第 2 位。万人财政收入 1.28 亿元，排在江西省第 9 位、九江市第 4 位。万人社会消费品零售额 1.56 亿元，排在江西省第 25 位、九江市第 3 位。第三产业占 GDP 比重 27.66%，排在江西省第 96 位、九江市第 10 位。具体如图 3-49、图 3-50、表 3-25 所示。

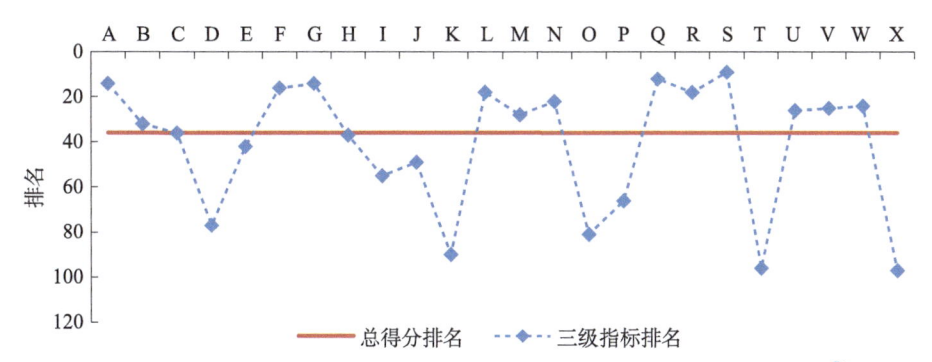

图 3-49 德安县科技创新能力总得分、三级指标得分在江西省位次排名[①]

---

① 图注同本书 28 页图 3-1 图注。

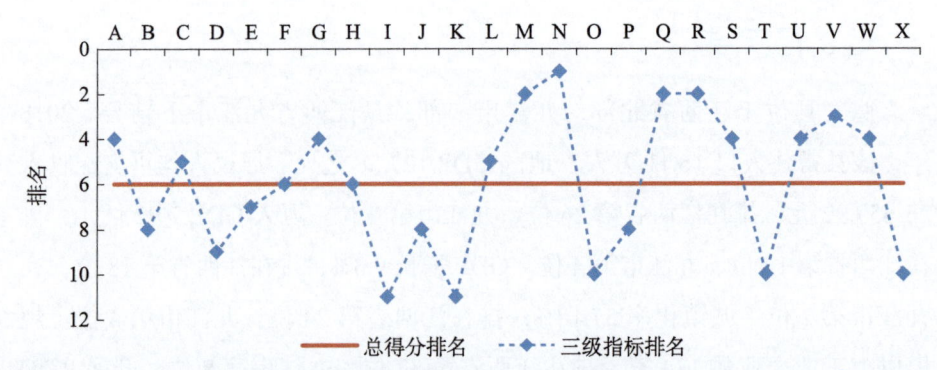

图 3-50 德安县科技创新能力总得分、三级指标得分在九江市位次排名 [1]

表 3-25 德安县科技创新能力评价指标得分与位次

指标名称	得分（分） 2018年	江西省排名 2017年	江西省排名 2018年	九江市排名 2017年	九江市排名 2018年
科技创新能力总得分	64.98	32	36	4	6
创新环境	3.70	27	25	4	6
创新基础	3.99	27	19	4	4
万人 GDP	4.74	16	14	4	4
规模以上工业企业数	3.66	27	32	8	8
万人专利申请量	3.70	66	36	9	5
科技意识	3.40	32	63	4	9
开展 R&D 活动的企业占比	2.90	54	77	5	9
人均科普经费投入	3.37	15	42	3	7
民众浏览科技网页频度	4.40	56	16	7	6
创新投入	3.36	50	55	7	9
人力投入	3.61	69	35	9	8
万人 R&D 人员数	3.85	13	14	4	4
研究人员占 R&D 人员比	3.72	85	37	12	6
R&D 人员全时当量	3.22	46	55	8	11
财力投入	3.12	34	67	4	9

[1] 图注同本书 28 页图 3-1 图注。

续表

指标名称	得分（分） 2018年	江西省排名 2017年	江西省排名 2018年	九江市排名 2017年	九江市排名 2018年
R&D 经费投入占 GDP 百分比	3.29	44	49	7	8
企业 R&D 经费投入占主营业务收入比	2.58	89	90	10	11
企业技术获取和改造费用占主营业务收入比	3.55	6	18	3	5
创新成效	3.66	34	34	2	2
技术创新	4.14	26	24	3	2
高新技术产业增加值占规模以上工业增加值比	4.06	30	28	2	2
高新技术企业数	4.25	21	22	2	1
产业化水平	3.16	55	67	6	7
新产品销售收入占主营业务收入比	2.67	72	81	9	10
万人发明专利授权量	3.08	46	66	6	8
技术合同成交额	3.92	14	12	2	2
经济社会发展	3.67	24	24	5	4
经济增长	3.95	16	21	5	3
GDP 增长百分比	4.47	17	18	6	2
万人财政收入	5.14	9	9	3	4
第三产业占 GDP 比重	2.15	95	96	10	10
社会生活	3.35	47	41	5	6
居民人均可支配收入	3.83	27	26	4	4
万人社会消费品零售额	3.50	26	25	3	3
城镇化率	3.57	26	24	5	4
空气质量指数	2.03	96	97	10	10

如图 3-49、图 3-50、表 3-25 所示，德安县科技创新能力总得分 64.98 分，排在江西省第 36 位，比上一年下降了 4 位，排在九江市第 6 位，比上一年下降了 2 位。在一级指标中，经济社会发展排在江西省第 24 位，与上一年位次相同，排在九江市第 4 位，比上一年提升了 1 位；创新投入排在江西省第 55 位，比上一年下降了 5 位，排在九江市第 9 位，比上一年下降了 2 位；创新

成效排在江西省第 34 位、九江市第 2 位，都与上一年位次相同；创新环境排在江西省第 25 位，比上一年提升了 2 位，排在九江市第 6 位，比上一年下降了 2 位。

综上所述，德安县在创新环境方面得分较高，万人 GDP、民众浏览科技网页频度均排在江西省前列，具有一定优势。但在创新投入方面得分较低，R&D 人员全时当量、企业 R&D 经费投入占主营业务收入比等排名靠后。建议该县加大科技创新人力及财力投入，营造科技创新氛围，不断提高科技竞争力。

八、都昌县

都昌县位于江西省北部，是江西省九江市下辖县。2018 年，该县常住人口 73.82 万人，地区 GDP 158.78 亿元。居民人均可支配收入 15 715.06 元，排在江西省第 100 位、九江市第 13 位。万人 GDP 2.15 亿元，排在江西省第 95 位、九江市第 13 位。GDP 增长 8.5%，排在江西省第 58 位、九江市第 9 位。城镇化率 39.3%，排在江西省第 100 位、九江市第 13 位。规模以上工业企业数 98 家，排在江西省第 53 位、九江市第 10 位。开展 R&D 活动的企业占比 37.76%，排在江西省第 82 位、九江市第 10 位。万人专利申请量 4.74 件，排在江西省第 96 位、九江市第 13 位。研究人员占 R&D 人员比 25.12%，排在江西省第 72 位、九江市第 11 位。高新技术产业增加值占规模以上工业增加值比 17.9%，排在江西省第 79 位、九江市第 10 位。新产品销售收入占主营业务收入比 4.09%，排在江西省第 78 位、九江市第 9 位。万人社会消费品零售额 0.8 亿元，排在江西省第 80 位、九江市第 13 位。第三产业占 GDP 比重 39.2%，排在江西省第 70 位、九江市第 5 位。具体如图 3-51、图 3-52、表 3-26 所示。

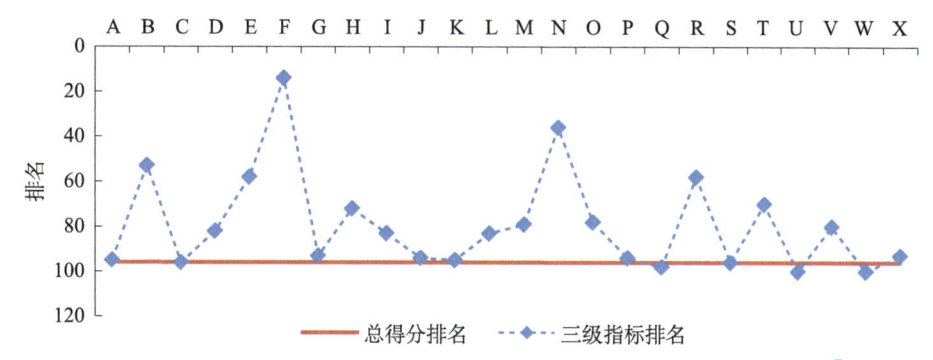

图 3-51　都昌县科技创新能力总得分、三级指标得分在江西省位次排名[1]

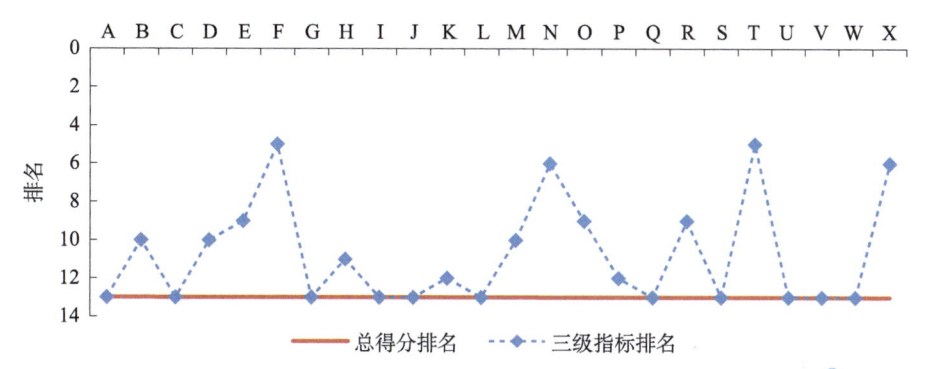

图 3-52　都昌县科技创新能力总得分、三级指标得分在九江市位次排名[2]

表 3-26　都昌县科技创新能力评价指标得分与位次

指标名称	得分（分）	江西省排名		九江市排名	
	2018 年	2017 年	2018 年	2017 年	2018 年
科技创新能力总得分	52.08	96	96	13	13
创新环境	2.94	92	91	13	13
创新基础	2.68	95	95	13	13
万人 GDP	2.48	98	95	13	13
规模以上工业企业数	3.25	59	53	11	10
万人专利申请量	2.30	96	96	12	13
科技意识	3.21	80	72	12	11
开展 R&D 活动的企业占比	2.69	74	82	8	10
人均科普经费投入	3.05	50	58	8	9

[1][2]　图注同本书 28 页图 3-1 图注。

续表

指标名称	得分（分） 2018年	江西省排名 2017年	江西省排名 2018年	九江市排名 2017年	九江市排名 2018年
民众浏览科技网页频度	4.41	45	14	6	5
创新投入	2.79	78	96	11	13
人力投入	2.90	50	88	8	13
万人R&D人员数	2.82	91	93	12	13
研究人员占R&D人员比	2.92	27	72	3	11
R&D人员全时当量	2.97	80	83	12	13
财力投入	2.68	92	96	12	13
R&D经费投入占GDP百分比	2.64	86	94	11	13
企业R&D经费投入占主营业务收入比	2.41	91	95	11	12
企业技术获取和改造费用占主营业务收入比	3.06	46	83	8	13
创新成效	3.00	93	80	11	10
技术创新	3.14	80	65	10	8
高新技术产业增加值占规模以上工业增加值比	2.70	74	79	8	10
高新技术企业数	3.76	75	36	12	6
产业化水平	2.85	100	93	13	12
新产品销售收入占主营业务收入比	2.74	90	78	11	9
万人发明专利授权量	2.93	93	94	12	12
技术合同成交额	2.90	99	98	13	13
经济社会发展	2.69	97	99	13	13
经济增长	2.89	82	89	13	13
GDP增长百分比	3.20	40	58	10	9
万人财政收入	2.41	96	96	13	13
第三产业占GDP比重	3.09	76	70	6	5
社会生活	2.46	100	100	13	13
居民人均可支配收入	2.13	100	100	13	13
万人社会消费品零售额	2.94	80	80	13	13
城镇化率	2.40	100	100	13	13
空气质量指数	2.55	76	93	5	6

如图 3-51、图 3-52、表 3-26 所示，都昌县科技创新能力总得分 52.08 分，排在江西省第 96 位、九江市第 13 位，都与上一年位次相同。在一级指标中，经济社会发展排在江西省第 99 位，比上一年下降了 2 位，排在九江市第 13 位，与上一年位次相同；创新投入排在江西省第 96 位，比上一年下降了 18 位，排在九江市第 13 位，比上一年下降了 2 位；创新成效排在江西省第 80 位，比上一年提升了 13 位，排在九江市第 10 位，比上一年提升了 1 位；创新环境排在江西省第 91 位，比上一年提升了 1 位，排在九江市第 13 位，与上一年位次相同。

综上所述，都昌县在经济社会发展、创新投入、创新成效和创新环境方面得分都较低，居民人均可支配收入、城镇化率、万人 R&D 人员数、企业 R&D 经费投入占主营业务收入比、技术合同成交额、万人专利申请量等排名靠后。建议该县在产业结构调整、人才培养、创新平台建设、创新氛围营造等方面做进一步努力，不断提高科技对经济发展的支撑能力。

九、湖口县

湖口县位于江西省北部，九江市东部，是江西省九江市下辖县。2018 年，该县常住人口 28.54 万人，地区 GDP 158.58 亿元。居民人均可支配收入 25 157.02 元，排在江西省第 41 位、九江市第 7 位。万人 GDP 5.56 亿元，排在江西省第 24 位、九江市第 5 位。GDP 增长 8.4%，排在江西省第 64 位、九江市第 10 位。城镇化率 49.3%，排在江西省第 66 位、九江市第 11 位。规模以上工业企业数 98 家，排在江西省第 53 位、九江市第 10 位。开展 R&D 活动的企业占比 51.02%，排在江西省第 51 位、九江市第 5 位。万人专利申请量 11.63 件，排在江西省第 68 位、九江市第 9 位。万人发明专利授权量 0.32 件，排在江西省第 36 位、九江市第 5 位。万人 R&D 人员数 31.01 人，排在江西省第 15 位、九江市第 5 位。R&D 人员全时当量 725 人·年，排在江西省第 27 位、九江市第 3 位。R&D 经费投入占 GDP 百分比 2.13%，排在江西省第 10 位、九江市第 2 位。企业技术获取和改造费用占主营业务收入比 0.92%，排在江西省第 4 位、九江市第 1 位。高新技术产业增加值占规模以上工业增加值比 14.13%，排在江西省第 86 位、九江市第 11 位。万人财政收入 1.45 亿元，排在江西省第 5 位、九江市第 2 位。万人社会消费品零售额 1.09 亿元，排在江西省第 55 位、九江市第 10 位。第三产业占 GDP 比重 21.49%，排在江西省第 99 位、九江市第 13 位。具体如图 3-53、图 3-54、表 3-27 所示。

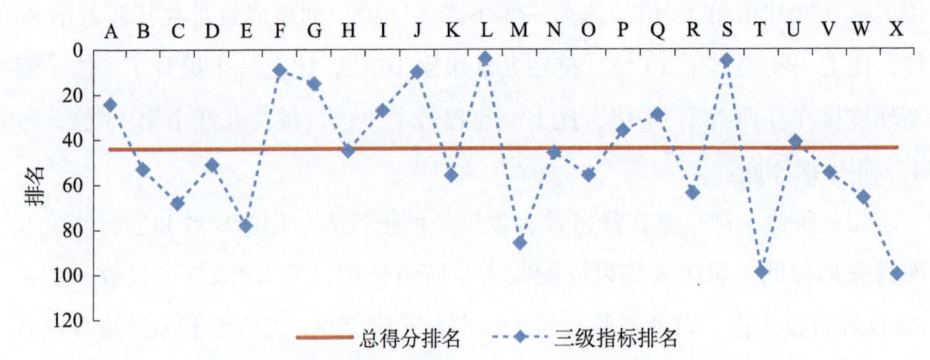

图 3-53 湖口县科技创新能力总得分、三级指标得分在江西省位次排名[①]

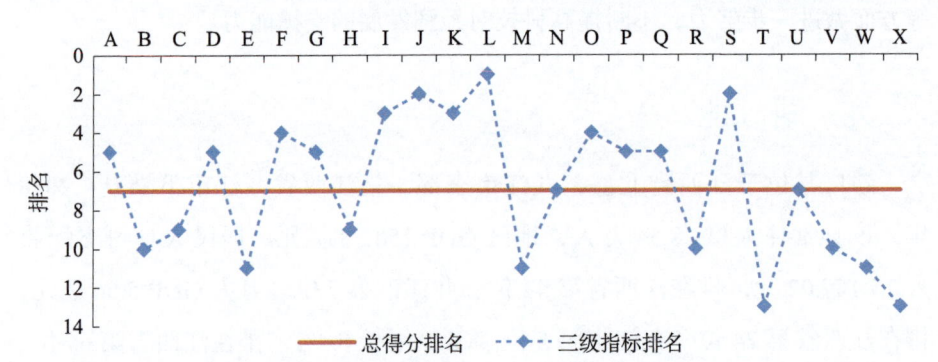

图 3-54 湖口县科技创新能力总得分、三级指标得分在九江市位次排名[②]

表 3-27 湖口县科技创新能力评价指标得分与位次

指标名称	得分（分）	江西省排名		九江市排名	
	2018 年	2017 年	2018 年	2017 年	2018 年
科技创新能力总得分	63.81	33	44	5	7
创新环境	3.45	56	51	9	8
创新基础	3.30	46	59	8	10
万人 GDP	3.82	27	24	5	5

①② 图注同本书 28 页图 3-1 图注。

续表

指标名称	得分（分） 2018年	江西省排名 2017年	江西省排名 2018年	九江市排名 2017年	九江市排名 2018年
规模以上工业企业数	3.25	49	53	10	10
万人专利申请量	2.93	52	68	6	9
科技意识	3.60	59	43	7	5
开展R&D活动的企业占比	3.51	49	51	4	5
人均科普经费投入	2.96	50	78	8	11
民众浏览科技网页频度	4.60	58	9	8	4
创新投入	4.07	8	11	1	1
人力投入	3.65	46	30	7	6
万人R&D人员数	3.85	12	15	3	5
研究人员占R&D人员比	3.58	79	45	11	9
R&D人员全时当量	3.52	23	27	2	3
财力投入	4.48	4	10	1	1
R&D经费投入占GDP百分比	4.32	9	10	1	2
企业R&D经费投入占主营业务收入比	3.22	49	56	1	3
企业技术获取和改造费用占主营业务收入比	6.21	2	4	1	1
创新成效	3.09	67	72	9	8
技术创新	2.87	67	75	7	10
高新技术产业增加值占规模以上工业增加值比	2.49	78	86	10	11
高新技术企业数	3.40	42	46	6	7
产业化水平	3.32	62	54	7	6
新产品销售收入占主营业务收入比	3.21	62	56	6	4
万人发明专利授权量	3.36	36	36	4	5
技术合同成交额	3.43	29	29	5	5
经济社会发展	3.27	39	57	7	10
经济增长	3.47	25	45	6	8
GDP增长百分比	3.04	8	64	4	10
万人财政收入	5.58	11	5	5	2
第三产业占GDP比重	1.64	99	99	13	13
社会生活	3.04	79	77	10	11

续表

指标名称	得分（分）	江西省排名		九江市排名	
	2018年	2017年	2018年	2017年	2018年
居民人均可支配收入	3.60	40	41	7	7
万人社会消费品零售额	3.15	61	55	10	10
城镇化率	3.05	65	66	11	11
空气质量指数	1.89	99	100	12	13

如图3-53、图3-54、表3-27所示，湖口县科技创新能力总得分63.81分，排在江西省第44位，比上一年下降了11位，排在九江市第7位，比上一年下降了2位。在一级指标中，经济社会发展排在江西省第57位，比上一年下降了18位，排在九江市第10位，比上一年下降了3位；创新投入排在江西省第11位，比上一年下降了3位，排在九江市第1位，与上一年位次相同；创新成效排在江西省第72位，比上一年下降了5位，排在九江市第8位，比上一年提升了1位；创新环境排在江西省第51位，比上一年提升了5位，排在九江市第8位，比上一年提升了1位。

综上所述，湖口县在创新投入方面得分较高，万人R&D人员数、企业技术获取和改造费用占主营业务收入比均排在江西省前列，具有一定优势。但在经济社会发展和创新成效方面得分较低，第三产业占GDP比重、空气质量指数、高新技术产业增加值占规模以上工业增加值比等排名靠后。建议该县做大做强战略性新兴产业，发展第三产业，提倡低碳经济，不断推进经济社会发展。

十、彭泽县

彭泽县位于江西省北部，是江西省九江市下辖县。2018年，该县常住人口36.39万人，地区GDP 142.44亿元。居民人均可支配收入23 925.28元，排在江西省第51位、九江市第11位。万人GDP 3.91亿元，排在江西省第48位、九江市第10位。GDP增长9.1%，排在江西省第26位、九江市第3位。城镇化率50.92%，排在江西省第56位、九江市第8位。规模以上工业企业数146家，排在江西省第26位、九江市第6位。万人专利申请量6.87件，排在江西省第84位、九江市第11位。万人发明专利授权量0.71件，排在江西省第11位、九江市第1位。万人R&D人员数20.17人，排在江西省第35位、九江市第8位。研究人员占R&D人员比35.69%，排在江西省第30位、九江市第5位。R&D人员全时当量654人·年，排在江西省第33位、九江市第6位。企业技术获取和改造费用占主营业务收入比0.23%，排在江西省第13位、九江市第4位。新产品销售收入占主营业务收入比4.93%，排在江西省第72位、九江市第8位。万人财政收入0.69亿元，排在江西省第31位、九江市第10位。万人社会消费品零售额0.84亿元，排在江西省第79位、九江市第12位。第三产业占GDP比重29.74%，排在江西省第94位、九江市第9位。具体如图3-55、图3-56、表3-28所示。

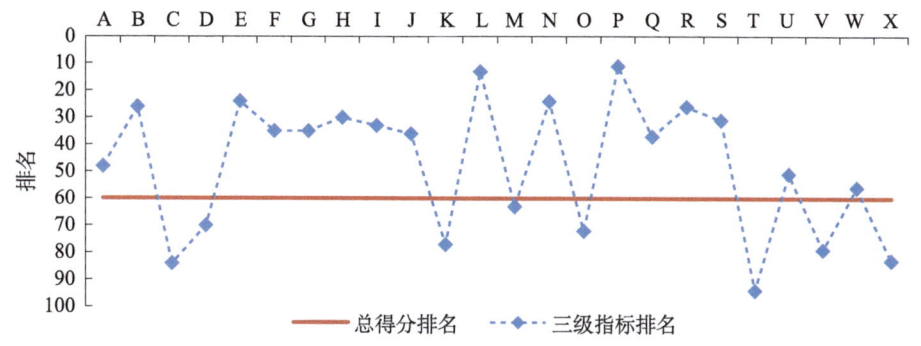

图3-55 彭泽县科技创新能力总得分、三级指标得分在江西省位次排名[①]

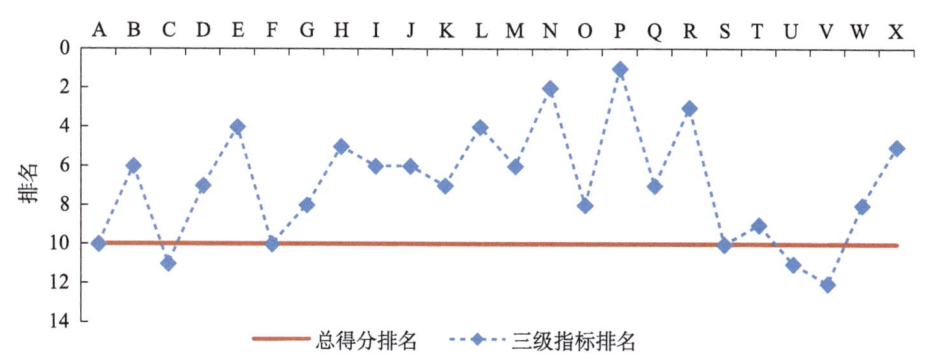

图3-56 彭泽县科技创新能力总得分、三级指标得分在九江市位次排名[②]

[①][②] 图注同本书28页图3-1图注。

表 3-28 彭泽县科技创新能力评价指标得分与位次

指标名称	得分（分）2018年	江西省排名 2017年	江西省排名 2018年	九江市排名 2017年	九江市排名 2018年
科技创新能力总得分	61.64	55	60	9	10
创新环境	3.30	60	67	10	11
创新基础	3.14	38	70	6	11
万人 GDP	3.17	60	48	10	10
规模以上工业企业数	3.79	22	26	5	6
万人专利申请量	2.49	36	84	4	11
科技意识	3.46	71	57	8	8
开展 R&D 活动的企业占比	3.02	61	70	6	7
人均科普经费投入	3.69	50	24	8	4
民众浏览科技网页频度	3.99	76	35	11	10
创新投入	3.50	14	41	3	5
人力投入	3.64	22	32	3	7
万人 R&D 人员数	3.46	31	35	8	8
研究人员占 R&D 人员比	3.97	28	30	4	5
R&D 人员全时当量	3.45	29	33	4	6
财力投入	3.36	14	49	2	5
R&D 经费投入占 GDP 百分比	3.50	45	36	8	6
企业 R&D 经费投入占主营业务收入比	2.80	82	77	8	7
企业技术获取和改造费用占主营业务收入比	3.87	3	13	2	4
创新成效	3.42	65	48	8	5
技术创新	3.50	76	46	9	5
高新技术产业增加值占规模以上工业增加值比	3.05	76	63	9	6
高新技术企业数	4.13	59	24	9	2
产业化水平	3.33	35	51	3	5
新产品销售收入占主营业务收入比	2.83	48	72	4	8
万人发明专利授权量	3.96	16	11	3	1
技术合同成交额	3.32	44	37	7	7
经济社会发展	3.26	46	59	8	11

续表

指标名称	得分（分） 2018年	江西省排名 2017年	江西省排名 2018年	九江市排名 2017年	九江市排名 2018年
经济增长	3.37	35	52	7	9
GDP增长百分比	4.15	3	26	2	3
万人财政收入	3.63	34	31	10	10
第三产业占GDP比重	2.32	94	94	9	9
社会生活	3.13	60	65	7	9
居民人均可支配收入	3.41	51	51	11	11
万人社会消费品零售额	2.97	71	79	11	12
城镇化率	3.16	54	56	8	8
空气质量指数	2.80	66	83	3	5

如图3-55、图3-56、表3-28所示，彭泽县科技创新能力总得分61.64分，排在江西省第60位，比上一年下降了5位，排在九江市第10位，比上一年下降了1位。在一级指标中，经济社会发展排在江西省第59位，比上一年下降了13位，排在九江市第11位，比上一年下降了3位；创新投入排在江西省第41位，比上一年下降了27位，排在九江市第5位，比上一年下降了2位；创新成效排在江西省第48位，比上一年提升了17位，排在九江市第5位，比上一年提升了3位；创新环境排在江西省第67位，比上一年下降了7位，排在九江市第11位，比上一年下降了1位。

综上所述，彭泽县在创新投入方面得分较高，企业技术获取和改造费用占主营业务收入比排名靠前，具有一定优势。但在经济社会发展和创新环境方面得分较低，第三产业占GDP比重、空气质量指数、万人专利申请量等排名靠后。建议该县巩固创新基础，提高企业及民众科技意识，实施传统产业绿色化、清洁化改造，发展第三产业，不断提高科技竞争力。

十一、瑞昌市

瑞昌市位于江西省北部偏西，九江市西部，是江西省九江市下辖县级市。2018年，该市常住人口43.20万人，地区GDP 211.48亿元。居民人均可支配收入24 908.01元，排在江西省第42位、九江市第8位。万人GDP 4.9亿元，排在江西省第33位、九江市第7位。GDP增长9.6%，排在江西省第6位、九江市第1位。城镇化率52.61%，排在江西省第37位、九江市第7位。规模以上工业企业数171家，排在江西省第20位、九江市第2位。万人专利申请量13.24件，排在江西省第61位、九江市第6位。万人发明专利授权量0.12件，排在江西省第69位、九江市第9位。人均科普经费投入0.6元，排在江西省第24位、九江市第4位。万人R&D人员数30.53人，排在江西省第16位、九江市第6位。R&D人员全时当量959人·年，排在江西省第17位、九江市第2位。R&D经费投入占GDP百分比1.79%，排在江西省第15位、九江市第3位。企业技术获取和改造费用占主营业务收入比0.02%，排在江西省第51位、九江市第7位。万人财政收入0.84亿元，排在江西省第19位、九江市第6位。万人社会消费品零售额1.19亿元，排在江西省第48位、九江市第8位。第三产业占GDP比重25.8%，排在江西省第98位、九江市第12位。具体如图3-57、图3-58、表3-29所示。

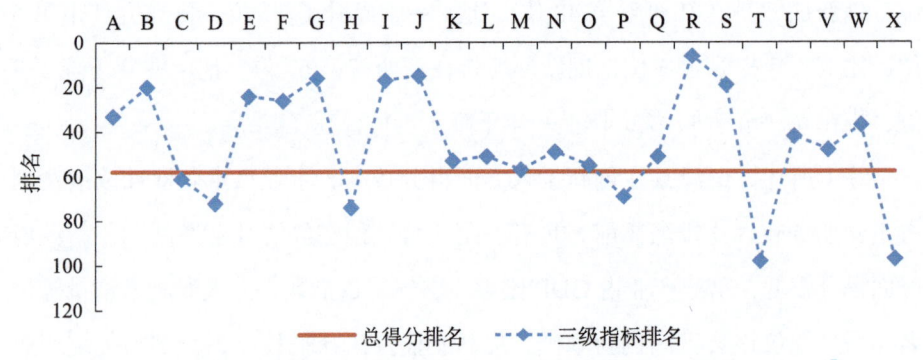

图3-57 瑞昌市科技创新能力总得分、三级指标得分在江西省位次排名[①]

---

① 图注同本书28页图3-1图注。

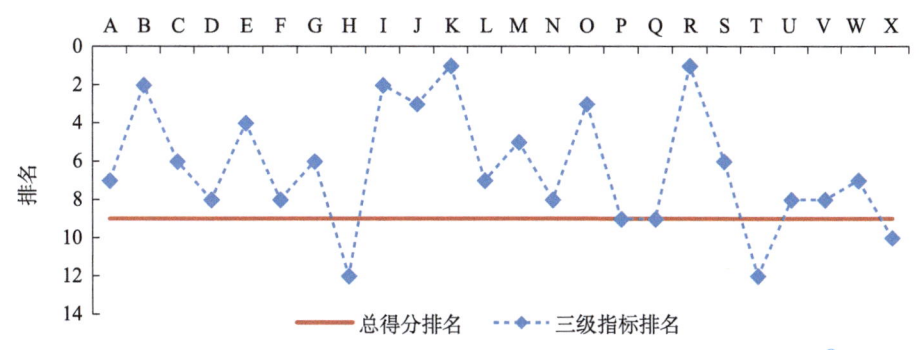

图 3-58 瑞昌市科技创新能力总得分、三级指标得分在九江市位次排名[①]

表 3-29 瑞昌市科技创新能力评价指标得分与位次

指标名称	得分（分）2018年	江西省排名 2017年	江西省排名 2018年	九江市排名 2017年	九江市排名 2018年
科技创新能力总得分	61.76	74	58	10	9
创新环境	3.52	55	44	8	7
创新基础	3.56	32	32	5	6
万人 GDP	3.56	35	33	7	7
规模以上工业企业数	4.07	23	20	6	2
万人专利申请量	3.08	37	61	5	6
科技意识	3.48	73	56	9	7
开展 R&D 活动的企业占比	2.96	77	72	9	8
人均科普经费投入	3.69	36	24	6	4
民众浏览科技网页频度	4.19	30	26	5	8
创新投入	3.48	77	43	10	6
人力投入	3.46	87	42	13	9
万人 R&D 人员数	3.83	28	16	7	6
研究人员占 R&D 人员比	2.89	97	74	13	12
R&D 人员全时当量	3.74	30	17	5	2
财力投入	3.50	47	40	5	4
R&D 经费投入占 GDP 百分比	4.03	38	15	6	3
企业 R&D 经费投入占主营业务收入比	3.25	75	53	6	1

[①] 图注同本书 28 页图 3-1 图注。

续表

指标名称	得分（分） 2018年	江西省排名 2017年	江西省排名 2018年	九江市排名 2017年	九江市排名 2018年
企业技术获取和改造费用占主营业务收入比	3.15	11	51	5	7
创新成效	3.21	58	67	7	7
技术创新	3.25	51	56	6	7
高新技术产业增加值占规模以上工业增加值比	3.24	53	57	6	5
高新技术企业数	3.28	40	49	5	8
产业化水平	3.16	73	69	9	9
新产品销售收入占主营业务收入比	3.21	53	55	5	3
万人发明专利授权量	3.07	88	69	11	9
技术合同成交额	3.19	55	51	9	9
经济社会发展	3.41	62	41	11	7
经济增长	3.66	51	29	11	6
GDP增长百分比	4.94	19	6	7	1
万人财政收入	4.01	24	19	6	6
第三产业占GDP比重	1.99	98	98	12	12
社会生活	3.12	72	68	9	10
居民人均可支配收入	3.56	42	42	8	8
万人社会消费品零售额	3.22	38	48	5	8
城镇化率	3.27	38	37	7	7
空气质量指数	2.03	95	97	9	10

如图3-57、图3-58、表3-29所示，瑞昌市科技创新能力总得分61.76分，排在江西省第58位，比上一年提升了16位，排在九江市第9位，比上一年提升了1位。在一级指标中，经济社会发展排在江西省第41位，比上一年提升了21位，排在九江市第7位，比上一年提升了4位；创新投入排在江西省第43位，比上一年提升了34位，排在九江市第6位，比上一年提升了4位；创新成效排在江西省第67位，比上一年下降了9位，排在九江市第7位，与上一年位次相同；创新环境排在江西省第44位，比上一年提升了11位，排在九江市第7位，比上一年提升了1位。

综上所述，瑞昌市在创新环境、创新投入和经济社会发展方面得分相近，处于中等水平。但在创新成效方面得分相对较低，万人发明专利授权量等排名靠后。建议该市加快创新平台建设，培育经济发展新动能，提高科技成果转移转化能力，实施传统产业绿色化、清洁化改造，发展第三产业，不断提高科技对经济发展的支撑能力。

十二、共青城市

共青城市位于江西省北部、九江市南部，是江西省九江市下辖县级市。2018 年，该市常住人口 13.23 万人，地区 GDP 131.10 亿元。居民人均可支配收入 28 689.77 元，排在江西省第 19 位、九江市第 3 位。万人 GDP 9.91 亿元，排在江西省第 7 位、九江市第 3 位。GDP 增长 8.7%，排在江西省第 44 位、九江市第 6 位。城镇化率 66.28%，排在江西省第 17 位、九江市第 3 位。规模以上工业企业数 151 家，排在江西省第 24 位、九江市第 5 位。开展 R&D 活动的企业占比 36.42%，排在江西省第 84 位、九江市第 11 位。万人专利申请量 37.57 件，排在江西省第 6 位、九江市第 1 位。万人发明专利授权量 0.38 件，排在江西省第 29 位、九江市第 4 位。人均科普经费投入 1.05 元，排在江西省第 4 位、九江市第 1 位。万人 R&D 人员数 39.46 人，排在江西省第 10 位、九江市第 2 位。R&D 人员全时当量 444 人·年，排在江西省第 51 位、九江市第 10 位。新产品销售收入占主营业务收入比 3.25%，排在江西省第 83 位、九江市第 11 位。万人财政收入 1.81 亿元，排在江西省第 3 位、九江市第 1 位。万人社会消费品零售额 2.23 亿元，排在江西省第 13 位、九江市第 2 位。第三产业占 GDP 比重 30.41%，排在江西省第 92 位、九江市第 8 位。具体如图 3-59、图 3-60、表 3-30 所示。

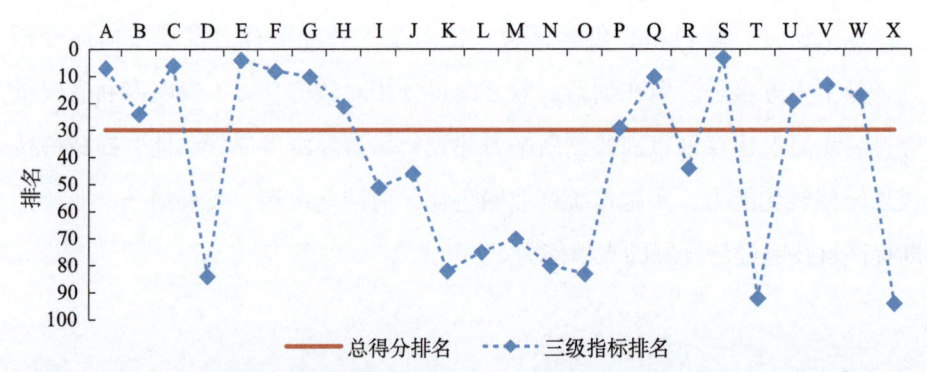

图 3-59 共青城市科技创新能力总得分、三级指标得分在江西省位次排名[①]

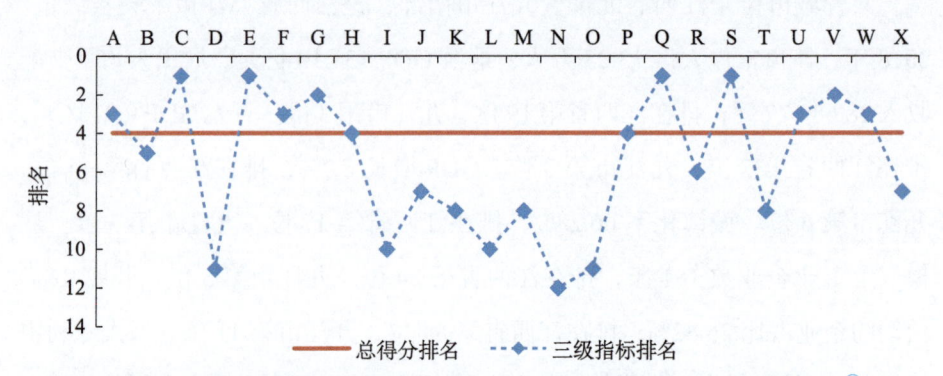

图 3-60 共青城市科技创新能力总得分、三级指标得分在九江市位次排名[②]

表 3-30 共青城市科技创新能力评价指标得分与位次

指标名称	得分（分）	江西省排名		九江市排名	
	2018 年	2017 年	2018 年	2017 年	2018 年
科技创新能力总得分	65.79	20	30	2	4
创新环境	4.30	7	7	1	1
创新基础	4.87	6	7	1	1
万人 GDP	5.52	12	7	3	3
规模以上工业企业数	3.85	16	24	1	5
万人专利申请量	5.32	5	6	1	1
科技意识	3.71	23	37	3	3
开展 R&D 活动的企业占比	2.61	91	84	12	11

---

①② 图注同本书 28 页图 3-1 图注。

续表

指标名称	得分（分） 2018年	江西省排名 2017年	江西省排名 2018年	九江市排名 2017年	九江市排名 2018年
人均科普经费投入	4.65	2	4	1	1
民众浏览科技网页频度	4.60	10	8	1	3
创新投入	3.48	35	44	5	7
人力投入	3.93	21	16	2	3
万人R&D人员数	4.16	10	10	2	2
研究人员占R&D人员比	4.31	59	21	9	4
R&D人员全时当量	3.25	37	51	7	10
财力投入	3.03	54	75	8	10
R&D经费投入占GDP百分比	3.35	28	46	5	7
企业R&D经费投入占主营业务收入比	2.67	73	82	5	8
企业技术获取和改造费用占主营业务收入比	3.08	49	75	9	10
创新成效	3.05	56	76	6	9
技术创新	2.73	70	85	8	11
高新技术产业增加值占规模以上工业增加值比	2.86	71	70	7	8
高新技术企业数	2.55	59	80	9	12
产业化水平	3.38	27	46	2	3
新产品销售收入占主营业务收入比	2.65	22	83	1	11
万人发明专利授权量	3.46	56	29	7	4
技术合同成交额	4.27	11	10	1	1
经济社会发展	3.98	12	15	3	2
经济增长	4.19	6	9	2	2
GDP增长百分比	3.52	1	44	1	6
万人财政收入	6.52	3	3	1	1
第三产业占GDP比重	2.37	90	92	8	8
社会生活	3.75	20	20	3	3
居民人均可支配收入	4.15	19	19	3	3
万人社会消费品零售额	3.99	13	13	2	2
城镇化率	4.16	17	17	3	3
空气质量指数	2.27	90	94	7	7

如图 3-59、图 3-60、表 3-30 所示，共青城市科技创新能力总得分 65.79 分，排在江西省第 30 位，比上一年下降了 10 位，排在九江市第 4 位，比上一年下降了 2 位。在一级指标中，经济社会发展排在江西省第 15 位，比上一年下降了 3 位，排在九江市第 2 位，比上一年提升了 1 位；创新投入排在江西省第 44 位，比上一年下降了 9 位，排在九江市第 7 位，比上一年下降了 2 位；创新成效排在江西省第 76 位，比上一年下降了 20 位，排在九江市第 9 位，比上一年下降了 3 位；创新环境排在江西省第 7 位、九江市第 1 位，都与上一年位次相同。

综上所述，共青城市在创新环境方面得分较高，万人 GDP、万人专利申请量、人均科普经费投入均排在江西省前列，具有明显优势。但在创新投入和创新成效方面得分较低，企业 R&D 经费投入占主营业务收入比、企业技术获取和改造费用占主营业务收入比、高新技术企业数、新产品销售收入占主营业务收入比等排名靠后。建议该市加大科研经费投入，鼓励企业开展科研活动，提高科技成果产业化水平，因地制宜筛选和培育战略性新兴产业，不断提高科技竞争力。

十三、庐山市

庐山市，原名星子县，2016 年 5 月改为县级庐山市，庐山市位于江西省北部，九江市南部，江西省九江市下辖县级市。2018 年，该市常住人口 24.57 万人，地区 GDP 132.33 亿元。居民人均可支配收入 25 250.14 元，排在江西省第 39 位、九江市第 6 位。万人 GDP 5.39 亿元，排在江西省第 26 位、九江市第 6 位。GDP 增长 8.1%，排在江西省第 79 位、九江市第 12 位。城镇化率 57.14%，排在江西省第 25 位、九江市第 5 位。人均科普经费投入 0.3 元，排在江西省第 58 位、九江市第 9 位。开展 R&D 活动的企业占比 52.17%，排在江西省第 45 位、九江市第 4 位。万人 R&D 人员数 7.77 人，排在江西省第 77 位、九江市第 12 位。R&D 人员全时当量 152 人·年，排在江西省第 82 位、九江市第 12 位。R&D 经费投入占 GDP 百分比为 0.23%，排在江西省第 92 位、九江市第 12 位。新产品销售收入占主营业务收入比 0.41%，排在江西省第 96 位、九江市第 13 位。万人财政收入 0.75 亿元，排在江西省第 25 位、九江市第 7 位。万人社会消费品零售额 1.23 亿元，排在江西省第 43 位、九江市第 6 位。第三产业占 GDP 比重 63.84%，排在江西省第 8 位、九江市第 2 位。具体如图 3-61、图 3-62、表 3-31 所示。

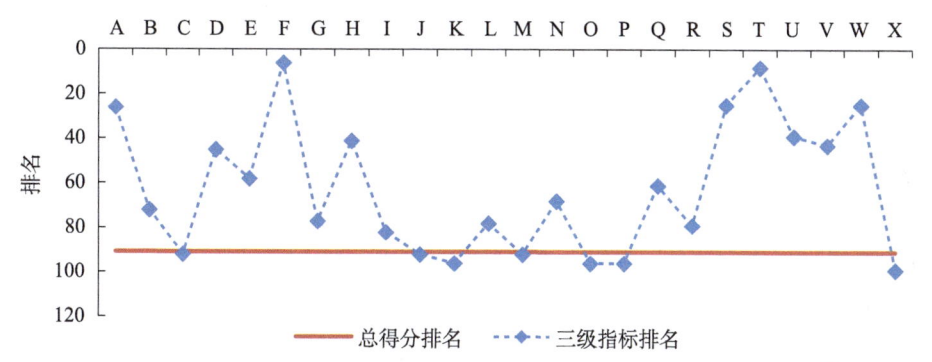

图 3-61　庐山市科技创新能力总得分、三级指标得分在江西省位次排名 ①

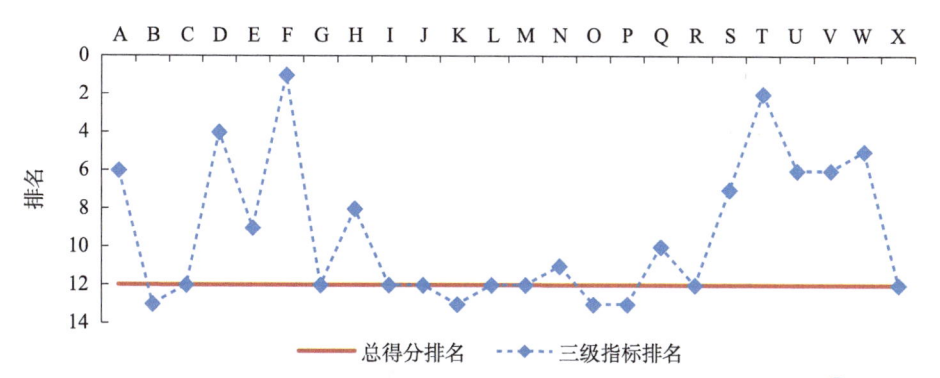

图 3-62　庐山市科技创新能力总得分、三级指标得分在九江市位次排名 ②

表 3-31　庐山市科技创新能力评价指标得分与位次

指标名称	得分（分）	江西省排名		九江市排名	
	2018 年	2017 年	2018 年	2017 年	2018 年
科技创新能力总得分	55.20	90	91	11	12
创新环境	3.33	78	65	11	10

①② 图注同本书 28 页图 3-1 图注。

续表

指标名称	得分（分）2018年	江西省排名 2017年	江西省排名 2018年	九江市排名 2017年	九江市排名 2018年
创新基础	3.00	79	76	12	12
万人GDP	3.75	29	26	6	6
规模以上工业企业数	2.93	71	72	13	13
万人专利申请量	2.45	100	92	13	12
科技意识	3.67	53	39	6	4
开展R&D活动的企业占比	3.58	39	45	3	4
人均科普经费投入	3.05	50	58	8	9
民众浏览科技网页频度	4.66	72	6	10	1
创新投入	2.95	89	89	12	12
人力投入	3.23	78	62	11	11
万人R&D人员数	3.00	76	77	10	12
研究人员占R&D人员比	3.65	56	41	7	8
R&D人员全时当量	2.98	93	82	13	12
财力投入	2.68	82	95	10	12
R&D经费投入占GDP百分比	2.68	88	92	13	12
企业R&D经费投入占主营业务收入比	2.37	93	96	12	13
企业技术获取和改造费用占主营业务收入比	3.07	13	78	6	12
创新成效	2.61	100	99	13	13
技术创新	2.47	97	89	12	12
高新技术产业增加值占规模以上工业增加值比	2.15	94	92	12	12
高新技术企业数	2.91	88	68	13	11
产业化水平	2.75	92	100	11	13
新产品销售收入占主营业务收入比	2.34	93	96	13	13
万人发明专利授权量	2.89	74	96	9	13
技术合同成交额	3.14	77	61	11	10
经济社会发展	3.53	20	27	4	5
经济增长	3.81	13	25	4	5

续表

指标名称	得分（分） 2018年	江西省排名 2017年	江西省排名 2018年	九江市排名 2017年	九江市排名 2018年
GDP 增长百分比	2.57	66	79	13	12
万人财政收入	3.78	27	25	7	7
第三产业占 GDP 比重	5.11	7	8	2	2
社会生活	3.21	62	54	8	8
居民人均可支配收入	3.61	38	39	6	6
万人社会消费品零售额	3.26	48	43	7	6
城镇化率	3.56	24	25	4	5
空气质量指数	2.01	97	99	11	12

如图 3-61、图 3-62、表 3-31 所示，庐山市科技创新能力总得分 55.20 分，排在江西省第 91 位，比上一年下降了 1 位，排在九江市第 12 位，比上一年下降了 1 位。在一级指标中，经济社会发展排在江西省第 27 位，比上一年下降了 7 位，排在九江市第 5 位，比上一年下降了 1 位；创新投入排在江西省第 89 位、九江市第 12 位，都与上一年位次相同；创新成效排在江西省第 99 位，比上一年提升了 1 位，排在九江市第 13 位，与上一年位次相同；创新环境排在江西省第 65 位，比上一年提升了 13 位，排在九江市第 10 位，比上一年提升了 1 位。

综上所述，庐山市在经济社会发展方面得分较高，第三产业占 GDP 比重排在江西省前列，具有一定优势。但在创新投入、创新成效和创新环境方面得分较低，企业 R&D 经费投入占主营业务收入比、新产品销售收入占主营业务收入比、万人专利申请量等排名靠后。建议该市优化创新环境，加大科研经费投入，强化科技平台建设，提高科技成果转移转化能力，不断推进经济高质量发展。

第五节 新 余 市

一、渝水区

渝水区位于江西省中部偏西、新余市东部,是江西省新余市市辖区。2018年,该区常住人口86.81万人,地区GDP 792.08亿元。居民人均可支配收入33 756.64元,排在江西省第12位、新余市第1位。万人GDP 9.12亿元,排在江西省第10位、新余市第1位。GDP增长8.3%,排在江西省第69位、新余市第1位。城镇化率75.36%,排在江西省第13位、新余市第1位。规模以上工业企业数300家,排在江西省第5位、新余市第1位。开展R&D活动的企业占比35.67%,排在江西省第89位、新余市第2位。万人专利申请量28.12件,排在江西省第17位、新余市第1位。万人发明专利授权量0.43件,排在江西省第24位、新余市第1位。研究人员占R&D人员比41.98%,排在江西省第13位、新余市第1位。R&D经费投入占GDP百分比2.11%,排在江西省第11位、新余市第1位。高新技术产业增加值占规模以上工业增加值比25.03%,排在江西省第61位、新余市第1位。新产品销售收入占主营业务收入比19.18%,排在江西省第12位、新余市第1位。万人财政收入0.46亿元,排在江西省第63位、新余市第2位。万人社会消费品零售额2.48亿元,排在江西省第12位、新余市第1位。第三产业占GDP比重43.44%,排在江西省第44位、新余市第2位。具体如图3-63、图3-64、表3-32所示。

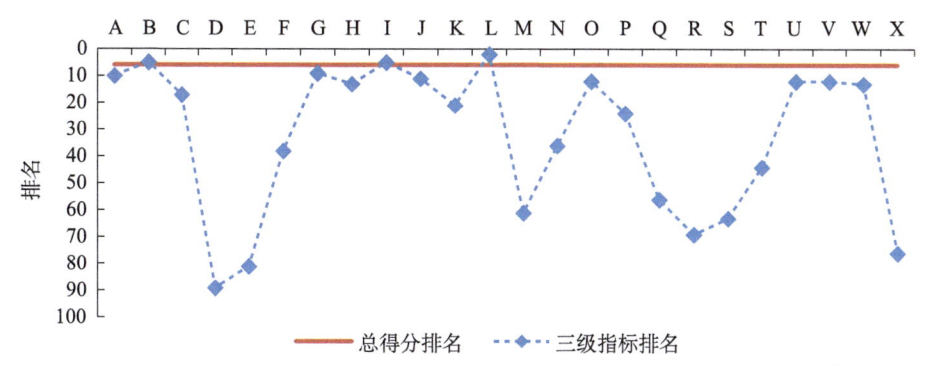

第三章　江西省各县（市、区）科技创新能力水平分析 | 131

图 3-63　渝水区科技创新能力总得分、三级指标得分在江西省位次排名[①]

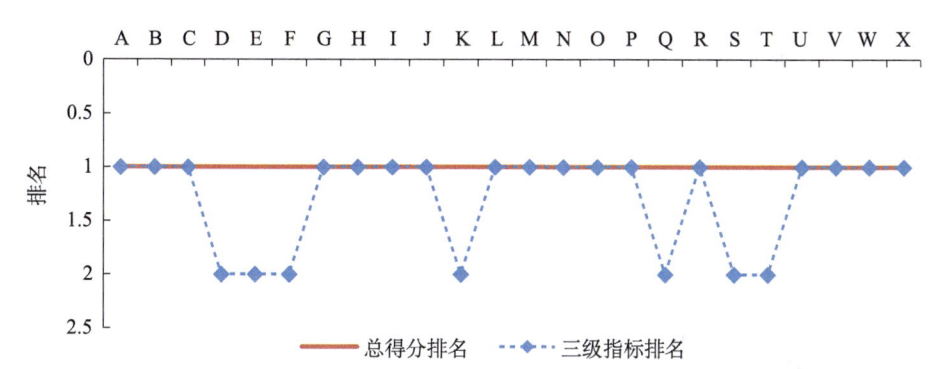

图 3-64　渝水区科技创新能力总得分、三级指标得分在新余市位次排名[②]

表 3-32　渝水区科技创新能力评价指标得分与位次

指标名称	得分（分）	江西省排名		新余市排名	
	2018 年	2017 年	2018 年	2017 年	2018 年
科技创新能力总得分	75.09	7	6	1	1
创新环境	4.04	9	12	1	1
创新基础	5.04	5	6	1	1
万人 GDP	5.21	6	10	1	1
规模以上工业企业数	5.51	3	5	1	1
万人专利申请量	4.45	22	17	1	1
科技意识	2.99	62	82	2	2
开展 R&D 活动的企业占比	2.56	66	89	1	2

---

①② 图注同本书 28 页图 3-1 图注。

续表

指标名称	得分（分） 2018年	江西省排名 2017年	江西省排名 2018年	新余市排名 2017年	新余市排名 2018年
人均科普经费投入	2.92	76	81	2	2
民众浏览科技网页频度	3.90	7	38	1	2
创新投入	4.96	6	4	1	1
人力投入	4.56	4	5	1	1
万人R&D人员数	4.22	6	9	1	1
研究人员占R&D人员比	4.59	11	13	1	1
R&D人员全时当量	4.89	3	5	1	1
财力投入	5.35	22	3	2	1
R&D经费投入占GDP百分比	4.31	19	11	1	1
企业R&D经费投入占主营业务收入比	4.03	21	21	2	2
企业技术获取和改造费用占主营业务收入比	8.30	66	2	1	1
创新成效	3.56	13	38	1	1
技术创新	3.37	13	52	1	1
高新技术产业增加值占规模以上工业增加值比	3.08	37	61	1	1
高新技术企业数	3.76	4	36	1	1
产业化水平	3.75	14	18	2	2
新产品销售收入占主营业务收入比	4.38	13	12	2	2
万人发明专利授权量	3.53	10	24	1	1
技术合同成交额	3.16	39	56	2	2
经济社会发展	3.68	27	23	2	2
经济增长	3.11	88	79	2	2
GDP增长百分比	2.88	91	69	2	1
万人财政收入	3.03	63	63	2	2
第三产业占GDP比重	3.44	31	44	2	2
社会生活	4.33	12	12	1	1
居民人均可支配收入	4.94	11	12	1	1
万人社会消费品零售额	4.17	12	12	1	1

续表

指标名称	得分（分）	江西省排名		新余市排名	
	2018年	2017年	2018年	2017年	2018年
城镇化率	4.75	13	13	1	1
空气质量指数	2.94	77	76	1	1

如图3-63、图3-64、表3-32所示，渝水区科技创新能力总得分75.09分，排在江西省第6位，比上一年提升了1位，排在新余市第1位，与上一年位次相同。在一级指标中，经济社会发展排在江西省第23位，比上一年提升了4位，排在新余市第1位，比上一年提升了1位；创新投入排在江西省第4位，比上一年提升了2位，排在新余市第1位，与上一年位次相同；创新成效排在江西省第38位，比上一年下降了25位，排在新余市第1位，与上一年位次相同；创新环境排在江西省第12位，比上一年下降了3位，排在新余市第1位，与上一年位次相同。

综上所述，渝水区在创新投入和创新环境方面得分较高，具有明显优势。但在创新成效方面得分较低，高新技术产业增加值占规模以上工业增加值比、技术合同成交额等排名靠后。建议该区做大做强战略性新兴产业，加强科技成果转移转化能力，促进科技经济社会融合发展。

二、分宜县

分宜县位于江西省中西部，是江西省新余市下辖县。2018年，该县常住人口31.87万人，地区GDP 235.26亿元。居民人均可支配收入25 576.18元，排在江西省第36位、新余市第2位。万人GDP 7.38亿元，排在江西省第16位、新余市第2位。GDP增长8.3%，排在江西省第69位、新余市第1位。城镇化率55.51%，排在江西省第29位、新余市第2位。规模以上工业企业数80家，排在江西省第67位、新余市第2位。万人专利申请量18.32件，排在江西省第44位、新余市第2位。万人发明专利授权量0.03件，排在江西省第92位、新余市第2位。人均科普经费投入1元，排在江西省第7位、新余市第1位。万人R&D人员数21.87人，排在江西省第31位、新余市第

2位。R&D人员全时当量507人·年，排在江西省第46位、新余市第2位。R&D经费投入占GDP百分比1%，排在江西省第45位、新余市第2位。企业技术获取和改造费用占主营业务收入比0.04%，排在江西省第36位、新余市第2位。高新技术产业增加值占规模以上工业增加值比18.39%，排在江西省第76位、新余市第2位。新产品销售收入占主营业务收入比9.57%，排在江西省第44位、新余市第2位。万人财政收入0.76亿元，排在江西省第24位、新余市第1位。万人社会消费品零售额1.86亿元，排在江西省第18位、新余市第2位。第三产业占GDP比重50.42%，排在江西省第20位、新余市第1位。具体如图3-65、图3-66、表3-33所示。

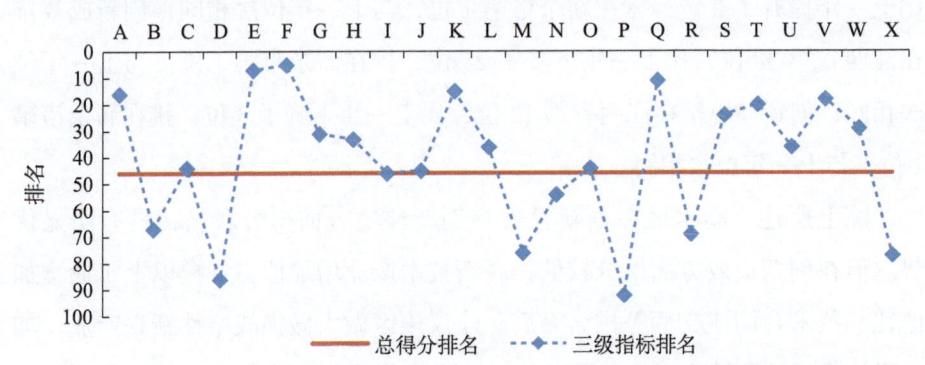

图3-65 分宜县科技创新能力总得分、三级指标得分在江西省位次排名[①]

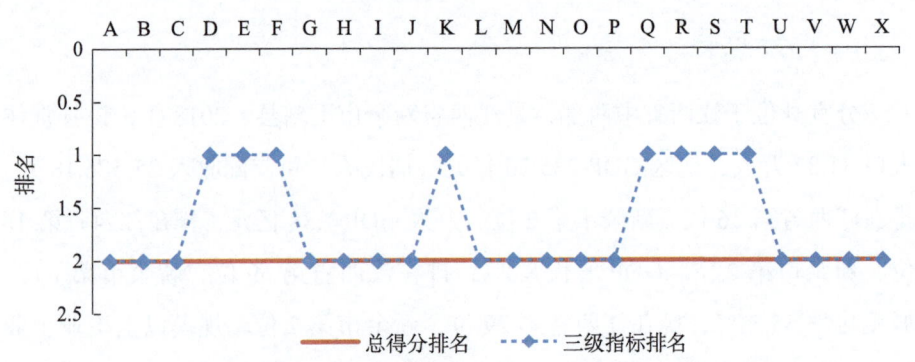

图3-66 分宜县科技创新能力总得分、三级指标得分在新余市位次排名[②]

①② 图注同本书28页图3-1图注。

表 3-33　分宜县科技创新能力评价指标得分与位次

指标名称	得分（分） 2018 年	江西省排名 2017 年	江西省排名 2018 年	新余市排名 2017 年	新余市排名 2018 年
科技创新能力总得分	63.70	17	46	2	2
创新环境	3.69	20	27	2	2
创新基础	3.66	25	26	2	2
万人 GDP	4.53	13	16	2	2
规模以上工业企业数	3.05	65	67	2	2
万人专利申请量	3.55	41	44	2	2
科技意识	3.72	24	36	1	1
开展 R&D 活动的企业占比	2.60	75	86	2	2
人均科普经费投入	4.54	4	7	1	1
民众浏览科技网页频度	4.80	42	5	2	1
创新投入	3.65	17	24	2	2
人力投入	3.55	41	40	2	2
万人 R&D 人员数	3.52	20	31	2	2
研究人员占 R&D 人员比	3.78	64	33	2	2
R&D 人员全时当量	3.31	27	46	2	2
财力投入	3.76	11	27	1	2
R&D 经费投入占 GDP 百分比	3.35	43	45	2	2
企业 R&D 经费投入占主营业务收入比	4.63	15	15	1	1
企业技术获取和改造费用占主营业务收入比	3.21	5	36	1	2
创新成效	3.19	24	69	2	2
技术创新	2.93	59	72	2	2
高新技术产业增加值占规模以上工业增加值比	2.72	60	76	2	2
高新技术企业数	3.22	50	54	2	2
产业化水平	3.45	9	40	1	2
新产品销售收入占主营业务收入比	3.34	5	44	1	2
万人发明专利授权量	2.94	34	92	2	2
技术合同成交额	4.17	10	11	1	1

续表

指标名称	得分（分） 2018年	江西省排名 2017年	江西省排名 2018年	新余市排名 2017年	新余市排名 2018年
经济社会发展	3.53	21	28	1	2
经济增长	3.57	18	37	1	1
GDP增长百分比	2.88	87	69	1	1
万人财政收入	3.81	12	24	1	1
第三产业占GDP比重	4.01	17	20	1	1
社会生活	3.48	30	29	2	2
居民人均可支配收入	3.67	33	36	2	2
万人社会消费品零售额	3.72	17	18	2	2
城镇化率	3.46	27	29	2	2
空气质量指数	2.90	78	77	2	2

如图3-65、图3-66、表3-33所示，分宜县科技创新能力总得分63.70分，排在江西省第46位，比上一年下降了29位，排在新余市第2位，与上一年位次相同。在一级指标中，经济社会发展排在江西省第28位，比上一年下降了7位，排在新余市第2位，比上一年下降了1位；创新投入排在江西省第24位，比上一年下降了7位，排在新余市第2位，与上一年位次相同；创新成效排在江西省第69位，比上一年下降了45位，排在新余市第2位，与上一年位次相同；创新环境排在江西省第27位，比上一年下降了7位，排在新余市第2位，与上一年位次相同。

综上所述，分宜县在创新环境方面得分较高，人均科普经费投入、民众浏览科技网页频度均排在江西省前列，具有一定优势。但在创新成效方面得分较低，高新技术产业增加值占规模以上工业增加值比、万人发明专利授权量等排名靠后。建议该县提高知识产权管理水平，促进传统企业转型升级，做大做强战略性新兴产业，不断提高科技对经济增长的贡献率。

第六节 鹰 潭 市

一、月湖区

月湖区位于江西省东部偏北、鹰潭市中部，是江西省鹰潭市市辖区。2018 年，该区常住人口 22.22 万人，地区 GDP 260.73 亿元。居民人均可支配收入 37 238.17 元，排在江西省第 8 位、鹰潭市第 1 位。万人 GDP 11.73 亿元，排在江西省第 3 位、鹰潭市第 1 位。GDP 增长 8.7%，排在江西省第 44 位、鹰潭市第 2 位。城镇化率 96.46%，排在江西省第 7 位、鹰潭市第 1 位。规模以上工业企业数 87 家，排在江西省第 64 位、鹰潭市第 3 位。开展 R&D 活动的企业占比 57.47%，排在江西省第 33 位、鹰潭市第 2 位。万人 R&D 人员数 55.36 人，排在江西省第 7 位、鹰潭市第 2 位。R&D 人员全时当量 1230 人·年，排在江西省第 12 位、鹰潭市第 2 位。R&D 经费投入占 GDP 百分比为 1.65%，排在江西省第 20 位、鹰潭市第 3 位。高新技术产业增加值占规模以上工业增加值比 51.66%，排在江西省第 18 位、鹰潭市第 1 位。新产品销售收入占主营业务收入比 9.14%，排在江西省第 48 位、鹰潭市第 2 位。万人财政收入 0.81 亿元，排在江西省第 21 位、鹰潭市第 2 位。万人社会消费品零售额 4.71 亿元，排在江西省第 7 位、鹰潭市第 1 位。第三产业占 GDP 比重 54.3%，排在江西省第 14 位、鹰潭市第 1 位。具体如图 3-67、图 3-68、表 3-34 所示。

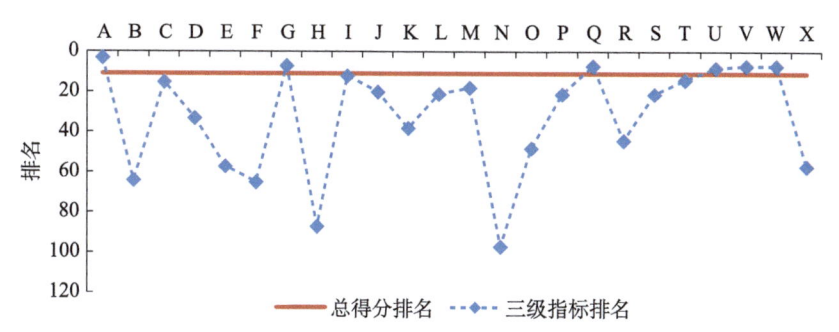

图 3-67 月湖区科技创新能力总得分、三级指标得分在江西省位次排名[①]

---

① 图注同本书 28 页图 3-1 图注。

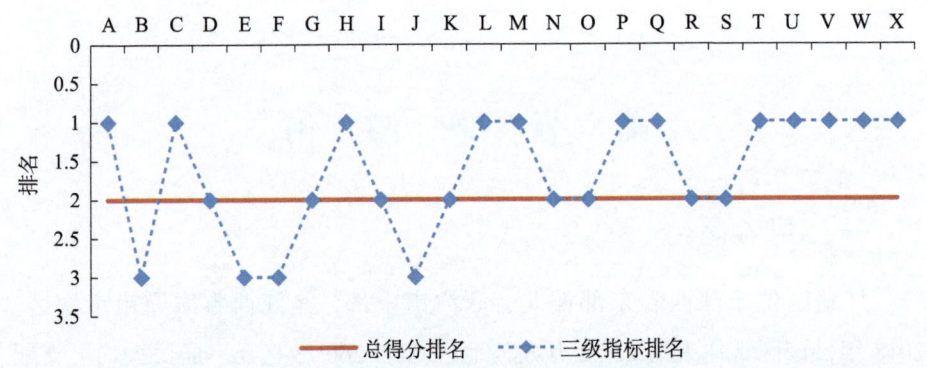

图 3-68 月湖区科技创新能力总得分、三级指标得分在鹰潭市位次排名[1]

表 3-34 月湖区科技创新能力评价指标得分与位次

指标名称	得分（分） 2018年	江西省排名 2017年	江西省排名 2018年	鹰潭市排名 2017年	鹰潭市排名 2018年
科技创新能力总得分	71.21	14	11	1	2
创新环境	4.07	63	10	3	1
创新基础	4.58	10	10	1	1
万人 GDP	6.23	3	3	1	1
规模以上工业企业数	3.13	61	64	3	3
万人专利申请量	4.63	10	15	2	1
科技意识	3.53	100	53	3	2
开展 R&D 活动的企业占比	3.91	100	33	3	2
人均科普经费投入	3.07	50	57	3	3
民众浏览科技网页频度	3.42	99	65	3	3
创新投入	3.63	15	26	3	3
人力投入	3.66	12	29	2	2
万人 R&D 人员数	4.74	4	7	1	2
研究人员占 R&D 人员比	2.41	70	87	3	1
R&D 人员全时当量	4.00	10	12	2	2
财力投入	3.60	26	32	3	3

[1] 图注同本书 28 页图 3-1 图注。

续表

指标名称	得分（分） 2018年	江西省排名 2017年	江西省排名 2018年	鹰潭市排名 2017年	鹰潭市排名 2018年
R&D 经费投入占 GDP 百分比	3.91	15	20	3	3
企业 R&D 经费投入占主营业务收入比	3.44	28	38	3	2
企业技术获取和改造费用占主营业务收入比	3.39	71	21	2	1
创新成效	3.72	25	33	1	1
技术创新	3.51	17	45	1	1
高新技术产业增加值占规模以上工业增加值比	4.52	17	18	1	1
高新技术企业数	2.12	22	97	1	2
产业化水平	3.94	40	14	3	1
新产品销售收入占主营业务收入比	3.29	38	48	3	2
万人发明专利授权量	3.57	25	21	1	1
技术合同成交额	5.22	80	7	1	1
经济社会发展	4.56	7	10	1	1
经济增长	3.93	11	22	1	1
GDP 增长百分比	3.52	15	44	1	2
万人财政收入	3.95	20	21	2	2
第三产业占 GDP 比重	4.33	13	14	1	1
社会生活	5.28	6	6	1	1
居民人均可支配收入	5.48	8	8	1	1
万人社会消费品零售额	5.81	7	7	1	1
城镇化率	6.12	7	7	1	1
空气质量指数	3.26	49	57	1	1

如图 3-67、图 3-68、表 3-34 所示，月湖区科技创新能力总得分为 71.21 分，排在江西省第 11 位，比上一年提升了 3 位，排在鹰潭市第 2 位，比上一年下降了 1 位。在一级指标中，经济社会发展排在江西省第 10 位，比上一年下降了 3 位，排在鹰潭市第 1 位，与上一年位次相同；创新投入排在江西省第 26 位，比上一年下降了 11 位，排在鹰潭市第 3 位，与上一年位次相同；

创新成效排在江西省第33位，比上一年下降了8位，排在鹰潭市第1位，与上一年位次相同；创新环境排在江西省第10位，比上一年提升了53位，排在鹰潭市第1位，比上一年提升了2位。

综上所述，月湖区在经济社会发展和创新环境方面得分较高，万人社会消费品零售额、城镇化率、万人GDP均排在江西省前列，具有明显优势。但在创新投入和创新成效方面得分相对较低，研究人员占R&D人员比、高新技术企业数等排名靠后。建议该区加大科研经费投入，加强人才培养，不断提高科技竞争力。

二、余江区

余江区，原名余江县，2018年5月，余江撤县设区，以原余江县的行政区域为鹰潭市余江区的行政区域，位于江西省东北部，隶属于江西省鹰潭市。2018年，该区常住人口36.98万人，地区GDP 120.08亿元。居民人均可支配收入24 712.90元，排在江西省第44位、鹰潭市第3位。万人GDP 3.25亿元，排在江西省第69位、鹰潭市第3位。GDP增长8%，排在江西省第85位、鹰潭市第3位。城镇化率52.27%，排在江西省第41位、鹰潭市第3位。规模以上工业企业数94家，排在江西省第58位、鹰潭市第2位。万人专利申请量20.44件，排在江西省第33位、鹰潭市第3位。人均科普经费投入0.38元，排在江西省第50位、鹰潭市第2位。万人R&D人员数24.91人，排在江西省第25位、鹰潭市第3位。研究人员占R&D人员比17.7%，排在江西省第93位、鹰潭市第2位。R&D人员全时当量921人·年，排在江西省第19位、鹰潭市第3位。R&D经费投入占GDP百分比4.14%，排在江西省第5位、鹰潭市第2位。高新技术产业增加值占规模以上工业增加值比50.39%，排在江西省第19位、鹰潭市第2位。万人财政收入0.58亿元，排在江西省第43位、鹰潭市第3位。万人社会消费品零售额1.25亿元，排在江西省第41位、鹰潭市第2位。第三产业占GDP比重29.25%，排在江西省第95位、鹰潭市第3位。具体如图3-69、图3-70、表3-35所示。

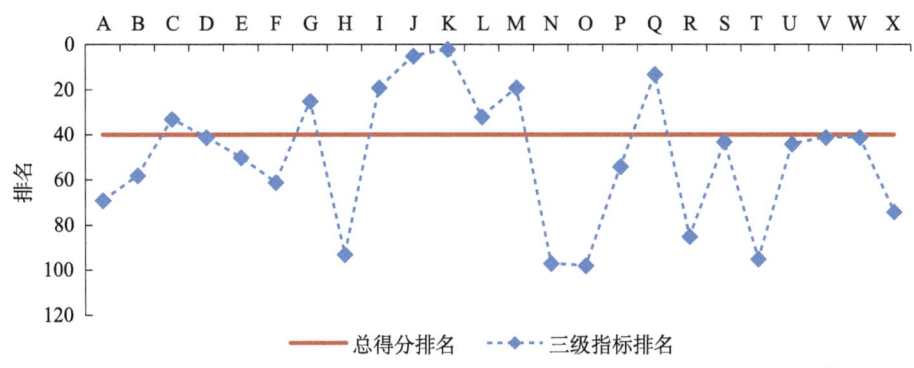

图 3-69　余江区科技创新能力总得分、三级指标得分在江西省位次排名[①]

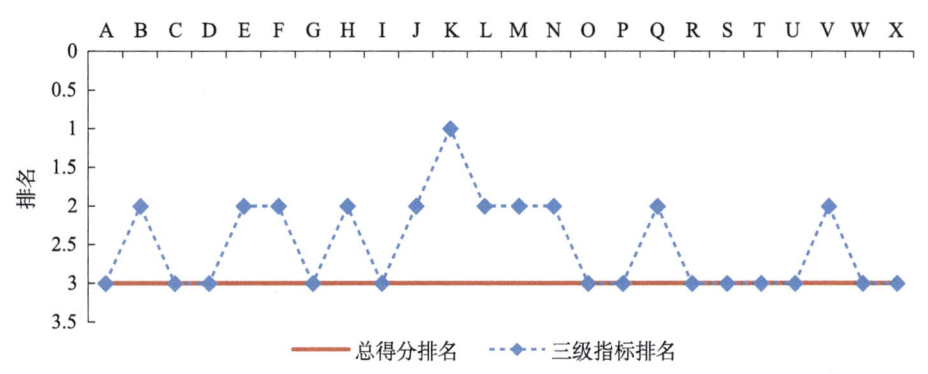

图 3-70　余江区科技创新能力总得分、三级指标得分在鹰潭市位次排名[②]

表 3-35　余江区科技创新能力评价指标得分与位次

指标名称	得分（分）	江西省排名		鹰潭市排名	
	2018 年	2017 年	2018 年	2017 年	2018 年
科技创新能力总得分	64.56	25	40	3	3
创新环境	3.41	54	52	2	3
创新基础	3.32	47	55	3	3
万人 GDP	2.91	52	69	3	3
规模以上工业企业数	3.21	45	58	1	2
万人专利申请量	3.74	35	33	3	3
科技意识	3.52	55	54	2	3
开展 R&D 活动的企业占比	3.71	57	41	2	3

①② 图注同本书 28 页图 3-1 图注。

续表

指标名称	得分（分） 2018 年	江西省排名 2017 年	江西省排名 2018 年	鹰潭市排名 2017 年	鹰潭市排名 2018 年
人均科普经费投入	3.22	36	50	2	2
民众浏览科技网页频度	3.54	38	61	2	2
创新投入	4.24	11	7	2	2
人力投入	3.13	20	73	3	3
万人 R&D 人员数	3.63	22	25	3	3
研究人员占 R&D 人员比	2.19	36	93	2	2
R&D 人员全时当量	3.70	21	19	3	3
财力投入	5.34	8	4	2	1
R&D 经费投入占 GDP 百分比	6.07	6	5	2	2
企业 R&D 经费投入占主营业务收入比	6.30	14	2	1	1
企业技术获取和改造费用占主营业务收入比	3.25	71	32	2	2
创新成效	3.24	26	62	2	3
技术创新	3.47	27	47	2	2
高新技术产业增加值占规模以上工业增加值比	4.45	20	19	2	2
高新技术企业数	2.12	44	97	2	2
产业化水平	3.01	32	84	2	3
新产品销售收入占主营业务收入比	2.30	16	98	2	3
万人发明专利授权量	3.14	52	54	3	3
技术合同成交额	3.82	96	13	2	2
经济社会发展	2.98	86	92	3	3
经济增长	2.69	90	96	3	3
GDP 增长百分比	2.41	86	85	3	3
万人财政收入	3.35	43	43	3	3
第三产业占 GDP 比重	2.28	96	95	3	3
社会生活	3.30	48	47	3	3
居民人均可支配收入	3.53	45	44	3	3
万人社会消费品零售额	3.27	39	41	3	2

续表

指标名称	得分（分）	江西省排名		鹰潭市排名	
	2018年	2017年	2018年	2017年	2018年
城镇化率	3.25	45	41	3	3
空气质量指数	3.01	69	74	3	3

如图 3-69、图 3-70、表 3-35 所示，余江区科技创新能力总得分为 64.56 分，排在江西省第 40 位，比上一年下降了 15 位，排在鹰潭市第 3 位，与上一年位次相同。在一级指标中，经济社会发展排在江西省第 92 位，比上一年下降了 6 位，排在鹰潭市第 3 位，与上一年位次相同；创新投入排在江西省第 7 位，比上一年提升了 4 位，排在鹰潭市第 2 位，与上一年位次相同；创新成效排在江西省第 62 位，比上一年下降了 36 位，排在鹰潭市第 3 位，比上一年下降了 1 位；创新环境排在江西省第 52 位，比上一年提升了 2 位，排在鹰潭市第 3 位，比上一年下降了 1 位。

综上所述，余江区在创新投入方面得分较高，R&D 经费投入占 GDP 百分比、企业 R&D 经费投入占主营业务收入比均排在江西省前列，具有明显优势。但在经济社会发展和创新成效方面得分较低，第三产业占 GDP 比重、高新技术企业数、新产品销售收入占主营业务收入比等排名靠后。建议该区深入实施创新驱动发展战略，积极培育战略性新兴产业，加快创新平台建设，促进产业转型升级和经济可持续发展。

三、贵溪市

贵溪市位于江西省东北部，是江西省鹰潭市下辖县级市。2018 年，该市常住人口 58.30 万人，地区 GDP 438.17 亿元。居民人均可支配收入 25 772.21 元，排在江西省第 33 位、鹰潭市第 2 位。万人 GDP 7.52 亿元，排在江西省第 15 位、鹰潭市第 2 位。GDP 增长 8.8%，排在江西省第 39 位、鹰潭市第 1 位。城镇化率 52.38%，排在江西省第 40 位、鹰潭市第 2 位。规模以上工业企业数 112 家，排在江西省第 40 位、鹰潭市第 1 位。开展 R&D 活动的企业占比 59.82%，排在江西省第 25 位、鹰潭市第 1 位。万人专利申请量 21.97 件，排在江西省第 28 位、鹰潭市第 2 位。万人发明专利授权量 0.39 件，排在江西省第 28 位、鹰潭市第 2 位。人均科普经费投入 0.59 元，排在江西省第 30 位、鹰潭市第 1 位。万人 R&D 人员数 87.79 人，排在江西省第 3 位、鹰潭市第 1 位。研究人员占 R&D 人员比 15.46%，排在江西省第 98 位、鹰潭市第 3 位。R&D 人员全时当量 5118 人·年，排在江西省第 2 位、鹰潭市第 1 位。R&D 经费投入占 GDP 百分比 5.14%，排在江西省第 2 位、鹰潭市第 1 位。企业技术获取和改造费用占主营业务收入比 0.05%，排在江西省第 34 位、鹰潭市第 3 位。新产品销售收入占主营业务收入比 18.63%，排在江西省第 14 位、鹰潭市第 1 位。万人财政收入 1.08 亿元，排在江西省第 12 位、鹰潭市第 1 位。第三产业占 GDP 比重 30.86%，排在江西省第 90 位、鹰潭市第 2 位。具体如图 3-71、图 3-72、表 3-36 所示。

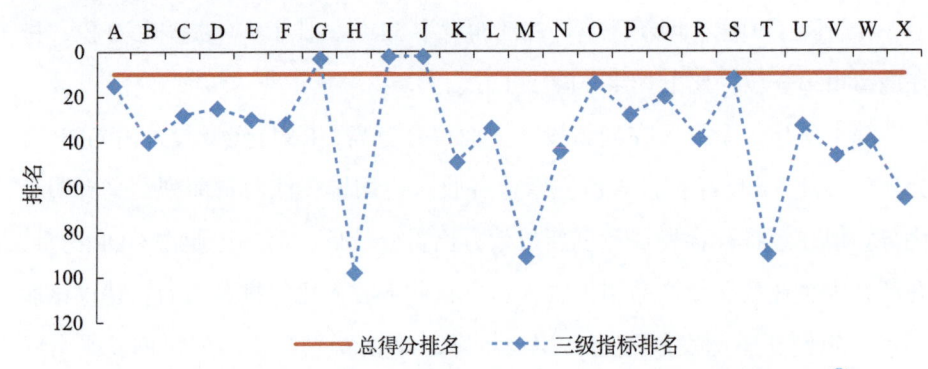

图 3-71　贵溪市科技创新能力总得分、三级指标得分在江西省位次排名[①]

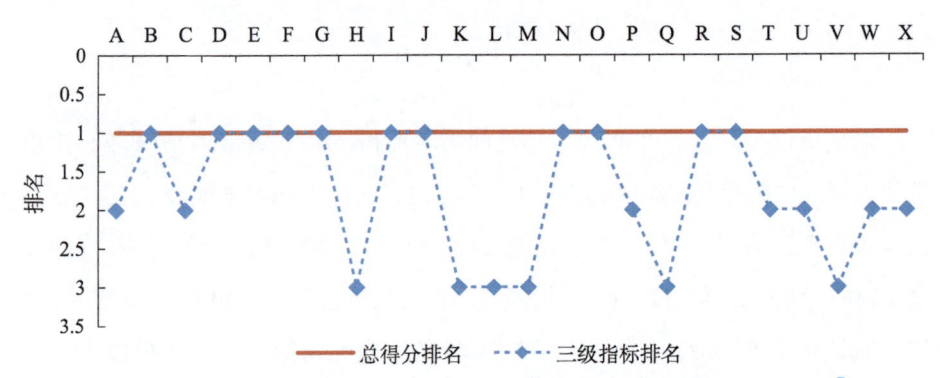

图 3-72　贵溪市科技创新能力总得分、三级指标得分在鹰潭市位次排名[②]

①② 图注同本书 28 页图 3-1 图注。

表 3-36　贵溪市科技创新能力评价指标得分与位次

指标名称	得分（分）2018年	江西省排名 2017年	江西省排名 2018年	鹰潭市排名 2017年	鹰潭市排名 2018年
科技创新能力总得分	71.60	15	10	2	1
创新环境	3.92	14	17	1	2
创新基础	3.92	12	20	2	2
万人 GDP	4.58	15	15	2	2
规模以上工业企业数	3.41	48	40	2	1
万人专利申请量	3.88	8	28	1	2
科技意识	3.92	30	21	1	1
开展 R&D 活动的企业占比	4.05	47	25	1	1
人均科普经费投入	3.67	20	30	1	1
民众浏览科技网页频度	4.02	22	32	1	1
创新投入	4.81	4	5	1	1
人力投入	5.03	6	4	1	1
万人 R&D 人员数	5.92	7	3	2	1
研究人员占 R&D 人员比	1.97	26	98	1	3
R&D 人员全时当量	7.68	4	2	1	1
财力投入	4.59	3	8	1	2
R&D 经费投入占 GDP 百分比	6.93	2	2	1	1
企业 R&D 经费投入占主营业务收入比	3.29	25	49	2	3
企业技术获取和改造费用占主营业务收入比	3.22	16	34	1	3
创新成效	3.26	70	57	3	2
技术创新	2.71	89	86	3	3
高新技术产业增加值占规模以上工业增加值比	2.16	90	91	3	3
高新技术企业数	3.46	66	44	3	1
产业化水平	3.84	24	16	1	2
新产品销售收入占主营业务收入比	4.32	12	14	1	1
万人发明专利授权量	3.48	28	28	2	2
技术合同成交额	3.58	98	20	3	3

续表

指标名称	得分（分） 2018年	江西省排名 2017年	江西省排名 2018年	鹰潭市排名 2017年	鹰潭市排名 2018年
经济社会发展	3.50	35	31	2	2
经济增长	3.60	33	33	2	2
GDP增长百分比	3.67	72	39	2	1
万人财政收入	4.64	13	12	1	1
第三产业占GDP比重	2.41	89	90	2	2
社会生活	3.38	38	37	2	2
居民人均可支配收入	3.70	36	33	2	2
万人社会消费品零售额	3.23	37	46	2	3
城镇化率	3.25	40	40	2	2
空气质量指数	3.17	67	65	2	2

如图3-71、图3-72、表3-36所示，贵溪市科技创新能力总得分71.60分，排在江西省第10位，比上一年提升了5位，排在鹰潭市第1位，比上一年提升了1位。在一级指标中，经济社会发展排在江西省第31位，比上一年提升了4位，排在鹰潭市第2位，与上一年位次相同；创新投入排在江西省第5位，比上一年下降了1位，排在鹰潭市第1位，与上一年位次相同；创新成效排在江西省第57位，比上一年提升了13位，排在鹰潭市第2位，比上一年提升了1位；创新环境排在江西省第17位，比上一年下降了3位，排在鹰潭市第2位，比上一年下降了1位。

综上所述，贵溪市在创新投入方面得分较高，R&D人员全时当量、R&D经费投入占GDP百分比均排在江西省前列，具有明显优势。但在创新成效方面得分较低，高新技术产业增加值占规模以上工业增加值比、高新技术企业数等排名靠后。建议该市深入实施创新驱动发展战略，做大做强高新技术企业，积极培育战略性新兴产业，不断推进经济可持续发展。

第七节 赣 州 市

一、章贡区

章贡区位于江西省南部、赣州市中偏西北部,是江西省赣州市市辖区。2018年,该区常住人口54.09万人,地区GDP 441.21亿元。居民人均可支配收入33 842.28元,排在江西省第11位、赣州市第1位。万人GDP 8.16亿元,排在江西省第13位、赣州市第1位。GDP增长9.8%,排在江西省第4位、赣州市第4位。城镇化率80.96%,排在江西省第10位、赣州市第1位。开展R&D活动的企业占比56.25%,排在江西省第39位、赣州市第12位。万人专利申请量57.4件,排在江西省第1位、赣州市第1位。万人发明专利授权量3.79件,排在江西省第1位、赣州市第1位。R&D人员全时当量1366人·年,排在江西省第10位、赣州市第1位。R&D经费投入占GDP百分比1.44%,排在江西省第24位、赣州市第5位。高新技术产业增加值占规模以上工业增加值比59.24%,排在江西省第11位、赣州市第5位。新产品销售收入占主营业务收入比15.4%,排在江西省第27位、赣州市第4位。万人财政收入0.83亿元,排在江西省第20位、赣州市第1位。万人社会消费品零售额5.3亿元,排在江西省第5位、赣州市第1位。第三产业占GDP比重65.86%,排在江西省第7位、赣州市第1位。具体如图3-73、图3-74、表3-37所示。

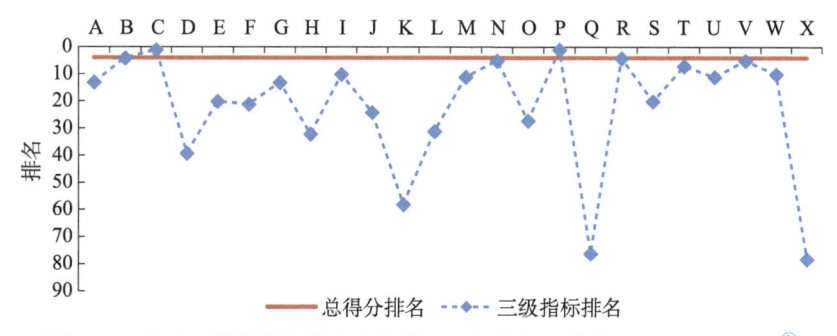

图3-73 章贡区科技创新能力总得分、三级指标得分在江西省位次排名[①]

---

① 图注同本书28页图3-1图注。

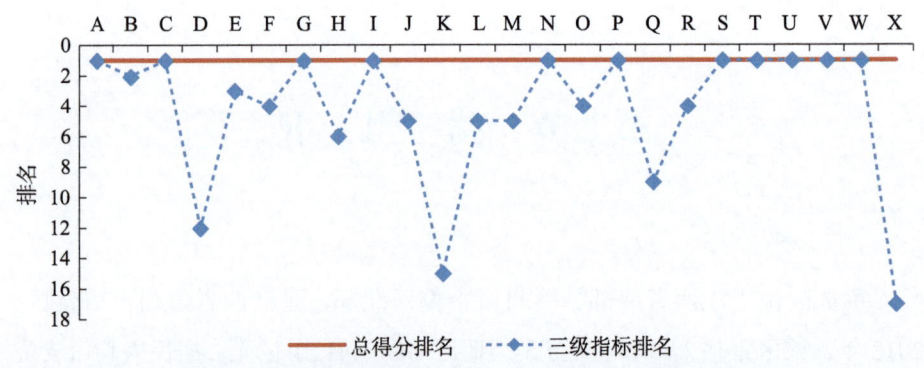

图 3-74 章贡区科技创新能力总得分、三级指标得分在赣州市位次排名[①]

表 3-37 章贡区科技创新能力评价指标得分与位次

指标名称	得分（分）2018年	江西省排名 2017年	江西省排名 2018年	赣州市排名 2017年	赣州市排名 2018年
科技创新能力总得分	83.79	5	4	1	1
创新环境	5.03	1	1	1	1
创新基础	5.98	1	2	1	1
万人 GDP	4.83	14	13	1	1
规模以上工业企业数	5.74	4	4	2	2
万人专利申请量	7.15	1	1	1	1
科技意识	4.04	25	15	8	5
开展 R&D 活动的企业占比	3.83	43	39	15	12
人均科普经费投入	4.18	82	20	17	3
民众浏览科技网页频度	4.26	4	21	1	4
创新投入	3.69	16	22	2	4
人力投入	4.00	14	13	1	1
万人 R&D 人员数	3.99	11	13	1	1
研究人员占 R&D 人员比	3.89	52	32	11	6
R&D 人员全时当量	4.13	7	10	1	1
财力投入	3.39	25	48	9	14
R&D 经费投入占 GDP 百分比	3.73	12	24	2	5
企业 R&D 经费投入占主营业务收入比	3.15	32	58	11	15

① 图注同本书 28 页图 3-1 图注。

续表

指标名称	得分（分）2018年	江西省排名 2017年	江西省排名 2018年	赣州市排名 2017年	赣州市排名 2018年
企业技术获取和改造费用占主营业务收入比	3.25	27	31	6	5
创新成效	5.16	7	1	1	1
技术创新	5.15	23	5	5	3
高新技术产业增加值占规模以上工业增加值比	4.93	29	11	8	5
高新技术企业数	5.46	16	5	1	1
产业化水平	5.17	4	4	1	1
新产品销售收入占主营业务收入比	3.97	10	27	1	4
万人发明专利授权量	8.55	3	1	1	1
技术合同成交额	3.04	22	76	1	9
经济社会发展	4.85	6	6	1	1
经济增长	4.82	5	4	1	1
GDP增长百分比	5.26	5	4	1	4
万人财政收入	3.98	19	20	1	1
第三产业占GDP比重	5.27	6	7	1	1
社会生活	4.89	10	10	1	1
居民人均可支配收入	4.95	12	11	1	1
万人社会消费品零售额	6.25	5	5	1	1
城镇化率	5.11	12	10	1	1
空气质量指数	2.88	75	78	16	17

如图3-73、图3-74、表3-37所示，章贡区科技创新能力总得分83.79分，排在江西省第4位，比上一年提升了1位，排在赣州市第1位，与上一年位次相同。在一级指标中，经济社会发展排在江西省第6位、赣州市第1位，都与上一年位次相同；创新投入排在江西省第22位，比上一年下降了6位，排在赣州市第4位，比上一年下降了2位；创新成效排在江西省第1位，比上一年提升了6位，排在赣州市第1位，与上一年位次相同；创新环境排在江西省第1位、赣州市第1位，都与上一年位次相同。

综上所述，章贡区在创新成效和创新环境方面得分较高，均排在江西省第一，具有明显优势。但在创新投入方面得分相对较低，研究人员占 R&D 人员比、企业 R&D 经费投入占主营业务收入比等排名相对靠后。建议该区加大科研经费投入，积极引进和培养人才，促进传统企业转型升级，不断提高科技竞争力。

二、南康区

南康区位于江西省南部、赣州市西部，是江西省赣州市市辖区。2018年，该区常住人口 74.00 万人，地区 GDP 243.73 亿元。居民人均可支配收入 20 990.96 元，排在江西省第 67 位、赣州市第 4 位。万人 GDP 3.29 亿元，排在江西省第 67 位、赣州市第 8 位。GDP 增长 10%，排在江西省第 2 位、赣州市第 2 位。城镇化率 50.11%，排在江西省第 60 位、赣州市第 6 位。规模以上工业企业数 529 家，排在江西省第 1 位、赣州市第 1 位。开展 R&D 活动的企业占比 40.64%，排在江西省第 78 位、赣州市第 17 位。万人专利申请量 24.35 件，排在江西省第 22 位、赣州市第 6 位。人均科普经费投入 1 元，排在江西省第 7 位、赣州市第 1 位。研究人员占 R&D 人员比 29.06%，排在江西省第 53 位、赣州市第 10 位。R&D 人员全时当量 171 人·年，排在江西省第 78 位、赣州市第 14 位。万人财政收入 0.44 亿元，排在江西省第 68 位、赣州市第 7 位。万人社会消费品零售额 0.66 亿元，排在江西省第 91 位、赣州市第 12 位。第三产业占 GDP 比重 38.18%，排在江西省第 74 位、赣州市第 14 位。具体如图 3-75、图 3-76、表 3-38 所示。

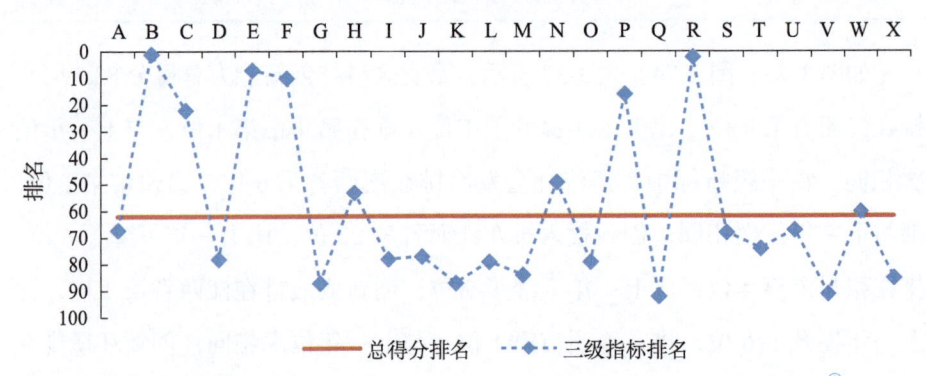

图 3-75 南康区科技创新能力总得分、三级指标得分在江西省位次排名[①]

---

① 图注同本书 28 页图 3-1 图注。

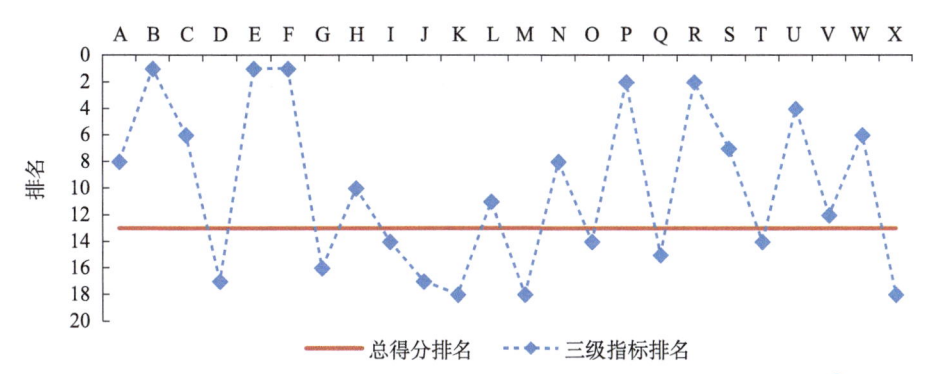

第三章　江西省各县（市、区）科技创新能力水平分析 | 151

图 3-76　南康区科技创新能力总得分、三级指标得分在赣州市位次排名①

表 3-38　南康区科技创新能力评价指标得分与位次

指标名称	得分（分）2018 年	江西省排名 2017 年	江西省排名 2018 年	赣州市排名 2017 年	赣州市排名 2018 年
科技创新能力总得分	61.31	65	62	13	13
创新环境	4.48	5	4	2	2
创新基础	5.14	7	5	2	2
万人 GDP	2.93	73	67	8	8
规模以上工业企业数	8.08	2	1	1	1
万人专利申请量	4.10	25	22	7	6
科技意识	3.79	7	30	1	10
开展 R&D 活动的企业占比	2.87	20	78	9	17
人均科普经费投入	4.54	7	7	1	1
民众浏览科技网页频度	4.57	14	10	3	1
创新投入	2.97	75	86	17	18
人力投入	3.07	54	77	9	13
万人 R&D 人员数	2.88	71	87	9	16
研究人员占 R&D 人员比	3.31	41	53	8	10
R&D 人员全时当量	2.99	45	78	5	14
财力投入	2.86	86	86	18	18
R&D 经费投入占 GDP 百分比	2.91	72	77	18	17

① 图注同本书 28 页图 3-1 图注。

续表

指标名称	得分（分） 2018年	江西省排名 2017年	江西省排名 2018年	赣州市排名 2017年	赣州市排名 2018年
企业R&D经费投入占主营业务收入比	2.64	85	87	18	18
企业技术获取和改造费用占主营业务收入比	3.07	71	79	10	11
创新成效	2.99	90	81	18	15
技术创新	2.86	81	78	18	18
高新技术产业增加值占规模以上工业增加值比	2.55	88	84	18	18
高新技术企业数	3.28	53	49	8	8
产业化水平	3.13	94	71	16	9
新产品销售收入占主营业务收入比	2.73	81	79	14	14
万人发明专利授权量	3.80	90	16	15	2
技术合同成交额	2.93	90	92	15	15
经济社会发展	3.42	84	40	16	7
经济增长	3.84	58	24	11	5
GDP增长百分比	5.57	49	2	12	2
万人财政收入	2.98	69	68	7	7
第三产业占GDP比重	3.01	61	74	14	14
社会生活	2.93	94	85	18	15
居民人均可支配收入	2.95	68	67	4	4
万人社会消费品零售额	2.83	92	91	13	12
城镇化率	3.11	61	60	6	6
空气质量指数	2.79	87	85	18	18

如图3-75、图3-76、表3-38所示，南康区科技创新能力总得分61.31分，排在江西省第62位，比上一年提升了3位，排在赣州市第13位，与上一年位次相同。在一级指标中，经济社会发展排在江西省第40位，比上一年提升了44位，排在赣州市第7位，比上一年提升了9位；创新投入排在江西省第86位，比上一年下降了11位，排在赣州市第18位，比上一年下降了1位；创新成效排在江西省第81位，比上一年提升了9位，排在赣州市第15位，比上一年提升了3位；创新环境排在江西省第4位，比上一年提升了1位，

排在赣州市第 2 位，与上一年位次相同。

综上所述，南康区在创新环境方面得分较高，规模以上工业企业数、人均科普经费投入均排在江西省前列，具有明显优势。但在创新投入和创新成效方面得分较低，万人 R&D 人员数、企业 R&D 经费投入占主营业务收入比、技术合同成交额等排名靠后。建议该区加大科研经费投入，加强人才培养，改造传统产业，积极培育新兴产业，加强科技成果转移转化能力，不断提高科技竞争力。

三、赣县区

赣县区，原名赣县，2017 年 10 月，撤销赣县设立赣州市赣县区，以原赣县的行政区域为赣州市赣县区的行政区域。赣县区位于江西省南部、赣州市中部，是江西省赣州市市辖区。2018 年，该区常住人口 56.45 万人，地区 GDP 187.59 亿元。居民人均可支配收入 20 209.14 元，排在江西省第 71 位、赣州市第 7 位。万人 GDP 3.32 亿元，排在江西省第 66 位、赣州市第 7 位。GDP 增长 9.6%，排在江西省第 6 位、赣州市第 6 位。城镇化率 51.98%，排在江西省第 44 位、赣州市第 4 位。开展 R&D 活动的企业占比 69.16%，排在江西省第 14 位、赣州市第 5 位。万人专利申请量 20.51 件，排在江西省第 32 位、赣州市第 9 位。万人发明专利授权量 0.51 件，排在江西省第 20 位、赣州市第 3 位。万人 R&D 人员数 9.44 人，排在江西省第 70 位、赣州市第 7 位。研究人员占 R&D 人员比 27.2%，排在江西省第 62 位、赣州市第 13 位。R&D 经费投入占 GDP 百分比 0.92%，排在江西省第 50 位、赣州市第 12 位。企业技术获取和改造费用占主营业务收入比 0.05%，排在江西省第 33 位、赣州市第 6 位。高新技术产业增加值占规模以上工业增加值比 67.27%，排在江西省第 3 位、赣州市第 3 位。万人财政收入 0.44 亿元，排在江西省第 69 位、赣州市第 8 位。万人社会消费品零售额 0.66 亿元，排在江西省第 92 位、赣州市第 13 位。第三产业占 GDP 比重 31.03%，排在江西省第 89 位、赣州市第 18 位。具体如图 3-77、图 3-78、表 3-39 所示。

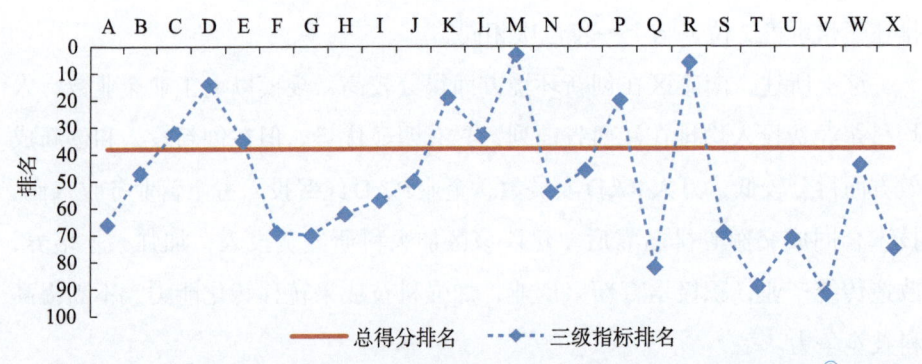

图 3-77　赣县区科技创新能力总得分、三级指标得分在江西省位次排名[①]

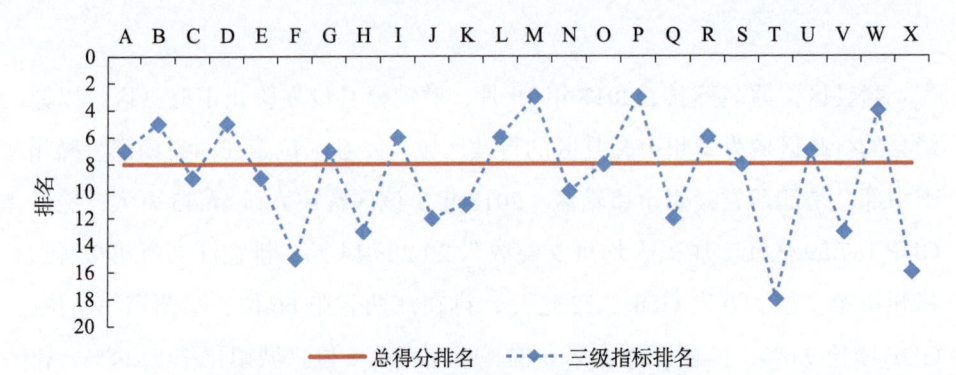

图 3-78　赣县区科技创新能力总得分、三级指标得分在赣州市位次排名[②]

表 3-39　赣县区科技创新能力评价指标得分与位次

指标名称	得分（分）	江西省排名		赣州市排名	
	2018 年	2017 年	2018 年	2017 年	2018 年
科技创新能力总得分	64.64	50	38	8	8
创新环境	3.66	24	30	5	7
创新基础	3.38	39	48	5	8
万人 GDP	2.94	70	66	7	7
规模以上工业企业数	3.35	40	47	4	5
万人专利申请量	3.75	20	32	5	9
科技意识	3.96	19	18	7	8
开展 R&D 活动的企业占比	4.63	14	14	6	5

①② 图注同本书 28 页图 3-1 图注。

续表

指标名称	得分（分） 2018年	江西省排名 2017年	江西省排名 2018年	赣州市排名 2017年	赣州市排名 2018年
人均科普经费投入	3.47	28	35	4	9
民众浏览科技网页频度	3.32	67	69	11	15
创新投入	3.36	53	54	12	11
人力投入	3.13	63	72	12	11
万人R&D人员数	3.06	72	70	10	7
研究人员占R&D人员比	3.13	49	62	10	13
R&D人员全时当量	3.21	54	57	8	6
财力投入	3.59	43	33	12	10
R&D经费投入占GDP百分比	3.28	34	50	9	12
企业R&D经费投入占主营业务收入比	4.20	38	19	12	11
企业技术获取和改造费用占主营业务收入比	3.23	42	33	8	6
创新成效	3.90	40	24	7	4
技术创新	4.46	29	18	6	5
高新技术产业增加值占规模以上工业增加值比	5.37	27	3	6	3
高新技术企业数	3.22	35	54	5	10
产业化水平	3.32	70	53	8	7
新产品销售收入占主营业务收入比	3.29	77	46	12	8
万人发明专利授权量	3.66	21	20	3	3
技术合同成交额	2.99	85	82	11	12
经济社会发展	3.22	88	64	17	11
经济增长	3.44	76	46	15	10
GDP增长百分比	4.94	28	6	6	6
万人财政收入	2.98	72	69	8	8
第三产业占GDP比重	2.42	91	89	18	18
社会生活	2.95	87	81	16	12
居民人均可支配收入	2.83	71	71	7	7
万人社会消费品零售额	2.83	91	92	12	13
城镇化率	3.23	44	44	4	4
空气质量指数	2.98	79	75	17	16

如图 3-77、图 3-78、表 3-39 所示，赣县区科技创新能力总得分 64.64 分，排在江西省第 38 位，比上一年提升了 12 位，排在赣州市第 8 位，与上一年位次相同。在一级指标中，经济社会发展排在江西省第 64 位，比上一年提升了 24 位，排在赣州市第 11 位，比上一年提升了 6 位；创新投入排在江西省第 54 位，比上一年下降了 1 位，排在赣州市第 11 位，比上一年提升了 1 位；创新成效排在江西省第 24 位，比上一年提升了 16 位，排在赣州市第 4 位，比上一年提升了 3 位；创新环境排在江西省第 30 位，比上一年下降了 6 位，排在赣州市第 7 位，比上一年下降了 2 位。

综上所述，赣县区在创新成效方面得分较高，高新技术产业增加值占规模以上工业增加值比排在江西省前列，具有一定优势。但在经济社会发展和创新投入方面得分较低，第三产业占 GDP 比重、万人社会消费品零售额、万人 R&D 人员数等排名靠后。建议该区突出发展高新技术及先进制造业，加大科研经费投入，加强人才培养，大力发展现代服务业，增强科技竞争的后劲，不断提高经济增长质量。

四、信丰县

信丰县位于江西省南部、赣州市中部，是江西省赣州市下辖县。2018 年，该县常住人口 68.55 万人，地区 GDP 209.69 亿元。居民人均可支配收入 21 113.56 元，排在江西省第 66 位、赣州市第 3 位。万人 GDP 3.06 亿元，排在江西省第 75 位、赣州市第 9 位。GDP 增长 8.5%，排在江西省第 58 位、赣州市第 15 位。城镇化率 46.91%，排在江西省第 76 位、赣州市第 10 位。开展 R&D 活动的企业占比 75.27%，排在江西省第 7 位、赣州市第 1 位。万人专利申请量 14.91 件，排在江西省第 52 位、赣州市第 11 位。R&D 人员全时当量 414 人·年，排在江西省第 54 位、赣州市第 5 位。R&D 经费投入占 GDP 百分比 1.11%，排在江西省第 40 位、赣州市第 10 位。企业技术获取和改造费用占主营业务收入比 0.15%，排在江西省第 17 位、赣州市第 2 位。新产品销售收入占主营业务收入比 17.43%，排在江西省第 19 位、赣州市第 3 位。万人财政收入 0.3 亿元，排在江西省第 89 位、赣州市第 14 位。

万人社会消费品零售额 0.73 亿元，排在江西省第 83 位、赣州市第 8 位。第三产业占 GDP 比重 44.18%，排在江西省第 39 位、赣州市第 6 位。具体如图 3-79、图 3-80、表 3-40 所示。

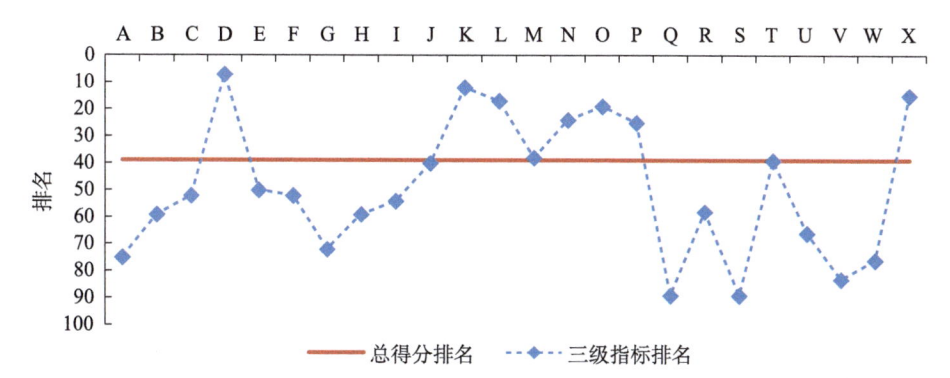

图 3-79　信丰县科技创新能力总得分、三级指标得分在江西省位次排名 ①

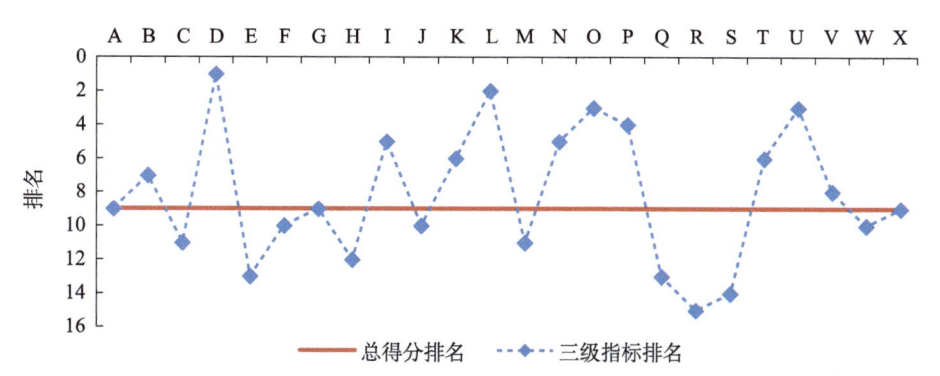

图 3-80　信丰县科技创新能力总得分、三级指标得分在赣州市位次排名 ②

表 3-40　信丰县科技创新能力评价指标得分与位次

指标名称	得分（分）	江西省排名		赣州市排名	
	2018 年	2017 年	2018 年	2017 年	2018 年
科技创新能力总得分	64.61	38	39	6	9
创新环境	3.61	31	36	7	10
创新基础	3.11	64	72	8	10
万人 GDP	2.84	79	75	9	9

①② 图注同本书 28 页图 3-1 图注。

续表

指标名称	得分（分）2018年	江西省排名 2017年	江西省排名 2018年	赣州市排名 2017年	赣州市排名 2018年
规模以上工业企业数	3.20	55	59	6	7
万人专利申请量	3.23	38	52	10	11
科技意识	4.13	14	12	5	3
开展R&D活动的企业占比	5.00	13	7	5	1
人均科普经费投入	3.22	22	50	3	13
民众浏览科技网页频度	3.66	46	52	10	10
创新投入	3.55	38	35	9	8
人力投入	3.15	74	69	15	10
万人R&D人员数	3.02	51	72	7	9
研究人员占R&D人员比	3.22	82	59	17	12
R&D人员全时当量	3.22	26	54	2	5
财力投入	3.95	23	17	8	6
R&D经费投入占GDP百分比	3.44	29	40	6	10
企业R&D经费投入占主营业务收入比	4.77	18	12	6	6
企业技术获取和改造费用占主营业务收入比	3.59	15	17	3	2
创新成效	3.78	27	30	5	7
技术创新	3.93	22	28	4	8
高新技术产业增加值占规模以上工业增加值比	3.79	25	38	5	11
高新技术企业数	4.13	19	24	3	5
产业化水平	3.62	52	26	4	3
新产品销售收入占主营业务收入比	4.19	30	19	4	3
万人发明专利授权量	3.53	54	25	8	4
技术合同成交额	2.96	87	89	13	13
经济社会发展	3.13	76	76	14	14
经济增长	3.10	83	82	17	15
GDP增长百分比	3.20	85	58	18	15
万人财政收入	2.62	89	89	14	14
第三产业占GDP比重	3.50	26	39	5	6

续表

指标名称	得分（分）	江西省排名		赣州市排名	
	2018年	2017年	2018年	2017年	2018年
社会生活	3.17	50	60	5	6
居民人均可支配收入	2.97	65	66	2	3
万人社会消费品零售额	2.89	84	83	8	8
城镇化率	2.90	75	76	10	10
空气质量指数	4.20	14	15	9	9

如图3-79、图3-80、表3-40所示，信丰县科技创新能力总得分64.61分，排在江西省第39位，比上一年下降了1位，排在赣州市第9位，比上一年下降了3位。在一级指标中，经济社会发展排在江西省第76位、赣州市第14位，与上一年位次相同；创新投入排在江西省第35位，比上一年提升了3位，排在赣州市第8位，比上一年提升了1位；创新成效排在江西省第30位，比上一年下降了3位，排在赣州市第7位，比上一年下降了2位；创新环境排在江西省第36位，比上一年下降了5位，排在赣州市第10位，比上一年下降了3位。

综上所述，信丰县在创新成效方面得分较高，新产品销售收入占主营业务收入比排名靠前，具有一定优势。但在经济社会发展方面得分较低，万人财政收入、万人社会消费品零售额等排名靠后。建议该县加大科研经费投入，鼓励企业自主研发，加强人才培养，大力发展现代服务业，增强科技竞争的后劲，提高经济发展的质量。

五、大余县

大余县位于江西省西南部、赣州市西南端，是江西省赣州市下辖县。2018年，该县常住人口29.83万人，地区GDP 124.55亿元。居民人均可支配收入20 227.51元，排在江西省第70位、赣州市第6位。万人GDP 4.18亿元，排在江西省第43位、赣州市第5位。GDP增长9.5%，排在江西省第11位、赣州市第8位。城镇化率51.65%，排在江西省第51位、赣州市第5位。

规模以上工业企业数 71 家，排在江西省第 70 位、赣州市第 9 位。开展 R&D 活动的企业占比 74.65%，排在江西省第 9 位、赣州市第 2 位。万人专利申请量 22.63 件，排在江西省第 26 位、赣州市第 8 位。万人发明专利授权量 0.23 件，排在江西省第 47 位、赣州市第 8 位。万人 R&D 人员数 7.27 人，排在江西省第 78 位、赣州市第 11 位。R&D 经费投入占 GDP 百分比 0.96%，排在江西省第 48 位、赣州市第 11 位。高新技术产业增加值占规模以上工业增加值比 52.28%，排在江西省第 17 位、赣州市第 6 位。万人财政收入 0.45 亿元，排在江西省第 65 位、赣州市第 6 位。万人社会消费品零售额 1.05 亿元，排在江西省第 58 位、赣州市第 3 位。第三产业占 GDP 比重 40.99%，排在江西省第 60 位、赣州市第 10 位。具体如图 3-81、图 3-82、表 3-41 所示。

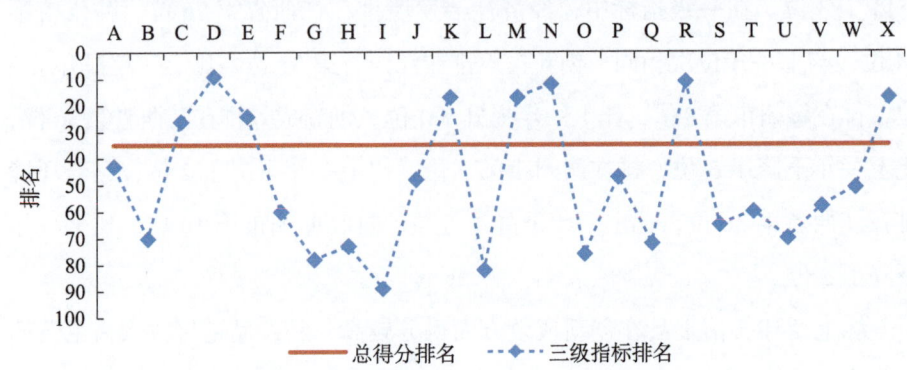

图 3-81 大余县科技创新能力总得分、三级指标得分在江西省位次排名①

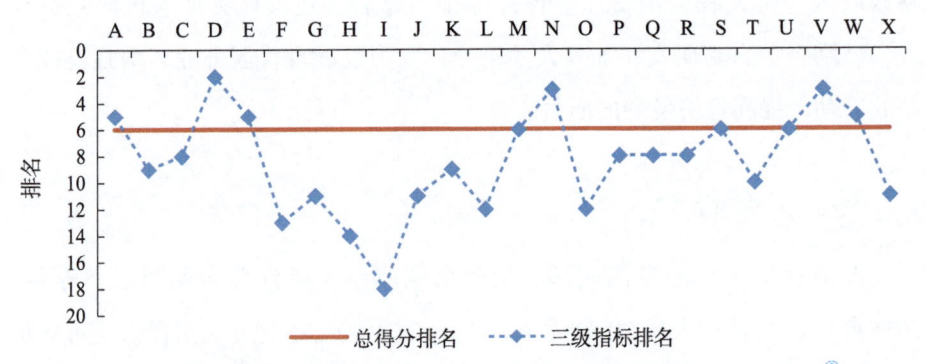

图 3-82 大余县科技创新能力总得分、三级指标得分在赣州市位次排名②

①② 图注同本书 28 页图 3-1 图注。

表 3-41　大余县科技创新能力评价指标得分与位次

指标名称	得分（分） 2018年	江西省排名 2017年	江西省排名 2018年	赣州市排名 2017年	赣州市排名 2018年
科技创新能力总得分	65.00	28	35	4	6
创新环境	3.81	22	20	4	3
创新基础	3.41	41	43	6	7
万人 GDP	3.28	47	43	5	5
规模以上工业企业数	2.95	65	70	9	9
万人专利申请量	3.94	21	26	6	8
科技意识	4.23	11	9	3	2
开展 R&D 活动的企业占比	4.96	6	9	2	2
人均科普经费投入	3.69	71	24	13	5
民众浏览科技网页频度	3.54	43	60	9	13
创新投入	3.25	13	65	1	12
人力投入	2.94	64	86	13	15
万人 R&D 人员数	2.99	49	78	6	11
研究人员占 R&D 人员比	2.90	53	73	12	14
R&D 人员全时当量	2.93	76	89	14	18
财力投入	3.57	7	36	1	11
R&D 经费投入占 GDP 百分比	3.31	10	48	1	11
企业 R&D 经费投入占主营业务收入比	4.24	4	17	1	9
企业技术获取和改造费用占主营业务收入比	3.07	24	82	5	12
创新成效	3.83	49	27	8	6
技术创新	4.60	37	13	8	4
高新技术产业增加值占规模以上工业增加值比	4.55	36	17	10	6
高新技术企业数	4.67	32	12	4	3
产业化水平	3.02	80	83	11	13
新产品销售收入占主营业务收入比	2.80	84	76	15	12
万人发明专利授权量	3.24	29	47	4	8
技术合同成交额	3.07	70	72	9	8

续表

指标名称	得分（分） 2018年	江西省排名 2017年	江西省排名 2018年	赣州市排名 2017年	赣州市排名 2018年
经济社会发展	3.47	59	34	9	5
经济增长	3.67	69	28	13	7
GDP增长百分比	4.78	71	11	15	8
万人财政收入	3.02	66	65	6	6
第三产业占GDP比重	3.24	42	60	10	10
社会生活	3.23	45	52	4	3
居民人均可支配收入	2.83	69	70	5	6
万人社会消费品零售额	3.12	56	58	3	3
城镇化率	3.21	51	51	5	5
空气质量指数	4.11	17	17	11	11

如图3-81、图3-82、表3-41所示，大余县科技创新能力总得分65.00分，排在江西省第35位，比上一年下降了7位，排在赣州市第6位，比上一年下降了2位。在一级指标中，经济社会发展排在江西省第34位，比上一年提升了25位，排在赣州市第5位，比上一年提升了4位；创新投入排在江西省第65位，比上一年下降了52位，排在赣州市第12位，比上一年下降了11位；创新成效排在江西省第27位，比上一年提升了22位，排在赣州市第6位，比上一年提升了2位；创新环境排在江西省第20位，比上一年提升了2位，排在赣州市第3位，比上一年提升了1位。

综上所述，大余县在创新环境方面得分较高，开展R&D活动的企业占比排在江西省前列，具有一定优势。但在创新投入方面得分较低，R&D人员全时当量、企业技术获取和改造费用占主营业务收入比等排名靠后。建议该县加大科研经费投入，加强人才培养，大力发展现代服务业，增强科技竞争的后劲，提高经济发展质量。

六、上犹县

上犹县位于江西省南部偏西、赣州市西部，是江西省赣州市下辖县。2018年，该县常住人口26.64万人，地区GDP 73.37亿元。居民人均可支配收入17 365.83元，排在江西省第92位、赣州市第14位。万人GDP 2.75亿元，排在江西省第83位、赣州市第10位。GDP增长9.1%，排在江西省第26位、赣州市第13位。城镇化率43.35%，排在江西省第93位、赣州市第17位。开展R&D活动的企业占比51.72%，排在江西省第48位、赣州市第14位。万人专利申请量33.63件，排在江西省第12位、赣州市第3位。万人发明专利授权量0.19件，排在江西省第51位、赣州市第10位。人均科普经费投入1元，排在江西省第7位、赣州市第1位。R&D经费投入占GDP百分比0.87%，排在江西省第51位、赣州市第13位。高新技术产业增加值占规模以上工业增加值比85.63%，排在江西省第1位、赣州市第1位。新产品销售收入占主营业务收入比19.01%，排在江西省第13位、赣州市第2位。万人财政收入0.39亿元，排在江西省第75位、赣州市第9位。万人社会消费品零售额0.67亿元，排在江西省第89位、赣州市第10位。第三产业占GDP比重44.87%，排在江西省第35位、赣州市第5位。具体如图3-83、图3-84、表3-42所示。

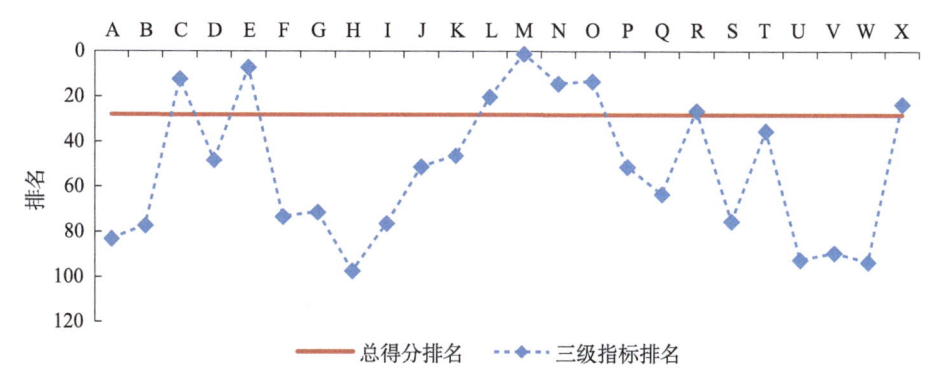

图3-83　上犹县科技创新能力总得分、三级指标得分在江西省位次排名[①]

---

① 图注同本书28页图3-1图注。

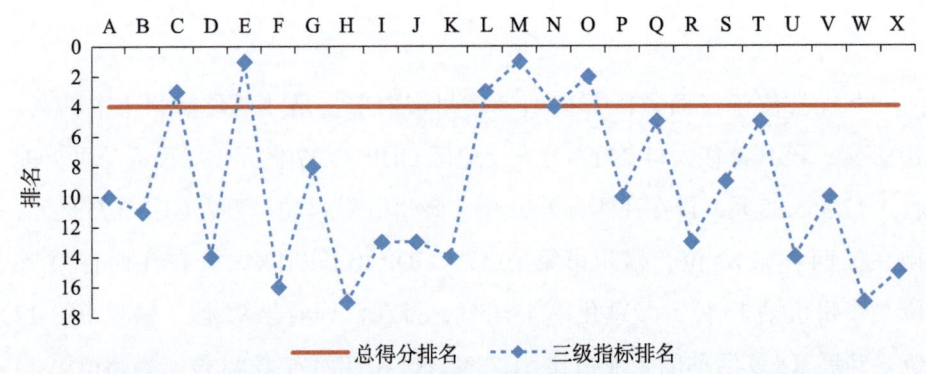

图 3-84　上犹县科技创新能力总得分、三级指标得分在赣州市位次排名[1]

表 3-42　上犹县科技创新能力评价指标得分与位次

指标名称	得分（分）	江西省排名		赣州市排名	
	2018 年	2017 年	2018 年	2017 年	2018 年
科技创新能力总得分	66.11	37	28	5	4
创新环境	3.65	44	31	8	8
创新基础	3.56	66	33	9	5
万人 GDP	2.72	84	83	10	10
规模以上工业企业数	2.80	81	77	13	11
万人专利申请量	4.96	19	12	4	3
科技意识	3.75	27	33	9	11
开展 R&D 活动的企业占比	3.55	59	48	17	14
人均科普经费投入	4.54	7	7	1	1
民众浏览科技网页频度	3.09	89	73	17	16
创新投入	2.99	92	81	18	15
人力投入	2.67	88	97	18	17
万人 R&D 人员数	3.05	86	71	14	8
研究人员占 R&D 人员比	2.02	74	97	15	17
R&D 人员全时当量	3.01	95	76	17	13
财力投入	3.31	66	53	15	15
R&D 经费投入占 GDP 百分比	3.23	60	51	15	13

[1] 图注同本书 28 页图 3-1 图注。

续表

指标名称	得分（分）	江西省排名		赣州市排名	
	2018年	2017年	2018年	2017年	2018年
企业R&D经费投入占主营业务收入比	3.32	55	46	15	14
企业技术获取和改造费用占主营业务收入比	3.40	68	20	9	3
创新成效	4.61	17	8	2	3
技术创新	5.57	7	2	1	1
高新技术产业增加值占规模以上工业增加值比	6.36	3	1	1	1
高新技术企业数	4.49	56	14	9	4
产业化水平	3.62	71	27	9	4
新产品销售收入占主营业务收入比	4.36	69	13	9	2
万人发明专利授权量	3.17	39	51	5	10
技术合同成交额	3.10	65	63	7	5
经济社会发展	3.20	68	69	12	13
经济增长	3.51	40	42	5	8
GDP增长百分比	4.15	35	26	7	13
万人财政收入	2.86	75	75	9	9
第三产业占GDP比重	3.55	28	35	6	5
社会生活	2.84	89	94	17	18
居民人均可支配收入	2.39	92	92	14	14
万人社会消费品零售额	2.84	89	89	10	10
城镇化率	2.67	93	93	17	17
空气质量指数	3.85	22	23	15	15

如图3-83、图3-84、表3-42所示，上犹县科技创新能力总得分为66.11分，排在江西省第28位，比上一年提升了9位，排在赣州市第4位，比上一年提升了1位。在一级指标中，经济社会发展排在江西省第69位，比上一年下降了1位，排在赣州市第13位，比上一年下降了1位；创新投入排在江西省第81位，比上一年提升了11位，排在赣州市第15位，比上一年提升了3位；创新成效排在江西省第8位，比上一年提升了9位，排在赣州市第3位，比上一年下降了1位；创新环境排在江西省第31位，比上一年提升了13位，

排在赣州市第8位，与上一年位次相同。

综上所述，上犹县在创新成效方面得分较高，高新技术产业增加值占规模以上工业增加值比、新产品销售收入占主营业务收入比均排在江西省前列，具有明显优势。但在经济社会发展和创新投入方面得分较低，居民人均可支配收入、城镇化率、研究人员占R&D人员比等排名靠后。建议该县加大科研经费投入，鼓励企业自主研发，加强科研人才培养，调整产业结构，促进产业转型升级和经济可持续发展。

七、崇义县

崇义县位于江西省南部偏西，是江西省赣州市下辖县。2018年，该县常住人口19.40万人，地区GDP 91.93亿元。居民人均可支配收入18 162.41元，排在江西省第84位、赣州市第12位。万人GDP 4.74亿元，排在江西省第38位、赣州市第3位。GDP增长9.7%，排在江西省第5位、赣州市第5位。城镇化率46.01%，排在江西省第80位、赣州市第12位。开展R&D活动的企业占比36.11%，排在江西省第87位、赣州市第18位。万人专利申请量14.74件，排在江西省第53位、赣州市第12位。万人发明专利授权量0.31件，排在江西省第37位、赣州市第7位。万人R&D人员数14.69人，排在江西省第51位、赣州市第3位。研究人员占R&D人员比40.7%，排在江西省第16位、赣州市第4位。企业技术获取和改造费用占主营业务收入比0.29%，排在江西省第12位、赣州市第1位。高新技术产业增加值占规模以上工业增加值比47.6%，排在江西省第22位、赣州市第7位。新产品销售收入占主营业务收入比9.86%，排在江西省第43位、赣州市第7位。万人财政收入0.68亿元，排在江西省第33位、赣州市第3位。万人社会消费品零售额0.88亿元，排在江西省第73位、赣州市第5位。第三产业占GDP比重40.1%，排在江西省第68位、赣州市第12位。具体如图3-85、图3-86、表3-43所示。

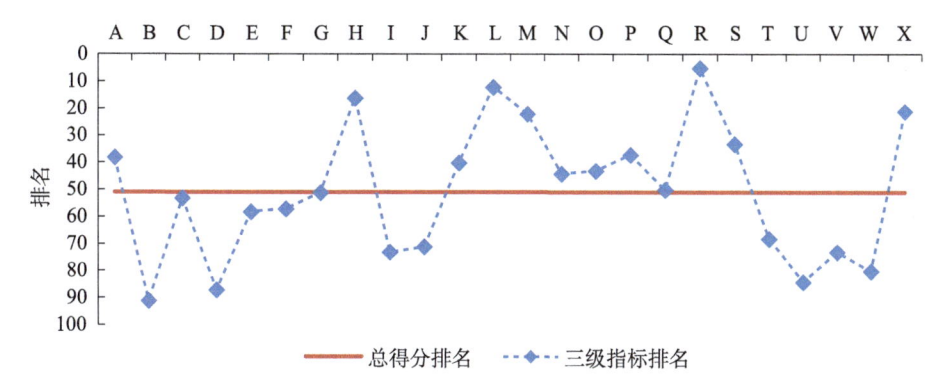

图 3-85　崇义县科技创新能力总得分、三级指标得分在江西省位次排名[①]

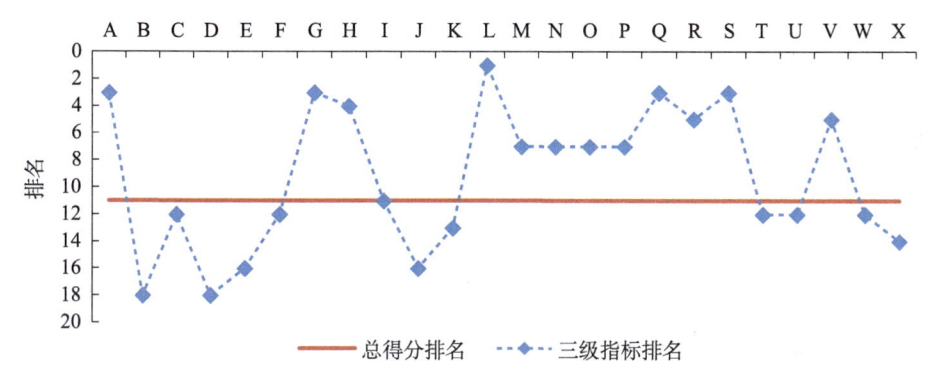

图 3-86　崇义县科技创新能力总得分、三级指标得分在赣州市位次排名[②]

表 3-43　崇义县科技创新能力评价指标得分与位次

指标名称	得分（分）	江西省排名		赣州市排名	
	2018 年	2017 年	2018 年	2017 年	2018 年
科技创新能力总得分	62.77	56	51	10	11
创新环境	3.02	83	87	17	17
创新基础	3.07	84	74	13	12
万人 GDP	3.50	40	38	3	3
规模以上工业企业数	2.56	91	91	18	18
万人专利申请量	3.22	79	53	13	12
科技意识	2.97	54	84	16	18
开展 R&D 活动的企业占比	2.59	37	87	13	18
人均科普经费投入	3.05	71	58	13	16

①②　图注同本书 28 页图 3-1 图注。

续表

指标名称	得分（分） 2018年	江西省排名 2017年	江西省排名 2018年	赣州市排名 2017年	赣州市排名 2018年
民众浏览科技网页频度	3.61	70	57	12	12
创新投入	3.53	21	37	5	9
人力投入	3.62	27	34	4	5
万人R&D人员数	3.26	52	51	8	3
研究人员占R&D人员比	4.47	13	16	3	4
R&D人员全时当量	3.02	79	73	15	11
财力投入	3.45	20	45	6	12
R&D经费投入占GDP百分比	2.99	52	71	12	16
企业R&D经费投入占主营业务收入比	3.42	23	40	8	13
企业技术获取和改造费用占主营业务收入比	4.05	7	12	2	1
创新成效	3.64	53	35	9	8
技术创新	3.95	57	27	11	7
高新技术产业增加值占规模以上工业增加值比	4.30	35	22	9	7
高新技术企业数	3.46	94	44	18	7
产业化水平	3.32	30	52	2	6
新产品销售收入占主营业务收入比	3.37	35	43	5	7
万人发明专利授权量	3.36	20	37	2	7
技术合同成交额	3.23	45	50	5	3
经济社会发展	3.50	49	29	4	4
经济增长	3.95	30	20	3	4
GDP增长百分比	5.10	38	5	8	5
万人财政收入	3.60	31	33	3	3
第三产业占GDP比重	3.16	49	68	12	12
社会生活	2.99	75	80	12	11
居民人均可支配收入	2.51	85	84	12	12
万人社会消费品零售额	3.00	74	73	6	5
城镇化率	2.84	80	80	12	12
空气质量指数	4.01	20	21	13	14

如图3-85、图3-86、表3-43所示，崇义县科技创新能力总得分为62.77分，排在江西省第51位，比上一年提升了5位，排在赣州市第11位，比上一年下降了1位。在一级指标中，经济社会发展排在江西省第29位，比上一年提升了20位，排在赣州市第4位，与上一年位次相同；创新投入排在江西省第37位，比上一年下降了16位，排在赣州市第9位，比上一年下降了4位；创新成效排在江西省第35位，比上一年提升了18位，排在赣州市第8位，比上一年提升了1位；创新环境排在江西省第87位，比上一年下降了4位，排在赣州市第17位，与上一年位次相同。

综上所述，崇义县在创新投入、创新成效和经济社会发展方面得分相差不多，处于中上，具有一定优势。但在创新环境方面得分较低，规模以上工业企业数、开展R&D活动的企业占比等排名靠后。建议该县做大做强优势产业，夯实创新基础，加大科普宣传力度，提升企业及民众科技意识，营造良好的创新氛围，不断提高科技竞争力。

八、安远县

安远县位于江西省南部，是江西省赣州市下辖县。2018年，该县常住人口35.20万人，地区GDP 74.02亿元。居民人均可支配收入16 894.19元，排在江西省第96位、赣州市第17位。万人GDP 2.1亿元，排在江西省第97位、赣州市第18位。GDP增长8%，排在江西省第85位、赣州市第17位。城镇化率44.36%，排在江西省第88位、赣州市第14位。规模以上工业企业数46家，排在江西省第87位、赣州市第16位。开展R&D活动的企业占比71.74%，排在江西省第11位、赣州市第4位。万人专利申请量20.14件，排在江西省第34位、赣州市第10位。研究人员占R&D人员比13.95%，排在江西省第99位、赣州市第18位。R&D人员全时当量169人·年，排在江西省第80位、赣州市第15位。R&D经费投入占GDP百分比0.66%，排在江西省第66位、赣州市第15位。高新技术产业增加值占规模以上工业增加值比42.92%，排在江西省第29位、赣州市第8位。万人财政收入0.26亿元，排在江西省第91位、赣州市第15位。万人社会消费品零售额 0.58 亿元，排在江西省第 98 位、赣州市第 16 位。第三产业占 GDP 比重 53.53%，排在江西省第 15 位、赣州市第 2 位。具体如图 3-87、图 3-88、表 3-44 所示。

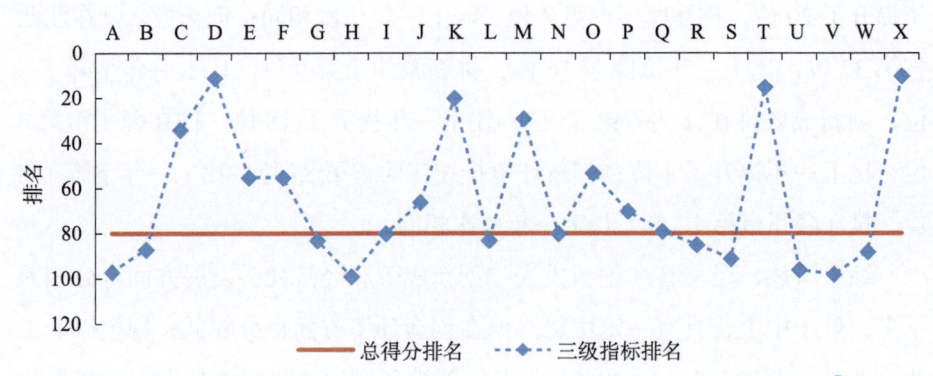

图 3-87 安远县科技创新能力总得分、三级指标得分在江西省位次排名[1]

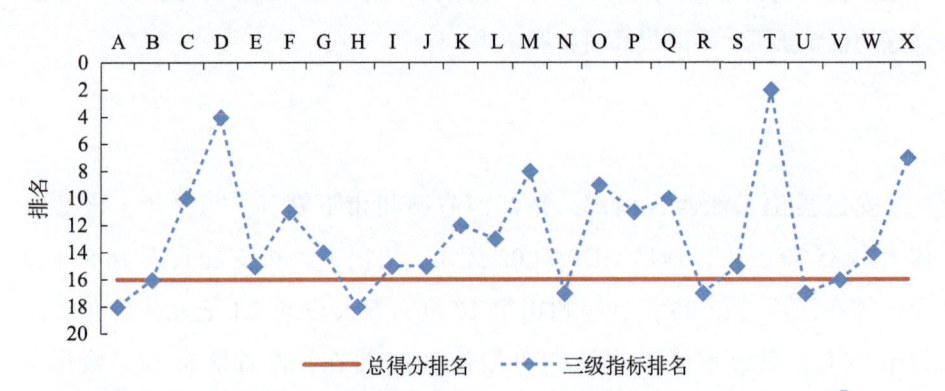

图 3-88 安远县科技创新能力总得分、三级指标得分在赣州市位次排名[2]

表 3-44 安远县科技创新能力评价指标得分与位次

指标名称	得分（分）	江西省排名		赣州市排名	
	2018 年	2017 年	2018 年	2017 年	2018 年
科技创新能力总得分	57.71	53	80	9	16
创新环境	3.48	46	48	10	12
创新基础	2.99	90	77	15	13

[1][2] 图注同本书 28 页图 3-1 图注。

续表

指标名称	得分（分）2018年	江西省排名 2017年	江西省排名 2018年	赣州市排名 2017年	赣州市排名 2018年
万人 GDP	2.47	95	97	17	18
规模以上工业企业数	2.67	90	87	17	16
万人专利申请量	3.72	48	34	12	10
科技意识	3.99	16	16	6	6
开展 R&D 活动的企业占比	4.78	10	11	4	4
人均科普经费投入	3.11	47	55	10	15
民众浏览科技网页频度	3.63	18	55	4	11
创新投入	2.99	22	82	6	16
人力投入	2.55	39	99	6	18
万人 R&D 人员数	2.94	78	83	12	14
研究人员占 R&D 人员比	1.82	23	99	4	18
R&D 人员全时当量	2.99	72	80	13	15
财力投入	3.42	15	47	3	13
R&D 经费投入占 GDP 百分比	3.05	65	66	16	15
企业 R&D 经费投入占主营业务收入比	4.10	19	20	7	12
企业技术获取和改造费用占主营业务收入比	3.06	4	83	1	13
创新成效	3.27	61	55	10	10
技术创新	3.42	47	51	9	11
高新技术产业增加值占规模以上工业增加值比	4.05	28	29	7	8
高新技术企业数	2.55	86	80	16	17
产业化水平	3.11	83	74	12	11
新产品销售收入占主营业务收入比	3.22	71	53	10	9
万人发明专利授权量	3.06	86	70	13	11
技术合同成交额	3.02	72	79	10	10
经济社会发展	3.00	53	91	7	18
经济增长	3.05	34	84	4	16
GDP 增长百分比	2.41	44	85	10	17

续表

指标名称	得分（分） 2018年	江西省排名 2017年	江西省排名 2018年	赣州市排名 2017年	赣州市排名 2018年
万人财政收入	2.53	92	91	15	15
第三产业占GDP比重	4.26	14	15	2	2
社会生活	2.94	74	84	11	14
居民人均可支配收入	2.31	96	96	17	17
万人社会消费品零售额	2.78	98	98	16	16
城镇化率	2.73	86	88	14	14
空气质量指数	4.47	10	10	7	7

如图3-87、图3-88、表3-44所示，安远县科技创新能力总得分57.71分，排在江西省第80位，比上一年下降了27位，排在赣州市第16位，比上一年下降了7位。在一级指标中，经济社会发展排在江西省第91位，比上一年下降了38位，排在赣州市第18位，比上一年下降了11位；创新投入排在江西省第82位，比上一年下降了60位，排在赣州市第16位，比上一年下降了10位；创新成效排在江西省第55位，比上一年提升了6位，排在赣州市第10位，与上一年位次相同；创新环境排在江西省第48位，比上一年下降了2位，排在赣州市第12位，比上一年下降了2位。

综上所述，安远县在创新环境方面得分相对较高，开展R&D活动的企业占比排名靠前，具有一定优势。但在经济社会发展和创新投入方面得分较低，万人社会消费品零售额、研究人员占R&D人员比、企业技术获取和改造费用占主营业务收入比等排名靠后。建议该县加大科研经费投入，提高企业科研能力，加强人才培养，因地制宜筛选和培育战略性新兴产业、加强科技成果转移转化能力，不断提高科技对经济的贡献度。

九、龙南县

龙南县位于江西省最南端，是江西省赣州市下辖县。2018年，该县常住人口31.09万人，地区GDP 174.62亿元。居民人均可支配收入21 179.22

元，排在江西省第 65 位、赣州市第 2 位。万人 GDP 5.62 亿元，排在江西省第 23 位、赣州市第 2 位。GDP 增长 9.9%，排在江西省第 3 位、赣州市第 3 位。城镇化率 52.11%，排在江西省第 43 位、赣州市第 3 位。规模以上工业企业数 113 家，排在江西省第 38 位、赣州市第 4 位。开展 R&D 活动的企业占比 52.21%，排在江西省第 44 位、赣州市第 13 位。万人专利申请量 24.77 件，排在江西省第 21 位、赣州市第 5 位。万人发明专利授权量 0.32 件，排在江西省第 34 位、赣州市第 6 位。万人 R&D 人员数 14.54 人，排在江西省第 54 位、赣州市第 5 位。R&D 人员全时当量 416 人·年，排在江西省第 53 位、赣州市第 4 位。R&D 经费投入占 GDP 百分比 1.75%，排在江西省第 16 位、赣州市第 2 位。新产品销售收入占主营业务收入比 14.22%，排在江西省第 30 位、赣州市第 5 位。万人财政收入 0.69 亿元，排在江西省第 30 位、赣州市第 2 位。万人社会消费品零售额 1.14 亿元，排在江西省第 53 位、赣州市第 2 位。第三产业占 GDP 比重 37.73%，排在江西省第 77 位、赣州市第 15 位。具体如图 3-89、图 3-90、表 3-45 所示。

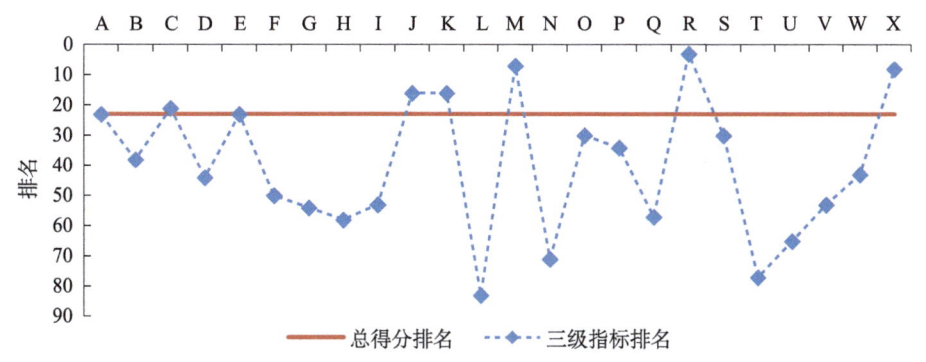

图 3-89　龙南县科技创新能力总得分、三级指标得分在江西省位次排名[①]

---

① 图注同本书 28 页图 3-1 图注。

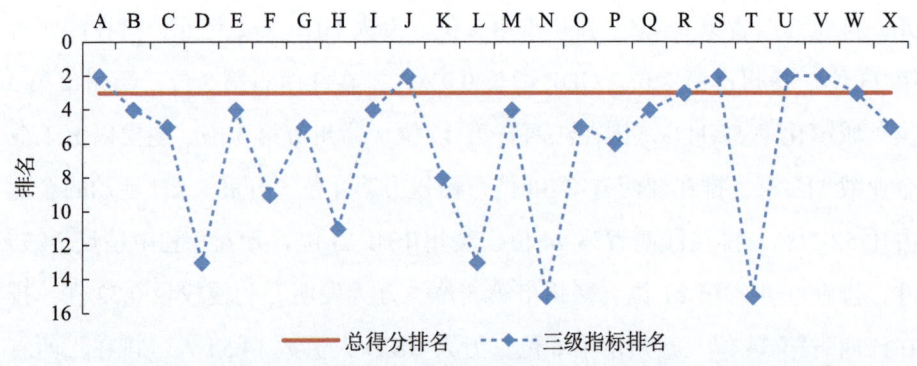

图 3-90　龙南县科技创新能力总得分、三级指标得分在赣州市位次排名[①]

表 3-45　龙南县科技创新能力评价指标得分与位次

指标名称	得分（分） 2018 年	江西省排名 2017 年	江西省排名 2018 年	赣州市排名 2017 年	赣州市排名 2018 年
科技创新能力总得分	67.52	26	23	3	3
创新环境	3.77	52	22	11	4
创新基础	3.80	35	23	4	3
万人 GDP	3.84	26	23	2	2
规模以上工业企业数	3.42	42	38	5	4
万人专利申请量	4.14	29	21	9	5
科技意识	3.73	66	34	17	12
开展 R&D 活动的企业占比	3.58	50	44	16	13
人均科普经费投入	3.99	50	23	11	4
民众浏览科技网页频度	3.69	80	50	13	9
创新投入	3.56	64	33	15	7
人力投入	3.26	67	57	14	7
万人 R&D 人员数	3.25	32	54	3	5
研究人员占 R&D 人员比	3.28	69	58	14	11
R&D 人员全时当量	3.23	41	53	4	4
财力投入	3.87	53	20	13	8
R&D 经费投入占 GDP 百分比	3.99	39	16	11	2

---

① 图注同本书 28 页图 3-1 图注。

续表

指标名称	得分（分） 2018年	江西省排名 2017年	江西省排名 2018年	赣州市排名 2017年	赣州市排名 2018年
企业R&D经费投入占主营业务收入比	4.39	48	16	13	8
企业技术获取和改造费用占主营业务收入比	3.06	71	83	10	13
创新成效	3.84	19	25	4	5
技术创新	4.17	9	22	2	6
高新技术产业增加值占规模以上工业增加值比	5.22	6	7	3	4
高新技术企业数	2.73	16	71	1	15
产业化水平	3.49	54	37	5	5
新产品销售收入占主营业务收入比	3.84	41	30	6	5
万人发明专利授权量	3.37	44	34	7	6
技术合同成交额	3.16	37	57	2	4
经济社会发展	3.71	32	21	3	2
经济增长	4.00	41	17	6	3
GDP增长百分比	5.42	55	3	13	3
万人财政收入	3.63	30	30	2	2
第三产业占GDP比重	2.97	63	77	15	15
社会生活	3.39	29	36	2	2
居民人均可支配收入	2.98	66	65	3	2
万人社会消费品零售额	3.19	50	53	2	2
城镇化率	3.24	41	43	3	3
空气质量指数	4.52	8	8	5	5

如图3-89、图3-90、表3-45所示，龙南县科技创新能力总得分为67.52分，排在江西省第23位，比上一年提升了3位，排在赣州市第3位，与上一年位次相同。在一级指标中，经济社会发展排在江西省第21位，比上一年提升了11位，排在赣州市第2位，比上一年提升了1位；创新投入排在江西省第33位，比上一年提升了31位，排在赣州市第7位，比上一年提升了8位；创新成效排在江西省第25位，比上一年下降了6位，排在赣州市第5位，比上一年下降了1位；创新环境排在江西省第22位，比上一年提升了30位，

排在赣州市第 4 位，比上一年提升了 7 位。

综上所述，龙南县在创新环境、创新成效和经济社会发展方面得分相近，且靠近上游，具有一定优势。在创新投入方面得分相对较低，研究人员占 R&D 人员比、企业技术获取和改造费用占主营业务收入比等排名靠后。建议该县加大科研经费投入，鼓励企业自主研发，积极引进和培养人才，推进经济高质量增长。

十、定南县

定南县位于江西省最南端，是江西省赣州市下辖县。2018 年，该县常住人口 19.25 万人，地区 GDP 87.38 亿元。居民人均可支配收入 19 121.81 元，排在江西省第 79 位、赣州市第 9 位。万人 GDP 4.54 亿元，排在江西省第 40 位、赣州市第 4 位。GDP 增长 9.2%，排在江西省第 23 位、赣州市第 12 位。城镇化率 49.51%，排在江西省第 64 位、赣州市第 7 位。开展 R&D 活动的企业占比 49.02%，排在江西省第 56 位、赣州市第 16 位。万人专利申请量 14.65 件，排在江西省第 54 位、赣州市第 13 位。万人发明专利授权量 0.36 件，排在江西省第 30 位、赣州市第 5 位。万人 R&D 人员数 14.65 人，排在江西省第 52 位、赣州市第 4 位。R&D 人员全时当量 198 人·年，排在江西省第 74 位、赣州市第 12 位。R&D 经费投入占 GDP 百分比 1.3%，排在江西省第 29 位、赣州市第 7 位。高新技术产业增加值占规模以上工业增加值比 75.23%，排在江西省第 2 位、赣州市第 2 位。新产品销售收入占主营业务收入比 19.18%，排在江西省第 11 位、赣州市第 1 位。万人财政收入 0.62 亿元，排在江西省第 38 位、赣州市第 4 位。万人社会消费品零售额 0.87 亿元，排在江西省第 74 位、赣州市第 6 位。第三产业占 GDP 比重 42.27%，排在江西省第 52 位、赣州市第 8 位。具体如图 3-91、图 3-92、表 3-46 所示。

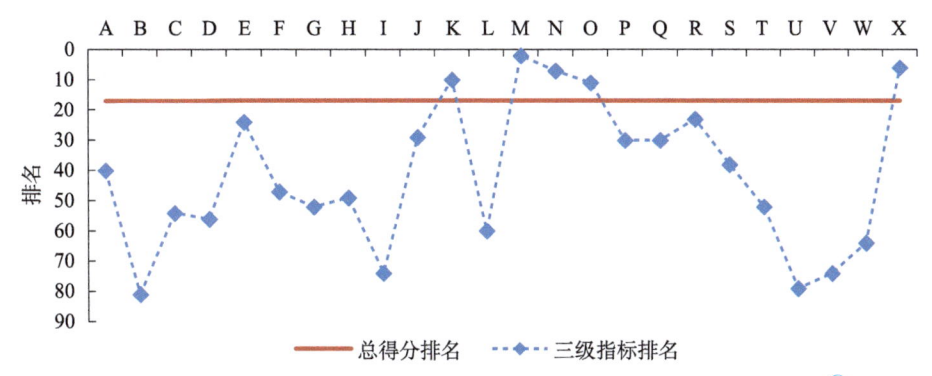

第三章 江西省各县（市、区）科技创新能力水平分析 | 177

图 3-91　定南县科技创新能力总得分、三级指标得分在江西省位次排名 [①]

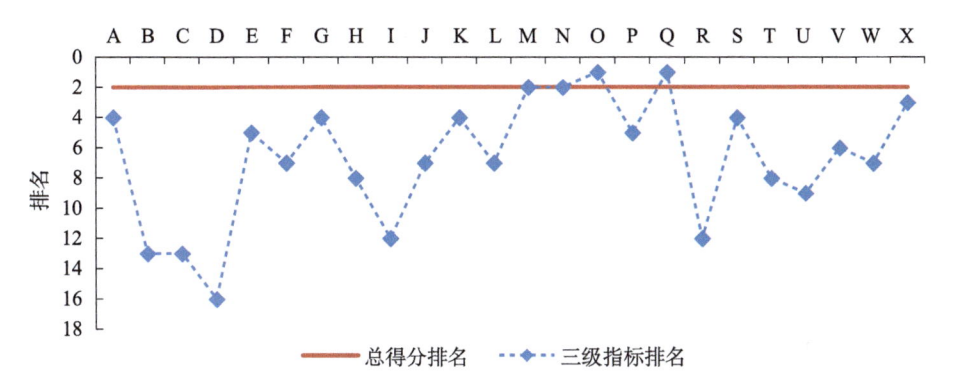

图 3-92　定南县科技创新能力总得分、三级指标得分在赣州市位次排名 [②]

表 3-46　定南县科技创新能力评价指标得分与位次

指标名称	得分（分）	江西省排名		赣州市排名	
	2018 年	2017 年	2018 年	2017 年	2018 年
科技创新能力总得分	69.54	19	17	2	2
创新环境	3.33	64	64	13	13
创新基础	3.10	71	73	10	11
万人 GDP	3.42	44	40	4	4
规模以上工业企业数	2.73	83	81	14	13
万人专利申请量	3.21	46	54	11	13
科技意识	3.57	48	48	13	14
开展 R&D 活动的企业占比	3.39	23	56	10	16

---

①② 图注同本书 28 页图 3-1 图注。

续表

指标名称	得分（分） 2018年	江西省排名 2017年	江西省排名 2018年	赣州市排名 2017年	赣州市排名 2018年
人均科普经费投入	3.69	77	24	15	5
民众浏览科技网页频度	3.75	96	47	18	7
创新投入	3.62	25	27	7	6
人力投入	3.24	56	58	10	8
万人R&D人员数	3.25	23	52	2	4
研究人员占R&D人员比	3.42	55	49	13	8
R&D人员全时当量	3.02	61	74	9	12
财力投入	4.00	16	15	4	4
R&D经费投入占GDP百分比	3.61	18	29	3	7
企业R&D经费投入占主营业务收入比	5.11	9	10	4	4
企业技术获取和改造费用占主营业务收入比	3.13	71	60	10	7
创新成效	4.63	18	7	3	2
技术创新	5.45	10	3	3	2
高新技术产业增加值占规模以上工业增加值比	5.80	4	2	2	2
高新技术企业数	4.98	56	7	9	2
产业化水平	3.78	39	17	3	2
新产品销售收入占主营业务收入比	4.38	20	11	2	1
万人发明专利授权量	3.44	87	30	14	5
技术合同成交额	3.36	40	30	3	1
经济社会发展	3.46	26	36	2	6
经济增长	3.69	22	26	2	6
GDP增长百分比	4.31	10	23	2	12
万人财政收入	3.44	36	38	4	4
第三产业占GDP比重	3.34	33	52	8	8
社会生活	3.20	41	55	3	4
居民人均可支配收入	2.66	78	79	9	9
万人社会消费品零售额	2.99	70	74	5	6
城镇化率	3.07	66	64	7	7
空气质量指数	4.55	5	6	2	3

如图 3-91、图 3-92、表 3-46 所示，定南县科技创新能力总得分为 69.54 分，排在江西省第 17 位，比上一年提升了 2 位，排在赣州市第 2 位，与上一年位次相同。在一级指标中，经济社会发展排在江西省第 36 位，比上一年下降了 10 位，排在赣州市第 6 位，比上一年下降了 4 位；创新投入排在江西省第 27 位，比上一年下降了 2 位，排在赣州市第 6 位，比上一年提升了 1 位；创新成效排在江西省第 7 位，比上一年提升了 11 位，排在赣州市第 2 位，比上一年提升了 1 位；创新环境排在江西省第 64 位、赣州市第 13 位，都与上一年位次相同。

综上所述，定南县在创新成效方面得分较高，高新技术产业增加值占规模以上工业增加值比、高新技术企业数、新产品销售收入占主营业务收入比均排在江西省前列，具有明显优势。但在创新环境方面得分较低，规模以上工业企业数、开展 R&D 活动的企业占比等排名靠后。建议该县做大做强优势产业，夯实创新基础，加大科普宣传力度，提高企业及民众科技意识，不断推进经济高质量增长。

十一、全南县

全南县位于江西省最南端，是江西省赣州市下辖县。2018 年，该县常住人口 18.65 万人，地区 GDP 77.08 亿元。居民人均可支配收入 17 078.48 元，排在江西省第 95 位、赣州市第 16 位。万人 GDP 4.13 亿元，排在江西省第 45 位、赣州市第 6 位。GDP 增长 9.1%，排在江西省第 26 位、赣州市第 13 位。城镇化率 46.92%，排在江西省第 75 位、赣州市第 9 位。开展 R&D 活动的企业占比 62.75%，排在江西省第 22 位、赣州市第 8 位。万人专利申请量 30.83 件，排在江西省第 14 位、赣州市第 4 位。人均科普经费投入 0.4 元，排在江西省第 47 位、赣州市第 11 位。万人 R&D 人员数 26.38 人，排在江西省第 21 位、赣州市第 2 位。R&D 人员全时当量 364 人·年，排在江西省第 60 位、赣州市第 7 位。R&D 经费投入占 GDP 百分比 1.23%，排在江西省第 34 位、赣州市第 9 位。企业技术获取和改造费用占主营业务收入比 0.08%，排在江西省第 26 位、赣州市第 4 位。高新技术产业增加值占规模以上工业增加值比

38.6%，排在江西省第 37 位、赣州市第 10 位。新产品销售收入占主营业务收入比 8.28%，排在江西省第 57 位、赣州市第 10 位。万人财政收入 0.56 亿元，排在江西省第 45 位、赣州市第 5 位。万人社会消费品零售额 0.99 亿元，排在江西省第 61 位、赣州市第 4 位。第三产业占 GDP 比重 35.62%，排在江西省第 83 位、赣州市第 16 位。具体如图 3-93、图 3-94、表 3-47 所示。

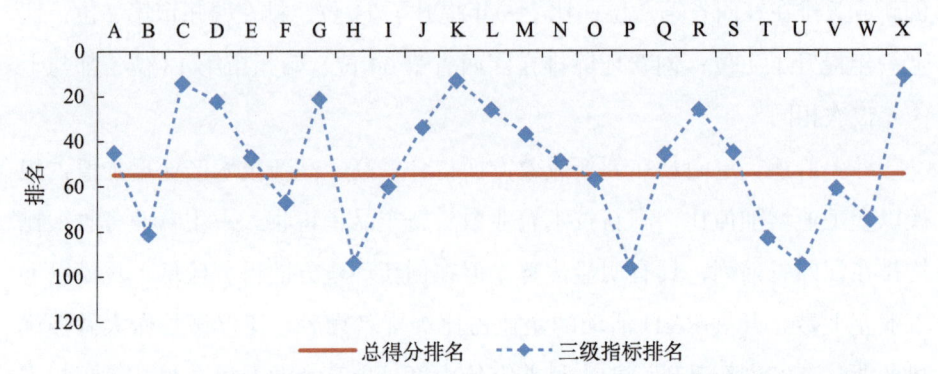

图 3-93　全南县科技创新能力总得分、三级指标得分在江西省位次排名[①]

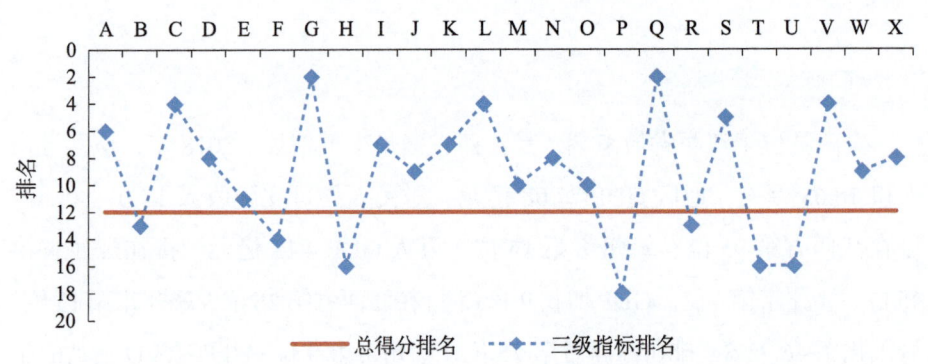

图 3-94　全南县科技创新能力总得分、三级指标得分在赣州市位次排名[②]

表 3-47　全南县科技创新能力评价指标得分与位次

指标名称	得分（分）	江西省排名		赣州市排名	
	2018 年	2017 年	2018 年	2017 年	2018 年
科技创新能力总得分	62.27	47	55	7	12
创新环境	3.66	28	29	6	6

①② 图注同本书 28 页图 3-1 图注。

续表

指标名称	得分（分）2018年	江西省排名 2017年	江西省排名 2018年	赣州市排名 2017年	赣州市排名 2018年
创新基础	3.60	18	31	3	4
万人GDP	3.26	54	45	6	6
规模以上工业企业数	2.73	86	81	15	13
万人专利申请量	4.70	3	14	2	4
科技意识	3.73	50	35	15	13
开展R&D活动的企业占比	4.23	39	22	14	8
人均科普经费投入	3.26	35	47	7	11
民众浏览科技网页频度	3.40	83	67	14	14
创新投入	3.43	56	48	14	10
人力投入	2.96	86	84	17	14
万人R&D人员数	3.68	33	21	4	2
研究人员占R&D人员比	2.13	86	94	18	16
R&D人员全时当量	3.18	66	60	11	7
财力投入	3.90	30	19	10	7
R&D经费投入占GDP百分比	3.55	30	34	7	9
企业R&D经费投入占主营业务收入比	4.72	24	13	9	7
企业技术获取和改造费用占主营业务收入比	3.33	22	26	4	4
创新成效	3.36	39	52	6	9
技术创新	3.59	31	40	7	10
高新技术产业增加值占规模以上工业增加值比	3.82	19	37	4	10
高新技术企业数	3.28	63	49	12	8
产业化水平	3.12	56	73	6	10
新产品销售收入占主营业务收入比	3.20	47	57	7	10
万人发明专利授权量	2.89	42	96	6	18
技术合同成交额	3.26	43	46	4	2
经济社会发展	3.24	51	61	6	10
经济增长	3.42	42	49	7	12
GDP增长百分比	4.15	22	26	5	13
万人财政收入	3.31	46	45	5	5

续表

指标名称	得分（分）	江西省排名		赣州市排名	
	2018年	2017年	2018年	2017年	2018年
第三产业占GDP比重	2.80	73	83	16	16
社会生活	3.04	65	76	10	10
居民人均可支配收入	2.34	95	95	16	16
万人社会消费品零售额	3.08	63	61	4	4
城镇化率	2.90	74	75	9	9
空气质量指数	4.40	11	11	8	8

如图3-93、图3-94、表3-47所示，全南县科技创新能力总得分62.27分，排在江西省第55位，比上一年下降了8位，排在赣州市第12位，比上一年下降了5位。在一级指标中，经济社会发展排在江西省第61位，比上一年下降了10位，排在赣州市第10位，比上一年下降了4位；创新投入排在江西省第48位，比上一年提升了8位，排在赣州市第10位，比上一年提升了4位；创新成效排在江西省第52位，比上一年下降了13位，排在赣州市第9位，比上一年下降了3位；创新环境排在江西省第29位，比上一年下降了1位，排在赣州市第6位，与上一年位次相同。

综上所述，全南县在创新环境方面得分较高，万人专利申请量排名靠前，具有一定优势。但在经济社会发展和创新成效方面得分较低，居民人均可支配收入、万人发明专利授权量等排名靠后。建议该县加强科技成果转移转化能力，加快传统产业转型升级，积极培育战略性新兴产业，发展现代服务业，不断提高科技竞争力。

十二、宁都县

宁都县位于江西省东南部，是江西省赣州市下辖县。2018年，该县常住人口81.86万人，地区GDP 183.56亿元。居民人均可支配收入17 228.63元，排在江西省第94位、赣州市第15位。万人GDP 2.24亿元，排在江西省第94位、赣州市第16位。GDP增长9.6%，排在江西省第6位、赣州市第6位。城镇化率47.4%，排在江西省第72位、赣州市第8位。规模以上工业企业数 88 家，排在江西省第 63 位、赣州市第 8 位。开展 R&D 活动的企业占比 61.36%，排在江西省第 23 位、赣州市第 9 位。万人 R&D 人员数 6.55 人，排在江西省第 81 位、赣州市第 12 位。R&D 人员全时当量 501 人·年，排在江西省第 47 位、赣州市第 2 位。R&D 经费投入占 GDP 百分比 1.34%，排在江西省第 28 位、赣州市第 6 位。企业技术获取和改造费用占主营业务收入比 0.01%，排在江西省第 70 位、赣州市第 8 位。新产品销售收入占主营业务收入比 12.54%，排在江西省第 38 位、赣州市第 6 位。万人财政收入 0.16 亿元，排在江西省第 99 位、赣州市第 18 位。万人社会消费品零售额 0.58 亿元，排在江西省第 99 位、赣州市第 17 位。第三产业占 GDP 比重 40.28%，排在江西省第 67 位、赣州市第 11 位。具体如图 3-95、图 3-96、表 3-48 所示。

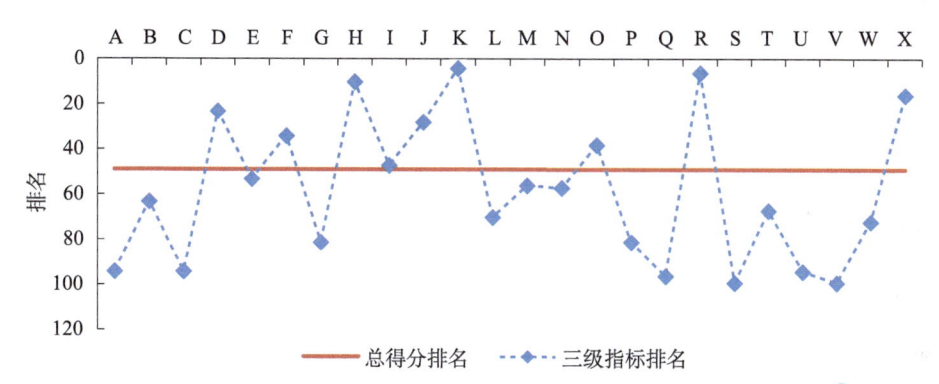

图 3-95　宁都县科技创新能力总得分、三级指标得分在江西省位次排名[①]

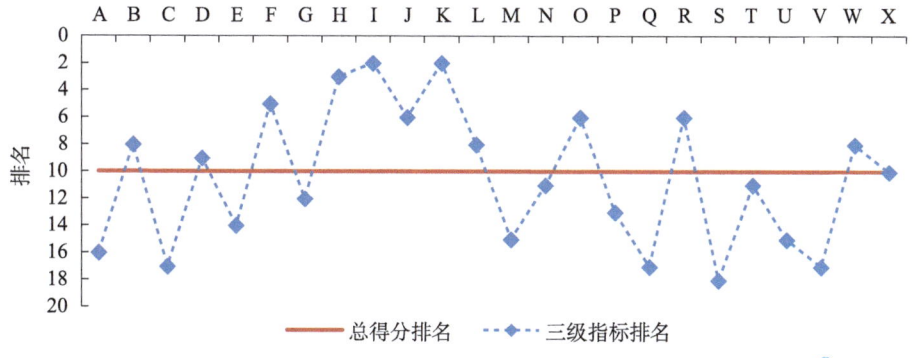

图 3-96　宁都县科技创新能力总得分、三级指标得分在赣州市位次排名[②]

[①][②]　图注同本书 28 页图 3-1 图注。

表 3-48　宁都县科技创新能力评价指标得分与位次

指标名称	得分（分）2018年	江西省排名 2017年	江西省排名 2018年	赣州市排名 2017年	赣州市排名 2018年
科技创新能力总得分	63.25	76	49	15	10
创新环境	3.22	79	74	16	14
创新基础	2.67	91	96	16	17
万人 GDP	2.52	94	94	16	16
规模以上工业企业数	3.14	55	63	6	8
万人专利申请量	2.34	94	94	17	17
科技意识	3.80	49	28	14	9
开展 R&D 活动的企业占比	4.15	33	23	11	9
人均科普经费投入	3.15	77	53	15	14
民众浏览科技网页频度	4.00	29	34	7	5
创新投入	4.03	39	13	10	2
人力投入	3.79	81	22	16	3
万人 R&D 人员数	2.96	74	81	11	12
研究人员占 R&D 人员比	4.95	80	10	16	3
R&D 人员全时当量	3.31	31	47	3	2
财力投入	4.27	21	11	7	2
R&D 经费投入占 GDP 百分比	3.65	31	28	8	6
企业 R&D 经费投入占主营业务收入比	5.86	12	4	5	2
企业技术获取和改造费用占主营业务收入比	3.08	29	70	7	8
创新成效	3.23	71	66	13	12
技术创新	3.23	64	59	14	12
高新技术产业增加值占规模以上工业增加值比	3.28	70	56	16	15
高新技术企业数	3.15	47	57	6	11
产业化水平	3.23	76	64	10	8
新产品销售收入占主营业务收入比	3.66	50	38	8	6
万人发明专利授权量	2.99	79	81	11	13
技术合同成交额	2.91	93	96	16	17

续表

指标名称	得分（分） 2018年	江西省排名 2017年	江西省排名 2018年	赣州市排名 2017年	赣州市排名 2018年
经济社会发展	3.21	82	66	15	12
经济增长	3.44	77	47	16	11
GDP增长百分比	4.94	39	6	9	6
万人财政收入	2.26	99	99	18	18
第三产业占GDP比重	3.18	48	67	11	11
社会生活	2.95	78	82	13	13
居民人均可支配收入	2.36	94	94	15	15
万人社会消费品零售额	2.78	99	99	17	17
城镇化率	2.93	72	72	8	8
空气质量指数	4.20	15	16	10	10

如图3-95、图3-96、表3-48所示，宁都县科技创新能力总得分63.25分，排在江西省第49位，比上一年提升了27位，排在赣州市第10位，比上一年提升了5位。在一级指标中，经济社会发展排在江西省第66位，比上一年提升了16位，排在赣州市第12位，比上一年提升了3位；创新投入排在江西省第13位，比上一年提升了26位，排在赣州市第2位，比上一年提升了8位；创新成效排在江西省第66位，比上一年提升了5位，排在赣州市第12位，比上一年提升了1位；创新环境排在江西省第74位，比上一年提升了5位，排在赣州市第14位，比上一年提升了2位。

综上所述，宁都县在创新投入方面得分较高，研究人员占R&D人员比、企业R&D经费投入占主营业务收入比均排在江西省前列，具有一定优势。但在经济社会发展、创新成效和创新环境方面得分较低，万人财政收入、技术合同成交额、万人GDP、万人专利申请量等排名靠后。建议该县巩固创新基础，营造创新氛围，建设创新平台，加强科技成果转移转化能力，不断提高科技竞争力。

十三、于都县

于都县位于江西省南部、赣州市东部,是江西省赣州市下辖县。2018年,该县常住人口88.24万人,地区GDP 237.36亿元。居民人均可支配收入20 275.29元,排在江西省第69位、赣州市第5位。万人GDP 2.69亿元,排在江西省第84位、赣州市第11位。GDP增长9.4%,排在江西省第15位、赣州市第9位。城镇化率52.49%,排在江西省第39位、赣州市第2位。规模以上工业企业数114家,排在江西省第37位、赣州市第3位。开展R&D活动的企业占比63.16%,排在江西省第21位、赣州市第7位。万人专利申请量8.42件,排在江西省第78位、赣州市第15位。研究人员占R&D人员比18.97%,排在江西省第91位、赣州市第15位。R&D人员全时当量435人·年,排在江西省第52位、赣州市第3位。R&D经费投入占GDP百分比1.28%,排在江西省第31位、赣州市第8位。高新技术产业增加值占规模以上工业增加值比30.05%,排在江西省第50位、赣州市第13位。万人财政收入0.24亿元,排在江西省第95位、赣州市第17位。万人社会消费品零售额0.63亿元,排在江西省第94位、赣州市第14位。第三产业占GDP比重39.6%,排在江西省第69位、赣州市第13位。具体如图3-97、图3-98、表3-49所示。

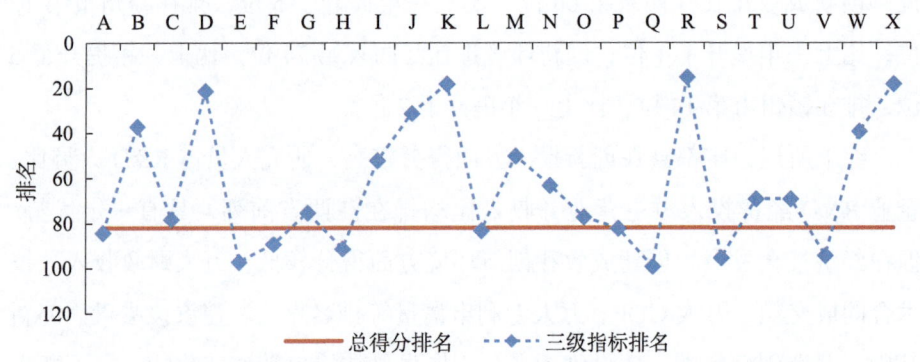

图3-97 于都县科技创新能力总得分、三级指标得分在江西省位次排名[①]

---

① 图注同本书28页图3-1图注。

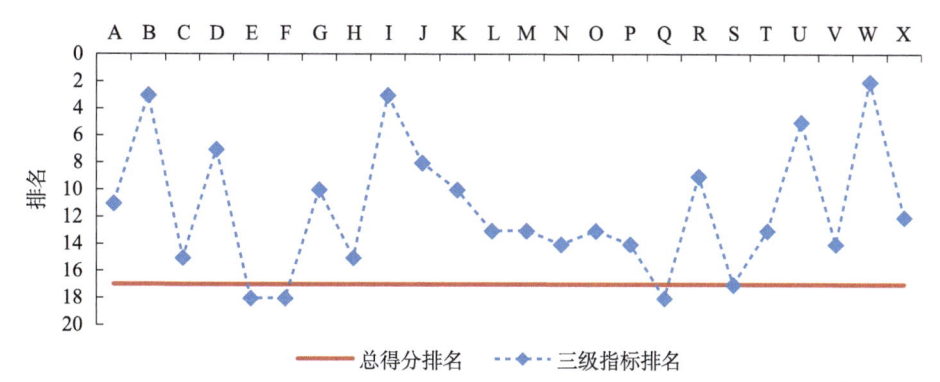

图 3-98　于都县科技创新能力总得分、三级指标得分在赣州市位次排名[①]

表 3-49　于都县科技创新能力评价指标得分与位次

指标名称	得分（分）	江西省排名		赣州市排名	
	2018 年	2017 年	2018 年	2017 年	2018 年
科技创新能力总得分	57.32	78	82	16	17
创新环境	3.03	67	85	14	16
创新基础	2.93	77	82	12	14
万人 GDP	2.70	86	84	11	11
规模以上工业企业数	3.43	36	37	3	3
万人专利申请量	2.64	88	78	14	15
科技意识	3.14	43	77	12	17
开展 R&D 活动的企业占比	4.26	18	21	7	7
人均科普经费投入	2.60	97	97	18	18
民众浏览科技网页频度	1.73	24	89	5	18
创新投入	3.25	69	66	16	13
人力投入	2.83	58	90	11	16
万人 R&D 人员数	3.01	90	75	16	10
研究人员占 R&D 人员比	2.31	35	91	7	15
R&D 人员全时当量	3.24	65	52	10	3
财力投入	3.66	75	31	17	9
R&D 经费投入占 GDP 百分比	3.59	66	31	17	8

① 图注同本书 28 页图 3-1 图注。

续表

指标名称	得分（分）2018年	江西省排名 2017年	江西省排名 2018年	赣州市排名 2017年	赣州市排名 2018年
企业R&D经费投入占主营业务收入比	4.23	69	18	17	10
企业技术获取和改造费用占主营业务收入比	3.06	71	83	10	13
创新成效	3.05	75	77	14	14
技术创新	3.22	60	60	12	13
高新技术产业增加值占规模以上工业增加值比	3.35	56	50	13	13
高新技术企业数	3.03	63	63	12	14
产业化水平	2.87	91	91	15	14
新产品销售收入占主营业务收入比	2.76	76	77	11	13
万人发明专利授权量	2.98	96	82	17	14
技术合同成交额	2.90	95	99	18	18
经济社会发展	3.29	61	52	10	8
经济增长	3.39	67	51	12	13
GDP增长百分比	4.62	20	15	4	9
万人财政收入	2.47	94	95	17	17
第三产业占GDP比重	3.12	52	69	13	13
社会生活	3.18	55	58	7	5
居民人均可支配收入	2.84	70	69	6	5
万人社会消费品零售额	2.81	94	94	14	14
城镇化率	3.26	39	39	2	2
空气质量指数	4.10	18	18	12	12

如图3-97、图3-98、表3-49所示，于都县科技创新能力总得分57.32分，排在江西省第82位，比上一年下降了4位，排在赣州市第17位，比上一年下降了1位。在一级指标中，经济社会发展排在江西省第52位，比上一年提升了9位，排在赣州市第8位，比上一年提升了2位；创新投入排在江西省第66位，比上一年提升了3位，排在赣州市第13位，比上一年提升了3位；创新成效排在江西省第77位，比上一年下降了2位，排在赣州市第14位，与上一年位次相同；创新环境排在江西省第85位，比上一年下降了18位，

排在赣州市第 16 位，比上一年下降了 2 位。

综上所述，于都县在经济社会发展方面得分相对较高，GDP 增长百分比、空气质量指数排名靠前，具有一定优势。但在创新成效和创新环境方面得分较低，万人发明专利授权量、技术合同成交额、人均科普经费投入、民众浏览科技网页频度等排名靠后。建议该县积极开展科技宣传活动，提高企业及民众科技意识，建设创新平台，加强科技成果转移转化能力，提高科技创新活动质量，不断推进经济高质量发展。

十四、兴国县

兴国县位于江西省中南部、赣州市北部，是江西省赣州市下辖县。2018 年，该县常住人口 74.48 万人，地区 GDP 174.52 亿元。居民人均可支配收入 18 303.6 元，排在江西省第 82 位、赣州市第 11 位。万人 GDP 2.34 亿元，排在江西省第 92 位、赣州市第 15 位。GDP 增长 9.3%，排在江西省第 18 位、赣州市第 10 位。城镇化率 43.48%，排在江西省第 92 位、赣州市第 16 位。规模以上工业企业数 95 家，排在江西省第 57 位、赣州市第 6 位。开展 R&D 活动的企业占比 57.89%，排在江西省第 31 位、赣州市第 10 位。人均科普经费投入 0.3 元，排在江西省第 58 位、赣州市第 16 位。万人 R&D 人员数 4.91 人，排在江西省第 86 位、赣州市第 15 位。研究人员占 R&D 人员比 31.97%，排在江西省第 44 位、赣州市第 7 位。R&D 人员全时当量 253 人·年，排在江西省第 69 位、赣州市第 9 位。R&D 经费投入占 GDP 百分比 1.73%，排在江西省第 17 位、赣州市第 3 位。万人财政收入 0.25 亿元，排在江西省第 92 位、赣州市第 16 位。万人社会消费品零售额 0.59 亿元，排在江西省第 96 位、赣州市第 15 位。第三产业占 GDP 比重 34.71%，排在江西省第 85 位、赣州市第 17 位。具体如图 3-99、图 3-100、表 3-50 所示。

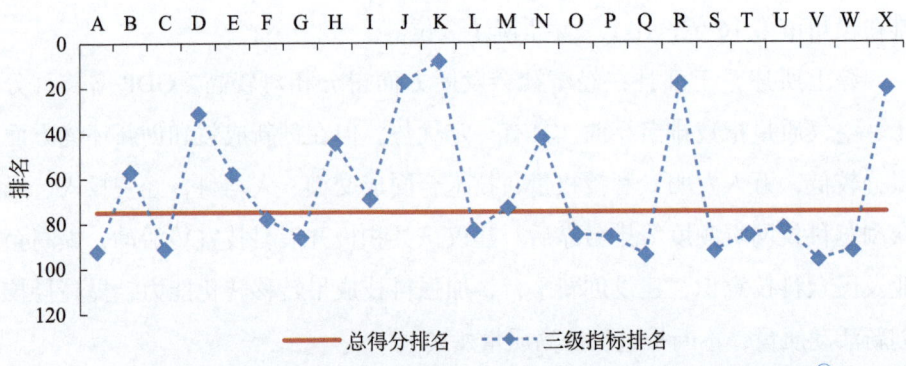

图 3-99　兴国县科技创新能力总得分、三级指标得分在江西省位次排名[①]

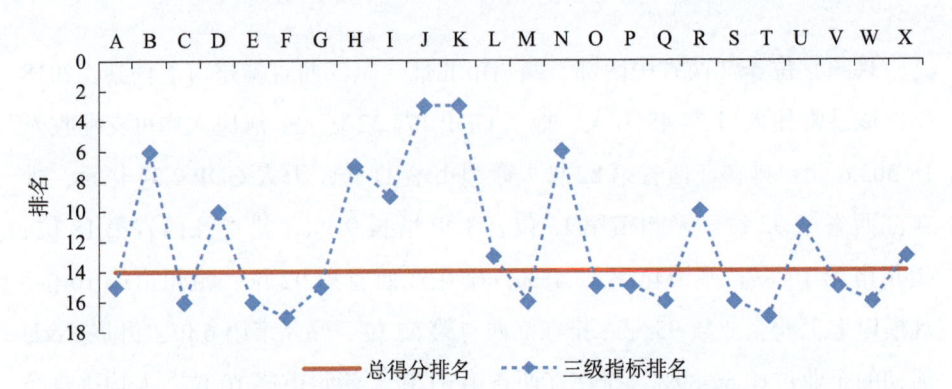

图 3-100　兴国县科技创新能力总得分、三级指标得分在赣州市位次排名[②]

表 3-50　兴国县科技创新能力评价指标得分与位次

指标名称	得分（分）	江西省排名		赣州市排名	
	2018 年	2017 年	2018 年	2017 年	2018 年
科技创新能力总得分	58.91	85	75	18	14
创新环境	3.09	68	84	15	15
创新基础	2.75	88	92	14	16
万人 GDP	2.56	92	92	15	15
规模以上工业企业数	3.22	57	57	8	6
万人专利申请量	2.47	92	91	16	16
科技意识	3.43	33	59	10	16

①② 图注同本书 28 页图 3-1 图注。

续表

指标名称	得分（分） 2018年	江西省排名 2017年	江西省排名 2018年	赣州市排名 2017年	赣州市排名 2018年
开展R&D活动的企业占比	3.93	34	31	12	10
人均科普经费投入	3.05	32	58	5	16
民众浏览科技网页频度	2.98	12	78	2	17
创新投入	3.69	40	23	11	5
人力投入	3.21	52	65	7	9
万人R&D人员数	2.90	88	86	15	15
研究人员占R&D人员比	3.60	31	44	6	7
R&D人员全时当量	3.07	70	69	12	9
财力投入	4.16	36	13	11	3
R&D经费投入占GDP百分比	3.98	36	17	10	3
企业R&D经费投入占主营业务收入比	5.23	26	8	10	3
企业技术获取和改造费用占主营业务收入比	3.06	71	83	10	13
创新成效	2.96	84	83	17	16
技术创新	3.10	69	66	16	14
高新技术产业增加值占规模以上工业增加值比	2.79	73	73	17	16
高新技术企业数	3.52	50	42	7	6
产业化水平	2.82	99	97	18	16
新产品销售收入占主营业务收入比	2.62	92	85	16	15
万人发明专利授权量	2.97	91	86	16	15
技术合同成交额	2.92	94	94	17	16
经济社会发展	3.07	93	83	18	16
经济增长	3.22	91	67	18	14
GDP增长百分比	4.47	73	18	16	10
万人财政收入	2.50	93	92	16	16
第三产业占GDP比重	2.72	84	85	17	17
社会生活	2.91	83	88	15	16
居民人均可支配收入	2.53	83	82	11	11

续表

指标名称	得分（分）	江西省排名		赣州市排名	
	2018年	2017年	2018年	2017年	2018年
万人社会消费品零售额	2.78	96	96	15	15
城镇化率	2.68	92	92	16	16
空气质量指数	4.02	21	20	14	13

如图 3-99、图 3-100、表 3-50 所示，兴国县科技创新能力总得分为 58.91 分，排在江西省第 75 位，比上一年提升了 10 位，排在赣州市第 14 位，比上一年提升了 4 位。在一级指标中，经济社会发展排在江西省第 83 位，比上一年提升了 10 位，排在赣州市第 16 位，比上一年提升了 2 位；创新投入排在江西省第 23 位，比上一年提升了 17 位，排在赣州市第 5 位，比上一年提升了 6 位；创新成效排在江西省第 83 位，排在赣州市第 16 位，都比上一年提升了 1 位；创新环境排在江西省第 84 位，比上一年下降了 16 位，排在赣州市第 15 位，与上一年位次相同。

综上所述，兴国县在创新投入方面得分较高，企业 R&D 经费投入占主营业务收入比排在江西省前列，具有一定优势。但在经济社会发展、创新成效和创新环境方面得分较低，万人财政收入、技术合同成交额、万人专利申请量等排名靠后。建议该县做大做强优势产业，夯实创新基础，加大科普宣传力度，提高企业及民众科技意识，加强科技成果转移转化能力，促进产业转型升级和经济高质量发展。

十五、会昌县

会昌县位于江西省东南部、赣州市东南部，是江西省赣州市下辖县。2018 年，该县常住人口 46.02 万人，地区 GDP 114.83 亿元。居民人均可支配收入 18 366.78 元，排在江西省第 81 位、赣州市第 10 位。万人 GDP 2.495 亿元，排在江西省第 89 位、赣州市第 14 位。GDP 增长 8.5%，排在江西省第 58 位、赣州市第 15 位。城镇化率 46.52%，排在江西省第 78 位、赣州市第 11 位。规模以上工业企业数 55 家，排在江西省第 79 位、赣州市第 12

位。人均科普经费投入 0.42 元，排在江西省第 44 位、赣州市第 10 位。万人 R&D 人员数 3.93 人，排在江西省第 91 位、赣州市第 18 位。研究人员占 R&D 人员比 29.83%，排在江西省第 50 位、赣州市第 9 位。R&D 经费投入占 GDP 百分比 0.38%，排在江西省第 83 位、赣州市第 18 位。高新技术产业增加值占规模以上工业增加值比 17.21%，排在江西省第 80 位、赣州市第 17 位。万人财政收入 0.31 亿元，排在江西省第 87 位、赣州市第 12 位。万人社会消费品零售额 0.71 亿元，排在江西省第 86 位、赣州市第 9 位。第三产业占 GDP 比重 41.91%，排在江西省第 54 位、赣州市第 9 位。具体如图 3-101、图 3-102、表 3-51 所示。

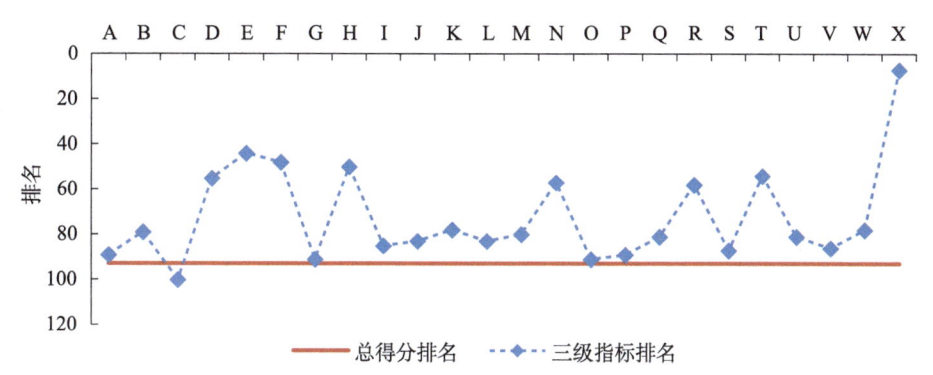

图 3-101　会昌县科技创新能力总得分、三级指标得分在江西省位次排名①

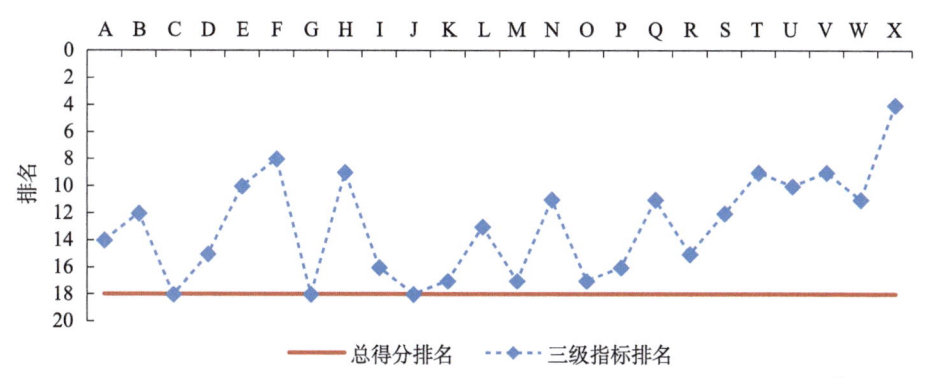

图 3-102　会昌县科技创新能力总得分、三级指标得分在赣州市位次排名②

---

①② 图注同本书 28 页图 3-1 图注。

表 3-51　会昌县科技创新能力评价指标得分与位次

指标名称	得分（分） 2018年	江西省排名 2017年	江西省排名 2018年	赣州市排名 2017年	赣州市排名 2018年
科技创新能力总得分	53.55	82	93	17	18
创新环境	2.96	93	90	18	18
创新基础	2.49	99	99	18	18
万人 GDP	2.62	90	89	14	14
规模以上工业企业数	2.77	78	79	12	12
万人专利申请量	2.12	99	100	18	18
科技意识	3.44	70	58	18	15
开展 R&D 活动的企业占比	3.39	65	55	18	15
人均科普经费投入	3.30	33	44	6	10
民众浏览科技网页频度	3.72	85	48	15	8
创新投入	2.98	32	84	8	17
人力投入	3.08	17	76	2	12
万人 R&D 人员数	2.86	95	91	18	18
研究人员占 R&D 人员比	3.39	5	50	1	9
R&D 人员全时当量	2.96	90	85	16	16
财力投入	2.87	64	85	14	17
R&D 经费投入占 GDP 百分比	2.81	56	83	13	18
企业 R&D 经费投入占主营业务收入比	2.78	52	78	14	17
企业技术获取和改造费用占主营业务收入比	3.06	71	83	10	13
创新成效	2.83	83	92	16	18
技术创新	2.87	71	77	17	17
高新技术产业增加值占规模以上工业增加值比	2.66	68	80	15	17
高新技术企业数	3.15	66	57	14	11
产业化水平	2.79	97	99	17	18
新产品销售收入占主营业务收入比	2.50	95	91	17	17
万人发明专利授权量	2.96	83	89	12	16
技术合同成交额	2.99	86	81	12	11

续表

指标名称	得分（分） 2018年	江西省排名 2017年	江西省排名 2018年	赣州市排名 2017年	赣州市排名 2018年
经济社会发展	3.06	50	86	5	17
经济增长	3.04	43	86	8	17
GDP增长百分比	3.20	13	58	3	15
万人财政收入	2.65	86	87	11	12
第三产业占GDP比重	3.31	32	54	7	9
社会生活	3.08	59	72	9	8
居民人均可支配收入	2.54	81	81	10	10
万人社会消费品零售额	2.87	87	86	9	9
城镇化率	2.87	78	78	11	11
空气质量指数	4.54	7	7	4	4

如图3-101、图3-102、表3-51所示，会昌县科技创新能力总得分53.55分，排在江西省第93位，比上一年下降了11位，排在赣州市第18位，比上一年下降了1位。在一级指标中，经济社会发展排在江西省第86位，比上一年下降了36位，排在赣州市第17位，比上一年下降了12位；创新投入排在江西省第84位，比上一年下降了52位，排在赣州市第17位，比上一年下降了9位；创新成效排在江西省第92位，比上一年下降了9位，排在赣州市第18位，比上一年下降了2位；创新环境排在江西省第90位，比上一年提升了3位，排在赣州市第18位，与上一年位次相同。

综上所述，会昌县在经济社会发展、创新投入、创新成效和创新环境方面得分都较低，万人财政收入、万人R&D人员数、新产品销售收入占主营业务收入比、万人专利申请量等排名靠后。建议该县优化创新环境，提高知识产权管理，加大科研经费投入，鼓励企业开展创新活动，加快传统企业转型升级，培育高新技术企业，不断推进经济高质量发展。

十六、寻乌县

寻乌县位于江西省东南端，是江西省赣州市下辖县。2018年，该县常住人口 29.78 万人，地区 GDP 78.91 亿元。居民人均可支配收入 17 526.64 元，排在江西省第 91 位、赣州市第 13 位。万人 GDP 2.65 亿元，排在江西省第 86 位、赣州市第 12 位。GDP 增长 9.3%，排在江西省第 18 位、赣州市第 10 位。城镇化率 44.3%，排在江西省第 89 位、赣州市第 15 位。开展 R&D 活动的企业占比 68.63%，排在江西省第 15 位、赣州市第 6 位。万人专利申请量 23.37 件，排在江西省第 24 位、赣州市第 7 位。万人 R&D 人员数 9.47 人，排在江西省第 69 位、赣州市第 6 位。研究人员占 R&D 人员比 50.71%，排在江西省第 5 位、赣州市第 1 位。R&D 人员全时当量 282 人·年，排在江西省第 65 位、赣州市第 8 位。R&D 经费投入占 GDP 百分比 1.88%，排在江西省第 14 位、赣州市第 1 位。高新技术产业增加值占规模以上工业增加值比 29.72%，排在江西省第 52 位、赣州市第 14 位。万人财政收入 0.31 亿元，排在江西省第 88 位、赣州市第 13 位。万人社会消费品零售额 0.74 亿元，排在江西省第 82 位、赣州市第 7 位。第三产业占 GDP 比重 42.44%，排在江西省第 49 位、赣州市第 7 位。具体如图 3-103、图 3-104、表 3-52 所示。

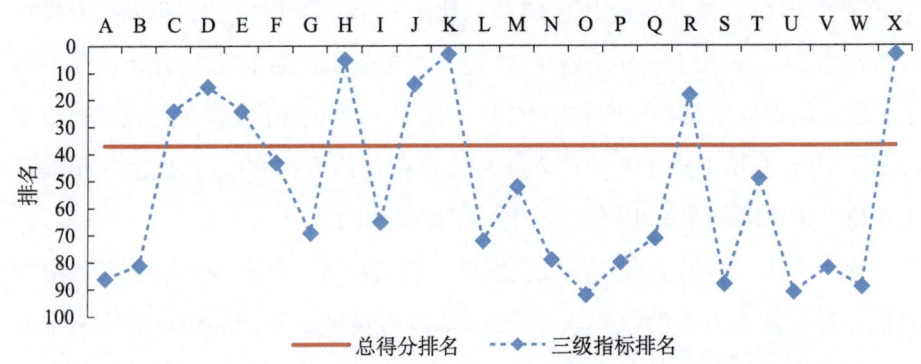

图 3-103　寻乌县科技创新能力总得分、三级指标得分在江西省位次排名[①]

---

① 图注同本书 28 页图 3-1 图注。

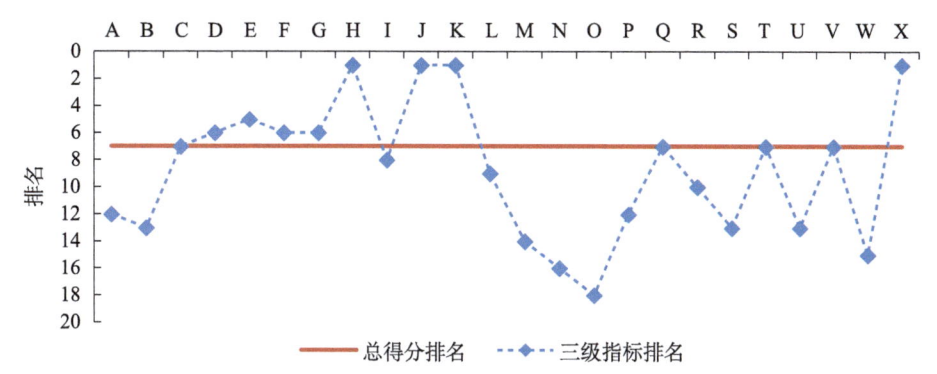

图 3-104　寻乌县科技创新能力总得分、三级指标得分在赣州市位次排名①

表 3-52　寻乌县科技创新能力评价指标得分与位次

指标名称	得分（分）	江西省排名		赣州市排名	
	2018 年	2017 年	2018 年	2017 年	2018 年
科技创新能力总得分	64.68	63	37	12	7
创新环境	3.64	59	34	12	9
创新基础	3.18	75	68	11	9
万人 GDP	2.68	87	86	12	12
规模以上工业企业数	2.73	76	81	11	13
万人专利申请量	4.01	27	24	8	7
科技意识	4.13	38	13	11	4
开展 R&D 活动的企业占比	4.59	19	15	8	6
人均科普经费投入	3.69	50	24	11	5
民众浏览科技网页频度	3.81	86	43	16	6
创新投入	4.23	18	8	3	1
人力投入	3.94	53	15	8	2
万人 R&D 人员数	3.07	47	69	5	6
研究人员占 R&D 人员比	5.46	44	5	9	1
R&D 人员全时当量	3.10	52	65	7	8
财力投入	4.51	10	9	2	1
R&D 经费投入占 GDP 百分比	4.11	20	14	4	1

---

① 图注同本书 28 页图 3-1 图注。

续表

指标名称	得分（分） 2018年	江西省排名 2017年	江西省排名 2018年	赣州市排名 2017年	赣州市排名 2018年
企业R&D经费投入占主营业务收入比	6.07	5	3	2	1
企业技术获取和改造费用占主营业务收入比	3.08	71	72	10	9
创新成效	2.93	69	87	12	17
技术创新	3.03	53	70	10	16
高新技术产业增加值占规模以上工业增加值比	3.34	41	52	11	14
高新技术企业数	2.61	71	79	15	16
产业化水平	2.82	89	98	14	17
新产品销售收入占主营业务收入比	2.49	80	92	13	18
万人发明专利授权量	2.99	98	80	18	12
技术合同成交额	3.08	69	71	8	7
经济社会发展	3.28	66	53	11	9
经济增长	3.47	73	44	14	9
GDP增长百分比	4.47	56	18	14	10
万人财政收入	2.64	88	88	13	13
第三产业占GDP比重	3.36	39	49	9	7
社会生活	3.07	56	74	8	9
居民人均可支配收入	2.41	91	91	13	13
万人社会消费品零售额	2.89	82	82	7	7
城镇化率	2.73	88	89	15	15
空气质量指数	4.86	3	3	1	1

如图3-103、图3-104、表3-52所示，寻乌县科技创新能力总得分64.68分，排在江西省第37位，比上一年提升了26位，排在赣州市第7位，比上一年提升了5位。在一级指标中，经济社会发展排在江西省第53位，比上一年提升了13位，排在赣州市第9位，比上一年提升了2位；创新投入排在江西省第8位，比上一年提升了10位，排在赣州市第1位，比上一年提升了2位；创新成效排在江西省第87位，比上一年下降了18位，排在赣州市第17位，比上一年下降了5位；创新环境排在江西省第34位，比上一年提升了

25 位，排在赣州市第 9 位，比上一年提升了 3 位。

综上所述，寻乌县在创新投入方面得分较高，研究人员占 R&D 人员比、企业 R&D 经费投入占主营业务收入比均排在江西省前列，具有明显优势。但在创新成效方面得分较低，新产品销售收入占主营业务收入比、万人发明专利授权量等排名靠后。建议该县鼓励企业进行自主研发，提高产业性能，带动产业转型升级，加强科技成果转移转化能力，不断提高科技竞争力。

十七、石城县

石城县位于江西省东南端，是江西省赣州市下辖县。2018 年，该县常住人口 28.77 万人，地区 GDP 60.60 亿元。居民人均可支配收入 15 987.59 元，排在江西省第 99 位、赣州市第 18 位。万人 GDP 2.11 亿元，排在江西省第 96 位、赣州市第 17 位。GDP 增速 10.3%，排在江西省第 1 位、赣州市第 1 位。城镇化率 41.43%，排在江西省第 98 位、赣州市第 18 位。规模以上工业企业数 40 家，排在江西省第 89 位、赣州市第 17 位。开展 R&D 活动的企业占比 57.5%，排在江西省第 32 位、赣州市第 11 位。万人专利申请量 34.2 件，排在江西省第 11 位、赣州市第 2 位。人均科普经费投入 0.57 元，排在江西省第 31 位、赣州市第 8 位。万人 R&D 人员数 6.19 人，排在江西省第 82 位、赣州市第 13 位。研究人员占 R&D 人员比 46.63%，排在江西省第 7 位、赣州市第 2 位。R&D 经费投入占 GDP 百分比 1.47%，排在江西省第 22 位，排在赣州市第 4 位。高新技术产业增加值占规模以上工业增加值比 41.94%，排在江西省第 31 位、赣州市第 9 位。万人财政收入 0.32 亿元，排在江西省第 86 位、赣州市第 11 位。第三产业占 GDP 比重 46.75%，排在江西省第 30 位、赣州市第 4 位。具体如图 3-105、图 3-106、表 3-53 所示。

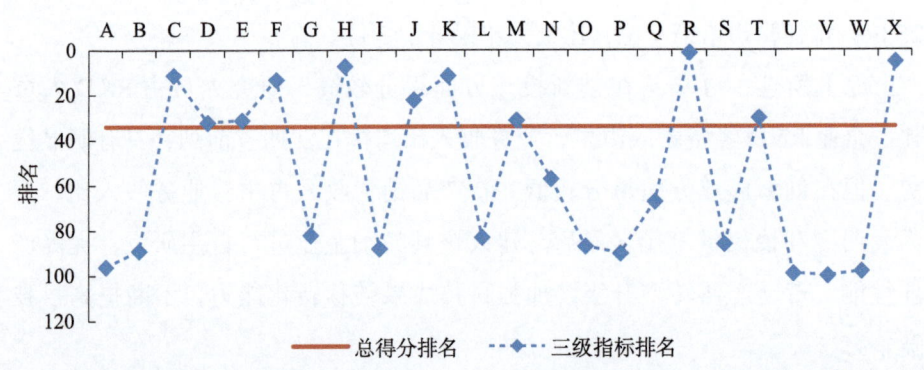

图 3-105　石城县科技创新能力总得分、三级指标得分在江西省位次排名[①]

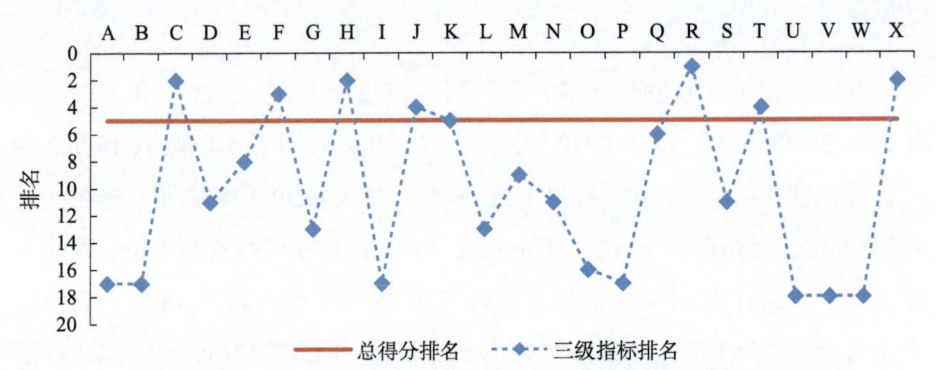

图 3-106　石城县科技创新能力总得分、三级指标得分在赣州市位次排名[②]

表 3-53　石城县科技创新能力评价指标得分与位次

指标名称	得分（分）	江西省排名		赣州市排名	
	2018 年	2017 年	2018 年	2017 年	2018 年
科技创新能力总得分	65.14	58	34	11	5
创新环境	3.69	19	26	3	5
创新基础	3.44	61	40	7	6
万人 GDP	2.47	96	96	18	17
规模以上工业企业数	2.60	86	89	15	17
万人专利申请量	5.01	11	11	3	2
科技意识	3.96	8	17	2	7
开展 R&D 活动的企业占比	3.91	2	32	1	11
人均科普经费投入	3.62	44	31	9	8

①② 图注同本书 28 页图 3-1 图注。

续表

指标名称	得分（分） 2018年	江西省排名 2017年	江西省排名 2018年	赣州市排名 2017年	赣州市排名 2018年
民众浏览科技网页频度	4.52	34	13	8	3
创新投入	3.83	19	18	4	3
人力投入	3.71	23	27	3	4
万人 R&D 人员数	2.95	93	82	17	13
研究人员占 R&D 人员比	5.06	8	7	2	2
R&D 人员全时当量	2.93	98	88	18	17
财力投入	3.96	19	16	5	5
R&D 经费投入占 GDP 百分比	3.75	25	22	5	4
企业 R&D 经费投入占主营业务收入比	4.90	8	11	3	5
企业技术获取和改造费用占主营业务收入比	3.06	71	83	10	13
创新成效	3.25	79	60	15	11
技术创新	3.64	68	37	15	9
高新技术产业增加值占规模以上工业增加值比	4.00	55	31	12	9
高新技术企业数	3.15	88	57	17	11
产业化水平	2.85	87	92	13	15
新产品销售收入占主营业务收入比	2.59	97	87	18	16
万人发明专利授权量	2.95	59	90	9	17
技术合同成交额	3.09	64	67	6	6
经济社会发展	3.54	71	26	13	3
经济增长	4.12	50	11	9	2
GDP 增长百分比	6.05	47	1	11	1
万人财政收入	2.69	87	86	12	11
第三产业占 GDP 比重	3.71	22	30	4	4
社会生活	2.87	81	92	14	17
居民人均可支配收入	2.17	99	99	18	18
万人社会消费品零售额	2.70	100	100	18	18
城镇化率	2.54	97	98	18	18
空气质量指数	4.69	6	5	3	2

如图 3-105、图 3-106、表 3-53 所示，石城县科技创新能力总得分 65.14 分，排在江西省第 34 位，比上一年提升了 24 位，排在赣州市第 5 位，比上一年提升了 6 位。在一级指标中，经济社会发展排在江西省第 26 位，比上一年提升了 45 位，排在赣州市第 3 位，比上一年提升了 10 位；创新投入排在江西省第 18 位、赣州市第 3 位，都比上一年提升了 1 位；创新成效排在江西省第 60 位，比上一年提升了 19 位，排在赣州市第 11 位，比上一年提升了 4 位；创新环境排在江西省第 26 位，比上一年下降了 7 位，排在赣州市第 5 位，比上一年下降了 2 位。

综上所述，石城县在创新投入方面得分较高，研究人员占 R&D 人员比、企业 R&D 经费投入占主营业务收入比均排在江西省前列，具有一定优势。但在创新成效方面得分较低，新产品销售收入占主营业务收入比、万人发明专利授权量等排名靠后。建议该县因地制宜筛选和培育战略性新兴产业，提高专利意识，加强科技成果转移转化能力，促进产业转型升级和经济可持续发展。

十八、瑞金市

瑞金市位于江西省南部偏东，赣州市东部，是江西省赣州市下辖县级市。2018 年，该市常住人口 64.06 万人，地区 GDP 160.08 亿元。居民人均可支配收入 19 827.68 元，排在江西省第 73 位、赣州市第 8 位。万人 GDP 2.499 亿元，排在江西省第 88 位、赣州市第 13 位。GDP 增长 7.9%，排在江西省第 91 位、赣州市第 18 位。城镇化率 45.34%，排在江西省第 82 位、赣州市第 13 位。规模以上工业企业数 68 家，排在江西省第 73 位、赣州市第 10 位。开展 R&D 活动的企业占比 73.53%，排在江西省第 10 位、赣州市第 3 位。人均科普经费投入 0.4 元，排在江西省第 47 位、赣州市第 11 位。万人 R&D 人员数 4.07 人，排在江西省第 90 位、赣州市第 17 位。研究人员占 R&D 人员比 37.55%，排在江西省第 24 位、赣州市第 5 位。R&D 人员全时当量 244 人·年，排在江西省第 70 位、赣州市第 10 位。新产品销售收入占主营业务收入比 7.9%，排在江西省第 58 位、赣州市第 11 位。万人财政收入

0.35亿元，排在江西省第80位、赣州市第10位。万人社会消费品零售额0.66亿元，排在江西省第90位、赣州市第11位。第三产业占GDP比重51.64%，排在江西省第17位、赣州市第3位。具体如图3-107、图3-108、表3-54所示。

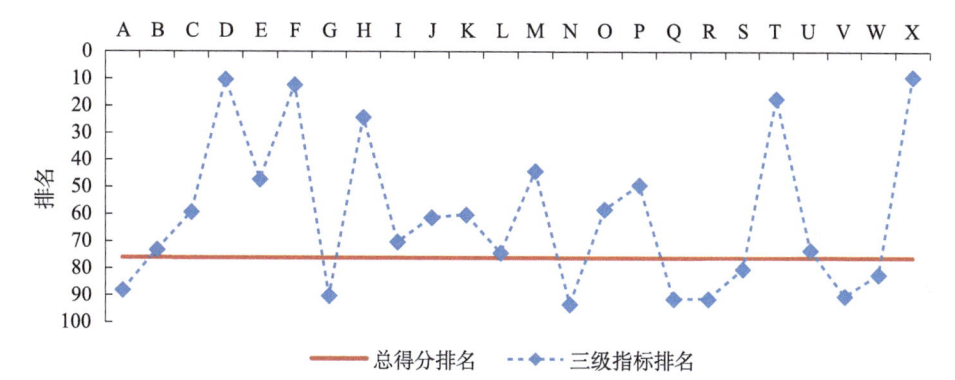

图 3-107　瑞金市科技创新能力总得分、三级指标得分在江西省位次排名[①]

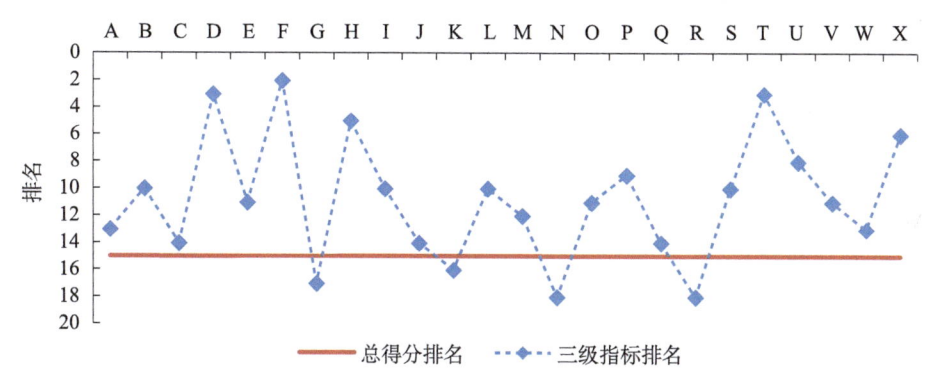

图 3-108　瑞金市科技创新能力总得分、三级指标得分在赣州市位次排名[②]

表 3-54　瑞金市科技创新能力评价指标得分与位次

指标名称	得分（分）	江西省排名		赣州市排名	
	2018年	2017年	2018年	2017年	2018年
科技创新能力总得分	58.84	69	76	14	15
创新环境	3.58	45	39	9	11
创新基础	2.89	93	84	17	15

---

①② 图注同本书28页图3-1图注。

续表

指标名称	得分（分） 2018年	江西省排名 2017年	江西省排名 2018年	赣州市排名 2017年	赣州市排名 2018年
万人GDP	2.62	88	88	13	13
规模以上工业企业数	2.92	70	73	10	10
万人专利申请量	3.09	90	59	15	14
科技意识	4.31	12	6	4	1
开展R&D活动的企业占比	4.89	9	10	3	3
人均科普经费投入	3.26	36	47	8	11
民众浏览科技网页频度	4.55	28	12	6	2
创新投入	3.25	55	67	13	14
人力投入	3.40	36	49	5	6
万人R&D人员数	2.87	80	90	13	17
研究人员占R&D人员比	4.16	25	24	5	5
R&D人员全时当量	3.06	50	70	6	10
财力投入	3.10	67	68	16	16
R&D经费投入占GDP百分比	3.09	58	61	14	14
企业R&D经费投入占主营业务收入比	3.13	57	60	16	16
企业技术获取和改造费用占主营业务收入比	3.08	71	74	10	10
创新成效	3.07	62	75	11	13
技术创新	3.04	61	69	13	15
高新技术产业增加值占规模以上工业增加值比	3.56	59	44	14	12
高新技术企业数	2.31	56	93	9	18
产业化水平	3.11	57	75	7	12
新产品销售收入占主营业务收入比	3.16	27	58	3	11
万人发明专利授权量	3.20	77	49	10	9
技术合同成交额	2.95	89	91	14	14
经济社会发展	3.08	55	82	8	15
经济增长	3.03	56	87	10	18
GDP增长百分比	2.25	79	91	17	18
万人财政收入	2.76	81	80	10	10
第三产业占GDP比重	4.11	16	17	3	3

续表

指标名称	得分（分） 2018年	江西省排名 2017年	江西省排名 2018年	赣州市排名 2017年	赣州市排名 2018年
社会生活	3.13	54	66	6	7
居民人均可支配收入	2.77	73	73	8	8
万人社会消费品零售额	2.84	90	90	11	11
城镇化率	2.80	82	82	13	13
空气质量指数	4.51	9	9	6	6

如图3-107、图3-108、表3-54所示，瑞金市科技创新能力总得分58.84分，排在江西省第76位，比上一年下降了7位，排在赣州市第15位，比上一年下降了1位。在一级指标中，经济社会发展排在江西省第82位，比上一年下降了27位，排在赣州市第15位，比上一年下降了7位；创新投入排在江西省第67位，比上一年下降了12位，排在赣州市第14位，比上一年下降了1位；创新成效排在江西省第75位，比上一年下降了13位，排在赣州市第13位，比上一年下降了2位；创新环境排在江西省第39位，比上一年提升了6位，排在赣州市第11位，比上一年下降了2位。

综上所述，瑞金市在创新环境方面得分较高，开展R&D活动的企业占比、民众浏览科技网页频度均排在江西省前列，具有一定优势。但在经济社会发展、创新投入和创新成效方面得分较低，GDP增长百分比、万人R&D人员数、高新技术企业数、技术合同成交额等排名靠后。建议该市加大科研经费投入，加强人才培养，积极培育战略性新兴产业，加强科技成果转移转化能力，不断提高科技竞争力。

第八节 吉 安 市

一、吉州区

吉州区位于江西省中部，是江西省吉安市市辖区。2018年，该区常住人口 34.97 万人，地区 GDP 178.51 亿元。居民人均可支配收入 33 383.29 元，排在江西省第 13 位、吉安市第 1 位。万人 GDP 5.1 亿元，排在江西省第 29 位、吉安市第 1 位。GDP 增长 9.3%，排在江西省第 18 位、吉安市第 3 位。城镇化率 80.9%，排在江西省第 11 位、吉安市第 1 位。万人专利申请量 13.64 件，排在江西省第 57 位、吉安市第 6 位。万人发明专利授权量 0.26 件，排在江西省第 43 位、吉安市第 5 位。研究人员占 R&D 人员比 27.97%，排在江西省第 60 位、吉安市第 4 位。R&D 人员全时当量 372 人·年，排在江西省第 59 位、吉安市第 10 位。R&D 经费投入占 GDP 百分比 0.29%，排在江西省第 85 位、吉安市第 12 位。高新技术产业增加值占规模以上工业增加值比 55.29%，排在江西省第 13 位、吉安市第 2 位。新产品销售收入占主营业务收入比 8.94%，排在江西省第 50 位、吉安市第 8 位。万人财政收入 0.51 亿元，排在江西省第 56 位、吉安市第 5 位。万人社会消费品零售额 2.01 亿元，排在江西省第 15 位、吉安市第 1 位。第三产业占 GDP 比重 56.52%，排在江西省第 12 位、吉安市第 2 位。具体如图 3-109、图 3-110、表 3-55 所示。

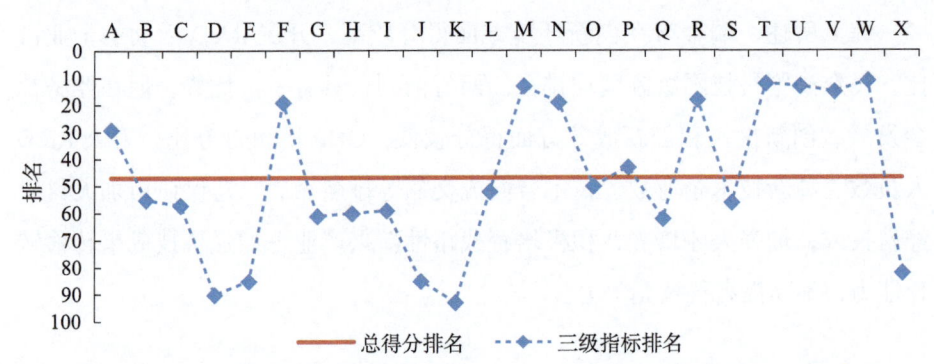

图 3-109　吉州区科技创新能力总得分、三级指标得分在江西省位次排名[①]

---

① 图注同本书 28 页图 3-1 图注。

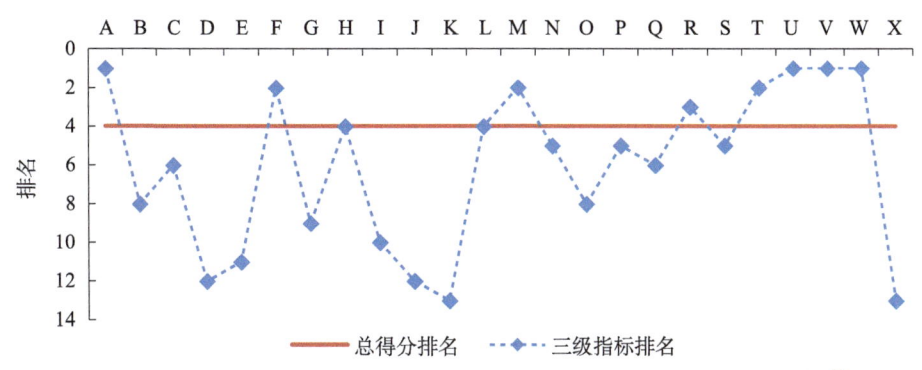

图 3-110 吉州区科技创新能力总得分、三级指标得分在吉安市位次排名[1]

表 3-55 吉州区科技创新能力评价指标得分与位次

指标名称	得分（分） 2018 年	江西省排名 2017 年	江西省排名 2018 年	吉安市排名 2017 年	吉安市排名 2018 年
科技创新能力总得分	63.47	31	47	3	4
创新环境	3.11	85	81	9	9
创新基础	3.31	63	57	6	4
万人 GDP	3.64	32	29	2	1
规模以上工业企业数	3.24	62	55	8	8
万人专利申请量	3.12	63	57	7	6
科技意识	2.90	83	88	8	12
开展 R&D 活动的企业占比	2.21	81	90	10	12
人均科普经费投入	2.83	50	85	7	11
民众浏览科技网页频度	4.29	17	19	1	2
创新投入	2.98	43	83	4	9
人力投入	3.20	13	67	3	6
万人 R&D 人员数	3.19	61	61	7	9
研究人员占 R&D 人员比	3.21	6	60	2	4
R&D 人员全时当量	3.18	60	59	8	10
财力投入	2.76	93	90	13	13
R&D 经费投入占 GDP 百分比	2.73	91	85	12	12

---

[1] 图注同本书 28 页图 3-1 图注。

续表

指标名称	得分（分） 2018年	江西省排名 2017年	江西省排名 2018年	吉安市排名 2017年	吉安市排名 2018年
企业R&D经费投入占主营业务收入比	2.49	92	93	13	13
企业技术获取和改造费用占主营业务收入比	3.14	60	52	9	4
创新成效	3.92	29	23	4	5
技术创新	4.60	19	14	3	3
高新技术产业增加值占规模以上工业增加值比	4.72	16	13	2	2
高新技术企业数	4.43	29	19	6	5
产业化水平	3.23	66	62	8	8
新产品销售收入占主营业务收入比	3.27	58	50	7	8
万人发明专利授权量	3.28	32	43	3	5
技术合同成交额	3.12	50	62	5	6
经济社会发展	4.15	15	12	1	1
经济增长	4.02	15	16	2	2
GDP增长百分比	4.47	24	18	1	3
万人财政收入	3.15	57	56	6	5
第三产业占GDP比重	4.51	11	12	2	2
社会生活	4.29	13	13	1	1
居民人均可支配收入	4.88	13	13	1	1
万人社会消费品零售额	3.83	16	15	1	1
城镇化率	5.11	11	11	1	1
空气质量指数	2.81	86	82	12	13

如图3-109、图3-110、表3-55所示，吉州区科技创新能力总得分63.47分，排在江西省第47位，比上一年下降了16位，排在吉安市第4位，比上一年下降了1位。在一级指标中，经济社会发展排在江西省第12位，比上一年提升了3位，排在吉安市第1位，与上一年位次相同；创新投入排在江西省第83位，比上一年下降了40位，排在吉安市第9位，比上一年下降了5位；创新成效排在江西省第23位，比上一年提升了6位，排在吉安市第5位，比上一年下降了1位；创新环境排在江西省第81位，比上一年提升了4位，

排在吉安市第 9 位，与上一年位次相同。

综上所述，吉州区在经济社会发展方面得分较高，第三产业占 GDP 比重、城镇化率等排在江西省前列，具有一定优势。但在创新投入和创新环境方面得分较低，企业 R&D 经费投入占主营业务收入比、开展 R&D 活动的企业占比等排名靠后。建议该区加大科普宣传力度，提高企业及民众科技意识，加大科研经费投入，鼓励企业开展科研活动，加强人才培养，不断提高科技竞争力。

二、青原区

青原区位于江西省中部，是江西省吉安市市辖区。2018 年，该区常住人口 20.71 万人，地区 GDP 86.07 亿元。居民人均可支配收入 25 280.61 元，排在江西省第 38 位、吉安市第 3 位。万人 GDP 4.16 亿元，排在江西省第 44 位、吉安市第 3 位。GDP 增长 9.1%，排在江西省第 26 位、吉安市第 4 位。城镇化率 49.3%，排在江西省第 65 位、吉安市第 7 位。开展 R&D 活动的企业占比 46.07%，排在江西省第 61 位、吉安市第 8 位。万人专利申请量 16.71 件，排在江西省第 50 位、吉安市第 4 位。万人发明专利授权量 0.63 件，排在江西省第 15 位、吉安市第 2 位。人均科普经费投入 0.3 元，排在江西省第 58 位、吉安市第 6 位。万人 R&D 人员数 10.19 人，排在江西省第 66 位、吉安市第 12 位。R&D 人员全时当量 144 人·年，排在江西省第 84 位、吉安市第 13 位。R&D 经费投入占 GDP 百分比 0.56%，排在江西省第 72 位、吉安市第 8 位。高新技术产业增加值占规模以上工业增加值比 37.24%，排在江西省第 41 位、吉安市第 6 位。万人财政收入 0.5 亿元，排在江西省第 57 位、吉安市第 6 位。万人社会消费品零售额 1.28 亿元，排在江西省第 40 位、吉安市第 3 位。第三产业占 GDP 比重 45.52%，排在江西省第 33 位、吉安市第 5 位。具体如图 3-111、图 3-112、表 3-56 所示。

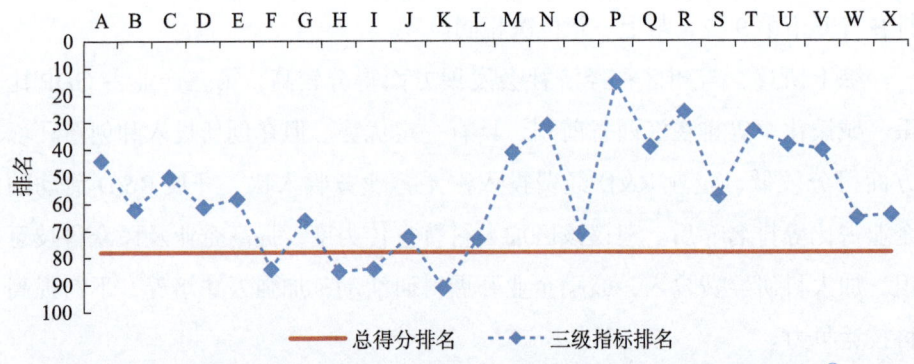

图 3-111 青原区科技创新能力总得分、三级指标得分在江西省位次排名[①]

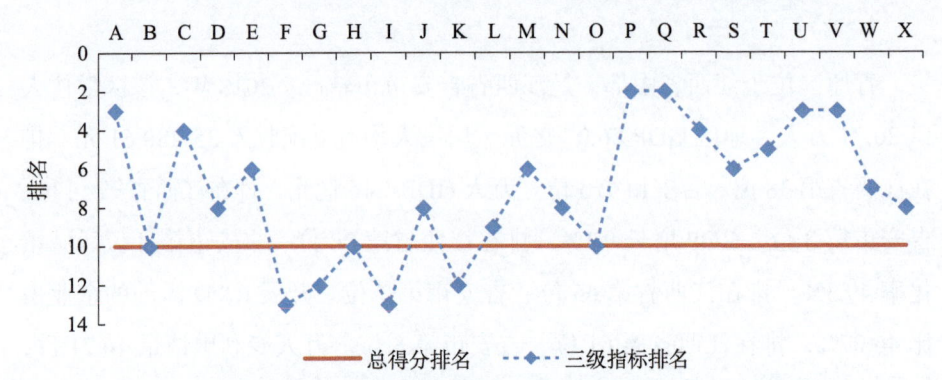

图 3-112 青原区科技创新能力总得分、三级指标得分在吉安市位次排名[②]

表 3-56 青原区科技创新能力评价指标得分与位次

指标名称	得分（分）	江西省排名		吉安市排名	
	2018 年	2017 年	2018 年	2017 年	2018 年
科技创新能力总得分	58.61	54	78	5	10
创新环境	3.13	29	80	3	8
创新基础	3.28	48	61	3	6
万人 GDP	3.27	25	44	1	3
规模以上工业企业数	3.15	63	62	9	10
万人专利申请量	3.40	43	50	2	4
科技意识	2.99	21	83	3	11
开展 R&D 活动的企业占比	3.20	16	61	4	8

①② 图注同本书 28 页图 3-1 图注。

续表

指标名称	得分（分）	江西省排名		吉安市排名	
	2018年	2017年	2018年	2017年	2018年
人均科普经费投入	3.05	24	58	2	6
民众浏览科技网页频度	2.49	18	84	2	13
创新投入	2.84	82	93	11	12
人力投入	2.82	68	91	9	12
万人R&D人员数	3.09	38	66	5	12
研究人员占R&D人员比	2.45	65	85	9	10
R&D人员全时当量	2.97	66	84	9	13
财力投入	2.85	76	88	8	12
R&D经费投入占GDP百分比	2.97	63	72	7	8
企业R&D经费投入占主营业务收入比	2.54	77	91	9	12
企业技术获取和改造费用占主营业务收入比	3.08	71	73	10	9
创新成效	3.56	38	39	6	7
技术创新	3.80	40	30	7	6
高新技术产业增加值占规模以上工业增加值比	3.74	38	41	6	6
高新技术企业数	3.88	36	31	7	8
产业化水平	3.30	25	56	2	7
新产品销售收入占主营业务收入比	2.88	94	71	12	10
万人发明专利授权量	3.83	6	15	1	2
技术合同成交额	3.29	30	39	3	2
经济社会发展	3.48	56	32	3	3
经济增长	3.62	62	31	6	4
GDP增长百分比	4.15	41	26	4	4
万人财政收入	3.13	59	57	7	6
第三产业占GDP比重	3.61	78	33	10	5
社会生活	3.32	46	45	3	3
居民人均可支配收入	3.62	41	38	3	3
万人社会消费品零售额	3.29	32	40	3	3
城镇化率	3.05	67	65	7	7
空气质量指数	3.17	62	64	8	8

如图 3-111、图 3-112、表 3-56 所示，青原区科技创新能力总得分 58.61 分，排在江西省第 78 位，比上一年下降了 24 位，排在吉安市第 10 位，比上一年下降了 5 位。在一级指标中，经济社会发展排在江西省第 32 位，比上一年提升了 24 位，排在吉安市第 3 位，与上一年位次相同；创新投入排在江西省第 93 位，比上一年下降了 11 位，排在吉安市第 12 位，比上一年下降了 1 位；创新成效排在江西省第 39 位、吉安市第 7 位，都比上一年下降了 1 位；创新环境排在江西省第 80 位，比上一年下降了 51 位，排在吉安市第 8 位，比上一年下降了 5 位。

综上所述，青原区在经济社会发展方面得分较高，第三产业发展较好，具有一定优势。但在创新投入和创新环境方面得分较低，研究人员占 R&D 人员比、企业 R&D 经费投入占主营业务收入比、规模以上工业企业数、民众浏览科技网页频度等排名靠后。建议该区加大科研经费投入，鼓励企业开展科研活动，加大科普宣传力度，提高企业及民众科技意识，加强人才培养，不断提高科技竞争力。

三、吉安县

吉安县位于江西省中部，是江西省吉安市下辖县。2018 年，该县常住人口 47.85 万人，地区 GDP 182.37 亿元。居民人均可支配收入 21 884.71 元，排在江西省第 61 位、吉安市第 8 位。万人 GDP 3.81 亿元，排在江西省第 52 位、吉安市第 5 位。GDP 增长 8.6%，排在江西省第 52 位、吉安市第 10 位。城镇化率 49.78%，排在江西省第 63 位、吉安市第 6 位。规模以上工业企业数 264 家，排在江西省第 7 位、吉安市第 1 位。开展 R&D 活动的企业占比 50%，排在江西省第 53 位、吉安市第 6 位。万人发明专利授权量 0.71 件，排在江西省第 12 位、吉安市第 1 位。万人 R&D 人员数 64.49 人，排在江西省第 5 位、吉安市第 1 位。R&D 人员全时当量 2398 人·年，排在江西省第 4 位、吉安市第 1 位。R&D 经费投入占 GDP 百分比 3.06%，排在江西省第 7 位、吉安市第 1 位。高新技术产业增加值占规模以上工业增加值比 54%，排在江西省第 15 位、吉安市第 3 位。新产品销售收入占主营业务收入比 16.05%，排在江西省第 26 位、吉安市第 4 位。万人财政收入 0.58 亿元，排在江西省第 42 位、吉安市第 3 位。万人社会消费品零售额 1.08 亿元，排在江西省第 56 位、吉安市第 6 位。第三产业占 GDP 比重 35.64%，排在江西省第 82 位、吉安市第 13 位。具体如图 3-113、图 3-114、表 3-57 所示。

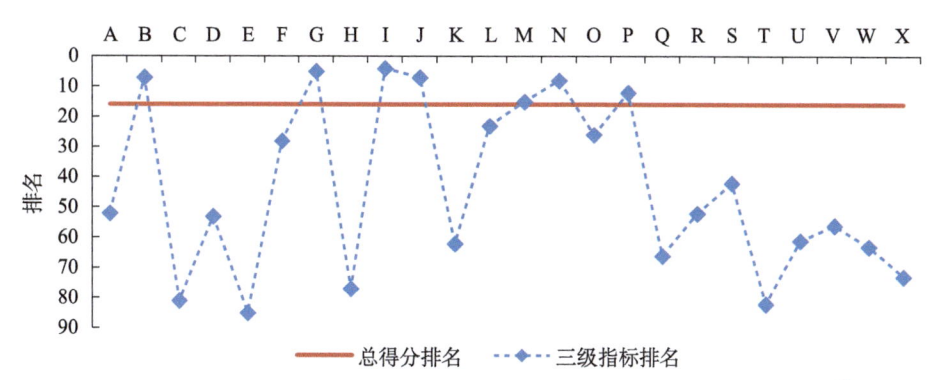

图 3-113　吉安县科技创新能力总得分、三级指标得分在江西省位次排名①

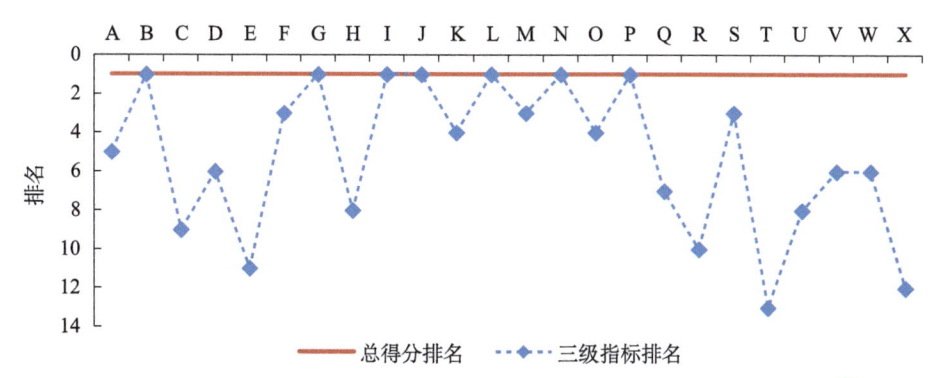

图 3-114　吉安县科技创新能力总得分、三级指标得分在吉安市位次排名②

表 3-57　吉安县科技创新能力评价指标得分与位次

指标名称	得分（分）	江西省排名		吉安市排名	
	2018 年	2017 年	2018 年	2017 年	2018 年
科技创新能力总得分	69.74	18	16	1	1
创新环境	3.51	62	45	6	1
创新基础	3.60	26	30	1	1

①② 图注同本书 28 页图 3-1 图注。

续表

指标名称	得分（分） 2018年	江西省排名 2017年	江西省排名 2018年	吉安市排名 2017年	吉安市排名 2018年
万人 GDP	3.13	48	52	6	5
规模以上工业企业数	5.11	6	7	1	1
万人专利申请量	2.54	81	81	10	9
科技意识	3.41	88	62	10	6
开展 R&D 活动的企业占比	3.45	79	53	9	6
人均科普经费投入	2.83	86	85	13	11
民众浏览科技网页频度	4.10	27	28	4	3
创新投入	4.07	26	10	2	1
人力投入	4.28	18	9	4	2
万人 R&D 人员数	5.07	8	5	1	1
研究人员占 R&D 人员比	2.86	91	77	11	8
R&D 人员全时当量	5.10	5	4	1	1
财力投入	3.86	37	21	2	1
R&D 经费投入占 GDP 百分比	5.13	13	7	1	1
企业 R&D 经费投入占主营业务收入比	2.99	72	62	8	4
企业技术获取和改造费用占主营业务收入比	3.34	35	23	3	1
创新成效	4.24	10	11	1	2
技术创新	4.73	4	10	1	2
高新技术产业增加值占规模以上工业增加值比	4.65	18	15	3	3
高新技术企业数	4.85	2	8	1	1
产业化水平	3.74	47	20	4	2
新产品销售收入占主营业务收入比	4.04	32	26	3	4
万人发明专利授权量	3.95	62	12	8	1
技术合同成交额	3.09	56	66	7	7
经济社会发展	3.14	77	75	8	10
经济增长	3.18	55	72	3	13
GDP 增长百分比	3.36	26	52	2	10
万人财政收入	3.36	40	42	2	3
第三产业占 GDP 比重	2.80	88	82	13	13

续表

指标名称	得分（分）	江西省排名		吉安市排名	
	2018年	2017年	2018年	2017年	2018年
社会生活	3.10	90	70	11	8
居民人均可支配收入	3.09	61	61	8	8
万人社会消费品零售额	3.14	55	56	6	6
城镇化率	3.09	63	63	6	6
空气质量指数	3.07	94	73	13	12

如图3-113、图3-114、表3-57所示，吉安县科技创新能力总得分为69.74分，排在江西省第16位，比上一年提升了2位，排在吉安市第1位，与上一年位次相同。在一级指标中，经济社会发展排在江西省第75位，比上一年提升了2位，排在吉安市第10位，比上一年下降了2位；创新投入排在江西省第10位，比上一年提升了16位，排在吉安市第1位，比上一年提升了1位；创新成效排在江西省第11位、吉安市第2位，都比上一年下降了1位；创新环境排在江西省第45位，比上一年提升了17位，排在吉安市第1位，比上一年提升了5位。

综上所述，吉安县在创新投入和创新成效方面得分较高，R&D人员全时当量、R&D经费投入占GDP百分比、高新技术企业数等排在江西省前列，具有明显优势。但在经济社会发展方面得分较低，第三产业占GDP比重、空气质量指数等排名靠后。建议该县加大科普宣传力度，提高企业及民众科技意识，加强知识产权管理，提高科研活动质量，发展现代服务业，为科技创新奠定坚实的基础。

四、吉水县

吉水县位于江西省中部，是江西省吉安市下辖县。2018年，该县常住人口51.46万人，地区GDP 152.42亿元。居民人均可支配收入23 202.92元，排在江西省第52位、吉安市第4位。万人GDP 2.96亿元，排在江西省第78位、吉安市第10位。GDP增长9.5%，排在江西省第11位、吉安市第1位。城镇化率51.67%，排在江西省第50位、吉安市第4位。规模以上工业企业数107家，排在江西省第47位、吉安市第6位。开展R&D活动的企业占比46.73%，排在江西省第58位、吉安市第7位。万人专利申请量7.5件，排在江西省第80位、吉安市第8位。万人发明专利授权量0.12件，排在江西省第68位、吉安市第9位。人均科普经费投入0.3元，排在江西省第58位、吉安市第6位。万人R&D人员数12.24人，排在江西省第64位、吉安市第11位。高新技术产业增加值占规模以上工业增加值比33.1%，排在江西省第46位、吉安市第7位。新产品销售收入占主营业务收入比13.45%，排在江西省35位、吉安市第6位。万人财政收入0.35亿元，排在江西省第82位、吉安市第11位。万人社会消费品零售额0.98亿元，排在江西省第62位、吉安市第7位。第三产业占GDP比重44.13%，排在江西省第41位、吉安市第7位。具体如图3-115、图3-116、表3-58所示。

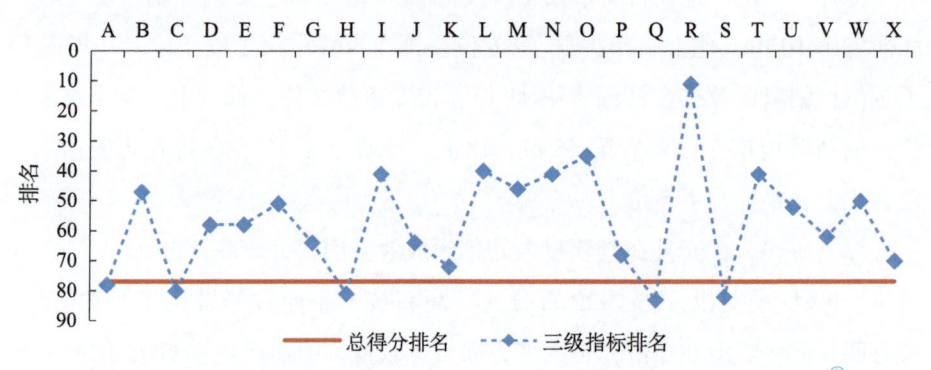

图3-115 吉水县科技创新能力总得分、三级指标得分在江西省位次排名[①]

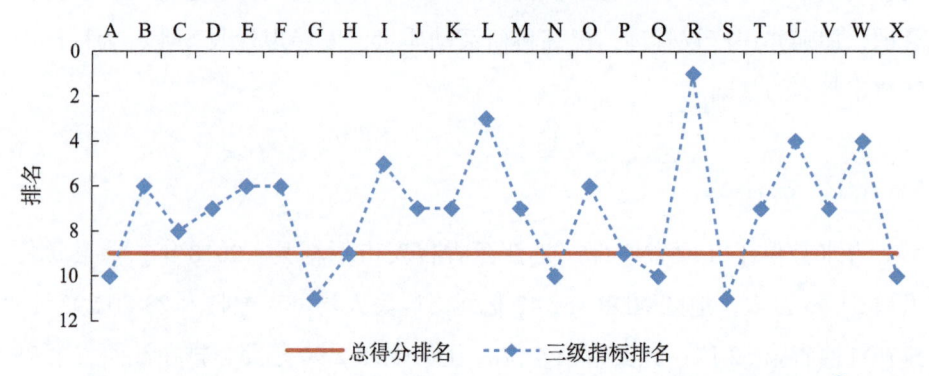

图3-116 吉水县科技创新能力总得分、三级指标得分在吉安市位次排名[②]

———————

[①][②] 图注同本书28页图3-1图注。

表 3-58　吉水县科技创新能力评价指标得分与位次

指标名称	得分（分）2018年	江西省排名 2017年	江西省排名 2018年	吉安市排名 2017年	吉安市排名 2018年
科技创新能力总得分	58.68	81	77	10	9
创新环境	3.09	73	82	8	10
创新基础	2.90	80	83	11	10
万人 GDP	2.80	75	78	10	10
规模以上工业企业数	3.35	57	47	6	6
万人专利申请量	2.55	86	80	13	8
科技意识	3.29	47	69	6	7
开展 R&D 活动的企业占比	3.25	44	58	7	7
人均科普经费投入	3.05	24	58	2	6
民众浏览科技网页频度	3.69	90	51	12	6
创新投入	3.01	88	79	13	8
人力投入	3.00	76	83	11	10
万人 R&D 人员数	3.17	75	64	9	11
研究人员占 R&D 人员比	2.56	61	81	8	9
R&D 人员全时当量	3.35	53	41	7	5
财力投入	3.03	81	76	9	8
R&D 经费投入占 GDP 百分比	3.07	76	64	8	7
企业 R&D 经费投入占主营业务收入比	2.85	80	72	10	7
企业技术获取和改造费用占主营业务收入比	3.19	57	40	7	3
创新成效	3.43	64	47	9	8
技术创新	3.54	52	42	9	8
高新技术产业增加值占规模以上工业增加值比	3.52	48	46	8	7
高新技术企业数	3.58	47	41	9	10
产业化水平	3.31	81	55	11	6
新产品销售收入占主营业务收入比	3.76	63	35	8	6
万人发明专利授权量	3.07	85	68	12	9
技术合同成交额	2.99	81	83	11	10
经济社会发展	3.44	78	39	9	4
经济增长	3.66	80	30	12	3

续表

指标名称	得分（分） 2018年	江西省排名 2017年	江西省排名 2018年	吉安市排名 2017年	吉安市排名 2018年
GDP增长百分比	4.78	70	11	12	1
万人财政收入	2.75	83	82	11	11
第三产业占GDP比重	3.49	57	41	5	7
社会生活	3.19	63	57	5	5
居民人均可支配收入	3.30	53	52	4	4
万人社会消费品零售额	3.07	66	62	8	7
城镇化率	3.21	49	50	4	4
空气质量指数	3.13	64	70	9	10

如图3-115、图3-116、表3-58所示，吉水县科技创新能力总得分58.68分，排在江西省第77位，比上一年提升了4位，排在吉安市第9位，比上一年提升了1位。在一级指标中，经济社会发展排在江西省第39位，比上一年提升了39位，排在吉安市第4位，比上一年提升了5位；创新投入排在江西省第79位，比上一年提升了9位，排在吉安市第8位，比上一年提升了5位；创新成效排在江西省第47位，比上一年提升了17位，排在吉安市第8位，比上一年提升了1位；创新环境排在江西省第82位，比上一年下降了9位，排在吉安市第10位，比上一年下降了2位。

综上所述，吉水县在经济社会发展方面得分相对较高，GDP增长百分比排名靠前，具有一定优势。但在创新投入和创新环境方面得分较低，研究人员占R&D人员比、企业R&D经费投入占主营业务收入比、万人GDP、万人专利申请量等排名靠后。建议该县营造创新氛围，鼓励企业开展科研活动，加强人才培养，强化专利意识，不断提高科技竞争力。

五、峡江县

峡江县位于江西省中部、吉安市北部，是江西省吉安市下辖县。2018年，该县常住人口18.95万人，地区GDP 71.30亿元。居民人均可支配收入19 687.47元，排在江西省第74位、吉安市第10位。万人GDP 3.76亿元，排在江西省第54位、吉安市第6位。GDP增长9%，排在江西省第32位、吉安市第 5 位。城镇化率 46.94%，排在江西省第 74 位、吉安市第 8 位。规模以上工业企业数 91 家，排在江西省第 61 位、吉安市第 9 位。万人发明专利授权量 0.11 件，排在江西省第 71 位、吉安市第 10 位。人均科普经费投入 0.45 元，排在江西省第 42 位、吉安市第 4 位。研究人员占 R&D 人员比 24.47%，排在江西省第 76 位、吉安市第 7 位。高新技术产业增加值占规模以上工业增加值比 23.26%，排在江西省第 66 位、吉安市第 12 位。新产品销售收入占主营业务收入比 4.76%，排在江西省第 74 位、吉安市第 11 位。万人财政收入 0.7 亿元，排在江西省第 29 位、吉安市第 1 位。万人社会消费品零售额 0.94 亿元，排在江西省第 66 位、吉安市第 8 位。第三产业占 GDP 比重 40.53%，排在江西省第 65 位、吉安市第 11 位。具体如图 3-117、图 3-118、表 3-59 所示。

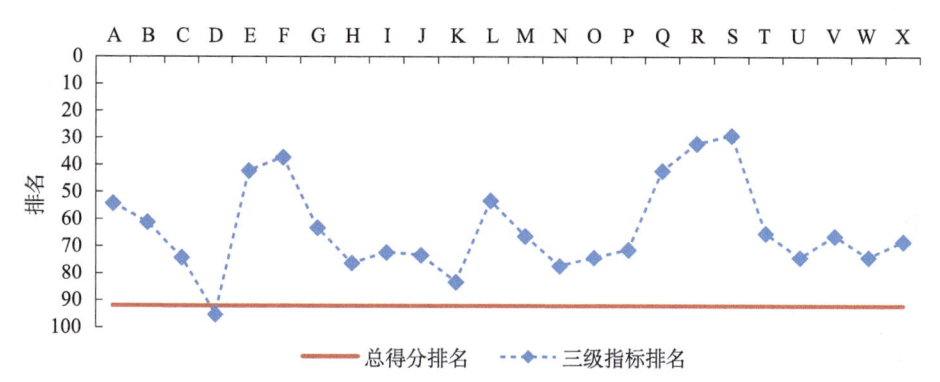

图 3-117　峡江县科技创新能力总得分、三级指标得分在江西省位次排名[①]

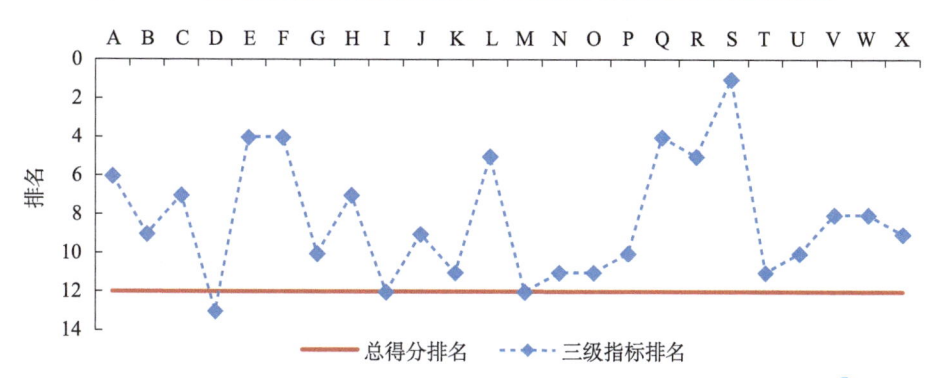

图 3-118　峡江县科技创新能力总得分、三级指标得分在吉安市位次排名[②]

[①][②]　图注同本书 28 页图 3-1 图注。

表 3-59 峡江县科技创新能力评价指标得分与位次

指标名称	得分（分）2018年	江西省排名 2017年	江西省排名 2018年	吉安市排名 2017年	吉安市排名 2018年
科技创新能力总得分	54.54	89	92	12	12
创新环境	2.89	95	92	12	12
创新基础	2.99	76	78	9	9
万人 GDP	3.12	45	54	4	6
规模以上工业企业数	3.17	72	61	11	9
万人专利申请量	2.71	74	74	9	7
科技意识	2.79	97	91	13	13
开展 R&D 活动的企业占比	1.79	95	95	13	13
人均科普经费投入	3.37	36	42	5	4
民众浏览科技网页频度	3.93	98	37	13	4
创新投入	2.96	74	87	8	10
人力投入	3.02	45	80	6	9
万人 R&D 人员数	3.18	81	63	11	10
研究人员占 R&D 人员比	2.86	24	76	5	7
R&D 人员全时当量	3.03	88	72	12	12
财力投入	2.91	90	83	12	9
R&D 经费投入占 GDP 百分比	2.97	81	73	11	9
企业 R&D 经费投入占主营业务收入比	2.66	90	83	12	11
企业技术获取和改造费用占主营业务收入比	3.14	59	53	8	5
创新成效	2.94	77	85	12	12
技术创新	2.85	75	79	11	12
高新技术产业增加值占规模以上工业增加值比	2.99	67	66	12	12
高新技术企业数	2.67	78	77	11	11
产业化水平	3.02	68	82	10	11
新产品销售收入占主营业务收入比	2.82	73	74	10	11
万人发明专利授权量	3.05	43	71	5	10
技术合同成交额	3.27	26	42	2	4

续表

指标名称	得分（分） 2018年	江西省排名 2017年	江西省排名 2018年	吉安市排名 2017年	吉安市排名 2018年
经济社会发展	3.30	81	51	10	6
经济增长	3.62	60	32	4	5
GDP增长百分比	3.99	69	32	11	5
万人财政收入	3.67	33	29	1	1
第三产业占GDP比重	3.20	75	65	8	11
社会生活	2.93	85	86	9	10
居民人均可支配收入	2.75	74	74	10	10
万人社会消费品零售额	3.04	57	66	7	8
城镇化率	2.90	76	74	8	8
空气质量指数	3.14	70	68	10	9

如图3-117、图3-118、表3-59所示，峡江县科技创新能力总得分54.54分，排在江西省第92位，比上一年下降了3位，排在吉安市第12位，与上一年位次相同。在一级指标中，经济社会发展排在江西省第51位，比上一年提升了30位，排在吉安市第6位，比上一年提升了4位；创新投入排在江西省第87位，比上一年下降了13位，排在吉安市第10位，比上一年下降了2位；创新成效排在江西省第85位，比上一年下降了8位，排在吉安市第12位，与上一年位次相同；创新环境排在江西省第92位，比上一年提升了3位，排在吉安市第12位，与上一年位次相同。

综上所述，峡江县在经济社会发展、创新投入、创新成效和创新环境方面得分都较低，居民人均可支配收入、企业R&D经费投入占主营业务收入比、高新技术企业数、开展R&D活动的企业占比等排名靠后。建议该县加大科普宣传力度，提高企业及民众科技意识，加大科研经费投入，鼓励企业开展科研活动，积极培育高新技术企业，加强科技成果转移转化能力，促进产业转型升级和经济可持续发展。

六、新干县

新干县位于江西省中部、吉安市北部，是江西省吉安市下辖县。2018年，该县常住人口33.95万人，地区GDP 135.20亿元。居民人均可支配收入22 993.48元，排在江西省第56位、吉安市第6位。万人GDP 3.98亿元，排在江西省第47位、吉安市第4位。GDP增长8.9%，排在江西省第35位、吉安市第6位。城镇化率44.44%，排在江西省第86位、吉安市第12位。规模以上工业企业数165家，排在江西省第21位、吉安市第2位。开展R&D活动的企业占比56.36%，排在江西省第37位、吉安市第4位。万人专利申请量6.83件，排在江西省第85位、吉安市第11位。万人R&D人员数15.46人，排在江西省第46位、吉安市第6位。研究人员占R&D人员比33.14%，排在江西省第38位、吉安市第3位。R&D人员全时当量453人·年，排在江西省第49位、吉安市第8位。R&D经费投入占GDP百分比0.85%，排在江西省第52位、吉安市第3位。企业技术获取和改造费用占主营业务收入比0.04%，排在江西省第38位、吉安市第2位。万人财政收入0.56亿元，排在江西省第46位、吉安市第4位。万人社会消费品零售额1.17亿元，排在江西省第50位、吉安市第5位。第三产业占GDP比重39.09%，排在江西省第71位、吉安市第12位。具体如图3-119、图3-120、表3-60所示。

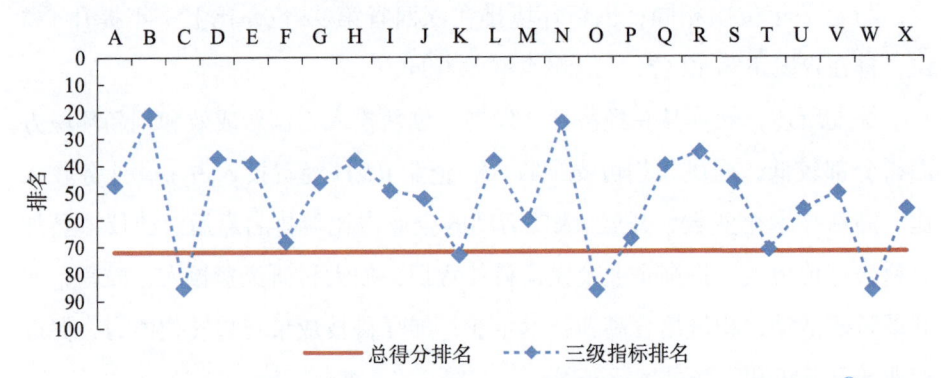

图3-119 新干县科技创新能力总得分、三级指标得分在江西省位次排名[①]

---

① 图注同本书28页图3-1图注。

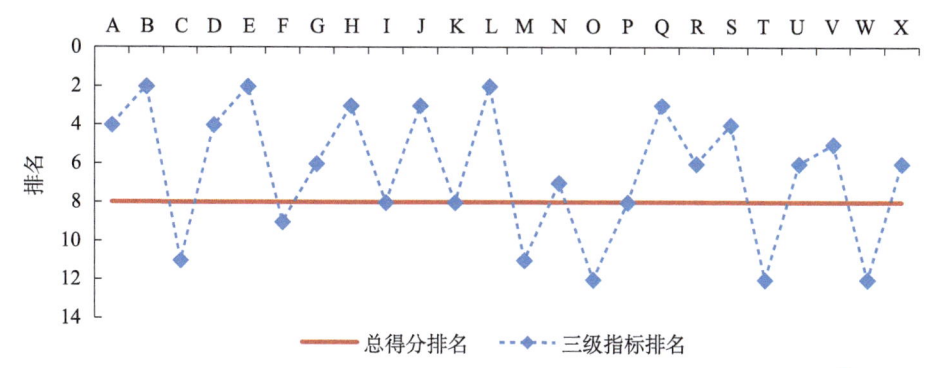

第三章　江西省各县（市、区）科技创新能力水平分析 | 223

图 3-120　新干县科技创新能力总得分、三级指标得分在吉安市位次排名 ①

表 3-60　新干县科技创新能力评价指标得分与位次

指标名称	得分（分） 2018年	江西省排名 2017年	江西省排名 2018年	吉安市排名 2017年	吉安市排名 2018年
科技创新能力总得分	59.71	67	72	8	8
创新环境	3.40	23	54	2	4
创新基础	3.22	45	62	2	7
万人 GDP	3.20	46	47	5	4
规模以上工业企业数	4.00	30	21	3	2
万人专利申请量	2.49	50	85	3	11
科技意识	3.58	15	47	2	3
开展 R&D 活动的企业占比	3.84	12	37	2	4
人均科普经费投入	3.41	24	39	2	2
民众浏览科技网页频度	3.32	64	68	8	9
创新投入	3.26	76	64	9	5
人力投入	3.43	59	44	8	4
万人 R&D 人员数	3.28	73	46	8	6
研究人员占 R&D 人员比	3.72	37	38	6	3
R&D 人员全时当量	3.26	74	49	10	8
财力投入	3.08	84	69	10	5
R&D 经费投入占 GDP 百分比	3.22	78	52	9	3

---

① 图注同本书 28 页图 3-1 图注。

续表

指标名称	得分（分） 2018年	江西省排名 2017年	江西省排名 2018年	吉安市排名 2017年	吉安市排名 2018年
企业R&D经费投入占主营业务收入比	2.84	88	73	11	8
企业技术获取和改造费用占主营业务收入比	3.20	25	38	2	2
创新成效	3.24	60	63	8	10
技术创新	3.52	44	44	8	10
高新技术产业增加值占规模以上工业增加值比	3.08	61	60	10	11
高新技术企业数	4.13	24	24	3	7
产业化水平	2.95	86	87	13	13
新产品销售收入占主营业务收入比	2.60	89	86	11	12
万人发明专利授权量	3.07	71	67	10	8
技术合同成交额	3.29	51	40	6	3
经济社会发展	3.27	67	55	4	7
经济增长	3.40	61	50	5	7
GDP增长百分比	3.83	43	35	5	6
万人财政收入	3.29	53	46	4	4
第三产业占GDP比重	3.08	80	71	11	12
社会生活	3.12	69	67	7	7
居民人均可支配收入	3.26	57	56	6	6
万人社会消费品零售额	3.21	46	50	5	5
城镇化率	2.74	87	86	12	12
空气质量指数	3.26	48	56	6	6

如图3-119、图3-120、表3-60所示，新干县科技创新能力总得分59.71分，排在江西省第72位，比上一年下降了5位，排在吉安市第8位，与上一年位次相同。在一级指标中，经济社会发展排在江西省第55位，比上一年提升了12位，排在吉安市第7位，比上一年下降了3位；创新投入排在江西省第64位，比上一年提升了12位，排在吉安市第5位，比上一年提升了4位；创新成效排在江西省第63位，比上一年下降了3位，排在吉安市第10位，比上一年下降了2位；创新环境排在江西省第54位，比上一年下降了31位，

排在吉安市第 4 位，比上一年下降了 2 位。

综上所述，新干县在经济社会发展、创新投入、创新成效和创新环境方面得分都较低，城镇化率、企业 R&D 经费投入占主营业务收入比、新产品销售收入占主营业务收入比、万人专利申请量等排名靠后。建议该县加大科普宣传力度，提高企业及民众科技意识，鼓励企业开展科研活动，提升产品性能，大力发展现代服务业，促进科技经济社会融合发展。

七、永丰县

永丰县位于江西省中部、吉安市东北部，是江西省吉安市下辖县。2018 年，该县常住人口 44.12 万人，地区 GDP 159.84 亿元。居民人均可支配收入 23 197.1 元，排在江西省第 53 位、吉安市第 5 位。万人 GDP 3.62 亿元，排在江西省第 58 位、吉安市第 8 位。GDP 增长 8.6%，排在江西省第 52 位、吉安市第 10 位。城镇化率 46.42%，排在江西省第 79 位、吉安市第 10 位。开展 R&D 活动的企业占比 50.34%，排在江西省第 52 位、吉安市第 5 位。万人专利申请量 13.8 件，排在江西省第 56 位、吉安市第 5 位。万人发明专利授权量 0.16 件，排在江西省第 55 位、吉安市第 6 位。万人 R&D 人员数 14.71 人，排在江西省第 49 位、吉安市第 7 位。R&D 人员全时当量 531 人·年，排在江西省第 44 位、吉安市第 6 位。R&D 经费投入占 GDP 百分比 0.75%，排在江西省第 59 位、吉安市第 6 位。高新技术产业增加值占规模以上工业增加值比 48.14%，排在江西省第 20 位、吉安市第 4 位。新产品销售收入占主营业务收入比 14.67%，排在江西省第 29 位、吉安市第 5 位。万人财政收入 0.45 亿元，排在江西省第 66 位、吉安市第 8 位。万人社会消费品零售额 0.93 亿元，排在江西省第 69 位、吉安市第 9 位。第三产业占 GDP 比重 41.2%，排在江西省第 59 位、吉安市第 9 位。具体如图 3-121、图 3-122、表 3-61 所示。

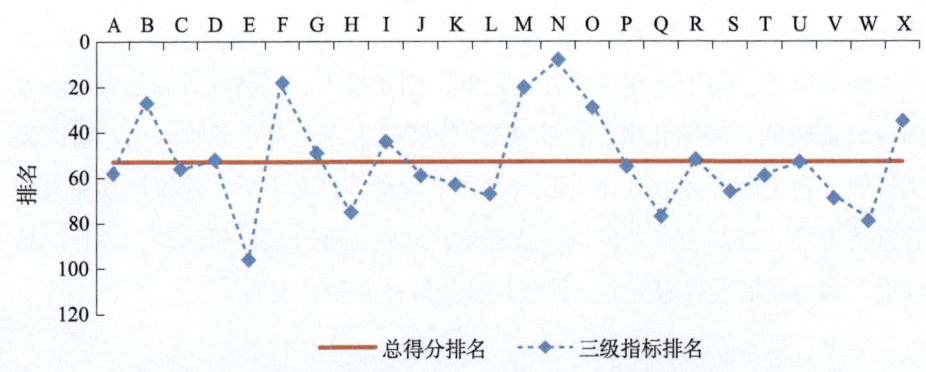

图 3-121　永丰县科技创新能力总得分、三级指标得分在江西省位次排名[①]

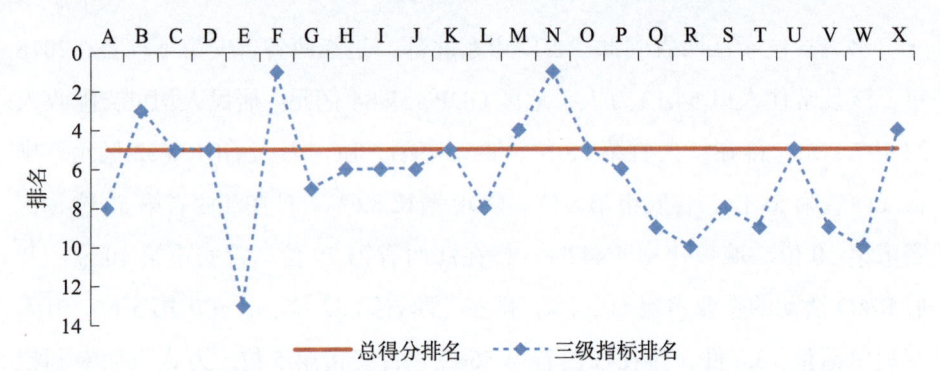

图 3-122　永丰县科技创新能力总得分、三级指标得分在吉安市位次排名[②]

表 3-61　永丰县科技创新能力评价指标得分与位次

指标名称	得分（分）2018年	江西省排名 2017年	江西省排名 2018年	吉安市排名 2017年	吉安市排名 2018年
科技创新能力总得分	62.44	57	53	6	5
创新环境	3.37	43	59	5	5
创新基础	3.33	50	50	4	2
万人 GDP	3.06	58	58	8	8
规模以上工业企业数	3.78	27	27	2	3
万人专利申请量	3.13	55	56	4	5
科技意识	3.41	37	61	5	5
开展 R&D 活动的企业占比	3.47	21	52	5	5
人均科普经费投入	2.60	50	96	7	13

①② 图注同本书 28 页图 3-1 图注。

续表

指标名称	得分（分）	江西省排名		吉安市排名	
	2018年	2017年	2018年	2017年	2018年
民众浏览科技网页频度	4.36	73	18	10	1
创新投入	3.11	79	76	10	6
人力投入	3.14	75	70	10	7
万人R&D人员数	3.26	39	49	6	7
研究人员占R&D人员比	2.88	78	75	10	6
R&D人员全时当量	3.33	38	44	4	6
财力投入	3.07	65	72	6	7
R&D经费投入占GDP百分比	3.13	57	59	5	6
企业R&D经费投入占主营业务收入比	2.99	59	63	5	5
企业技术获取和改造费用占主营业务收入比	3.09	52	67	6	8
创新成效	3.99	28	19	3	3
技术创新	4.55	21	16	4	4
高新技术产业增加值占规模以上工业增加值比	4.33	22	20	4	4
高新技术企业数	4.85	22	8	2	1
产业化水平	3.40	60	42	7	5
新产品销售收入占主营业务收入比	3.89	43	29	6	5
万人发明专利授权量	3.13	38	55	4	6
技术合同成交额	3.04	67	77	9	9
经济社会发展	3.20	70	68	6	9
经济增长	3.21	72	69	9	12
GDP增长百分比	3.36	59	52	8	10
万人财政收入	3.02	68	66	8	8
第三产业占GDP比重	3.25	67	59	6	9
社会生活	3.19	61	56	4	4
居民人均可支配收入	3.29	55	53	5	5
万人社会消费品零售额	3.03	69	69	9	9
城镇化率	2.87	79	79	10	10
空气质量指数	3.62	35	35	4	4

如图 3-121、图 3-122、表 3-61 所示，永丰县科技创新能力总得分 62.44 分，排在江西省第 53 位，比上一年提升了 4 位，排在吉安市第 5 位，比上一年提升了 1 位。在一级指标中，经济社会发展排在江西省第 68 位，比上一年提升了 2 位，排在吉安市第 9 位，比上一年下降了 3 位；创新投入排在江西省第 76 位，比上一年提升了 3 位，排在吉安市第 6 位，比上一年提升了 4 位；创新成效排在江西省第 19 位，比上一年提升了 9 位，排在吉安市第 3 位，与上一年位次相同；创新环境排在江西省第 59 位，比上一年下降了 16 位，排在吉安市第 5 位，与上一年位次相同。

综上所述，永丰县在创新成效方面得分较高，高新技术企业数排在江西省前列，具有一定优势。但在经济社会发展和创新投入方面得分较低，城镇化率、研究人员占 R&D 人员比等排名靠后。建议该县加大科研经费投入，鼓励企业开展科研活动，加强人才培养，改造传统产业，提高经济增长质量。

八、泰和县

泰和县位于江西省中南部，是江西省吉安市下辖县。2018 年，该县常住人口 52.76 万人，地区 GDP 178.01 亿元。居民人均可支配收入 22 323.25 元，排在江西省第 60 位、吉安市第 7 位。万人 GDP 3.37 亿元，排在江西省第 65 位、吉安市第 9 位。GDP 增长 8.8%，排在江西省第 39 位、吉安市第 8 位。城镇化率 51.86%，排在江西省第 47 位、吉安市第 3 位。规模以上工业企业数 110 家，排在江西省第 44 位、吉安市第 5 位。万人 R&D 人员数 19.05 人，排在江西省第 38 位、吉安市第 3 位。研究人员占 R&D 人员比 44.08%，排在江西省第 11 位、吉安市第 2 位。R&D 人员全时当量 549 人·年，排在江西省第 40 位、吉安市第 4 位。R&D 经费投入占 GDP 百分比 0.84%，排在江西省第 54 位、吉安市第 4 位。高新技术产业增加值占规模以上工业增加值比 61.43%，排在江西省第 9 位、吉安市第 1 位。新产品销售收入占主营业务收入比 38.11%，排在江西省第 3 位、吉安市第 1 位。万人财政收入 0.44 亿元，排在江西省第 67 位、吉安市第 9 位。万人社会消费品零售额 0.91 亿元，排在江西省第 70 位、吉安市第 10 位。第三产业占 GDP 比重 40.67%，排在江西省第 61 位、吉安市第 10 位。具体如图 3-123、图 3-124、表 3-62 所示。

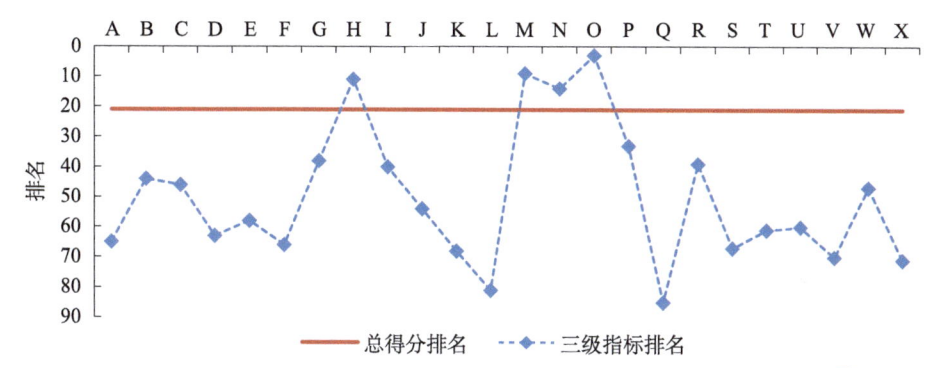

图 3-123　泰和县科技创新能力总得分、三级指标得分在江西省位次排名[①]

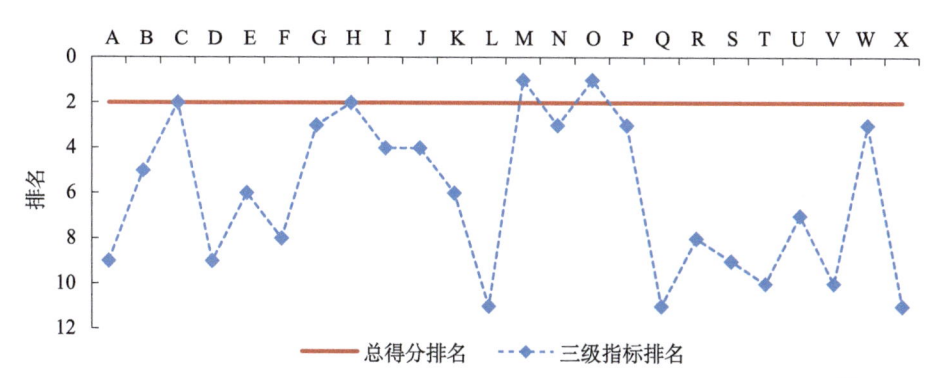

图 3-124　泰和县科技创新能力总得分、三级指标得分在吉安市位次排名[②]

表 3-62　泰和县科技创新能力评价指标得分与位次

指标名称	得分（分）	江西省排名		吉安市排名	
	2018 年	2017 年	2018 年	2017 年	2018 年
科技创新能力总得分	67.65	23	21	2	2
创新环境	3.25	89	73	10	7
创新基础	3.30	73	58	8	5
万人 GDP	2.96	65	65	9	9

①② 图注同本书 28 页图 3-1 图注。

续表

指标名称	得分（分） 2018 年	江西省排名 2017 年	江西省排名 2018 年	吉安市排名 2017 年	吉安市排名 2018 年
规模以上工业企业数	3.39	53	44	5	5
万人专利申请量	3.50	62	46	6	2
科技意识	3.19	92	73	11	8
开展 R&D 活动的企业占比	3.17	89	63	12	9
人均科普经费投入	3.05	50	58	7	6
民众浏览科技网页频度	3.41	48	66	6	8
创新投入	3.48	24	42	1	3
人力投入	3.90	10	18	2	3
万人 R&D 人员数	3.41	17	38	2	3
研究人员占 R&D 人员比	4.80	12	11	3	2
R&D 人员全时当量	3.35	14	40	2	4
财力投入	3.07	52	71	3	6
R&D 经费投入占 GDP 百分比	3.21	41	54	3	4
企业 R&D 经费投入占主营业务收入比	2.94	46	68	3	6
企业技术获取和改造费用占主营业务收入比	3.07	71	81	10	11
创新成效	4.64	14	6	2	1
技术创新	4.81	15	7	2	1
高新技术产业增加值占规模以上工业增加值比	5.05	8	9	1	1
高新技术企业数	4.49	28	14	5	3
产业化水平	4.45	11	9	1	1
新产品销售收入占主营业务收入比	6.44	7	3	1	1
万人发明专利授权量	3.37	57	33	6	3
技术合同成交额	2.98	83	85	12	11
经济社会发展	3.22	69	63	5	8
经济增长	3.29	71	60	8	9
GDP 增长百分比	3.67	37	39	3	8
万人财政收入	2.99	70	67	9	9
第三产业占 GDP 比重	3.21	86	61	12	10
社会生活	3.14	64	64	6	6

续表

指标名称	得分（分）	江西省排名		吉安市排名	
	2018年	2017年	2018年	2017年	2018年
居民人均可支配收入	3.16	60	60	7	7
万人社会消费品零售额	3.03	72	70	10	10
城镇化率	3.22	47	47	3	3
空气质量指数	3.12	44	71	5	11

如图3-123、图3-124、表3-62所示，泰和县科技创新能力总得分67.65分，排在江西省第21位，比上一年提升了2位，排在吉安市第2位，与上一年位次相同。在一级指标中，经济社会发展排在江西省第63位，比上一年提升了6位，排在吉安市第8位，比上一年下降了3位；创新投入排在江西省第42位，比上一年下降了18位，排在吉安市第3位，比上一年下降了2位；创新成效排在江西省第6位，比上一年提升了8位，排在吉安市第1位，比上一年提升了1位；创新环境排在江西省第73位，比上一年提升了16位，排在吉安市第7位，比上一年下降了3位。

综上所述，泰和县在创新成效方面得分较高，高新技术产业增加值占规模以上工业增加值比、新产品销售收入占主营业务收入比均排在江西省前列，具有明显优势。但在经济社会发展和创新环境方面得分较低，空气质量指数、万人GDP等排名靠后。建议该县做大做强优势产业，夯实创新基础，加大科普宣传力度，提高企业及民众科技意识，营造良好的创新氛围，不断提高科技竞争力。

九、遂川县

遂川县位于江西省西南部，是江西省吉安市下辖县。2018年，该县常住人口55.23万人，地区GDP 129.59亿元。居民人均可支配收入18 153.23元，排在江西省第85位、吉安市第12位。万人GDP 2.35亿元，排在江西省第91位、吉安市第12位。GDP增长8.8%，排在江西省第39位、吉安市第8位。城镇化率44.19%，排在江西省第90位、吉安市第13位。规模以上工业企业数 103 家，排在江西省第 51 位、吉安市第 7 位。研究人员占 R&D 人员比 26.61%，排在江西省第 64 位、吉安市第 5 位。R&D 人员全时当量 669 人·年，排在江西省第 32 位、吉安市第 2 位。R&D 经费投入占 GDP 百分比 1.24%，排在江西省第 32 位、吉安市第 2 位。高新技术产业增加值占规模以上工业增加值比 31.85%，排在江西省第 47 位、吉安市第 8 位。新产品销售收入占主营业务收入比 5.72%，排在江西省第 69 位、吉安市第 9 位。万人财政收入 0.29 亿元，排在江西省第 90 位、吉安市第 12 位。万人社会消费品零售额 0.71 亿元，排在江西省第 87 位、吉安市第 12 位。第三产业占 GDP 比重 43.56%，排在江西省第 43 位、吉安市第 8 位。具体如图 3-125、图 3-126、表 3-63 所示。

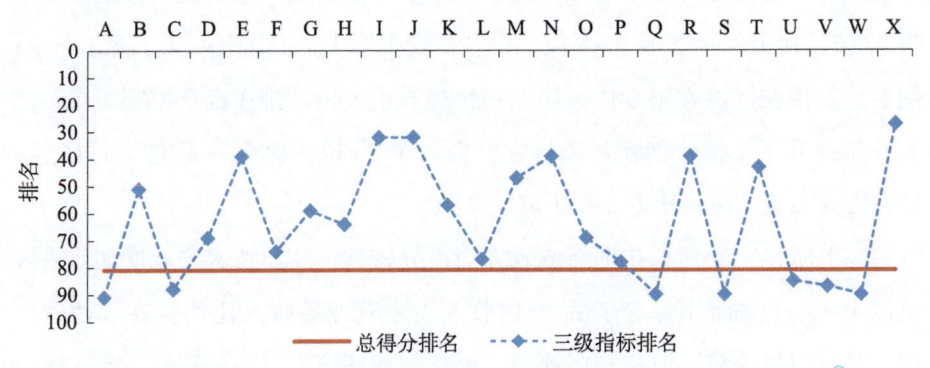

图 3-125 遂川县科技创新能力总得分、三级指标得分在江西省位次排名[①]

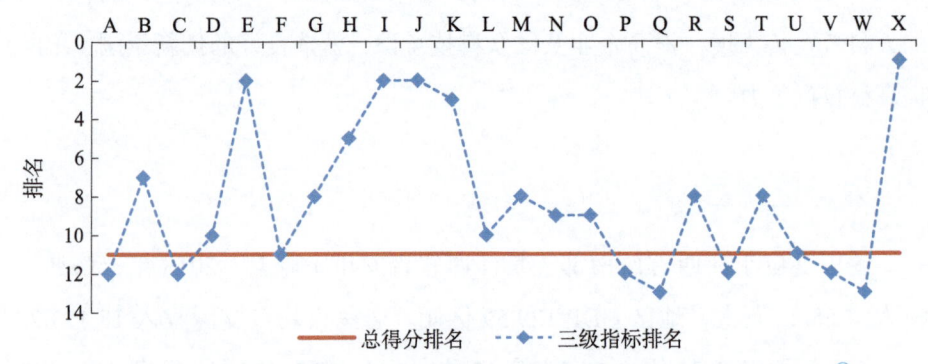

图 3-126 遂川县科技创新能力总得分、三级指标得分在吉安市位次排名[②]

---

①② 图注同本书 28 页图 3-1 图注。

表 3-63　遂川县科技创新能力评价指标得分与位次

指标名称	得分（分） 2018 年	江西省排名 2017 年	江西省排名 2018 年	吉安市排名 2017 年	吉安市排名 2018 年
科技创新能力总得分	57.57	86	81	11	11
创新环境	2.98	91	89	11	11
创新基础	2.79	85	89	12	11
万人 GDP	2.56	89	91	12	12
规模以上工业企业数	3.31	59	51	7	7
万人专利申请量	2.47	83	88	12	12
科技意识	3.17	87	74	9	9
开展 R&D 活动的企业占比	3.06	78	69	8	10
人均科普经费投入	3.41	50	39	7	2
民众浏览科技网页频度	3.08	54	74	7	11
创新投入	3.27	57	63	6	4
人力投入	3.24	55	60	7	5
万人 R&D 人员数	3.21	77	59	10	8
研究人员占 R&D 人员比	3.07	38	64	7	5
R&D 人员全时当量	3.47	51	32	6	2
财力投入	3.30	59	55	5	3
R&D 经费投入占 GDP 百分比	3.55	51	32	4	2
企业 R&D 经费投入占主营业务收入比	3.22	53	57	4	3
企业技术获取和改造费用占主营业务收入比	3.07	38	77	4	10
创新成效	3.25	66	61	10	9
技术创新	3.53	54	43	10	9
高新技术产业增加值占规模以上工业增加值比	3.45	52	47	9	8
高新技术企业数	3.64	53	39	10	9
产业化水平	2.96	84	86	12	12
新产品销售收入占主营业务收入比	2.92	67	69	9	9
万人发明专利授权量	3.00	94	78	13	12
技术合同成交额	2.96	84	90	13	13

续表

指标名称	得分（分） 2018年	江西省排名 2017年	江西省排名 2018年	吉安市排名 2017年	吉安市排名 2018年
经济社会发展	3.07	87	85	11	13
经济增长	3.23	75	66	10	11
GDP增长百分比	3.67	53	39	7	8
万人财政收入	2.60	90	90	12	12
第三产业占GDP比重	3.45	55	43	3	8
社会生活	2.90	86	91	10	12
居民人均可支配收入	2.51	86	85	11	11
万人社会消费品零售额	2.87	88	87	12	12
城镇化率	2.72	91	90	13	13
空气质量指数	3.82	27	27	1	1

如图3-125、图3-126、表3-63所示，遂川县科技创新能力总得分57.57分，排在江西省第81位，比上一年提升了5位，排在吉安市第11位，与上一年位次相同。在一级指标中，经济社会发展排在江西省第85位，比上一年提升了2位，排在吉安市第13位，比上一年下降了2位；创新投入排在江西省第63位，比上一年下降了6位，排在吉安市第4位，比上一年提升了2位；创新成效排在江西省第61位，比上一年提升了5位，排在吉安市第9位，比上一年提升了1位；创新环境排在江西省第89位，比上一年提升了2位，排在吉安市第11位，与上一年位次相同。

综上所述，遂川县在经济社会发展、创新投入、创新成效和创新环境方面得分都较低，万人财政收入、企业技术获取和改造费用占主营业务收入比、技术合同成交额、万人GDP等排名靠后。建议该县做大做强优势产业，夯实创新基础，加大科普宣传力度，提高企业及民众科技意识，鼓励企业开展科研活动，提升产品性能，加强科技成果转移转化能力，促进科技经济社会融合发展。

十、万安县

万安县位于江西省中南部、吉安市境南缘，是江西省吉安市下辖县。2018 年，该县常住人口 31.05 万人，地区 GDP 77.37 亿元。居民人均可支配收入 17 870.85 元，排在江西省第 88 位、吉安市第 12 位。万人 GDP 2.49 亿元，排在江西省第 90 位、吉安市第 11 位。GDP 增长 8.6%，排在江西省第 52 位、吉安市第 10 位。城镇化率 44.63%，排在江西省第 85 位、吉安市第 11 位。开展 R&D 活动的企业占比 58.14%，排在江西省第 30 位、吉安市第 3 位。万人专利申请量 19.16 件，排在江西省第 40 位、吉安市第 1 位。万人 R&D 人员数 18.9 人，排在江西省第 39 位、吉安市第 4 位。R&D 人员全时当量 520 人·年，排在江西省第 45 位、吉安市第 7 位。R&D 经费投入占 GDP 百分比 0.78%，排在江西省第 56 位、吉安市第 5 位。高新技术产业增加值占规模以上工业增加值比 47.6%，排在江西省第 21 位、吉安市第 5 位。新产品销售收入占主营业务收入比 18.14%，排在江西省第 15 位、吉安市第 2 位。万人财政收入 0.41 亿元，排在江西省第 73 位、吉安市第 10 位。万人社会消费品零售额 0.64 亿元，排在江西省第 93 位、吉安市第 13 位。第三产业占 GDP 比重 44.41%，排在江西省第 36 位、吉安市第 6 位。具体如图 3-127、图 3-128、表 3-64 所示。

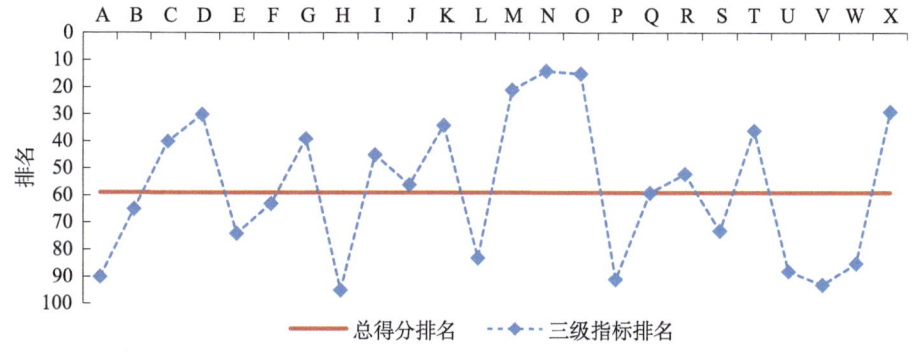

图 3-127　万安县科技创新能力总得分、三级指标得分在江西省位次排名[①]

---

① 图注同本书 28 页图 3-1 图注。

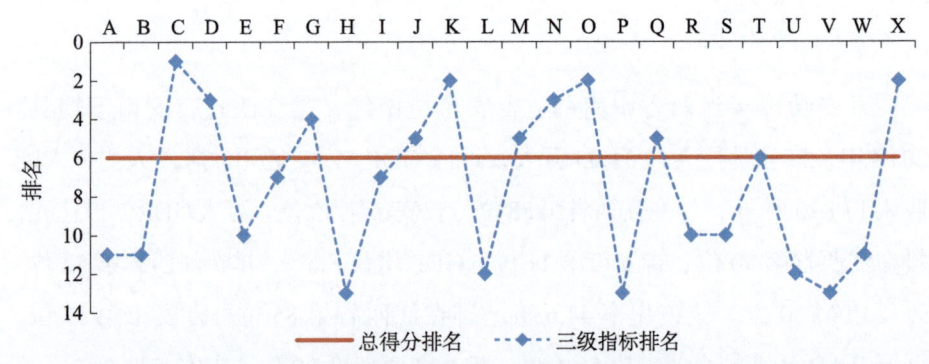

图 3-128　万安县科技创新能力总得分、三级指标得分在吉安市位次排名[①]

表 3-64　万安县科技创新能力评价指标得分与位次

指标名称	得分（分）	江西省排名		吉安市排名	
	2018 年	2017 年	2018 年	2017 年	2018 年
科技创新能力总得分	61.66	59	59	7	6
创新环境	3.35	37	63	4	6
创新基础	3.16	58	69	5	8
万人 GDP	2.62	85	90	11	11
规模以上工业企业数	3.12	69	65	10	11
万人专利申请量	3.63	24	40	1	1
科技意识	3.55	26	51	4	4
开展 R&D 活动的企业占比	3.95	15	30	3	3
人均科普经费投入	3.00	77	74	12	10
民众浏览科技网页频度	3.50	47	63	5	7
创新投入	3.09	62	78	7	7
人力投入	2.92	90	87	13	11
万人 R&D 人员数	3.41	29	39	4	4
研究人员占 R&D 人员比	2.12	96	95	13	13
R&D 人员全时当量	3.32	42	45	5	7
财力投入	3.26	29	59	1	4
R&D 经费投入占 GDP 百分比	3.15	35	56	2	5

---

① 图注同本书 28 页图 3-1 图注。

续表

指标名称	得分（分） 2018年	江西省排名 2017年	江西省排名 2018年	吉安市排名 2017年	吉安市排名 2018年
企业 R&D 经费投入占主营业务收入比	3.52	17	34	1	2
企业技术获取和改造费用占主营业务收入比	3.06	71	83	10	12
创新成效	3.96	37	20	5	4
技术创新	4.38	30	19	5	5
高新技术产业增加值占规模以上工业增加值比	4.30	26	21	5	5
高新技术企业数	4.49	38	14	8	3
产业化水平	3.52	44	34	3	3
新产品销售收入占主营业务收入比	4.27	28	15	2	2
万人发明专利授权量	2.94	84	91	11	13
技术合同成交额	3.14	42	59	4	5
经济社会发展	3.07	90	84	12	12
经济增长	3.26	79	63	11	10
GDP 增长百分比	3.36	68	52	10	10
万人财政收入	2.92	73	73	10	10
第三产业占 GDP 比重	3.52	71	36	7	6
社会生活	2.86	92	93	13	13
居民人均可支配收入	2.46	89	88	12	12
万人社会消费品零售额	2.82	93	93	13	13
城镇化率	2.75	85	85	11	11
空气质量指数	3.76	29	29	2	2

如图 3-127、图 3-128、表 3-64 所示，万安县科技创新能力总得分 61.66 分，排在江西省第 59 位，与上一年位次相同，排在吉安市第 6 位，比上一年提升了 1 位。在一级指标中，经济社会发展排在江西省第 84 位，比上一年提升了 6 位，排在吉安市第 12 位，与上一年位次相同；创新投入排在江西省第 78 位，比上一年下降了 16 位，排在吉安市第 7 位，与上一年位次相同；创新成效排在江西省第 20 位，比上一年提升了 17 位，排在吉安市第 4 位，比上一年提升了 1 位；创新环境排在江西省第 63 位，比上一年下降了 26 位，

排在吉安市第 6 位，比上一年下降了 2 位。

综上所述，万安县在创新成效方面得分较高，高新技术企业数、新产品销售收入占主营业务收入比排名靠前，具有一定优势。但在经济社会发展、创新投入和创新环境方面得分较低，万人社会消费品零售额、研究人员占 R&D 人员比、万人 GDP 等排名靠后。建议该县加大科普宣传力度，提高企业及民众科技意识，加强人才培养与引进，鼓励企业开展科研活动，提高企业产品科技含量水平，促进经济增长和社会进步。

十一、安福县

安福县位于江西省中部偏西、吉安市西北部，是江西省吉安市下辖县。2018 年，该县常住人口 39.72 万人，地区 GDP 147.41 亿元。居民人均可支配收入 21 432.01 元，排在江西省第 62 位、吉安市第 9 位。万人 GDP 3.71 亿元，排在江西省第 56 位、吉安市第 7 位。GDP 增长 8.9%，排在江西省第 35 位、吉安市第 6 位。城镇化率 46.78%，排在江西省第 77 位、吉安市第 9 位。开展 R&D 活动的企业占比 67.57%，排在江西省第 17 位、吉安市第 1 位。人均科普经费投入 0.37 元，排在江西省第 52 位、吉安市第 5 位。万人 R&D 人员数 17.52 人，排在江西省第 41 位、吉安市第 5 位。R&D 人员全时当量 606 人·年，排在江西省第 36 位、吉安市第 3 位。R&D 经费投入占 GDP 百分比 0.49%，排在江西省第 79 位、吉安市第 11 位。企业技术获取和改造费用占主营业务收入比 0.01%，排在江西省第 64 位、吉安市第 7 位。高新技术产业增加值占规模以上工业增加值比 30.85%，排在江西省第 48 位、吉安市第 9 位。新产品销售收入占主营业务收入比 17.05%，排在江西省第 21 位、吉安市第 3 位。万人财政收入 0.49 亿元，排在江西省第 59 位、吉安市第 7 位。万人社会消费品零售额 1.22 亿元，排在江西省第 44 位、吉安市第 4 位。第三产业占 GDP 比重 45.94%，排在江西省第 32 位、吉安市第 4 位。具体如图 3-129、图 3-130、表 3-65 所示。

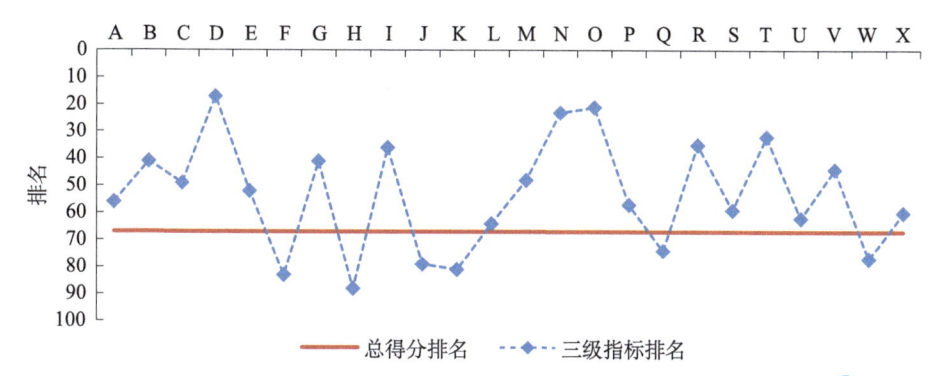

图 3-129　安福县科技创新能力总得分、三级指标得分在江西省位次排名[①]

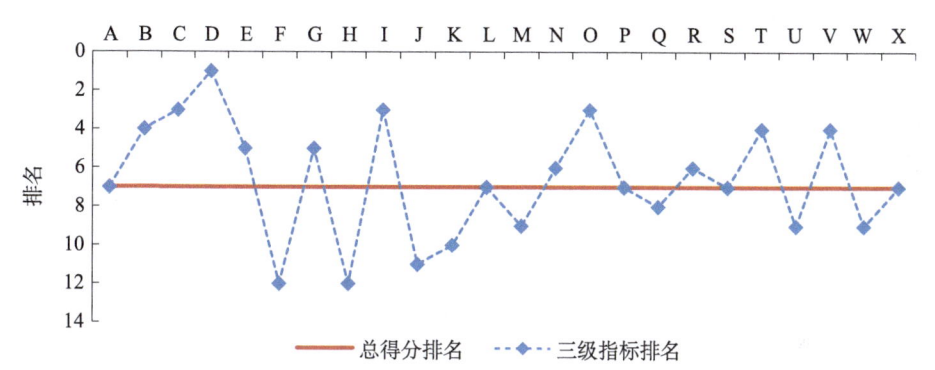

图 3-130　安福县科技创新能力总得分、三级指标得分在吉安市位次排名[②]

表 3-65　安福县科技创新能力评价指标得分与位次

指标名称	得分（分）	江西省排名		吉安市排名	
	2018 年	2017 年	2018 年	2017 年	2018 年
科技创新能力总得分	60.40	73	67	9	7
创新环境	3.48	70	47	7	3
创新基础	3.32	72	56	7	3
万人 GDP	3.10	50	56	7	7
规模以上工业企业数	3.40	46	41	4	4
万人专利申请量	3.41	82	49	11	3
科技意识	3.66	51	40	7	2
开展 R&D 活动的企业占比	4.53	36	17	6	1

---

①② 图注同本书 28 页图 3-1 图注。

续表

指标名称	得分（分） 2018年	江西省排名 2017年	江西省排名 2018年	吉安市排名 2017年	吉安市排名 2018年
人均科普经费投入	3.20	48	52	6	5
民众浏览科技网页频度	2.60	66	83	9	12
创新投入	2.95	84	90	12	11
人力投入	3.02	79	79	12	8
万人R&D人员数	3.36	25	41	3	5
研究人员占R&D人员比	2.39	92	88	12	12
R&D人员全时当量	3.41	20	36	3	3
财力投入	2.88	71	84	7	10
R&D经费投入占GDP百分比	2.91	61	79	6	11
企业R&D经费投入占主营业务收入比	2.67	62	81	6	10
企业技术获取和改造费用占主营业务收入比	3.11	51	64	5	7
创新成效	3.62	47	36	7	6
技术创新	3.73	39	33	6	7
高新技术产业增加值占规模以上工业增加值比	3.40	45	48	7	9
高新技术企业数	4.19	26	23	4	6
产业化水平	3.51	67	36	9	4
新产品销售收入占主营业务收入比	4.15	42	21	5	3
万人发明专利授权量	3.12	68	57	9	7
技术合同成交额	3.07	59	74	8	8
经济社会发展	3.32	75	50	7	5
经济增长	3.52	66	39	7	6
GDP增长百分比	3.83	48	35	6	6
万人财政收入	3.12	56	59	5	7
第三产业占GDP比重	3.64	77	32	9	4
社会生活	3.08	77	73	8	9
居民人均可支配收入	3.02	63	62	9	9
万人社会消费品零售额	3.25	44	44	4	4
城镇化率	2.89	77	77	9	9
空气质量指数	3.22	73	60	11	7

如图 3-129、图 3-130、表 3-65 所示，安福县科技创新能力总得分 60.40 分，排在江西省第 67 位，比上一年提升了 6 位，排在吉安市第 7 位，比上一年提升了 2 位。在一级指标中，经济社会发展排在江西省第 50 位，比上一年提升了 25 位，排在吉安市第 5 位，比上一年提升了 2 位；创新投入排在江西省第 90 位，比上一年下降了 6 位，排在吉安市第 11 位，比上一年提升了 1 位；创新成效排在江西省第 36 位，比上一年提升了 11 位，排在吉安市第 6 位，比上一年提升了 1 位；创新环境排在江西省第 47 位，比上一年提升了 23 位，排在吉安市第 3 位，比上一年提升了 4 位。

综上所述，安福县在创新成效方面得分较高，新产品销售收入占主营业务收入比排名靠前，具有一定优势。但在创新投入方面得分较低，研究人员占 R&D 人员比、企业 R&D 经费投入占主营业务收入比等排名靠后。建议该县加大科研经费投入，鼓励企业开展科研活动，加强人才培养与引进，不断提高科技竞争力。

十二、永新县

永新县位于江西省西部边境，是江西省吉安市下辖县。2018 年，该县常住人口 48.98 万人，地区 GDP 111.82 亿元。居民人均可支配收入 17 649.88 元，排在江西省第 90 位、吉安市第 13 位。万人 GDP 2.28 亿元，排在江西省第 93 位、吉安市第 13 位。GDP 增长 8.5%，排在江西省第 58 位、吉安市第 13 位。城镇化率 50.02%，排在江西省第 61 位、吉安市第 5 位。规模以上工业企业数 70 家，排在江西省第 71 位、吉安市第 12 位。开展 R&D 活动的企业占比 41.43%，排在江西省第 75 位、吉安市第 11 位。万人专利申请量 7.1 件，排在江西省第 83 位、吉安市第 10 位。万人发明专利授权量 0.1 件，排在江西省第 72 位、吉安市第 11 位。研究人员占 R&D 人员比 19.93%，排在江西省第 86 位、吉安市第 11 位。新产品销售收入占主营业务收入比 11.23%，排在江西省第 40 位、吉安市第 7 位。万人财政收入 0.25 亿元，排在江西省第 93 位、吉安市第 13 位。第三产业占 GDP 比重 54.68%，排在江西省第 13 位、吉安市第 3 位。具体如图 3-131、图 3-132、表 3-66 所示。

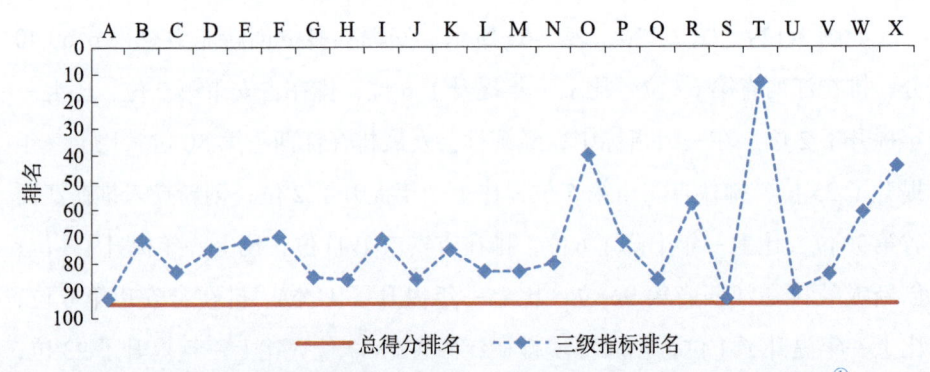

图 3-131　永新县科技创新能力总得分、三级指标得分在江西省位次排名[①]

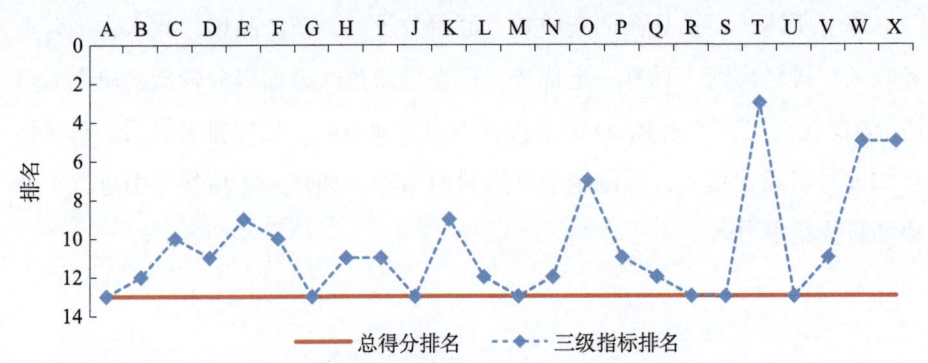

图 3-132　永新县科技创新能力总得分、三级指标得分在吉安市位次排名[②]

表 3-66　永新县科技创新能力评价指标得分与位次

指标名称	得分（分）	江西省排名		吉安市排名	
	2018 年	2017 年	2018 年	2017 年	2018 年
科技创新能力总得分	52.71	91	95	13	13
创新环境	2.84	97	94	13	13
创新基础	2.67	92	97	13	13
万人 GDP	2.54	93	93	13	13
规模以上工业企业数	2.94	76	71	12	12
万人专利申请量	2.52	65	83	8	10
科技意识	3.03	93	81	12	10
开展 R&D 活动的企业占比	2.92	85	75	11	11

①② 图注同本书 28 页图 3-1 图注。

续表

指标名称	得分（分）2018年	江西省排名 2017年	江西省排名 2018年	吉安市排名 2017年	吉安市排名 2018年
人均科普经费投入	3.02	50	72	7	9
民众浏览科技网页频度	3.23	81	70	11	10
创新投入	2.81	47	95	5	13
人力投入	2.77	38	93	5	13
万人R&D人员数	2.92	87	85	13	13
研究人员占R&D人员比	2.41	18	86	4	11
R&D人员全时当量	3.04	81	71	11	11
财力投入	2.85	58	87	4	11
R&D经费投入占GDP百分比	2.73	79	86	10	13
企业R&D经费投入占主营业务收入比	2.81	40	75	2	9
企业技术获取和改造费用占主营业务收入比	3.06	21	83	1	12
创新成效	2.89	85	88	13	13
技术创新	2.59	88	88	13	13
高新技术产业增加值占规模以上工业增加值比	2.62	83	83	13	13
高新技术企业数	2.55	88	80	12	12
产业化水平	3.21	58	65	6	9
新产品销售收入占主营业务收入比	3.52	37	40	4	7
万人发明专利授权量	3.05	58	72	7	11
技术合同成交额	2.97	79	86	10	12
经济社会发展	3.13	92	78	13	11
经济增长	3.33	84	57	13	8
GDP增长百分比	3.20	77	58	13	13
万人财政收入	2.49	91	93	13	13
第三产业占GDP比重	4.36	56	13	4	3
社会生活	2.90	91	90	12	11
居民人均可支配收入	2.43	90	90	13	13
万人社会消费品零售额	2.88	83	84	11	11
城镇化率	3.10	60	61	5	5
空气质量指数	3.48	54	44	7	5

如图 3-131、图 3-132、表 3-66 所示，永新县科技创新能力总得分 52.71 分，排在江西省第 95 位，比上一年下降了 4 位，排在吉安市第 13 位，与上一年位次相同。在一级指标中，经济社会发展排在江西省第 78 位，比上一年提升了 14 位，排在吉安市第 11 位，比上一年提升了 2 位；创新投入排在江西省第 95 位，比上一年下降了 48 位，排在吉安市第 13 位，比上一年提升了 8 位；创新成效排在江西省第 88 位，比上一年下降了 3 位，排在吉安市第 13 位，与上一年位次相同；创新环境排在江西省 94 位，比上一年提升了 3 位，排在吉安市第 13 位，与上一年位次相同。

综上所述，永新县在经济社会发展、创新投入、创新成效和创新环境方面得分都较低，万人财政收入、研究人员占 R&D 人员比、技术合同成交额、万人 GDP 等排名靠后。建议该县加大科研经费投入，支持企业开展科研活动，积极引进和培养人才，建设创新平台，加强科技成果转移转化能力，积极培育新兴产业，促进产业转型升级和经济高质量发展。

十三、井冈山市

井冈山市位于江西省西部偏南，是江西省直管县级市，由吉安市代管。2018 年，该市常住人口 15.71 万人，地区 GDP 76.45 亿元。居民人均可支配收入 26 338.21 元，排在江西省第 31 位、吉安市第 2 位。万人 GDP 4.87 亿元，排在江西省第 36 位、吉安市第 2 位。GDP 增长 9.4%，排在江西省第 15 位、吉安市第 2 位。城镇化率 65.96%，排在江西省第 18 位、吉安市第 2 位。开展 R&D 活动的企业占比 65.63%，排在江西省第 19 位、吉安市第 2 位。万人发明专利授权量 0.32 件，排在江西省第 35 位、吉安市第 4 位。人均科普经费投入 1 元，排在江西省第 7 位、吉安市第 1 位。万人 R&D 人员数 26.29 人，排在江西省第 22 位、吉安市第 2 位。研究人员占 R&D 人员比 54.48，排在江西省第 3 位、吉安市第 1 位。R&D 人员全时当量 380 人·年，排在江西省第 58 位、吉安市第 9 位。万人财政收入 0.6 亿元，排在江西省第 41 位、吉安市第 2 位。万人社会消费品零售额 1.6 亿元，排在江西省第 23 位、吉安市第 2 位。第三产业占 GDP 比重 67.77%，排在江西省第 6 位、吉安市第 1 位。

具体如图 3-133、图 3-134、表 3-67 所示。

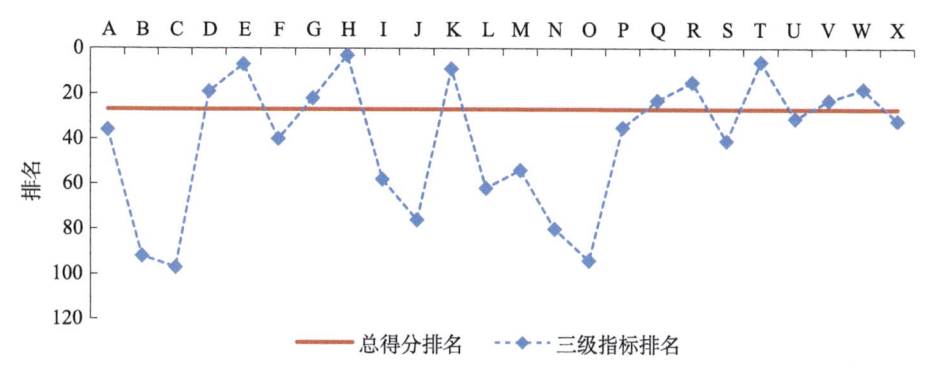

图 3-133 井冈山市科技创新能力总得分、三级指标得分在江西省位次排名①

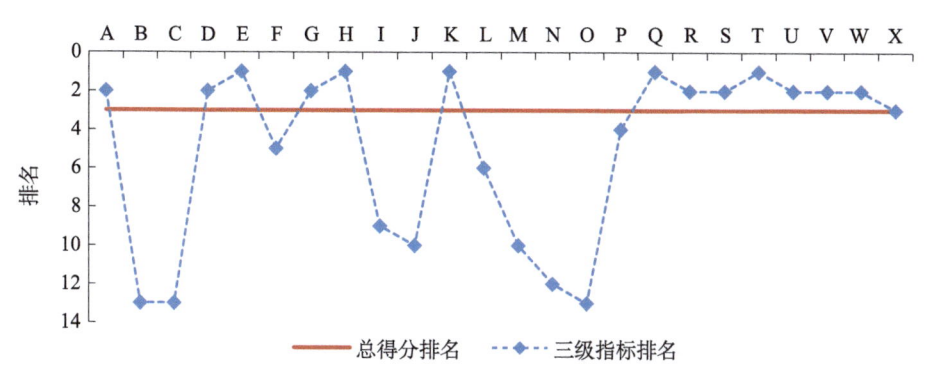

图 3-134 井冈山市科技创新能力总得分、三级指标得分在吉安市位次排名②

表 3-67 井冈山市科技创新能力评价指标得分与位次

指标名称	得分（分）2018年	江西省排名 2017年	江西省排名 2018年	吉安市排名 2017年	吉安市排名 2018年
科技创新能力总得分	66.31	44	27	4	3
创新环境	3.50	16	46	1	2
创新基础	2.72	78	93	10	12
万人 GDP	3.55	34	36	3	2
规模以上工业企业数	2.51	93	92	13	13
万人专利申请量	2.25	60	97	5	13

①② 图注同本书 28 页图 3-1 图注。

续表

指标名称	得分（分） 2018年	江西省排名 2017年	江西省排名 2018年	吉安市排名 2017年	吉安市排名 2018年
科技意识	4.31	4	5	1	1
开展R&D活动的企业占比	4.41	8	19	1	2
人均科普经费投入	4.54	7	7	1	1
民众浏览科技网页频度	3.84	25	40	3	5
创新投入	4.03	30	12	3	2
人力投入	4.31	8	7	1	1
万人R&D人员数	3.68	83	22	12	2
研究人员占R&D人员比	5.83	2	3	1	1
R&D人员全时当量	3.19	91	58	13	9
财力投入	3.76	87	26	11	2
R&D经费投入占GDP百分比	2.92	95	76	13	10
企业R&D经费投入占主营业务收入比	5.14	65	9	7	1
企业技术获取和改造费用占主营业务收入比	3.12	71	62	10	6
创新成效	3.02	74	79	11	11
技术创新	2.99	79	71	12	11
高新技术产业增加值占规模以上工业增加值比	3.30	65	54	11	10
高新技术企业数	2.55	97	80	13	12
产业化水平	3.05	48	79	5	10
新产品销售收入占主营业务收入比	2.45	97	94	13	13
万人发明专利授权量	3.37	18	35	2	4
技术合同成交额	3.50	19	23	1	1
经济社会发展	4.15	17	13	2	2
经济增长	4.46	14	7	1	1
GDP增长百分比	4.62	65	15	9	2
万人财政收入	3.39	42	41	3	2
第三产业占GDP比重	5.43	8	6	1	1
社会生活	3.79	17	16	2	2
居民人均可支配收入	3.78	31	31	2	2

续表

指标名称	得分（分）	江西省排名		吉安市排名	
	2018 年	2017 年	2018 年	2017 年	2018 年
万人社会消费品零售额	3.52	20	23	2	2
城镇化率	4.14	18	18	2	2
空气质量指数	3.70	33	32	3	3

如图 3-133、图 3-134、表 3-67 所示，井冈山市科技创新能力总得分 66.31 分，排在江西省第 27 位，比上一年提升了 17 位，排在吉安市第 3 位，比上一年提升了 1 位。在一级指标中，经济社会发展排在江西省第 13 位，比上一年提升了 4 位，排在吉安市第 2 位，与上一年位次相同；创新投入排在江西省第 12 位，比上一年提升了 18 位，排在吉安市第 2 位，比上一年提升了 1 位；创新成效排在江西省第 79 位，比上一年下降了 5 位，排在吉安市第 11 位，与上一年位次相同；创新环境排在江西省第 46 位，比上一年下降了 30 位，排在吉安市第 2 位，比上一年下降了 1 位。

综上所述，井冈山市在经济社会发展和创新投入方面得分较高，第三产业占 GDP 比重、研究人员占 R&D 人员比等排在江西省前列，具有明显优势。但在创新成效方面得分较低，高新技术企业数、新产品销售收入占主营业务收入比等排名靠后。建议该市强化专利意识和科技意识，优化创新环境，鼓励企业自主研发，提高产品性能，建设创新平台，加强科技成果转移转化能力，以科技创新促进产业转型升级。

第九节　宜　春　市

一、袁州区

袁州区位于江西省西部，是江西省宜春市市辖区。2018 年，该区常住人口 107.92 万人，地区 GDP 300.79 亿元。居民人均可支配收入 26 948.63 元，排在江西省第 22 位、宜春市第 1 位。万人 GDP 2.79 亿元，排在江西省第 82 位、宜春市第 10 位。GDP 增长 8%，排在江西省第 85 位、宜春市第 7 位。城镇化率 57.86%，排在江西省第 22 位、宜春市第 1 位。规模以上工业企业数 269 家，排在江西省第 6 位、宜春市第 1 位。万人发明专利授权量 0.8 件，排在江西省第 10 位、宜春市第 2 位。R&D 人员全时当量 1038 人·年，排在江西省第 16 位、宜春市第 3 位。企业技术获取和改造费用占主营业务收入比 0.04%，排在江西省第 41 位、宜春市第 4 位。高新技术产业增加值占规模以上工业增加值比 57.02%，排在江西省第 12 位、宜春市第 1 位。新产品销售收入占主营业务收入比 25.28%，排在江西省第 6 位、宜春市第 1 位。万人财政收入 0.34 亿元，排在江西省第 83 位、宜春市第 10 位。万人社会消费品零售额 2 亿元，排在江西省第 16 位、宜春市第 1 位。第三产业占 GDP 比重 52.42%，排在江西省第 16 位、宜春市第 1 位。具体如图 3-135、图 3-136、表 3-68 所示。

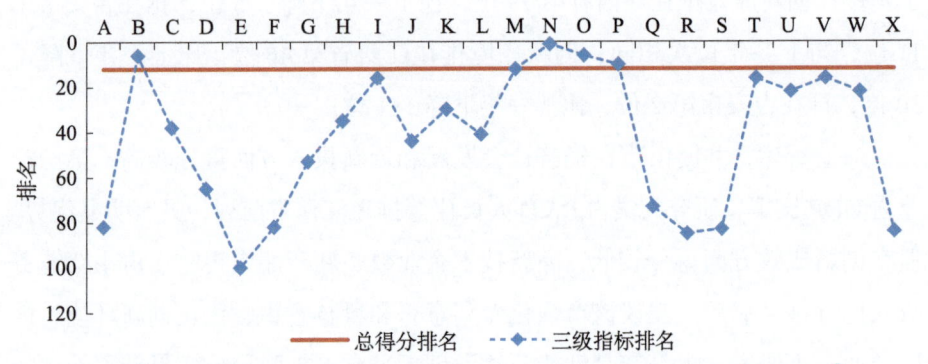

图 3-135 袁州区科技创新能力总得分、三级指标得分在江西省位次排名[①]

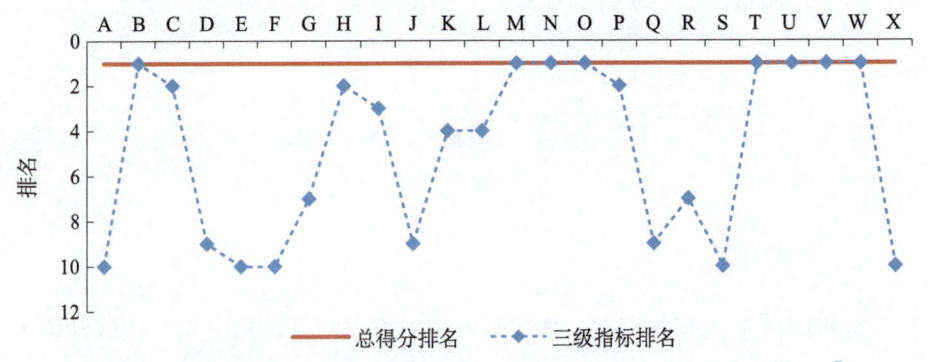

图 3-136 袁州区科技创新能力总得分、三级指标得分在宜春市位次排名[②]

①② 图注同本书 28 页图 3-1 图注。

表 3-68　袁州区科技创新能力评价指标得分与位次

指标名称	得分（分） 2018年	江西省排名 2017年	江西省排名 2018年	宜春市排名 2017年	宜春市排名 2018年
科技创新能力总得分	70.89	13	12	1	1
创新环境	3.36	36	61	3	6
创新基础	3.90	21	21	2	3
万人 GDP	2.73	82	82	10	10
规模以上工业企业数	5.17	6	6	1	1
万人专利申请量	3.64	47	38	2	2
科技意识	2.80	61	90	9	10
开展 R&D 活动的企业占比	3.11	46	65	9	9
人均科普经费投入	2.49	100	100	10	10
民众浏览科技网页频度	2.60	9	82	2	10
创新投入	3.52	44	39	7	4
人力投入	3.60	42	36	5	4
万人 R&D 人员数	3.25	36	53	6	7
研究人员占 R&D 人员比	3.74	62	35	6	2
R&D 人员全时当量	3.82	15	16	3	3
财力投入	3.44	49	46	6	6
R&D 经费投入占 GDP 百分比	3.36	42	44	7	9
企业 R&D 经费投入占主营业务收入比	3.73	41	30	6	4
企业技术获取和改造费用占主营业务收入比	3.19	28	41	3	4
创新成效	5.06	8	2	1	1
技术创新	5.92	3	1	1	1
高新技术产业增加值占规模以上工业增加值比	4.81	7	12	1	1
高新技术企业数	7.46	3	1	1	1
产业化水平	4.16	23	11	2	1
新产品销售收入占主营业务收入比	5.05	17	6	1	1
万人发明专利授权量	4.08	13	10	2	2
技术合同成交额	3.07	71	73	8	9

续表

指标名称	得分（分） 2018年	江西省排名 2017年	江西省排名 2018年	宜春市排名 2017年	宜春市排名 2018年
经济社会发展	3.32	25	48	3	3
经济增长	3.09	29	83	6	8
GDP增长百分比	2.41	31	85	3	7
万人财政收入	2.72	85	83	10	10
第三产业占GDP比重	4.17	15	16	1	1
社会生活	3.59	27	25	1	1
居民人均可支配收入	3.88	22	22	1	1
万人社会消费品零售额	3.82	15	16	1	1
城镇化率	3.61	22	22	1	1
空气质量指数	2.80	83	84	10	10

如图3-135、图3-136、表3-68所示，袁州区科技创新能力总得分70.89分，排在江西省第12位，比上一年提升了1位，排在宜春市第1位，与上一年位次相同。在一级指标中，经济社会发展排在江西省第48位，比上一年下降了23位，排在宜春市第3位，与上一年位次相同；创新投入排在江西省第39位，比上一年提升了5位，排在宜春市第4位，比上一年提升了3位；创新成效排在江西省第2位，比上一年提升了6位，排在宜春市第1位，与上一年位次相同；创新环境排在江西省第61位，比上一年下降了25位，排在宜春市第6位，比上一年下降了3位。

综上所述，袁州区在创新成效方面得分较高，高新技术企业数、新产品销售收入占主营业务收入比均排在江西省前列，具有明显优势。但在经济社会发展和创新环境方面得分较低，GDP增长百分比、人均科普经费投入等排名靠后。建议该区加强科普宣传，提高企业及民众科技意识，鼓励企业开展科研活动，提倡发展低碳经济，不断推动经济高质量发展。

二、奉新县

奉新县位于江西省西北部，是江西省宜春市下辖县。2018年，该县常住人口 32.30 万人，地区 GDP 164.86 亿元。居民人均可支配收入 25 198.01 元，排在江西省第 40 位、宜春市第 4 位。万人 GDP 5.1 亿元，排在江西省第 30 位、宜春市第 3 位。GDP 增长 8.4%，排在江西省第 64 位、宜春市第 2 位。城镇化率 54.2%，排在江西省第 34 位、宜春市第 3 位。规模以上工业企业数 119 家，排在江西省第 36 位、宜春市第 8 位。万人发明专利授权量 0.43 件，排在江西省第 22 位、宜春市第 3 位。R&D 人员全时当量 359 人·年，排在江西省第 61 位、宜春市第 8 位。R&D 经费投入占 GDP 百分比 1.14%，排在江西省第 38 位、宜春市第 7 位。企业技术获取和改造费用占主营业务收入比 0.02%，排在江西省第 48 位、宜春市第 6 位。高新技术产业增加值占规模以上工业增加值比 47.28%，排在江西省第 23 位、宜春市第 3 位。新产品销售收入占主营业务收入比 7.35%，排在江西省第 63 位、宜春市第 7 位。万人财政收入 0.8 亿元，排在江西省第 22 位、宜春市第 3 位。万人社会消费品零售额 1.42 亿元，排在江西省第 32 位、宜春市第 3 位。第三产业占 GDP 比重 41.75%，排在江西省第 56 位、宜春市第 7 位。具体如图 3-137、图 3-138、表 3-69 所示。

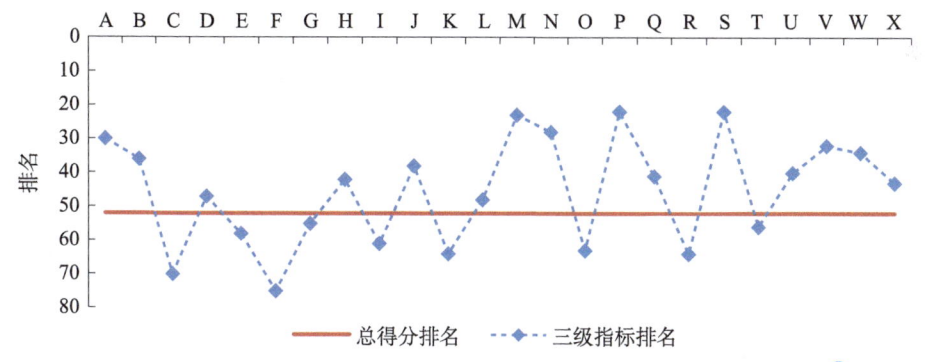

图 3-137　奉新县科技创新能力总得分、三级指标得分在江西省位次排名[①]

---

① 图注同本书 28 页图 3-1 图注。

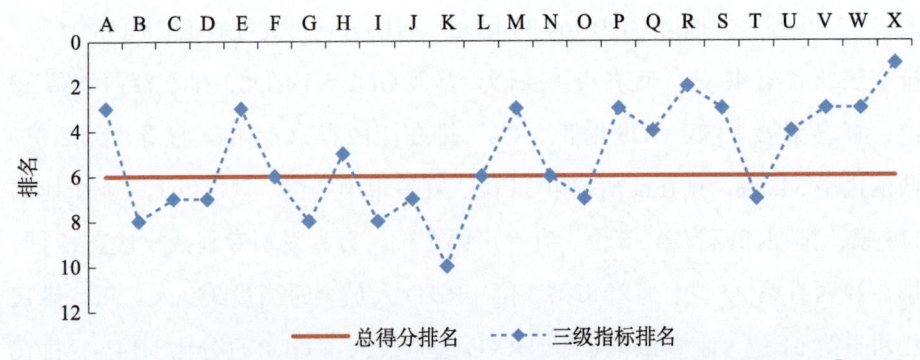

图 3-138 奉新县科技创新能力总得分、三级指标得分在宜春市位次排名[1]

表 3-69 奉新县科技创新能力评价指标得分与位次

指标名称	得分（分）	江西省排名		宜春市排名	
	2018 年	2017 年	2018 年	2017 年	2018 年
科技创新能力总得分	62.69	52	52	8	6
创新环境	3.29	49	69	7	8
创新基础	3.30	53	60	6	6
万人 GDP	3.64	36	30	3	3
规模以上工业企业数	3.49	40	36	8	8
万人专利申请量	2.84	61	70	4	7
科技意识	3.29	42	70	5	6
开展 R&D 活动的企业占比	3.58	29	47	6	7
人均科普经费投入	3.05	50	58	3	3
民众浏览科技网页频度	3.05	37	75	3	6
创新投入	3.29	66	61	9	10
人力投入	3.36	66	51	9	8
万人 R&D 人员数	3.25	15	55	1	8
研究人员占 R&D 人员比	3.63	89	42	10	5
R&D 人员全时当量	3.17	19	61	5	8
财力投入	3.21	57	61	8	9
R&D 经费投入占 GDP 百分比	3.47	32	38	5	7
企业 R&D 经费投入占主营业务收入比	2.99	76	64	9	10

---

[1] 图注同本书 28 页图 3-1 图注。

续表

指标名称	得分（分） 2018年	江西省排名 2017年	江西省排名 2018年	宜春市排名 2017年	宜春市排名 2018年
企业技术获取和改造费用占主营业务收入比	3.15	39	48	5	6
创新成效	3.74	41	32	5	5
技术创新	4.17	42	23	6	4
高新技术产业增加值占规模以上工业增加值比	4.28	43	23	5	3
高新技术企业数	4.00	38	28	6	6
产业化水平	3.29	34	58	4	7
新产品销售收入占主营业务收入比	3.10	29	63	4	7
万人发明专利授权量	3.54	35	22	5	3
技术合同成交额	3.28	38	41	4	4
经济社会发展	3.45	22	38	1	2
经济增长	3.43	20	48	2	2
GDP增长百分比	3.04	27	64	2	2
万人财政收入	3.92	21	22	3	3
第三产业占GDP比重	3.30	37	56	3	7
社会生活	3.48	33	30	2	2
居民人均可支配收入	3.61	39	40	4	4
万人社会消费品零售额	3.39	31	32	3	3
城镇化率	3.37	34	34	3	3
空气质量指数	3.49	53	43	3	1

如图3-137、图3-138、表3-69所示，奉新县科技创新能力总得分62.69分，排在江西省第52位，与上一年位次相同，排在宜春市第6位，比上一年提升了2位。在一级指标中，经济社会发展排在江西省第38位，比上一年下降了16位，排在宜春市第2位，比上一年下降了1位；创新投入排在江西省第61位，比上一年提升了5位，排在宜春市第10位，比上一年下降了1位；创新成效排在江西省第32位，比上一年提升了9位，排在宜春市第5位，与上一年位次相同；创新环境排在江西省第69位，比上一年下降了20位，排在宜春市第8位，比上一年下降了1位。

综上所述，奉新县在创新成效方面得分较高，万人发明专利授权量排名靠前，具有一定优势。但在创新投入和创新环境方面得分较低，R&D人员全时当量、企业R&D经费投入占主营业务收入比、民众浏览科技网页频度等排名靠后。建议该县加大科普宣传力度，提高企业及民众科技意识，加大科研经费投入，鼓励企业开展科研活动，强化专利意识，加强人才培养和引进，不断提高科技竞争力。

三、万载县

万载县位于江西省西北部，是江西省宜春市下辖县。2018年，该县常住人口49.29万人，地区GDP 154.71亿元。居民人均可支配收入19 436.85元，排在江西省第76位、宜春市第9位。万人GDP 3.14亿元，排在江西省第72位、宜春市第9位。GDP增长8.6%，排在江西省第52位、宜春市第1位。城镇化率42.22%，排在江西省第96位、宜春市第10位。规模以上工业企业数186家，排在江西省第17位、宜春市第6位。开展R&D活动的企业占比56.45%，排在江西省第36位、宜春市第6位。万人R&D人员数19.96人，排在江西省第36位、宜春市第5位。R&D人员全时当量810人·年，排在江西省第23位、宜春市第5位。R&D经费投入占GDP百分比1.29%，排在江西省第30位、宜春市第4位。万人财政收入0.57亿元，排在江西省第44位、宜春市第7位。万人社会消费品零售额0.85亿元，排在江西省第76位、宜春市第8位。第三产业占GDP比重41.62%，排在江西省第57位、宜春市第8位。具体如图3-139、图3-140、表3-70所示。

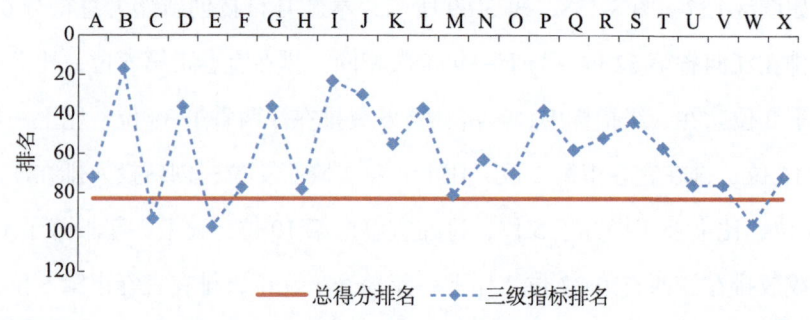

图3-139 万载县科技创新能力总得分、三级指标得分在江西省位次排名[①]

---

① 图注同本书28页图3-1图注。

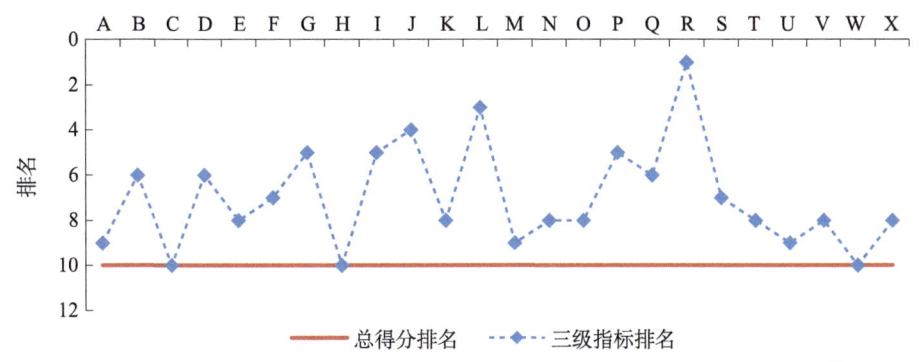

第三章 江西省各县（市、区）科技创新能力水平分析 | 255

图 3-140 万载县科技创新能力总得分、三级指标得分在宜春市位次排名[1]

表 3-70 万载县科技创新能力评价指标得分与位次

指标名称	得分（分） 2018年	江西省排名 2017年	江西省排名 2018年	宜春市排名 2017年	宜春市排名 2018年
科技创新能力总得分	57.28	87	83	10	10
创新环境	3.22	58	75	10	9
创新基础	3.18	56	67	8	8
万人 GDP	2.87	78	72	9	9
规模以上工业企业数	4.24	19	17	6	6
万人专利申请量	2.43	72	93	8	10
科技意识	3.25	52	71	7	7
开展 R&D 活动的企业占比	3.84	27	36	4	6
人均科普经费投入	2.60	86	97	7	8
民众浏览科技网页频度	2.99	91	77	9	7
创新投入	3.31	80	57	10	9
人力投入	3.27	70	55	10	9
万人 R&D 人员数	3.45	45	36	10	5
研究人员占 R&D 人员比	2.82	72	78	9	10
R&D 人员全时当量	3.60	38	23	7	5
财力投入	3.36	74	50	10	7

[1] 图注同本书 28 页图 3-1 图注。

续表

指标名称	得分（分） 2018年	江西省排名 2017年	江西省排名 2018年	宜春市排名 2017年	宜春市排名 2018年
R&D经费投入占GDP百分比	3.60	55	30	10	4
企业R&D经费投入占主营业务收入比	3.23	78	55	10	8
企业技术获取和改造费用占主营业务收入比	3.20	55	37	8	3
创新成效	2.96	89	82	10	9
技术创新	2.81	86	80	10	9
高新技术产业增加值占规模以上工业增加值比	2.65	87	81	10	9
高新技术企业数	3.03	66	63	8	8
产业化水平	3.12	79	72	10	9
新产品销售收入占主营业务收入比	2.91	74	70	10	8
万人发明专利授权量	3.35	53	38	7	5
技术合同成交额	3.16	62	58	7	6
经济社会发展	3.08	73	81	10	8
经济增长	3.32	39	58	8	4
GDP增长百分比	3.36	21	52	1	1
万人财政收入	3.32	44	44	7	7
第三产业占GDP比重	3.29	69	57	10	8
社会生活	2.81	98	96	10	10
居民人均可支配收入	2.71	79	76	9	9
万人社会消费品零售额	2.98	76	76	8	8
城镇化率	2.59	96	96	10	10
空气质量指数	3.07	74	72	9	8

如图3-139、图3-140、表3-70所示，万载县科技创新能力总得分为57.28分，排在江西省第83位，比上一年提升了4位，排在宜春市第10位，与上一年位次相同。在一级指标中，经济社会发展排在江西省第81位，比上一年下降了8位，排在宜春市第8位，比上一年提升了2位；创新投入排在江西省第57位，比上一年提升了23位，排在宜春市第9位，比上一年提升

了1位；创新成效排在江西省第82位，比上一年提升了7位，排在宜春市第9位，比上一年提升了1位；创新环境排在江西省第75位，比上一年下降了17位，排在宜春市第9位，比上一年提升了1位。

综上所述，万载县在经济社会发展、创新成效和创新环境方面得分都较低，城镇化率、高新技术产业增加值占规模以上工业增加值比、人均科普经费投入等排名靠后。建议该县加大科普宣传，提高企业及民众科技意识，鼓励企业进行自主研发，提高产品性能，积极培育战略性新兴产业，促进产业转型升级和经济可持续发展。

四、上高县

上高县位于江西省西北部，是江西省宜春市下辖县。2018年，该县常住人口33.87万人，地区GDP 184.51亿元。居民人均可支配收入25 612.57元，排在江西省第35位、宜春市第2位。万人GDP 5.45亿元，排在江西省第25位、宜春市第2位。GDP增长7.5%，排在江西省第97位、宜春市第8位。城镇化率54.65%，排在江西省第32位、宜春市第2位。规模以上工业企业数195家，排在江西省第14位、宜春市第5位。万人发明专利授权量0.24件，排在江西省第46位、宜春市第7位。万人R&D人员数36.11人，排在江西省第12位、宜春市第1位。研究人员占R&D人员比33.36%，排在江西省第36位、宜春市第3位。R&D人员全时当量767人·年，排在江西省第26位、宜春市第6位。R&D经费投入占GDP百分比1.88%，排在江西省第13位、宜春市第1位。高新技术产业增加值占规模以上工业增加值比37.86%，排在江西省第40位、宜春市第6位。万人财政收入0.92亿元，排在江西省第17位、宜春市第2位。万人社会消费品零售额1.15亿元，排在江西省第52位、宜春市第4位。第三产业占GDP比重42.7%，排在江西省第47位、宜春市第4位。具体如图3-141、图3-142、表3-71所示。

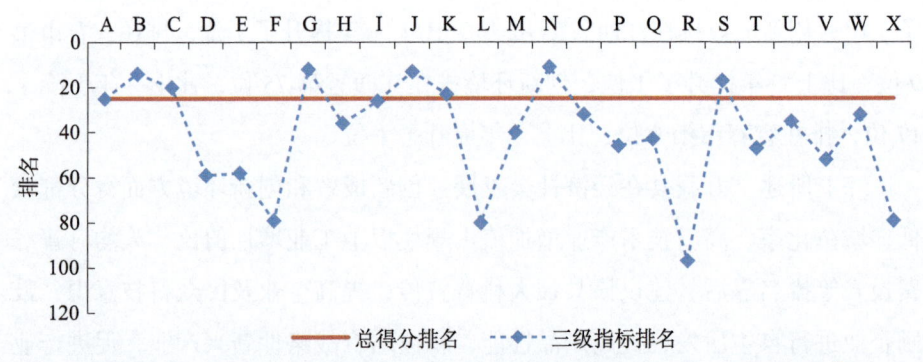

图 3-141　上高县科技创新能力总得分、三级指标得分在江西省位次排名[①]

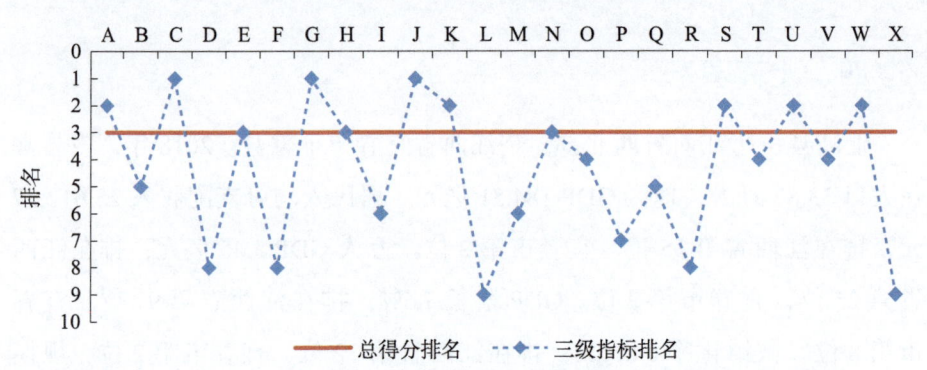

图 3-142　上高县科技创新能力总得分、三级指标得分在宜春市位次排名[②]

表 3-71　上高县科技创新能力评价指标得分与位次

指标名称	得分（分）	江西省排名		宜春市排名	
	2018 年	2017 年	2018 年	2017 年	2018 年
科技创新能力总得分	66.48	40	25	5	3
创新环境	3.62	53	35	8	2
创新基础	4.13	24	16	3	2
万人 GDP	3.77	30	25	2	2
规模以上工业企业数	4.34	12	14	5	5
万人专利申请量	4.22	67	20	5	1
科技意识	3.09	78	80	10	8
开展 R&D 活动的企业占比	3.24	66	59	10	8
人均科普经费投入	3.05	50	58	3	3

①②　图注同本书 28 页图 3-1 图注。

续表

指标名称	得分（分） 2018年	江西省排名 2017年	江西省排名 2018年	宜春市排名 2017年	宜春市排名 2018年
民众浏览科技网页频度	2.87	79	79	6	8
创新投入	3.77	20	20	1	1
人力投入	3.78	31	23	3	1
万人R&D人员数	4.04	19	12	3	1
研究人员占R&D人员比	3.74	45	36	3	3
R&D人员全时当量	3.56	35	26	6	6
财力投入	3.77	18	24	2	2
R&D经费投入占GDP百分比	4.11	7	13	1	1
企业R&D经费投入占主营业务收入比	3.98	31	23	3	2
企业技术获取和改造费用占主营业务收入比	3.07	71	80	10	9
创新成效	3.83	51	26	8	3
技术创新	4.18	43	21	7	3
高新技术产业增加值占规模以上工业增加值比	3.78	64	40	8	6
高新技术企业数	4.73	19	11	3	3
产业化水平	3.47	65	38	8	4
新产品销售收入占主营业务收入比	3.79	51	32	7	4
万人发明专利授权量	3.25	47	46	6	7
技术合同成交额	3.27	41	43	5	5
经济社会发展	3.21	28	65	4	4
经济增长	3.10	24	81	3	7
GDP增长百分比	1.62	46	97	7	8
万人财政收入	4.23	17	17	2	2
第三产业占GDP比重	3.38	54	47	7	4
社会生活	3.34	37	43	4	4
居民人均可支配收入	3.67	34	35	2	2
万人社会消费品零售额	3.19	53	52	4	4
城镇化率	3.40	32	32	2	2
空气质量指数	2.87	72	79	8	9

如图 3-141、图 3-142、表 3-71 所示，上高县科技创新能力总得分 66.48 分，排在江西省第 25 位，比上一年提升了 15 位，排在宜春市第 3 位，比上一年提升了 2 位。在一级指标中，经济社会发展排在江西省第 65 位，比上一年下降了 37 位，排在宜春市第 4 位，与上一年位次相同；创新投入排在江西省第 20 位、宜春市第 1 位，都与上一年位次相同；创新成效排在江西省第 26 位，比上一年提升了 25 位，排在宜春市第 3 位，比上一年提升了 5 位；创新环境排在江西省第 35 位，比上一年提升了 18 位，排在宜春市第 2 位，比上一年提升了 6 位。

综上所述，上高县在创新投入方面得分较高，万人 R&D 人员数、R&D 经费投入占 GDP 百分比排名靠前，具有一定优势。但在经济社会发展方面得分较低，GDP 增长百分比、空气质量指数等排名靠后。建议该县加快实施创新驱动发展战略，调整产业结构，提倡低碳发展，促进产业转型升级和经济高质量发展。

五、宜丰县

宜丰县位于江西省西部，是江西省宜春市下辖县。2018 年，该县常住人口 28.28 万人，地区 GDP 130.16 亿元。居民人均可支配收入 24 122.16 元，排在江西省第 50 位、宜春市第 7 位。万人 GDP 4.6 亿元，排在江西省第 39 位、宜春市第 4 位。GDP 增长 7.5%，排在江西省第 97 位、宜春市第 8 位。城镇化率 53.27%，排在江西省第 36 位、宜春市第 4 位。开展 R&D 活动的企业占比 58.82%，排在江西省第 28 位、宜春市第 5 位。万人发明专利授权量 0.14 件，排在江西省第 59 位、宜春市第 10 位。人均科普经费投入 0.32 元，排在江西省第 56 位、宜春市第 2 位。万人 R&D 人员数 23.37 人，排在江西省第 27 位、宜春市第 3 位。R&D 人员全时当量 540 人·年，排在江西省第 42 位、宜春市第 7 位。R&D 经费投入占 GDP 百分比 1.7%，排在江西省第 18 位、宜春市第 2 位。高新技术产业增加值占规模以上工业增加值比 52.74%，排在江西省第 16 位、宜春市第 2 位。万人财政收入 0.72 亿元，排在江西省第 28 位、宜春市第 4 位。万人社会消费品零售额 0.85 亿元，排在江西省第 78 位、宜春市第 9 位。第三产业占 GDP 比重 37.59%，排在江西省第 78 位、宜春市第 10 位。具体如图 3-143、图 3-144、表 3-72 所示。

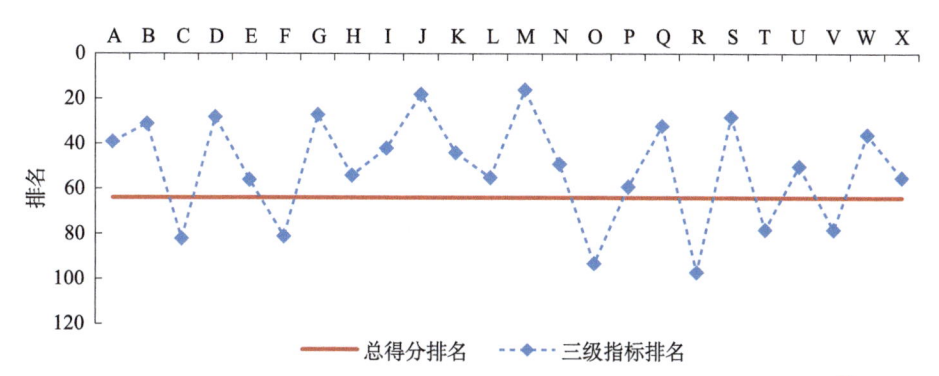

图 3-143　宜丰县科技创新能力总得分、三级指标得分在江西省位次排名[①]

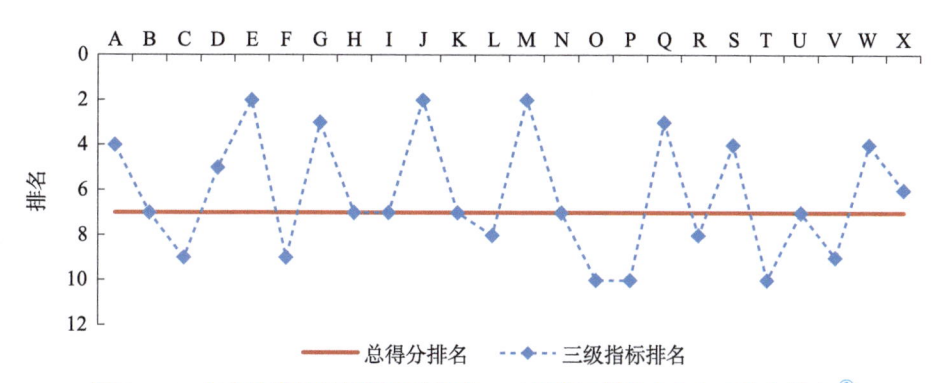

图 3-144　宜丰县科技创新能力总得分、三级指标得分在宜春市位次排名[②]

表 3-72　宜丰县科技创新能力评价指标得分与位次

指标名称	得分（分）	江西省排名		宜春市排名	
	2018 年	2017 年	2018 年	2017 年	2018 年
科技创新能力总得分	60.95	41	64	6	7
创新环境	3.30	48	68	6	7
创新基础	3.20	54	65	7	7
万人 GDP	3.44	43	39	4	4
规模以上工业企业数	3.68	31	31	7	7

①② 图注同本书 28 页图 3-1 图注。

续表

指标名称	得分（分） 2018年	江西省排名 2017年	江西省排名 2018年	宜春市排名 2017年	宜春市排名 2018年
万人专利申请量	2.54	76	82	9	9
科技意识	3.40	41	64	4	5
开展R&D活动的企业占比	3.99	32	28	7	5
人均科普经费投入	3.09	36	56	1	2
民众浏览科技网页频度	2.68	63	81	5	9
创新投入	3.46	33	46	5	5
人力投入	3.41	62	46	8	7
万人R&D人员数	3.57	35	27	5	3
研究人员占R&D人员比	3.31	57	54	4	7
R&D人员全时当量	3.34	43	42	8	7
财力投入	3.51	27	39	3	4
R&D经费投入占GDP百分比	3.96	11	18	2	2
企业R&D经费投入占主营业务收入比	3.35	33	44	4	7
企业技术获取和改造费用占主营业务收入比	3.13	43	55	7	8
创新成效	3.49	32	43	3	7
技术创新	4.03	25	26	2	5
高新技术产业增加值占规模以上工业增加值比	4.58	13	16	3	2
高新技术企业数	3.28	53	49	7	7
产业化水平	2.93	46	88	6	10
新产品销售收入占主营业务收入比	2.48	65	93	9	10
万人发明专利授权量	3.11	22	59	4	10
技术合同成交额	3.35	31	32	3	3
经济社会发展	3.01	41	90	6	9
经济增长	2.78	37	92	7	9
GDP增长百分比	1.62	60	97	10	8
万人财政收入	3.72	23	28	4	4
第三产业占GDP比重	2.96	66	78	8	10
社会生活	3.27	52	51	6	6

续表

指标名称	得分（分）	江西省排名		宜春市排名	
	2018年	2017年	2018年	2017年	2018年
居民人均可支配收入	3.44	48	50	7	7
万人社会消费品零售额	2.97	77	78	9	9
城镇化率	3.31	36	36	4	4
空气质量指数	3.26	58	55	6	6

如图 3-143、图 3-144、表 3-72 所示，宜丰县科技创新能力总得分 60.95 分，排在江西省第 64 位，比上一年下降了 23 位，排在宜春市第 7 位，比上一年下降了 1 位。在一级指标中，经济社会发展排在江西省第 90 位，比上一年下降了 49 位，排在宜春市第 9 位，比上一年下降了 3 位；创新投入排在江西省第 46 位，比上一年下降了 13 位，排在宜春市第 5 位，与上一年位次相同；创新成效排在江西省第 43 位，比上一年下降了 11 位，排在宜春市第 7 位，比上一年下降了 4 位；创新环境排在江西省第 68 位，比上一年下降了 20 位，排在宜春市第 7 位，比上一年下降了 1 位。

综上所述，宜丰县在创新成效方面得分相对较高，高新技术产业增加值占规模以上工业增加值比排名靠前，具有一定优势。但在经济社会发展和创新环境方面得分较低，GDP 增长百分比、万人专利申请量等排名靠后。建议该县加大科普宣传力度，提高企业及民众科技意识，加强知识产权管理，提高科研活动质量，大力发展第三产业，夯实创新基础，不断提高科技竞争力。

六、靖安县

靖安县位于江西省北部偏西、宜春市北部，是江西省宜春市下辖县。2018 年，该县常住人口 14.95 万人，地区 GDP 50.78 亿元。居民人均可支配收入 22 389.94 元，排在江西省第 59 位、宜春市第 8 位。万人 GDP 3.4 亿元，排在江西省第 64 位、宜春市第 8 位。GDP 增长 8.1%，排在江西省第 79 位、宜春市第 5 位。城镇化率 51.28%，排在江西省第 53 位、宜春市第 6

位。开展 R&D 活动的企业占比 66.07%，排在江西省第 18 位、宜春市第 2 位。万人发明专利授权量 0.33 件，排在江西省第 32 位、宜春市第 4 位。人均科普经费投入 0.39 元，排在江西省第 49 位、宜春市第 1 位。万人 R&D 人员数 20.27 人，排在江西省第 34 位、宜春市第 4 位。研究人员占 R&D 人员比 33%，排在江西省第 39 位、宜春市第 4 位。R&D 经费投入占 GDP 百分比 1.16%，排在江西省第 37 位、宜春市第 6 位。新产品销售收入占主营业务收入比 11.08%，排在江西省第 41 位、宜春市第 6 位。万人财政收入 0.68 亿元，排在江西省第 32 位、宜春市第 5 位。万人社会消费品零售额 0.59 亿元，排在江西省第 97 位、宜春市第 10 位。第三产业占 GDP 比重 42.78%，排在江西省第 46 位、宜春市第 3 位。具体如图 3-145、图 3-146、表 3-73 所示。

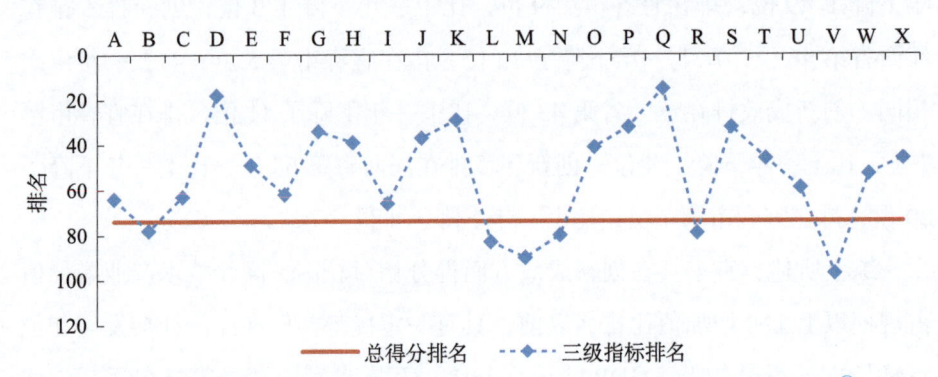

图 3-145 靖安县科技创新能力总得分、三级指标得分在江西省位次排名[①]

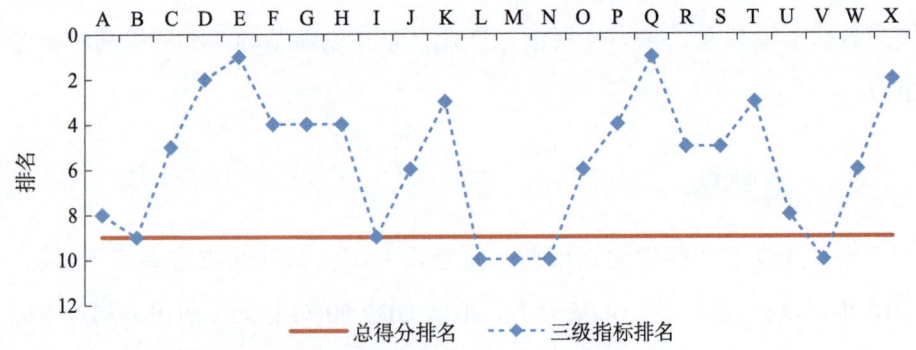

图 3-146 靖安县科技创新能力总得分、三级指标得分在宜春市位次排名[②]

①② 图注同本书 28 页图 3-1 图注。

表 3-73　靖安县科技创新能力评价指标得分与位次

指标名称	得分（分） 2018年	江西省排名 2017年	江西省排名 2018年	宜春市排名 2017年	宜春市排名 2018年
科技创新能力总得分	58.94	43	74	7	9
创新环境	3.38	40	58	4	5
创新基础	2.93	83	81	9	10
万人 GDP	2.97	69	64	7	8
规模以上工业企业数	2.78	74	78	9	9
万人专利申请量	3.04	68	63	6	5
科技意识	3.84	18	22	2	1
开展 R&D 活动的企业占比	4.44	7	18	2	2
人均科普经费投入	3.24	42	49	2	1
民众浏览科技网页频度	3.51	88	62	8	4
创新投入	3.45	27	47	3	6
人力投入	3.44	30	43	2	6
万人 R&D 人员数	3.46	30	34	4	4
研究人员占 R&D 人员比	3.71	21	39	1	4
R&D 人员全时当量	3.09	85	66	10	9
财力投入	3.46	28	43	4	5
R&D 经费投入占 GDP 百分比	3.48	17	37	4	6
企业 R&D 经费投入占主营业务收入比	3.75	30	29	2	3
企业技术获取和改造费用占主营业务收入比	3.06	41	83	6	10
创新成效	2.96	46	84	7	10
技术创新	2.40	65	91	9	10
高新技术产业增加值占规模以上工业增加值比	2.29	54	90	7	10
高新技术企业数	2.55	81	80	9	10
产业化水平	3.55	17	33	1	3
新产品销售收入占主营业务收入比	3.50	21	41	2	6
万人发明专利授权量	3.39	15	32	3	4
技术合同成交额	3.77	12	15	1	1

续表

指标名称	得分（分） 2018年	江西省排名 2017年	江西省排名 2018年	宜春市排名 2017年	宜春市排名 2018年
经济社会发展	3.17	38	72	5	5
经济增长	3.19	28	70	5	5
GDP 增长百分比	2.57	33	79	4	5
万人财政收入	3.61	29	32	6	5
第三产业占 GDP 比重	3.38	38	46	4	3
社会生活	3.14	71	61	8	7
居民人均可支配收入	3.17	58	59	8	8
万人社会消费品零售额	2.78	97	97	10	10
城镇化率	3.18	53	53	6	6
空气质量指数	3.48	52	46	2	2

如图 3-145、图 3-146、表 3-73 所示，靖安县科技创新能力总得分 58.94 分，排在江西省第 74 位，比上一年下降了 31 位，排在宜春市第 9 位，比上一年下降了 2 位。在一级指标中，经济社会发展排在江西省第 72 位，比上一年下降了 34 位，排在宜春市第 5 位，与上一年位次相同；创新投入排在江西省第 47 位，比上一年下降了 20 位，排在宜春市第 6 位，比上一年下降了 3 位；创新成效排在江西省第 84 位，比上一年下降了 38 位，排在宜春市第 10 位，比上一年下降了 3 位；创新环境排在江西省第 58 位，比上一年下降了 18 位，排在宜春市第 5 位，比上一年下降了 1 位。

综上所述，靖安县在创新投入方面得分较高，企业 R&D 经费投入占主营业务收入比排名靠前，具有一定优势。但在经济社会发展和创新成效方面得分较低，万人社会消费品零售额、高新技术产业增加值占规模以上工业增加值比等排名靠后。建议该县因地制宜筛选和培育战略性新兴产业，做大做强高新技术企业，推进经济高质量发展。

七、铜鼓县

铜鼓县位于江西省西北部，是江西省宜春市下辖县。2018年，该县常住人口13.95万人，地区GDP 49.86亿元。居民人均可支配收入18 181.1元，排在江西省第83位、宜春市第10位。万人GDP 3.57亿元，排在江西省第60位、宜春市第6位。GDP增长8.2%，排在江西省第76位、宜春市第4位。城镇化率51.47%，排在江西省第52位、宜春市第5位。开展R&D活动的企业占比70.97%，排在江西省第12位、宜春市第1位。万人R&D人员数16.2人，排在江西省第44位、宜春市第6位。研究人员占R&D人员比26.11%，排在江西省第67位、宜春市第9位。R&D经费投入占GDP百分比1.23%，排在江西省第33位、宜春市第5位。企业技术获取和改造费用占主营业务收入比0.04%，排在江西省第42位、宜春市第5位。高新技术产业增加值占规模以上工业增加值比45.48%，排在江西省第25位、宜春市第4位。新产品销售收入占主营业务收入比21.84%，排在江西省第8位、宜春市第2位。万人财政收入0.67亿元，排在江西省第34位、宜春市第6位。万人社会消费品零售额0.9亿元，排在江西省第71位、宜春市第6位。第三产业占GDP比重47.49%，排在江西省第27位、宜春市第2位。具体如图3-147、图3-148、表3-74所示。

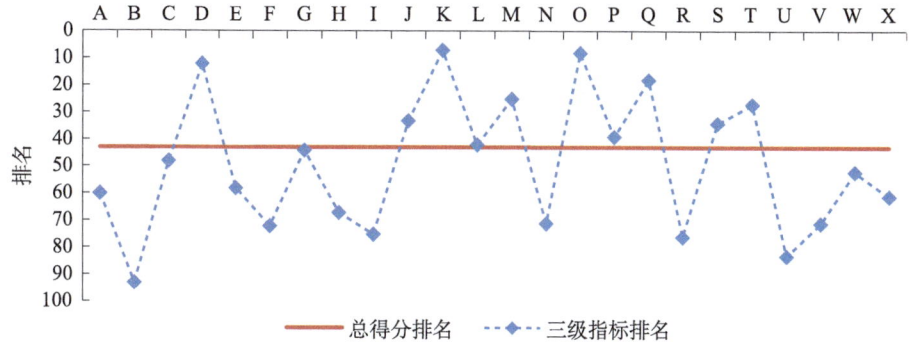

图3-147　铜鼓县科技创新能力总得分、三级指标得分在江西省位次排名[①]

---

① 图注同本书28页图3-1图注。

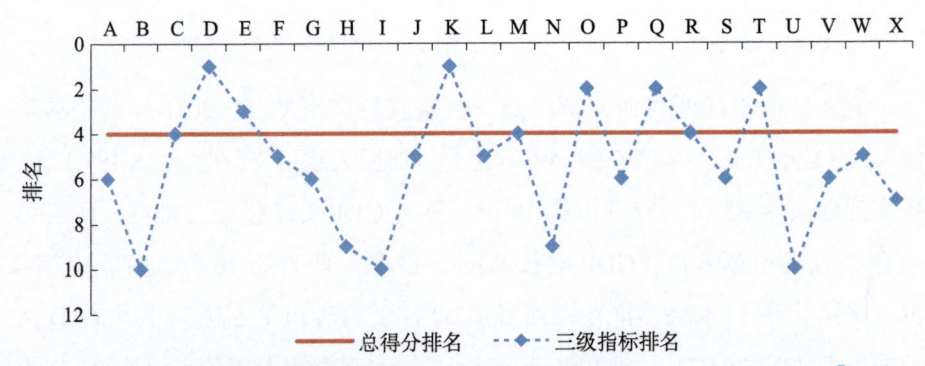

图 3-148　铜鼓县科技创新能力总得分、三级指标得分在宜春市位次排名①

表 3-74　铜鼓县科技创新能力评价指标得分与位次

指标名称	得分（分）	江西省排名		宜春市排名	
	2018 年	2017 年	2018 年	2017 年	2018 年
科技创新能力总得分	64.07	30	43	3	4
创新环境	3.41	57	53	9	4
创新基础	3.01	97	75	10	9
万人 GDP	3.04	64	60	6	6
规模以上工业企业数	2.50	94	93	10	10
万人专利申请量	3.46	78	48	10	4
科技意识	3.83	20	25	3	2
开展 R&D 活动的企业占比	4.74	5	12	1	1
人均科普经费投入	3.05	85	58	9	3
民众浏览科技网页频度	3.13	93	72	10	5
创新投入	3.58	23	31	2	3
人力投入	3.11	40	75	4	10
万人 R&D 人员数	3.31	40	44	7	6
研究人员占 R&D 人员比	3.02	34	67	2	9
R&D 人员全时当量	3.01	74	75	9	10
财力投入	4.05	17	14	1	1
R&D 经费投入占 GDP 百分比	3.55	33	33	6	5

① 图注同本书 28 页图 3-1 图注。

续表

指标名称	得分（分） 2018年	江西省排名 2017年	江西省排名 2018年	宜春市排名 2017年	宜春市排名 2018年
企业R&D经费投入占主营业务收入比	5.27	11	7	1	1
企业技术获取和改造费用占主营业务收入比	3.19	12	42	1	5
创新成效	3.77	31	31	2	4
技术创新	3.58	28	41	3	7
高新技术产业增加值占规模以上工业增加值比	4.19	10	25	2	4
高新技术企业数	2.73	81	71	9	9
产业化水平	3.97	36	13	5	2
新产品销售收入占主营业务收入比	4.67	34	8	5	2
万人发明专利授权量	3.32	80	39	9	6
技术合同成交额	3.73	17	18	2	2
经济社会发展	3.16	48	74	8	6
经济增长	3.36	26	53	4	3
GDP增长百分比	2.72	45	76	6	4
万人财政收入	3.58	26	34	5	6
第三产业占GDP比重	3.77	29	27	2	2
社会生活	2.93	84	87	9	9
居民人均可支配收入	2.51	82	83	10	10
万人社会消费品零售额	3.01	73	71	6	6
城镇化率	3.19	52	52	5	5
空气质量指数	3.21	61	61	7	7

如图3-147、图3-148、表3-74所示，铜鼓县科技创新能力总得分64.07分，排在江西省第43位，比上一年下降了13位，排在宜春市第4位，比上一年下降了1位。在一级指标中，经济社会发展排在江西省第74位，比上一年下降了26位，排在宜春市第6位，比上一年提升了2位；创新投入排在江西省第31位，比上一年下降了8位，排在宜春市第3位，比上一年下降了1位；创新成效排在江西省第31位，与上一年位次相同，排在宜春市第4位，比上一年下降了2位；创新环境排在江西省第53位，比上一年提升了4位，

排在宜春市第 4 位，比上一年提升了 5 位。

综上所述，铜鼓县在创新成效方面得分较高，新产品销售收入占主营业务收入比、技术合同成交额排名靠前，具有一定优势。但在经济社会发展方面得分较低，GDP 增长百分比、居民人均可支配收入等排名靠后。建议该县做大做强优势产业，夯实创新基础，加大科普宣传力度，提高企业及民众科技意识，营造良好的创新氛围，提倡低碳发展，促进产业转型升级和经济高质量发展。

八、丰城市

丰城市位于江西省中部，是江西省试点省直管市。2018 年，该市常住人口 136.62 万人，地区 GDP 506.07 亿元。居民人均可支配收入 24 343.34 元，排在江西省第 47 位、宜春市第 6 位。万人 GDP 3.7 亿元，排在江西省第 57 位、宜春市第 5 位。GDP 增长 8.3%，排在江西省第 69 位、宜春市第 3 位。城镇化率 42.95%，排在江西省第 94 位、宜春市第 9 位。规模以上工业企业数 228 家，排在江西省第 8 位、宜春市第 2 位。开展 R&D 活动的企业占比 35.96%，排在江西省第 88 位、宜春市第 10 位。万人 R&D 人员数 14.47 人，排在江西省第 56 位、宜春市第 9 位。R&D 人员全时当量 1660 人·年，排在江西省第 8 位、宜春市第 1 位。企业技术获取和改造费用占主营业务收入比 0.02%，排在江西省第 50 位、宜春市第 7 位。高新技术产业增加值占规模以上工业增加值比 19.34%，排在江西省第 74 位、宜春市第 8 位。新产品销售收入占主营业务收入比 14.96%，排在江西省第 28 位、宜春市第 3 位。万人财政收入 0.55 亿元，排在江西省第 51 位、宜春市第 9 位。第三产业占 GDP 比重 40.35%，排在江西省第 66 位、宜春市第 9 位。具体如图 3-149、图 3-150、表 3-75 所示。

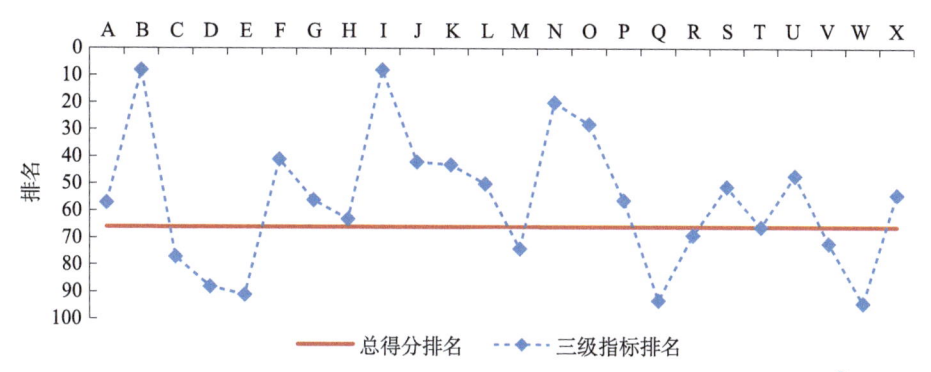

图 3-149　丰城市科技创新能力总得分、三级指标得分在江西省位次排名[①]

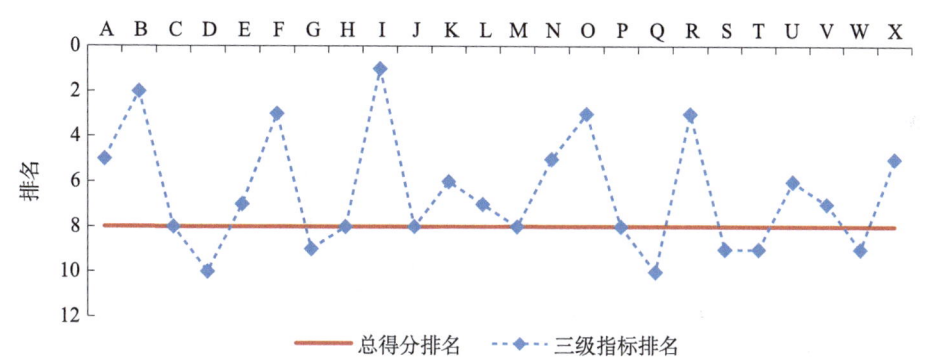

图 3-150　丰城市科技创新能力总得分、三级指标得分在宜春市位次排名[②]

表 3-75　丰城市科技创新能力评价指标得分与位次

指标名称	得分（分）	江西省排名		宜春市排名	
	2018 年	2017 年	2018 年	2017 年	2018 年
科技创新能力总得分	60.42	39	66	4	8
创新环境	3.21	10	77	1	10
创新基础	3.49	30	36	4	5
万人 GDP	3.09	56	57	5	5
规模以上工业企业数	4.71	9	8	3	2
万人专利申请量	2.64	71	77	7	8
科技意识	2.91	5	86	1	9
开展 R&D 活动的企业占比	2.58	42	88	8	10
人均科普经费投入	2.68	92	91	8	7

①② 图注同本书 28 页图 3-1 图注。

续表

指标名称	得分（分）	江西省排名		宜春市排名	
	2018 年	2017 年	2018 年	2017 年	2018 年
民众浏览科技网页频度	3.84	2	41	1	3
创新投入	3.43	54	49	8	7
人力投入	3.56	43	39	6	5
万人 R&D 人员数	3.25	44	56	9	9
研究人员占 R&D 人员比	3.12	71	63	8	8
R&D 人员全时当量	4.40	9	8	1	1
财力投入	3.30	61	54	9	8
R&D 经费投入占 GDP 百分比	3.38	50	42	9	8
企业 R&D 经费投入占主营业务收入比	3.35	58	43	8	6
企业技术获取和改造费用占主营业务收入比	3.15	36	50	4	7
创新成效	3.41	44	49	6	8
技术创新	3.44	36	49	5	8
高新技术产业增加值占规模以上工业增加值比	2.77	40	74	4	8
高新技术企业数	4.37	26	20	5	5
产业化水平	3.38	69	45	9	5
新产品销售收入占主营业务收入比	3.92	39	28	6	3
万人发明专利授权量	3.12	72	56	8	8
技术合同成交额	2.93	92	93	10	10
经济社会发展	3.13	54	79	9	7
经济增长	3.11	45	77	9	6
GDP 增长百分比	2.88	36	69	5	3
万人财政收入	3.27	47	51	8	9
第三产业占 GDP 比重	3.18	68	66	9	9
社会生活	3.14	66	63	7	8
居民人均可支配收入	3.47	47	47	6	6
万人社会消费品零售额	3.00	75	72	7	7
城镇化率	2.64	94	94	9	9
空气质量指数	3.34	46	54	1	5

如图 3-149、图 3-150、表 3-75 所示，丰城市科技创新能力总得分 60.42 分，排在江西省第 66 位，比上一年下降了 27 位，排在宜春市第 8 位，比上一年下降了 4 位。在一级指标中，经济社会发展排在江西省第 79 位，比上一年下降了 25 位，排在宜春市第 7 位，比上一年提升了 2 位；创新投入排在江西省第 49 位，比上一年提升了 5 位，排在宜春市第 7 位，比上一年提升了 1 位；创新成效排在江西省第 49 位，比上一年下降了 5 位，排在宜春市第 8 位，比上一年下降了 2 位；创新环境排在江西省第 77 位，比上一年下降了 67 位，排在宜春市第 10 位，比上一年下降了 9 位。

综上所述，丰城市在创新投入和创新成效得分相差不大，均处于江西省中游。在经济社会发展和创新环境方面得分较低，城镇化率、人均科普经费投入等排名靠后。建议该市加大科普宣传力度，加大科普经费投入，提高企业及民众科技意识，营造良好的创新氛围，不断提高科技竞争力。

九、樟树市

樟树市位于江西省中部，是江西省宜春市下辖县级市。2018 年，该市常住人口 56.38 万人，地区 GDP 408.59 亿元。居民人均可支配收入 25 537.8 元，排在江西省第 37 位、宜春市第 3 位。万人 GDP 7.25 亿元，排在江西省第 17 位、宜春市第 1 位。GDP 增长 8.1%，排在江西省第 79 位、宜春市第 5 位。城镇化率 48.22%，排在江西省第 71 位、宜春市第 8 位。规模以上工业企业数 226 家，排在江西省第 9 位、宜春市第 3 位。开展 R&D 活动的企业占比 60.62%，排在江西省第 24 位、宜春市第 3 位。万人专利申请量 17.97 件，排在江西省第 45 位、宜春市第 3 位。万人发明专利授权量 0.87 件，排在江西省第 9 位、宜春市第 1 位。万人 R&D 人员数 26.64 人，排在江西省第 19 位、宜春市第 2 位。R&D 人员全时当量 1132 人·年，排在江西省第 15 位、宜春市第 2 位。R&D 经费投入占 GDP 百分比 0.76%，排在江西省第 58 位、宜春市第 10 位。企业技术获取和改造费用占主营业务收入比 0.06%，排在江西省第 29 位、宜春市第 2 位。高新技术产业增加值占规模以上工业增加值比 40.7%，排在江西省第 34 位、宜春市第 5 位。新产品销售收入占主营业务收入比 4.92%，排在江西省第 73 位、宜春市第 9 位。万人财政收入 1.06 亿元，排在江西省第 14 位、宜春市第 1 位。万人社会消费品零售额 1.47 亿元，排在江西省第 30 位、宜春市第 2 位。第三产业占 GDP 比重 42.3%，排在江西省第 51 位、宜春市第 6 位。具体如图 3-151、图 3-152、表 3-76 所示。

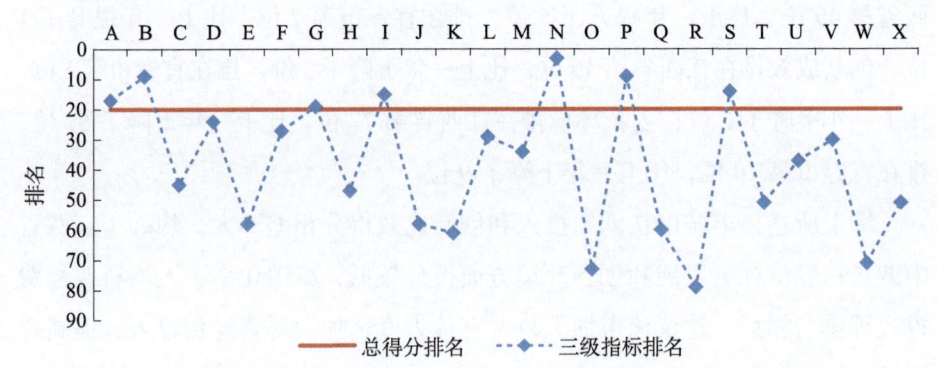

图 3-151　樟树市科技创新能力总得分、三级指标得分在江西省位次排名[①]

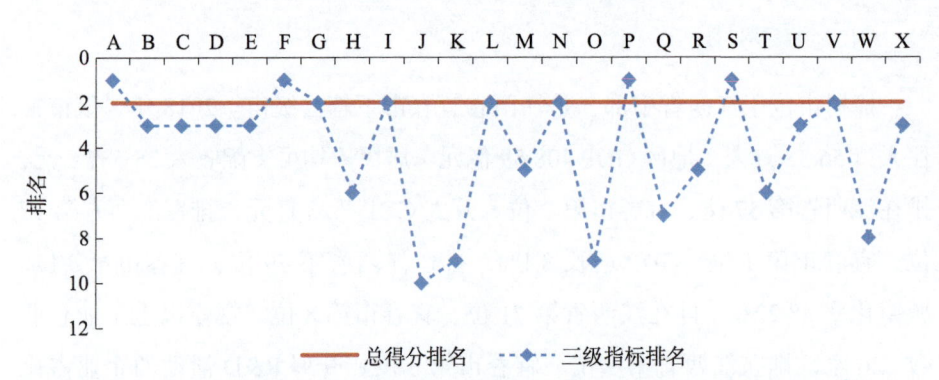

图 3-152　樟树市科技创新能力总得分、三级指标得分在宜春市位次排名[②]

表 3-76　樟树市科技创新能力评价指标得分与位次

指标名称	得分（分）	江西省排名		宜春市排名	
	2018 年	2017 年	2018 年	2017 年	2018 年
科技创新能力总得分	68.03	24	20	2	2
创新环境	4.00	15	14	2	1
创新基础	4.20	11	14	1	1

①② 图注同本书 28 页图 3-1 图注。

续表

指标名称	得分（分）2018年	江西省排名 2017年	江西省排名 2018年	宜春市排名 2017年	宜春市排名 2018年
万人 GDP	4.48	19	17	1	1
规模以上工业企业数	4.68	8	9	2	3
万人专利申请量	3.52	34	45	1	3
科技意识	3.79	45	31	6	3
开展 R&D 活动的企业占比	4.10	28	24	5	3
人均科普经费投入	3.05	50	58	3	3
民众浏览科技网页频度	4.17	57	27	4	1
创新投入	3.42	41	50	6	8
人力投入	3.70	29	28	1	3
万人 R&D 人员数	3.69	16	19	2	2
研究人员占 R&D 人员比	3.52	67	47	7	6
R&D 人员全时当量	3.90	12	15	2	2
财力投入	3.15	56	65	7	10
R&D 经费投入占 GDP 百分比	3.14	47	58	8	10
企业 R&D 经费投入占主营业务收入比	3.06	56	61	7	9
企业技术获取和改造费用占主营业务收入比	3.28	23	29	2	2
创新成效	4.08	35	17	4	2
技术创新	4.78	33	8	4	2
高新技术产业增加值占规模以上工业增加值比	3.93	51	34	6	5
高新技术企业数	5.95	11	3	2	2
产业化水平	3.36	33	49	3	6
新产品销售收入占主营业务收入比	2.83	54	73	8	9
万人发明专利授权量	4.19	11	9	1	1
技术合同成交额	3.14	54	60	6	7
经济社会发展	3.46	23	35	2	1
经济增长	3.52	17	40	1	1
GDP 增长百分比	2.57	58	79	9	5
万人财政收入	4.60	14	14	1	1

续表

指标名称	得分（分） 2018年	江西省排名 2017年	江西省排名 2018年	宜春市排名 2017年	宜春市排名 2018年
第三产业占GDP比重	3.34	45	51	5	6
社会生活	3.40	36	35	3	3
居民人均可支配收入	3.66	37	37	3	3
万人社会消费品零售额	3.43	28	30	2	2
城镇化率	2.98	71	71	8	8
空气质量指数	3.42	56	51	4	3

如图3-151、图3-152、表3-76所示，樟树市科技创新能力总得分68.03分，排在江西省第20位，比上一年提升了4位，排在宜春市第2位，与上一年位次相同。在一级指标中，经济社会发展排在江西省第35位，比上一年下降了12位，排在宜春市第1位，比上一年提升了1位；创新投入排在江西省第50位，比上一年下降了9位，排在宜春市第8位，比上一年下降了2位；创新成效排在江西省第17位，比上一年提升了18位，排在宜春市第2位，比上一年提升了2位；创新环境排在江西省第14位，比上一年提升了1位，排在宜春市第1位，比上一年提升了1位。

综上所述，樟树市在创新成效和创新环境方面得分较高，高新技术企业数、万人发明专利授权量、规模以上工业企业数均排在江西省前列，具有明显优势。但在创新投入方面得分较低，研究人员占R&D人员比、企业R&D经费投入占主营业务收入比等排名靠后。建议该市加大科研经费投入，积极引进和培养人才，鼓励企业开展科研活动，提升产品性能，促进产业转型升级和经济高质量发展。

十、高安市

高安市位于江西省中部，是江西省宜春市代管县级市。2018年，该市常住人口83.76万人，地区GDP 284.58亿元。居民人均可支配收入24 674.06元，排在江西省第45位、宜春市第5位。万人GDP 3.4亿元，排在江西省第63位、宜春市第7位。GDP增长7.3%，排在江西省第100位、宜春市第10位。

城镇化率 49.94%，排在江西省第 62 位、宜春市第 7 位。规模以上工业企业数 219 家，排在江西省第 11 位、宜春市第 4 位。开展 R&D 活动的企业占比 58.9%，排在江西省第 27 位、宜春市第 4 位。万人 R&D 人员数 13.86 人，排在江西省第 57 位、宜春市第 10 位。R&D 人员全时当量 937 人·年，排在江西省第 18 位、宜春市第 4 位。R&D 经费投入占 GDP 百分比 1.45%，排在江西省第 23 位、宜春市第 3 位。新产品销售收入占主营业务收入比 11.63%，排在江西省第 39 位、宜春市第 5 位。万人财政收入 0.55 亿元，排在江西省第 50 位、宜春市第 8 位。万人社会消费品零售额 1.01 亿元，排在江西省第 59 位、宜春市第 5 位。第三产业占 GDP 比重 42.58%，排在江西省第 48 位、宜春市第 5 位。具体如图 3-153、图 3-154、表 3-77 所示。

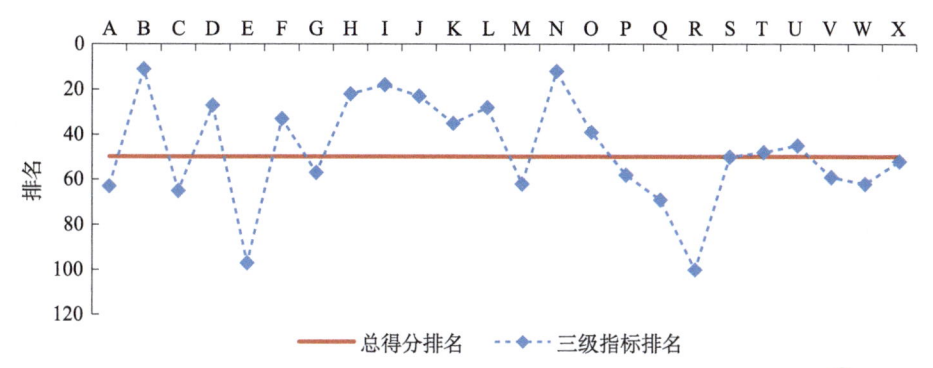

图 3-153　高安市科技创新能力总得分、三级指标得分在江西省位次排名[①]

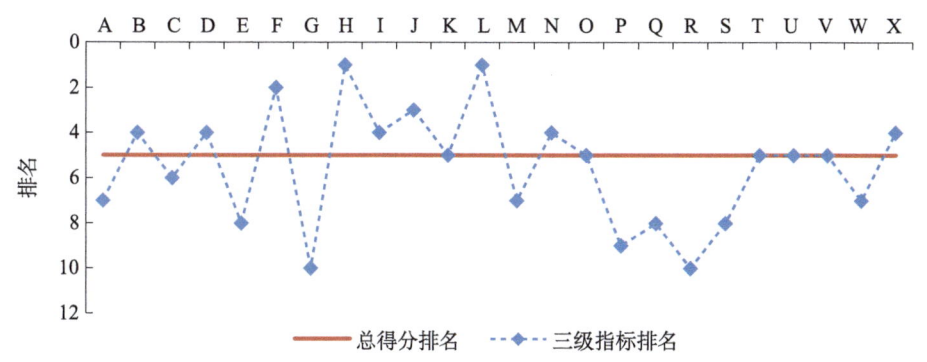

图 3-154　高安市科技创新能力总得分、三级指标得分在宜春市位次排名[②]

---

①② 图注同本书 28 页图 3-1 图注。

表 3-77　高安市科技创新能力评价指标得分与位次

指标名称	得分（分）2018年	江西省排名 2017年	江西省排名 2018年	宜春市排名 2017年	宜春市排名 2018年
科技创新能力总得分	62.97	61	50	9	5
创新环境	3.56	41	42	5	3
创新基础	3.55	31	34	5	4
万人 GDP	2.97	76	63	8	7
规模以上工业企业数	4.61	11	11	4	4
万人专利申请量	3.00	57	65	3	6
科技意识	3.56	58	49	8	4
开展 R&D 活动的企业占比	3.99	25	27	3	4
人均科普经费投入	2.60	99	97	9	8
民众浏览科技网页频度	4.01	82	33	7	2
创新投入	3.64	31	25	4	2
人力投入	3.76	49	26	7	2
万人 R&D 人员数	3.23	41	57	8	10
研究人员占 R&D 人员比	4.28	60	22	5	1
R&D 人员全时当量	3.72	17	18	4	4
财力投入	3.52	31	38	5	3
R&D 经费投入占 GDP 百分比	3.73	14	23	3	3
企业 R&D 经费投入占主营业务收入比	3.49	34	35	5	5
企业技术获取和改造费用占主营业务收入比	3.30	65	28	9	1
创新成效	3.51	59	42	9	6
技术创新	3.74	56	32	8	6
高新技术产业增加值占规模以上工业增加值比	3.07	77	62	9	7
高新技术企业数	4.67	25	12	4	4
产业化水平	3.28	50	60	7	8
新产品销售收入占主营业务收入比	3.56	25	39	3	5
万人发明专利授权量	3.11	81	58	10	9
技术合同成交额	3.09	73	69	9	8

续表

指标名称	得分（分）2018年	江西省排名 2017年	江西省排名 2018年	宜春市排名 2017年	宜春市排名 2018年
经济社会发展	2.96	47	93	7	10
经济增长	2.66	47	98	10	10
GDP增长百分比	1.30	50	100	8	10
万人财政收入	3.27	51	50	9	8
第三产业占GDP比重	3.37	47	48	6	5
社会生活	3.30	49	48	5	5
居民人均可支配收入	3.52	43	45	5	5
万人社会消费品零售额	3.09	59	59	5	5
城镇化率	3.10	62	62	7	7
空气质量指数	3.41	57	52	5	4

如图 3-153、图 3-154、表 3-77 所示，高安市科技创新能力总得分 62.97 分，排在江西省第 50 位，比上一年提升了 11 位，排在宜春市第 5 位，比上一年提升了 4 位。在一级指标中，经济社会发展排在江西省第 93 位，比上一年下降了 46 位，排在宜春市第 10 位，比上一年下降了 3 位；创新投入排在江西省第 25 位，比上一年提升了 6 位，排在宜春市第 2 位，比上一年提升了 2 位；创新成效排在江西省第 42 位，比上一年提升了 17 位，排在宜春市第 6 位，比上一年提升了 3 位；创新环境排在江西省第 42 位，比上一年下降了 1 位，排在宜春市第 3 位，比上一年提升了 2 位。

综上所述，高安市在创新投入方面得分较高，研究人员占 R&D 人员比、R&D 人员全时当量排名靠前，具有一定优势。但在经济社会发展得分较低，GDP 增长百分比等排名靠后。建议该市鼓励企业进行自主研发，加强科技成果转移转化能力，提升产品性能，积极培育战略性新兴产业，促进产业转型升级和经济高质量发展。

第十节 抚 州 市

一、临川区

临川区位于江西省东部,是江西省抚州市市辖区。2018年,该区常住人口112.61万人,地区GDP 429.67亿元。居民人均可支配收入29 858.52元,排在江西省第18位、抚州市第1位。万人GDP 3.82亿元,排在江西省第51位、抚州市第3位。GDP增长7.9%,排在江西省第91位、抚州市第7位。城镇化率56%,排在江西省第27位、抚州市第2位。规模以上工业企业数218家,排在江西省第12位、抚州市第1位。万人发明专利授权量0.69件,排在江西省第13位、抚州市第1位。R&D人员全时当量1967人·年,排在江西省第6位、抚州市第1位。R&D经费投入占GDP百分比1.14%,排在江西省第39位、抚州市第2位。高新技术产业增加值占规模以上工业增加值比46.02%,排在江西省第24位、抚州市第2位。新产品销售收入占主营业务收入比19.26%,排在江西省第10位、抚州市第4位。万人财政收入0.21亿元,排在江西省第97位、抚州市第11位。万人社会消费品零售额1.75亿元,排在江西省第19位、抚州市第1位。第三产业占GDP比重44.15%,排在江西省第40位、抚州市第8位。具体如图3-155、图3-156、表3-78所示。

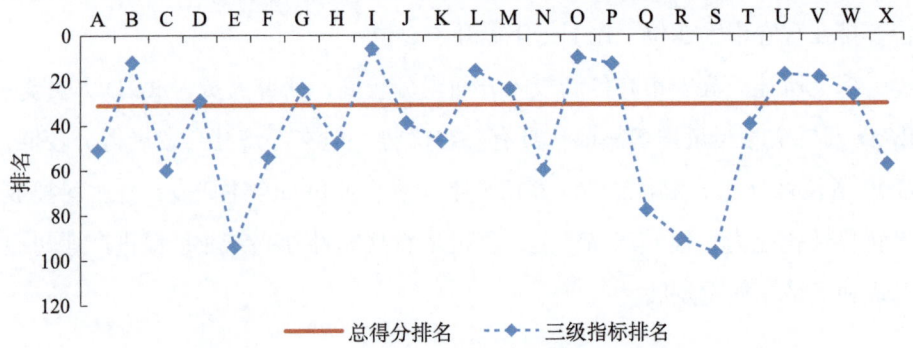

图3-155 临川区科技创新能力总得分、三级指标得分在江西省位次排名[①]

---

① 图注同本书28页图3-1图注。

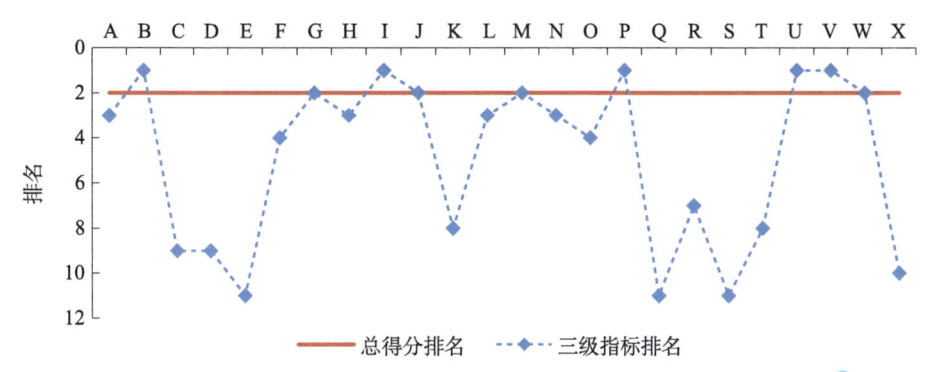

图 3-156　临川区科技创新能力总得分、三级指标得分在抚州市位次排名[1]

表 3-78　临川区科技创新能力评价指标得分与位次

指标名称	得分（分） 2018 年	江西省排名 2017 年	江西省排名 2018 年	抚州市排名 2017 年	抚州市排名 2018 年
科技创新能力总得分	65.56	27	31	2	2
创新环境	3.56	39	41	2	6
创新基础	3.63	15	28	1	1
万人 GDP	3.14	51	51	3	3
规模以上工业企业数	4.60	10	12	1	1
万人专利申请量	3.09	30	60	4	9
科技意识	3.49	79	55	9	10
开展 R&D 活动的企业占比	3.98	58	29	7	9
人均科普经费投入	2.64	97	94	11	11
民众浏览科技网页频度	3.65	35	54	2	4
创新投入	3.70	46	21	2	1
人力投入	3.91	60	17	3	1
万人 R&D 人员数	3.64	58	24	5	2
研究人员占 R&D 人员比	3.48	66	48	5	3
R&D 人员全时当量	4.70	16	6	1	1
财力投入	3.49	44	42	7	5
R&D 经费投入占 GDP 百分比	3.47	40	39	2	2

---

[1]　图注同本书 28 页图 3-1 图注。

续表

指标名称	得分（分） 2018年	江西省排名 2017年	江西省排名 2018年	抚州市排名 2017年	抚州市排名 2018年
企业R&D经费投入占主营业务收入比	3.32	43	47	8	8
企业技术获取和改造费用占主营业务收入比	3.73	14	16	1	3
创新成效	3.80	22	29	2	2
技术创新	3.74	20	31	2	2
高新技术产业增加值占规模以上工业增加值比	4.22	33	24	2	2
高新技术企业数	3.09	9	60	1	3
产业化水平	3.85	22	15	5	2
新产品销售收入占主营业务收入比	4.39	15	10	6	4
万人发明专利授权量	3.93	19	13	1	1
技术合同成交额	3.03	58	78	7	11
经济社会发展	3.20	44	70	5	5
经济增长	2.70	81	95	9	10
GDP增长百分比	2.25	63	91	5	7
万人财政收入	2.39	97	97	11	11
第三产业占GDP比重	3.50	44	40	8	8
社会生活	3.76	21	19	1	1
居民人均可支配收入	4.33	17	18	1	1
万人社会消费品零售额	3.63	19	19	1	1
城镇化率	3.49	28	27	2	2
空气质量指数	3.26	71	58	11	10

如图3-155、图3-156、表3-78所示，临川区科技创新能力总得分65.56分，排在江西省第31位，比上一年下降了4位，排在抚州市第2位，与上一年位次相同。在一级指标中，经济社会发展排在江西省第70位，比上一年下降了26位，排在抚州市第5位，与上一年位次相同；创新投入排在江西省第21位，比上一年提升了25位，排在抚州市第1位，比上一年提升了1位；创新成效排在江西省第29位，比上一年下降了7位，排在抚州市第2位，与上一年位次相同；创新环境排在江西省第41位，比上一年下降了2位，排在

抚州市第 6 位，比上一年下降了 4 位。

综上所述，临川区在创新投入和创新成效方面得分较高，R&D 人员全时当量、新产品销售收入占主营业务收入比等排名靠前，具有一定优势。但在经济社会发展得分较低，GDP 增长百分比、万人财政收入等排名靠后。建议该区加大科普经费投入，鼓励企业开展科研活动，营造良好的创新氛围，提倡低碳发展，不断提高科技竞争力。

二、东乡区

东乡区，原名东乡县，于 2017 年 12 月，撤销东乡县设立抚州市东乡区。东乡区位于江西省东部，是江西省抚州市市辖区。2018 年，该区常住人口 45.29 万人，地区 GDP 156.58 亿元。居民人均可支配收入 26 542.97 元，排在江西省第 27 位、抚州市第 2 位。万人 GDP 3.46 亿元，排在江西省第 62 位、抚州市第 5 位。GDP 增长 8.6%，排在江西省第 52 位、抚州市第 2 位。城镇化率 52.26%，排在江西省第 42 位、抚州市第 5 位。规模以上工业企业数 105 家，排在江西省第 50 位、抚州市第 2 位。万人专利申请量 20.89 件，排在江西省第 31 位、抚州市第 4 位。万人发明专利授权量 0.26 件，排在江西省第 41 位、抚州市第 2 位。万人 R&D 人员数 20.47 人，排在江西省第 33 位、抚州市第 4 位。R&D 人员全时当量 837 人·年，排在江西省第 22 位、抚州市第 2 位。R&D 经费投入占 GDP 百分比 1.02%，排在江西省第 43 位、抚州市第 4 位。企业技术获取和改造费用占主营业务收入比 0.02%，排在江西省第 59 位、抚州市第 10 位。万人财政收入 0.56 亿元，排在江西省第 48 位、抚州市第 1 位。万人社会消费品零售额 1.63 亿元，排在江西省第 21 位、抚州市第 2 位。第三产业占 GDP 比重 40.54%，排在江西省第 64 位、抚州市第 11 位。具体如图 3-157、图 3-158、表 3-79 所示。

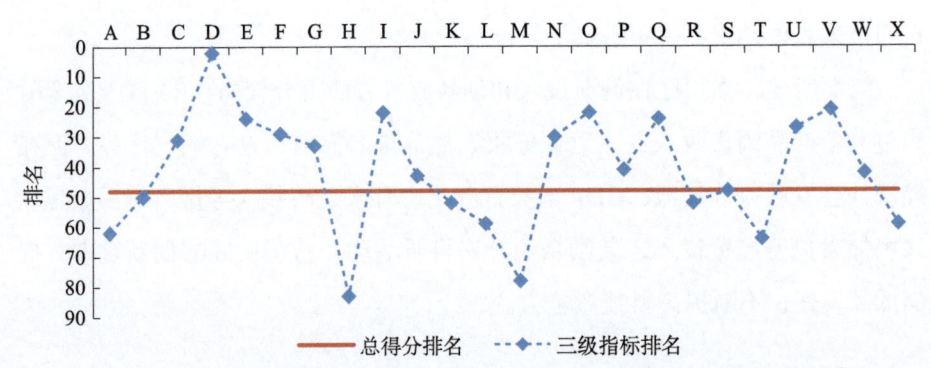

图 3-157　东乡区科技创新能力总得分、三级指标得分在江西省位次排名[1]

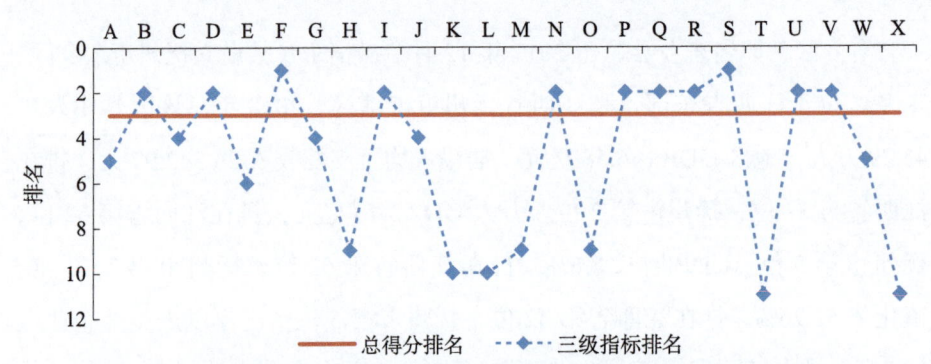

图 3-158　东乡区科技创新能力总得分、三级指标得分在抚州市位次排名[2]

表 3-79　东乡区科技创新能力评价指标得分与位次

指标名称	得分（分）	江西省排名		抚州市排名	
	2018 年	2017 年	2018 年	2017 年	2018 年
科技创新能力总得分	63.38	71	48	6	3
创新环境	4.03	65	13	6	1
创新基础	3.40	42	44	2	2
万人 GDP	3.00	59	62	4	5
规模以上工业企业数	3.33	38	50	2	2
万人专利申请量	3.78	28	31	3	4
科技意识	4.70	69	1	7	1
开展 R&D 活动的企业占比	5.70	52	2	5	2
人均科普经费投入	3.69	80	24	8	6

[1][2]　图注同本书 28 页图 3-1 图注。

续表

指标名称	得分（分） 2018年	江西省排名 2017年	江西省排名 2018年	抚州市排名 2017年	抚州市排名 2018年
民众浏览科技网页频度	4.10	92	29	11	1
创新投入	3.22	60	68	4	6
人力投入	3.18	57	68	2	6
万人R&D人员数	3.47	50	33	3	4
研究人员占R&D人员比	2.53	51	83	2	9
R&D人员全时当量	3.62	48	22	3	2
财力投入	3.26	62	58	9	8
R&D经费投入占GDP百分比	3.37	62	43	7	4
企业R&D经费投入占主营业务收入比	3.25	61	52	10	10
企业技术获取和改造费用占主营业务收入比	3.13	19	59	4	10
创新成效	3.45	54	45	5	4
技术创新	3.23	49	58	3	4
高新技术产业增加值占规模以上工业增加值比	2.71	58	78	3	9
高新技术企业数	3.94	32	30	3	2
产业化水平	3.67	59	24	9	6
新产品销售收入占主营业务收入比	4.12	55	22	9	9
万人发明专利授权量	3.29	65	41	9	2
技术合同成交额	3.50	21	24	1	2
经济社会发展	3.39	65	44	7	2
经济增长	3.28	85	61	10	3
GDP增长百分比	3.36	88	52	11	2
万人财政收入	3.28	45	48	1	1
第三产业占GDP比重	3.20	70	64	11	11
社会生活	3.51	28	28	4	4
居民人均可支配收入	3.82	29	27	3	2
万人社会消费品零售额	3.55	21	21	2	2
城镇化率	3.25	43	42	5	5
空气质量指数	3.24	43	59	10	11

如图 3-157、图 3-158、表 3-79 所示，东乡区科技创新能力总得分 63.38 分，排在江西省第 48 位，比上一年提升了 23 位，排在抚州市第 3 位，比上一年提升了 3 位。在一级指标中，经济社会发展排在江西省第 44 位，比上一年提升了 21 位，排在抚州市第 2 位，比上一年提升了 5 位；创新投入排在江西省第 68 位，比上一年下降了 8 位，排在抚州市第 6 位，比上一年下降了 2 位；创新成效排在江西省第 45 位，比上一年提升了 9 位，排在抚州市第 4 位，比上一年提升了 1 位；创新环境排在江西省第 13 位，比上一年提升了 52 位，排在抚州市第 1 位，比上一年提升了 5 位。

综上所述，东乡区在创新环境方面得分较高，开展 R&D 活动的企业占比排在江西省前列，具有明显优势。但在创新投入方面得分较低，研究人员占 R&D 人员比、企业技术获取和改造费用占主营业务收入比等排名靠后。建议该区加大科研经费投入，鼓励企业进行自主研发，提高产品性能，加强人才培养和引进，不断提高区域科技竞争力。

三、南城县

南城县位于江西省东部、抚州市中部，是江西省抚州市下辖县。2018 年，该县常住人口 31.62 万人，地区 GDP 132.86 亿元。居民人均可支配收入 26 411.24 元，排在江西省第 29 位、抚州市第 4 位。万人 GDP 4.2 亿元，排在江西省第 42 位、抚州市第 2 位。GDP 增长 8.4%，排在江西省第 64 位、抚州市第 4 位。城镇化率 55.69%，排在江西省第 28 位、抚州市第 3 位。规模以上工业企业数 82 家，排在江西省第 66 位、抚州市第 4 位。万人专利申请量 19.04 件，排在江西省第 41 位、抚州市第 6 位。万人发明专利授权量 0.13 件，排在江西省第 64 位、抚州市第 6 位。万人 R&D 人员数 12.59 人，排在江西省第 62 位、抚州市第 6 位。R&D 人员全时当量 330 人·年，排在江西省第 62 位、抚州市第 5 位。R&D 经费投入占 GDP 百分比 1.05%，排在江西省第 41 位、抚州市第 3 位。企业技术获取和改造费用占主营业务收入比 0.49%，排在江西省第 9 位、抚州市第 1 位。新产品销售收入占主营业务收入比 21.85%，排在江西省第 7 位、抚州市第 2 位。万人财政收入 0.52 亿元，排在江西省第 53 位、抚州市第 2 位。万人社会消费品零售额 1.57 亿元，排在江西省第 24 位、抚州市第 3 位。第三产业占 GDP 比重 48.5%，排在江西省第 25 位、抚州市第 5 位。具体如图 3-159、图 3-160、表 3-80 所示。

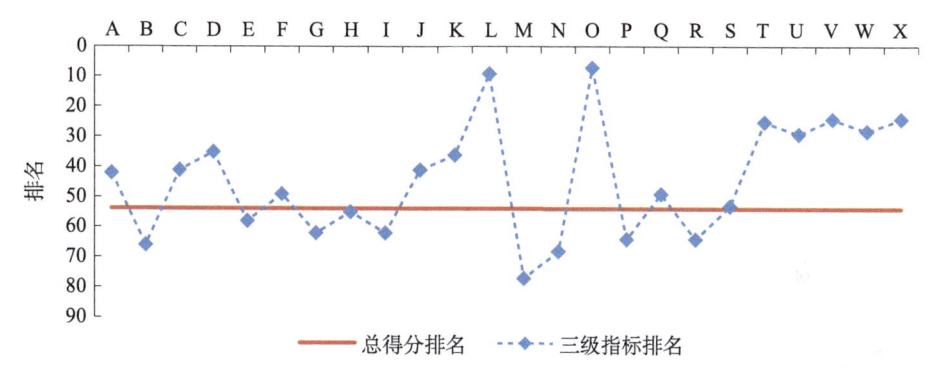

图 3-159　南城县科技创新能力总得分、三级指标得分在江西省位次排名[①]

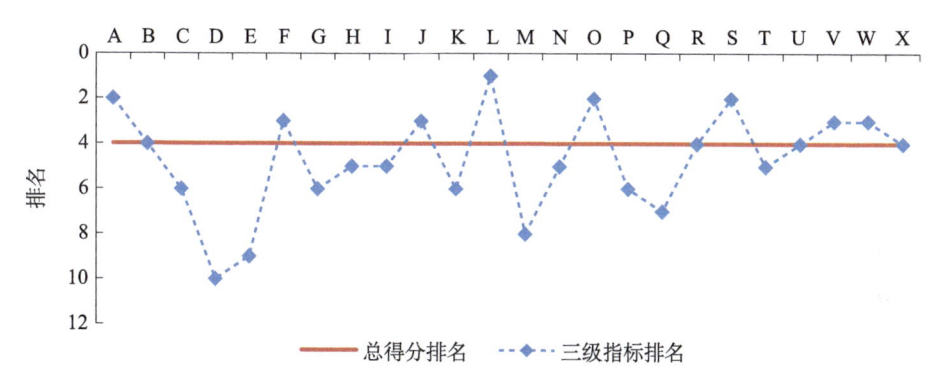

图 3-160　南城县科技创新能力总得分、三级指标得分在抚州市位次排名[②]

表 3-80　南城县科技创新能力评价指标得分与位次

指标名称	得分（分）	江西省排名		抚州市排名	
	2018 年	2017 年	2018 年	2017 年	2018 年
科技创新能力总得分	62.29	68	54	4	4
创新环境	3.46	72	50	7	8
创新基础	3.33	55	52	4	4
万人 GDP	3.29	42	42	2	2
规模以上工业企业数	3.07	68	66	5	4

①② 图注同本书 28 页图 3-1 图注。

续表

指标名称	得分（分）	江西省排名		抚州市排名	
	2018 年	2017 年	2018 年	2017 年	2018 年
万人专利申请量	3.61	42	41	7	6
科技意识	3.59	68	45	6	9
开展 R&D 活动的企业占比	3.90	70	35	9	10
人均科普经费投入	3.05	50	58	7	9
民众浏览科技网页频度	3.70	15	49	1	3
创新投入	3.51	70	40	8	3
人力投入	3.21	84	64	7	5
万人 R&D 人员数	3.18	62	62	6	6
研究人员占 R&D 人员比	3.30	77	55	8	5
R&D 人员全时当量	3.14	62	62	4	5
财力投入	3.81	42	22	6	1
R&D 经费投入占 GDP 百分比	3.39	46	41	3	3
企业 R&D 经费投入占主营业务收入比	3.48	29	36	6	6
企业技术获取和改造费用占主营业务收入比	4.74	37	9	6	1
创新成效	3.26	52	56	4	6
技术创新	2.80	63	82	4	7
高新技术产业增加值占规模以上工业增加值比	2.71	63	77	5	8
高新技术企业数	2.91	59	68	4	5
产业化水平	3.75	26	19	6	3
新产品销售收入占主营业务收入比	4.67	14	7	5	2
万人发明专利授权量	3.08	40	64	5	6
技术合同成交额	3.24	36	49	4	7
经济社会发展	3.50	31	30	1	1
经济增长	3.36	53	55	3	2
GDP 增长百分比	3.04	74	64	7	4
万人财政收入	3.19	50	53	2	2
第三产业占 GDP 比重	3.85	27	25	5	5
社会生活	3.66	23	24	2	2

续表

指标名称	得分（分） 2018年	江西省排名 2017年	江西省排名 2018年	抚州市排名 2017年	抚州市排名 2018年
居民人均可支配收入	3.80	30	29	4	4
万人社会消费品零售额	3.50	24	24	3	3
城镇化率	3.47	29	28	3	3
空气质量指数	3.84	24	24	5	4

如图 3-159、图 3-160、表 3-80 所示，南城县科技创新能力总得分 62.29 分，排在江西省第 54 位，比上一年提升了 14 位，排在抚州市第 4 位，与上一年位次相同。在一级指标中，经济社会发展排在江西省第 30 位，比上一年提升了 1 位，排在抚州市第 1 位，与上一年位次相同；创新投入排在江西省第 40 位，比上一年提升了 30 位，排在抚州市第 3 位，比上一年提升了 5 位；创新成效排在江西省第 56 位，比上一年下降了 4 位，排在抚州市第 6 位，比上一年下降了 2 位；创新环境排在江西省第 50 位，比上一年提升了 22 位，排在抚州市第 8 位，比上一年下降了 1 位。

综上所述，南城县在经济社会发展方面得分较高，万人社会消费品零售额和空气质量指数排在江西省前列，具有一定优势。但在创新成效方面得分较低，高新技术产业增加值占规模以上工业增加值比、高新技术企业数等排名靠后。建议该县鼓励企业创新研发和成果转化，做大做强高新技术企业，积极培育战略性新兴产业，促进地方经济发展。

四、黎川县

黎川县位于江西省中部偏东，是江西省抚州市下辖县。2018 年，该县常住人口 23.76 万人，地区 GDP 72.57 亿元。居民人均可支配收入 21 384.67 元，排在江西省第 63 位、抚州市第 6 位。万人 GDP 3.05 亿元，排在江西省第 76 位、抚州市第 8 位。GDP 增长 8.1%，排在江西省第 79 位、抚州市第 5 位。城镇化率 52.56%，排在江西省第 38 位、抚州市第 4 位。开展 R&D 活动的企业占比 69.39%，排在江西省第 13 位、抚州市第 6 位。万人专利申请量 23.4

件，排在江西省第 23 位、抚州市第 2 位。万人发明专利授权量 0.08 件，排在江西省第 74 位、抚州市第 8 位。人均科普经费投入 0.87 元，排在江西省第 19 位、抚州市第 4 位。万人 R&D 人员数 15.24 人，排在江西省第 47 位、抚州市第 5 位。R&D 人员全时当量 322 人·年，排在江西省第 63 位、抚州市第 6 位。新产品销售收入占主营业务收入比 17.6%，排在江西省第 18 位、抚州市第 7 位。万人财政收入 0.46 亿元，排在江西省第 64 位、抚州市第 4 位。万人社会消费品零售额 1.17 亿元，排在江西省第 51 位、抚州市第 5 位。第三产业占 GDP 比重 46.85%，排在江西省第 28 位、抚州市第 6 位。具体如图 3-161、图 3-162、表 3-81 所示。

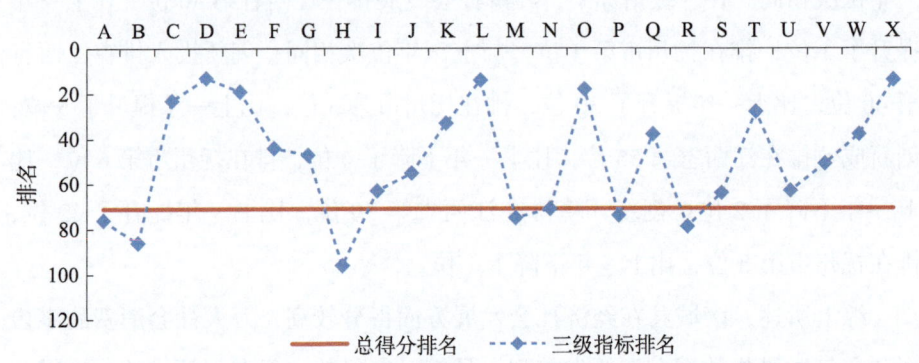

图 3-161　黎川县科技创新能力总得分、三级指标得分在江西省位次排名[①]

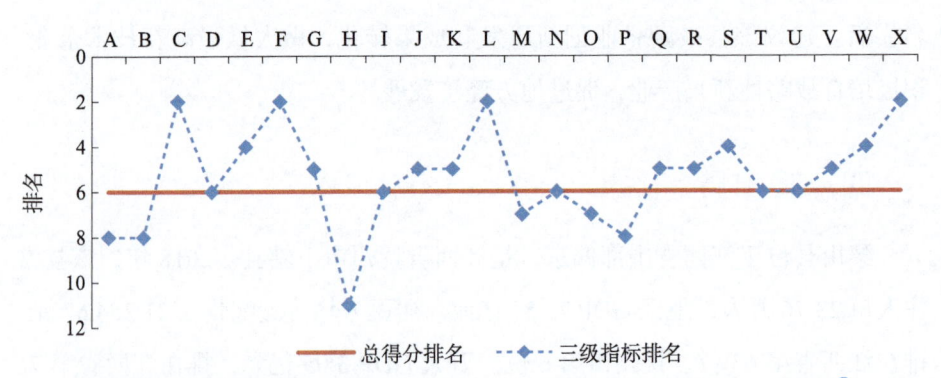

图 3-162　黎川县科技创新能力总得分、三级指标得分在抚州市位次排名[②]

①② 图注同本书 28 页图 3-1 图注。

表 3-81　黎川县科技创新能力评价指标得分与位次

指标名称	得分（分）2018年	江西省排名 2017年	江西省排名 2018年	抚州市排名 2017年	抚州市排名 2018年
科技创新能力总得分	59.89	77	71	7	6
创新环境	3.76	42	23	3	2
创新基础	3.22	57	63	5	6
万人 GDP	2.84	66	76	7	8
规模以上工业企业数	2.70	84	86	7	8
万人专利申请量	4.02	17	23	2	2
科技意识	4.33	34	4	3	2
开展 R&D 活动的企业占比	4.64	24	13	3	6
人均科普经费投入	4.26	33	19	3	4
民众浏览科技网页频度	3.81	65	44	5	2
创新投入	3.17	81	70	9	7
人力投入	2.81	92	92	10	10
万人 R&D 人员数	3.28	46	47	2	5
研究人员占 R&D 人员比	2.10	93	96	11	11
R&D 人员全时当量	3.14	68	63	6	6
财力投入	3.52	40	37	4	3
R&D 经费投入占 GDP 百分比	3.16	59	55	6	5
企业 R&D 经费投入占主营业务收入比	3.66	22	33	4	5
企业技术获取和改造费用占主营业务收入比	3.82	62	14	8	2
创新成效	3.14	80	70	8	8
技术创新	2.74	87	83	8	8
高新技术产业增加值占规模以上工业增加值比	2.74	86	75	8	7
高新技术企业数	2.73	78	71	6	6
产业化水平	3.56	42	31	7	8
新产品销售收入占主营业务收入比	4.21	36	18	8	7
万人发明专利授权量	3.02	33	74	4	8
技术合同成交额	3.29	63	38	9	5

续表

指标名称	得分（分） 2018年	江西省排名 2017年	江西省排名 2018年	抚州市排名 2017年	抚州市排名 2018年
经济社会发展	3.22	40	62	4	3
经济增长	3.10	54	80	4	5
GDP增长百分比	2.57	57	79	3	5
万人财政收入	3.02	58	64	3	4
第三产业占GDP比重	3.72	41	28	7	6
社会生活	3.35	34	39	5	5
居民人均可支配收入	3.01	62	63	6	6
万人社会消费品零售额	3.21	45	51	5	5
城镇化率	3.27	37	38	4	4
空气质量指数	4.24	16	14	2	2

如图 3-161、图 3-162、表 3-81 所示，黎川县科技创新能力总得分 59.89 分，排在江西省第 71 位，比上一年提升了 6 位，排在抚州市第 6 位，比上一年提升了 1 位。在一级指标中，经济社会发展排在江西省第 62 位，比上一年下降了 22 位，排在抚州市第 3 位，比上一年提升了 1 位；创新投入排在江西省第 70 位，比上一年提升了 11 位，排在抚州市第 7 位，比上一年提升了 2 位；创新成效排在江西省第 70 位，比上一年提升了 10 位，排在抚州市第 8 位，与上一年位次相同；创新环境排在江西省第 23 位，比上一年提升了 19 位，排在抚州市第 2 位，比上一年提升了 1 位。

综上所述，黎川县在创新环境方面得分较高，开展 R&D 活动的企业占比、人均科普经费投入排名靠前，具有一定优势。但在创新投入和创新成效方面得分较低，研究人员占 R&D 人员比、高新技术产业增加值占规模以上工业增加值比、万人发明专利授权量等排名靠后。建议该县加强人才培养和引进，做大做强高新技术企业，积极培育战略性新兴产业，提升科技成果转移转化能力，不断推进经济高质量发展。

五、南丰县

南丰县位于江西省东南部、抚州市南部，是江西省抚州市下辖县。2018年，该县常住人口 29.78 万人，地区 GDP 131.98 亿元。居民人均可支配收入 26 454.16 元，排在江西省第 28 位、抚州市第 3 位。万人 GDP 4.43 亿元，排在江西省第 41 位、抚州市第 1 位。GDP 增长 7.6%，排在江西省第 95 位、抚州市第 10 位。城镇化率 44.14%，排在江西省第 91 位、抚州市第 8 位。万人专利申请量 19.51 件，排在江西省第 37 位、抚州市第 5 位。人均科普经费投入 0.53 元，排在江西省第 34 位、抚州市第 7 位。万人 R&D 人员数 7.86 人，排在江西省第 76 位、抚州市第 8 位。企业技术获取和改造费用占主营业务收入比 0.07%，排在江西省第 27 位、抚州市第 6 位。高新技术产业增加值占规模以上工业增加值比 21.63%，排在江西省第 68 位、抚州市第 6 位。新产品销售收入占主营业务收入比 17.06%，排在江西省第 20 位、抚州市第 8 位。万人财政收入 0.43 亿元，排在江西省第 71 位、抚州市第 6 位。万人社会消费品零售额 1.55 亿元，排在江西省第 26 位、抚州市第 4 位。第三产业占 GDP 比重 48.63%，排在江西省第 24 位、抚州市第 4 位。具体如图 3-163、图 3-164、表 3-82 所示。

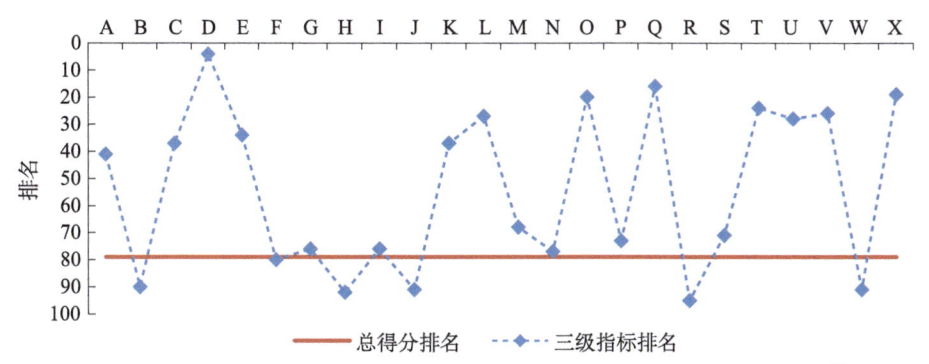

图 3-163　南丰县科技创新能力总得分、三级指标得分在江西省位次排名[①]

---

① 图注同本书 28 页图 3-1 图注。

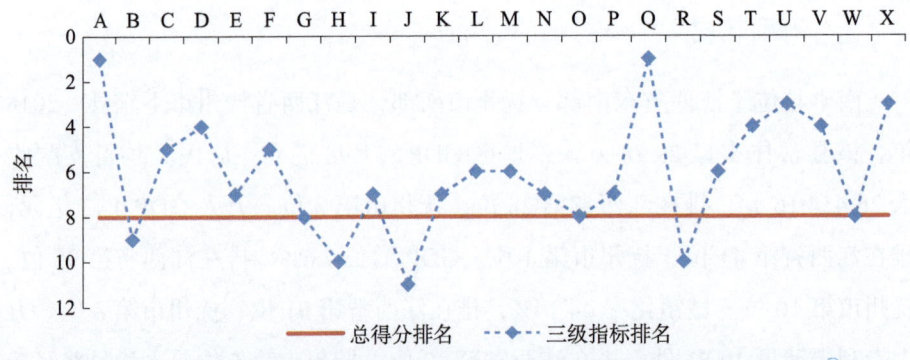

图 3-164 南丰县科技创新能力总得分、三级指标得分在抚州市位次排名[1]

表 3-82 南丰县科技创新能力评价指标得分与位次

指标名称	得分（分）2018年	江西省排名 2017年	江西省排名 2018年	抚州市排名 2017年	抚州市排名 2018年
科技创新能力总得分	58.45	70	79	5	8
创新环境	3.65	75	32	8	3
创新基础	3.20	68	64	7	7
万人 GDP	3.38	38	41	1	1
规模以上工业企业数	2.58	89	90	9	9
万人专利申请量	3.66	40	37	6	5
科技意识	4.11	65	14	5	4
开展 R&D 活动的企业占比	5.23	55	4	6	4
人均科普经费投入	3.54	48	34	6	7
民众浏览科技网页频度	2.72	51	80	4	5
创新投入	2.94	83	91	10	11
人力投入	2.73	94	94	11	11
万人 R&D 人员数	3.01	66	76	7	8
研究人员占 R&D 人员比	2.26	90	92	10	10
R&D 人员全时当量	3.01	72	76	7	7
财力投入	3.13	41	66	5	10
R&D 经费投入占 GDP 百分比	2.70	82	91	10	11

[1] 图注同本书 28 页图 3-1 图注。

续表

指标名称	得分（分） 2018年	江西省排名 2017年	江西省排名 2018年	抚州市排名 2017年	抚州市排名 2018年
企业R&D经费投入占主营业务收入比	3.45	20	37	3	7
企业技术获取和改造费用占主营业务收入比	3.30	18	27	3	6
创新成效	3.24	43	64	3	7
技术创新	2.80	74	81	5	6
高新技术产业增加值占规模以上工业增加值比	2.90	66	68	6	6
高新技术企业数	2.67	81	77	7	7
产业化水平	3.69	12	23	2	5
新产品销售收入占主营业务收入比	4.15	9	20	3	8
万人发明专利授权量	3.04	67	73	10	7
技术合同成交额	3.77	32	16	3	1
经济社会发展	3.17	37	71	3	6
经济增长	2.87	68	90	7	7
GDP增长百分比	1.77	81	95	9	10
万人财政收入	2.96	65	71	6	6
第三产业占GDP比重	3.86	25	24	4	4
社会生活	3.53	25	27	3	3
居民人均可支配收入	3.80	26	28	2	3
万人社会消费品零售额	3.49	25	26	4	4
城镇化率	2.72	90	91	8	8
空气质量指数	4.10	19	19	3	3

如图3-163、图3-164、表3-82所示，南丰县科技创新能力总得分58.45分，排在江西省第79位，比上一年下降了9位，排在抚州市第8位，比上一年下降了3位。在一级指标中，经济社会发展排在江西省第71位，比上一年下降了34位，排在抚州市第6位，比上一年下降了3位；创新投入排在江西省第91位，比上一年下降了8位，排在抚州市第11位，比上一年下降了1位；创新成效排在江西省第64位，比上一年下降了21位，排在抚州市第7位，比上一年下降了4位；创新环境排在江西省第32位，比上一年提升了43位，

排在抚州市第 3 位，比上一年提升了 5 位。

综上所述，南丰县在创新环境方面得分较高，开展 R&D 活动的企业占比排在江西省前列，具有一定优势。但在经济社会发展、创新投入和创新成效方面排名都较低，GDP 增长百分比、研究人员占 R&D 人员比、高新技术企业数等排名靠后。建议该县加大科研经费投入，鼓励企业开展科研活动，增加科技创新成果，做大做强高新技术企业，积极培育战略性新兴产业，不断提高科技竞争力。

六、崇仁县

崇仁县位于江西省中部偏东、抚州西部，是江西省抚州市下辖县。2018 年，该县常住人口 36.12 万人，地区 GDP 116.53 亿元。居民人均可支配收入 22 716.2 元，排在江西省第 57 位、抚州市第 5 位。万人 GDP 3.23 亿元，排在江西省第 71 位、抚州市第 6 位。GDP 增长 7.7%，排在江西省第 94 位、抚州市第 9 位。城镇化率 44.91%，排在江西省第 84 位、抚州市第 7 位。开展 R&D 活动的企业占比 67.74%，排在江西省第 16 位、抚州市第 7 位。人均科普经费投入 1 元，排在江西省第 7 位、抚州市第 1 位。万人 R&D 人员数 26.52 人，排在江西省第 20 位、抚州市第 1 位。R&D 经费投入占 GDP 百分比 1.66%，排在江西省第 19 位、抚州市第 1 位。企业技术获取和改造费用占主营业务收入比 0.11%，排在江西省第 19 位、抚州市第 4 位。高新技术产业增加值占规模以上工业增加值比 59.6%，排在江西省第 10 位、抚州市第 1 位。新产品销售收入占主营业务收入比 31.25%，排在江西省第 5 位、抚州市第 1 位。万人财政收入 0.33 亿元，排在江西省第 85 位、抚州市第 9 位。万人社会消费品零售额 0.93 亿元，排在江西省第 68 位、抚州市第 10 位。第三产业占 GDP 比重 42.41%，排在江西省第 50 位、抚州市第 9 位。具体如图 3-165、图 3-166、表 3-83 所示。

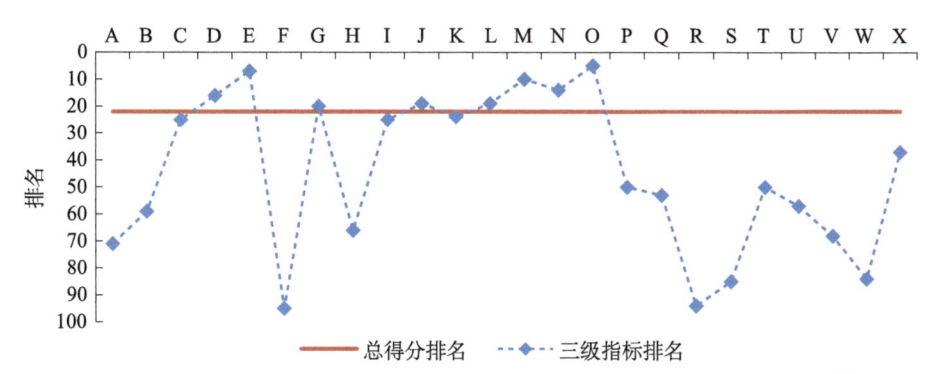

图 3-165　崇仁县科技创新能力总得分、三级指标得分在江西省位次排名[1]

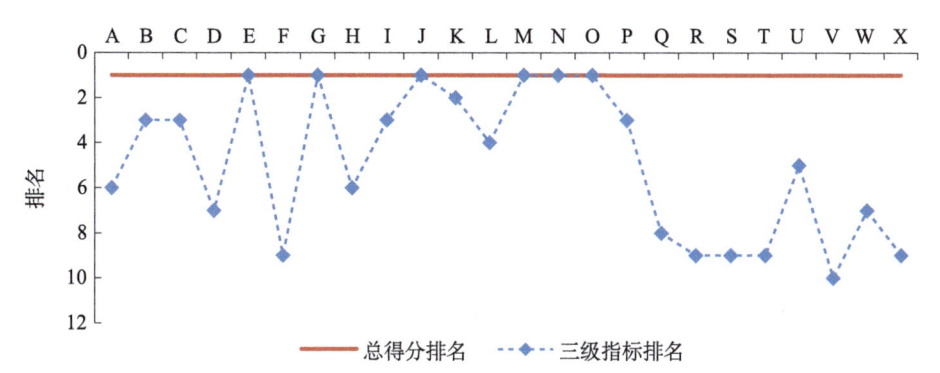

图 3-166　崇仁县科技创新能力总得分、三级指标得分在抚州市位次排名[2]

表 3-83　崇仁县科技创新能力评价指标得分与位次

指标名称	得分（分）	江西省排名		抚州市排名	
	2018 年	2017 年	2018 年	2017 年	2018 年
科技创新能力总得分	67.64	21	22	1	1
创新环境	3.60	47	37	4	4
创新基础	3.40	67	45	6	3
万人 GDP	2.91	63	71	6	6
规模以上工业企业数	3.20	51	59	3	3
万人专利申请量	3.98	54	25	9	3
科技意识	3.80	29	27	2	7
开展 R&D 活动的企业占比	4.54	17	16	2	7

①② 图注同本书 28 页图 3-1 图注。

续表

指标名称	得分（分） 2018年	江西省排名 2017年	江西省排名 2018年	抚州市排名 2017年	抚州市排名 2018年
人均科普经费投入	4.54	42	7	5	1
民众浏览科技网页频度	1.44	68	95	6	9
创新投入	3.60	59	29	3	2
人力投入	3.42	72	45	5	2
万人R&D人员数	3.69	42	20	1	1
研究人员占R&D人员比	3.04	73	66	6	6
R&D人员全时当量	3.58	40	25	2	3
财力投入	3.78	46	23	8	2
R&D经费投入占GDP百分比	3.92	37	19	1	1
企业R&D经费投入占主营业务收入比	3.91	39	24	7	2
企业技术获取和改造费用占主营业务收入比	3.43	33	19	5	4
创新成效	4.46	9	9	1	1
技术创新	4.76	14	9	1	1
高新技术产业增加值占规模以上工业增加值比	4.95	12	10	1	1
高新技术企业数	4.49	12	14	2	1
产业化水平	4.16	8	12	1	1
新产品销售收入占主营业务收入比	5.69	3	5	1	1
万人发明专利授权量	3.18	48	50	6	3
技术合同成交额	3.18	48	53	5	8
经济社会发展	2.88	89	97	11	11
经济增长	2.66	87	97	11	11
GDP增长百分比	1.93	84	94	10	9
万人财政收入	2.70	84	85	9	9
第三产业占GDP比重	3.35	65	50	10	9
社会生活	3.14	68	62	7	7
居民人均可支配收入	3.22	56	57	5	5
万人社会消费品零售额	3.03	68	68	10	10
城镇化率	2.77	83	84	7	7
空气质量指数	3.60	40	37	9	9

如图 3-165、图 3-166、表 3-83 所示，崇仁县科技创新能力总得分 67.64 分，排在江西省第 22 位，比上一年下降了 1 位，排在抚州市第 1 位，与上一年位次相同。在一级指标中，经济社会发展排在江西省第 97 位，比上一年下降了 8 位，排在抚州市第 11 位，与上一年位次相同；创新投入排在江西省第 29 位，比上一年提升了 30 位，排在抚州市第 2 位，比上一年提升了 1 位；创新成效排在江西省第 9 位、抚州市第 1 位，都与上一年位次相同；创新环境排在江西省第 37 位，比上一年提升了 10 位，排在抚州市第 4 位，与上一年位次相同。

综上所述，崇仁县在创新成效方面得分较高，高新技术产业增加值占规模以上工业增加值比、新产品销售收入占主营业务收入比均排在江西省前列，具有一定优势。但在经济社会发展方面得分较低，GDP 增长百分比、万人财政收入等排名靠后。建议该县进一步优化创新环境，加强人才培养，建设创新平台，提高科技成果转移转化能力，促进经济发展。

七、乐安县

乐安县位于江西省中部、抚州市西南部，是江西省抚州市下辖县。2018 年，该县常住人口 35.82 万人，地区 GDP 68.15 亿元。居民人均可支配收入 15 998.82 元，排在江西省第 98 位、抚州市第 11 位。万人 GDP 1.9 亿元，排在江西省第 98 位、抚州市第 11 位。GDP 增长 8.5%，排在江西省第 58 位、抚州市第 3 位。城镇化率 42.78%，排在江西省第 95 位、抚州市第 9 位。万人发明专利授权量 0.06 件，排在江西省第 83 位、抚州市第 10 位。万人 R&D 人员数 2.82 人，排在江西省第 92 位、抚州市第 11 位。高新技术产业增加值占规模以上工业增加值比 35.85%，排在江西省第 43 位、抚州市第 3 位。新产品销售收入占主营业务收入比 17.93%，排在江西省第 16 位、抚州市第 5 位。万人财政收入 0.24 亿元，排在江西省第 94 位、抚州市第 10 位。万人社会消费品零售额 0.95 亿元，排在江西省第 65 位、抚州市第 9 位。第三产业占 GDP 比重 51.16%，排在江西省第 18 位、抚州市第 1 位。具体如图 3-167、图 3-168、表 3-84 所示。

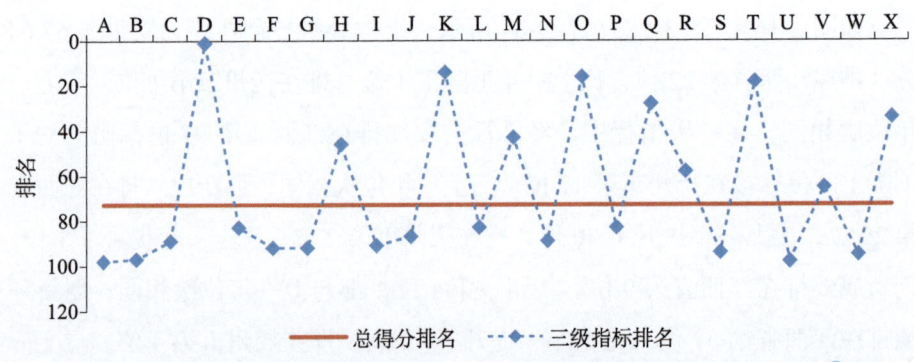

图 3-167 乐安县科技创新能力总得分、三级指标得分在江西省位次排名①

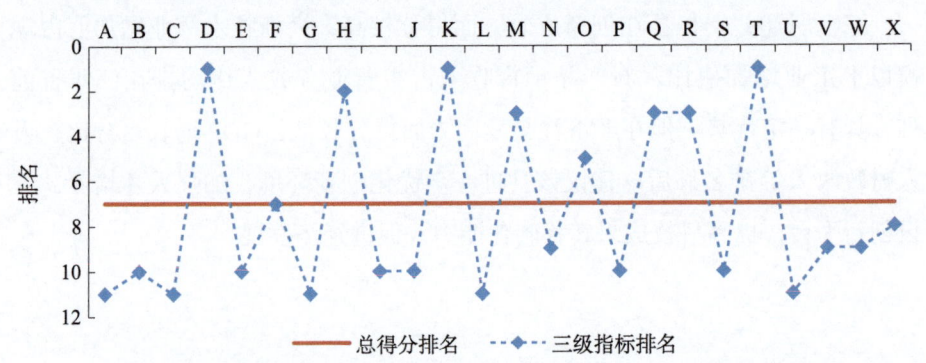

图 3-168 乐安县科技创新能力总得分、三级指标得分在抚州市位次排名②

表 3-84 乐安县科技创新能力评价指标得分与位次

指标名称	得分（分）	江西省排名		抚州市排名	
	2018年	2017年	2018年	2017年	2018年
科技创新能力总得分	58.96	84	73	9	7
创新环境	3.16	99	78	11	10
创新基础	2.42	100	100	11	11
万人GDP	2.39	97	98	11	11
规模以上工业企业数	2.39	97	97	10	10
万人专利申请量	2.47	85	89	10	11
科技意识	3.93	84	20	10	6
开展R&D活动的企业占比	5.94	69	1	8	1

①② 图注同本书28页图3-1图注。

续表

指标名称	得分（分） 2018年	江西省排名 2017年	江西省排名 2018年	抚州市排名 2017年	抚州市排名 2018年
人均科普经费投入	2.88	91	83	10	10
民众浏览科技网页频度	1.46	40	92	3	7
创新投入	3.31	61	58	5	5
人力投入	3.12	91	74	9	8
万人R&D人员数	2.82	96	92	11	11
研究人员占R&D人员比	3.57	81	46	9	2
R&D人员全时当量	2.91	96	91	10	10
财力投入	3.50	24	41	1	4
R&D经费投入占GDP百分比	2.71	83	87	11	10
企业R&D经费投入占主营业务收入比	4.65	7	14	1	1
企业技术获取和改造费用占主营业务收入比	3.06	53	83	7	11
创新成效	3.37	55	51	6	5
技术创新	3.15	77	64	6	5
高新技术产业增加值占规模以上工业增加值比	3.67	62	43	4	3
高新技术企业数	2.43	94	89	10	9
产业化水平	3.60	20	28	4	7
新产品销售收入占主营业务收入比	4.25	11	16	4	5
万人发明专利授权量	2.98	63	83	8	10
技术合同成交额	3.43	23	28	2	3
经济社会发展	3.02	85	89	10	8
经济增长	3.23	59	65	5	4
GDP增长百分比	3.20	61	58	4	3
万人财政收入	2.47	95	94	10	10
第三产业占GDP比重	4.07	19	18	1	1
社会生活	2.78	97	98	11	11
居民人均可支配收入	2.17	98	98	11	11
万人社会消费品零售额	3.05	67	65	9	9
城镇化率	2.63	95	95	9	9
空气质量指数	3.68	31	34	7	8

如图 3-167、图 3-168、表 3-84 所示，乐安县科技创新能力总得分 58.96 分，排在江西省第 73 位，比上一年提升了 11 位，排在抚州市第 7 位，比上一年提升了 2 位。在一级指标中，经济社会发展排在江西省第 89 位，比上一年下降了 4 位，排在抚州市第 8 位，比上一年提升了 2 位；创新投入排在江西省第 58 位，比上一年提升了 3 位，排在抚州市第 5 位，与上一年位次相同；创新成效排在江西省第 51 位，比上一年提升了 4 位，排在抚州市第 5 位，比上一年提升了 1 位；创新环境排在江西省第 78 位，比上一年提升了 21 位，排在抚州市第 10 位，比上一年提升了 1 位。

综上所述，乐安县在科技创新方面得分居江西省中下游，创新环境、创新投入、创新成效等方面均有不同程度提升。具体来看，开展 R&D 活动的企业占比、企业 R&D 经费投入占主营业务收入比、新产品销售收入占主营业务收入比排在江西省前列，但居民人均可支配收入、万人 GDP、万人 R&D 人员数、高新技术企业数等排名靠后。建议该县做大做强主导产业，提升创新基础，加大科普宣传力度，强化企业及民众科技意识，鼓励企业开展科研活动，促进产业转型升级和经济高质量发展。

八、宜黄县

宜黄县位于江西省中部偏东、抚州市南部，是江西省抚州市下辖县。2018 年，该县常住人口 23.19 万人，地区 GDP 72.68 亿万元。居民人均可支配收入 19 296.11 元，排在江西省第 77 位、抚州市第 9 位。万人 GDP 3.13 亿元，排在江西省第 73 位、抚州市第 7 位。GDP 增长 8%，排在江西省第 85 位、抚州市第 6 位。城镇化率 40.16%，排在江西省第 99 位、抚州市第 11 位。万人专利申请量 6.68 件，排在江西省第 87 位、抚州市第 10 位。万人发明专利授权量 0.17 件，排在江西省第 52 位、抚州市第 4 位。人均科普经费投入 0.78 元，排在江西省第 22 位、抚州市第 5 位。万人 R&D 人员数 23.16 人，排在江西省第 28 位、抚州市第 3 位。R&D 经费投入占 GDP 百分比 0.67%，排在江西省第 65 位、抚州市第 7 位。万人财政收入 0.44 亿元，排在江西省第 70 位、抚州市第 5 位。万人社会消费品零售额 0.96 亿元，排在江西省第 64 位、抚州市第 8 位。第三产业占 GDP 比重 40.57%，排在江西省第 63 位、抚州市第 10 位。具体如图 3-169、图 3-170、表 3-85 所示。

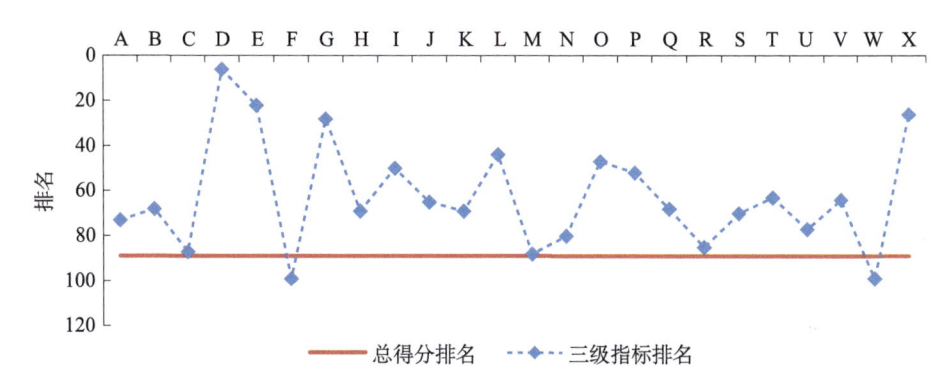

图 3-169　宜黄县科技创新能力总得分、三级指标得分在江西省位次排名[①]

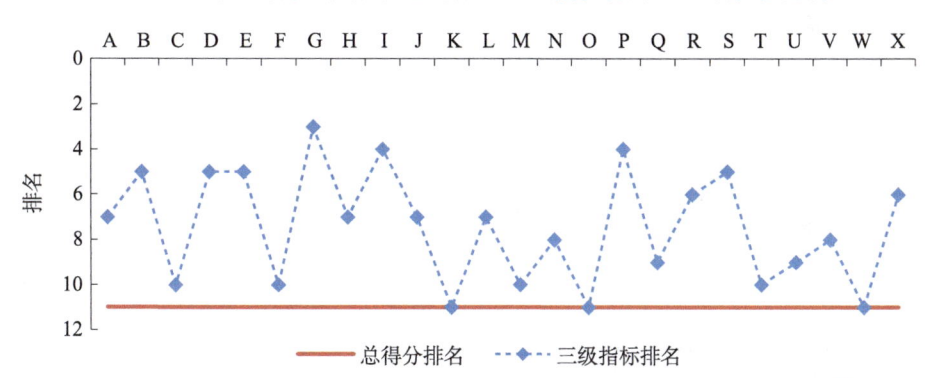

图 3-170　宜黄县科技创新能力总得分、三级指标得分在抚州市位次排名[②]

表 3-85　宜黄县科技创新能力评价指标得分与位次

指标名称	得分（分）	江西省排名		抚州市排名	
	2018 年	2017 年	2018 年	2017 年	2018 年
科技创新能力总得分	55.40	92	89	10	11
创新环境	3.35	84	62	9	9
创新基础	2.78	69	90	8	10
万人 GDP	2.87	68	73	8	7
规模以上工业企业数	3.03	63	68	4	5
万人专利申请量	2.48	51	87	8	10

---

①② 图注同本书 28 页图 3-1 图注。

续表

指标名称	得分（分） 2018年	江西省排名 2017年	江西省排名 2018年	抚州市排名 2017年	抚州市排名 2018年
科技意识	3.95	74	19	8	5
开展R&D活动的企业占比	5.18	73	6	10	5
人均科普经费投入	4.07	36	22	4	5
民众浏览科技网页频度	1.43	75	99	9	10
创新投入	3.16	68	72	7	9
人力投入	3.26	65	56	4	4
万人R&D人员数	3.56	53	28	4	3
研究人员占R&D人员比	3.00	54	69	3	7
R&D人员全时当量	3.25	63	50	5	4
财力投入	3.05	63	73	10	11
R&D经费投入占GDP百分比	3.06	53	65	4	7
企业R&D经费投入占主营业务收入比	2.93	54	69	10	11
企业技术获取和改造费用占主营业务收入比	3.19	71	44	9	7
创新成效	2.80	97	93	11	10
技术创新	2.42	96	90	10	10
高新技术产业增加值占规模以上工业增加值比	2.33	93	88	10	10
高新技术企业数	2.55	88	80	8	8
产业化水平	3.19	72	66	10	11
新产品销售收入占主营业务收入比	3.29	75	47	10	11
万人发明专利授权量	3.15	31	52	3	4
技术合同成交额	3.09	61	68	8	9
经济社会发展	2.90	83	95	9	9
经济增长	2.86	74	91	8	8
GDP增长百分比	2.41	67	85	6	6
万人财政收入	2.98	62	70	5	5
第三产业占GDP比重	3.20	64	63	9	10
社会生活	2.94	82	83	10	10
居民人均可支配收入	2.69	76	77	9	9

续表

指标名称	得分（分）	江西省排名		抚州市排名	
	2018年	2017年	2018年	2017年	2018年
万人社会消费品零售额	3.05	64	64	8	8
城镇化率	2.46	99	99	11	11
空气质量指数	3.84	26	26	6	6

如图3-169、图3-170、表3-85所示，宜黄县科技创新能力总得分55.40分，排在江西省第89位，比上一年提升了3位，排在抚州市第11位，比上一年下降了1位。在一级指标中，经济社会发展排在江西省第95位，比上一年下降了12位，排在抚州市第9位，与上一年位次相同；创新投入排在江西省第72位，比上一年下降了4位，排在抚州市第9位，比上一年下降了2位；创新成效排在江西省第93位，比上一年提升了4位，排在抚州市第10位，比上一年提升了1位；创新环境排在江西省第62位，比上一年提升了22位，排在抚州市第9位，与上一年位次相同。

综上所述，宜黄县科技创新能力总体较弱，在创新成效、经济社会发展方面得分都较低。具体来看，该县开展R&D活动的企业占比、万人R&D人员数排在江西省前列，但高新技术产业增加值占规模以上工业增加值比得分较低。建议该县加大科研经费投入，鼓励企业开展科研活动，提升科研成果转移转化能力，加强人才培养与引进，做大做强主导产业，培育战略性新兴产业，不断提高科技竞争力。

九、金溪县

金溪县位于江西省中部，是江西省抚州市下辖县。2018年，该县常住人口30.60万人，地区GDP 90.46亿元。居民人均可支配收入21 253.3元，排在江西省第64位、抚州市第7位。万人GDP 2.96亿元，排在江西省第79位、抚州市第9位。GDP增长7.5%，排在江西省第97位、抚州市第11位。城镇化率41.52%，排在江西省第97位、抚州市第10位。开展R&D活动的企业占比59.32%，排在江西省第26位、抚州市第8位。万人专利申请量25.92

件，排在江西省第 19 位、抚州市第 1 位。万人发明专利授权量 0.13 件，排在江西省第 62 位、抚州市第 5 位。研究人员占 R&D 人员比 36.67%，排在江西省第 28 位、抚州市第 1 位。R&D 人员全时当量 165 人·年，排在江西省第 81 位、抚州市第 8 位。R&D 经费投入占 GDP 百分比 0.68%，排在江西省第 63 位、抚州市第 6 位。企业技术获取和改造费用占主营业务收入比 0.02%，排在江西省第 54 位、抚州市第 9 位。万人财政收入 0.35 亿元，排在江西省第 81 位、抚州市第 8 位。万人社会消费品零售额 1.01 亿元，排在江西省第 60 位、抚州市第 7 位。第三产业占 GDP 比重 49.06%，排在江西省第 22 位、抚州市第 3 位。具体如图 3-171、图 3-172、表 3-86 所示。

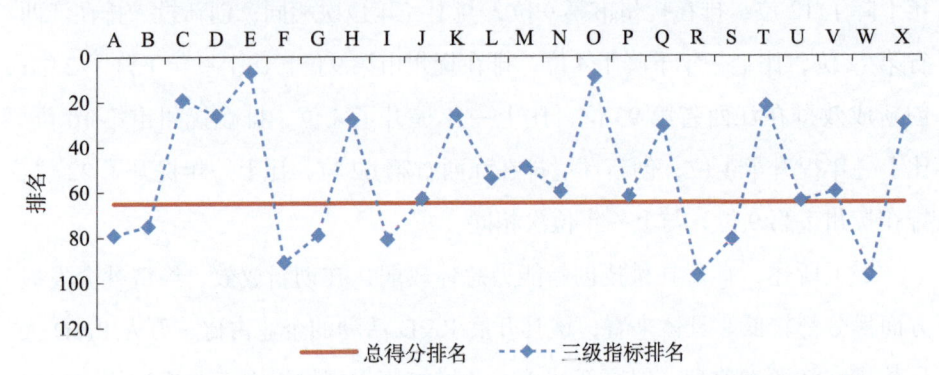

图 3-171 金溪县科技创新能力总得分、三级指标得分在江西省位次排名[①]

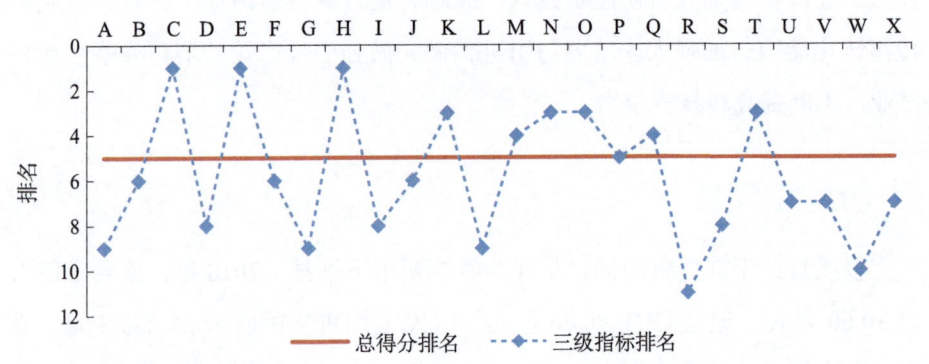

图 3-172 金溪县科技创新能力总得分、三级指标得分在抚州市位次排名[②]

[①][②] 图注同本书 28 页图 3-1 图注。

表 3-86 金溪县科技创新能力评价指标得分与位次

指标名称	得分（分）2018年	江西省排名 2017年	江西省排名 2018年	抚州市排名 2017年	抚州市排名 2018年
科技创新能力总得分	60.52	79	65	8	5
创新环境	3.47	61	49	5	7
创新基础	3.33	52	53	3	5
万人 GDP	2.80	74	79	9	9
规模以上工业企业数	2.82	75	75	6	6
万人专利申请量	4.25	16	19	1	1
科技意识	3.62	56	42	4	8
开展 R&D 活动的企业占比	4.02	38	26	4	8
人均科普经费投入	4.54	80	7	8	1
民众浏览科技网页频度	1.66	74	91	8	6
创新投入	3.35	42	56	1	4
人力投入	3.37	51	50	1	3
万人 R&D 人员数	2.97	70	79	8	9
研究人员占 R&D 人员比	4.07	33	28	1	1
R&D 人员全时当量	2.99	78	81	8	8
财力投入	3.33	38	51	3	6
R&D 经费投入占 GDP 百分比	3.07	54	63	5	6
企业 R&D 经费投入占主营业务收入比	3.76	27	26	5	3
企业技术获取和改造费用占主营业务收入比	3.14	17	54	2	9
创新成效	3.47	87	44	9	3
技术创新	3.25	85	57	7	3
高新技术产业增加值占规模以上工业增加值比	3.36	82	49	7	4
高新技术企业数	3.09	75	60	5	3
产业化水平	3.69	78	22	11	4
新产品销售收入占主营业务收入比	4.44	78	9	11	3
万人发明专利授权量	3.09	30	62	2	5
技术合同成交额	3.35	74	31	11	4
经济社会发展	2.89	74	96	8	10

续表

指标名称	得分（分） 2018年	江西省排名 2017年	江西省排名 2018年	抚州市排名 2017年	抚州市排名 2018年
经济增长	2.75	65	93	6	9
GDP增长百分比	1.62	75	97	8	11
万人财政收入	2.76	77	81	8	8
第三产业占GDP比重	3.90	24	22	3	3
社会生活	3.05	76	75	9	8
居民人均可支配收入	2.99	64	64	7	7
万人社会消费品零售额	3.09	62	60	7	7
城镇化率	2.55	97	97	10	10
空气质量指数	3.73	37	30	8	7

如图3-171、图3-172、表3-86所示，金溪县科技创新能力总得分60.52分，排在江西省第65位，比上一年提升了14位，排在抚州市第5位，比上一年提升了3位。在一级指标中，经济社会发展排在江西省第96位，比上一年下降了22位，排在抚州市第10位，比上一年下降了2位；创新投入排在江西省第56位，比上一年下降了14位，排在抚州市第4位，比上一年下降了3位；创新成效排在江西省第44位，比上一年提升了43位，排在抚州市第3位，比上一年提升了6位；创新环境排在江西省第49位，比上一年提升了12位，排在抚州市第7位，比上一年下降了2位。

综上所述，金溪县科技创新得分居江西省中下游水平，较上一年有提升，但经济社会发展方面却较落后。具体来看，人均科普经费投入、企业R&D经费投入占主营业务收入比、新产品销售收入占主营业务收入比排在江西省前列，但城镇化率等得分较低。建议该县加大科研经费投入，支持企业开展科研活动，提升产品性能，推进经济高质量发展。

十、资溪县

资溪县位于江西省中部偏东、抚州市东部，是江西省抚州市下辖县。2018年，该县常住人口11.55万人，地区GDP 41.16亿元。居民人均可支配收入 20 760.06 元，排在江西省第 68 位、抚州市第 8 位。万人 GDP 3.56 亿元，排在江西省第 61 位、抚州市第 4 位。GDP 增长 7.8%，排在江西省第 93 位、抚州市第 8 位。城镇化率 57.02%，排在江西省第 26 位、抚州市第 1 位。开展 R&D 活动的企业占比 84.62%，排在江西省第 3 位、抚州市第 3 位。万人专利申请量 18.7 件，排在江西省第 42 位、抚州市第 7 位。人均科普经费投入 0.93 元，排在江西省第 18 位、抚州市第 3 位。R&D 经费投入占 GDP 百分 0.42%，排在江西省第 81 位、抚州市第 9 位。新产品销售收入占主营业务收入比 17.62%，排在江西省第 17 位、抚州市第 6 位。万人财政收入 0.46 亿元，排在江西省第 60 位、抚州市第 3 位。万人社会消费品零售额 1.06 亿元，排在江西省第 57 位、抚州市第 6 位。第三产业占 GDP 比重 50.44%，排在江西省第 19 位、抚州市第 2 位。具体如图 3-173、图 3-174、表 3-87 所示。

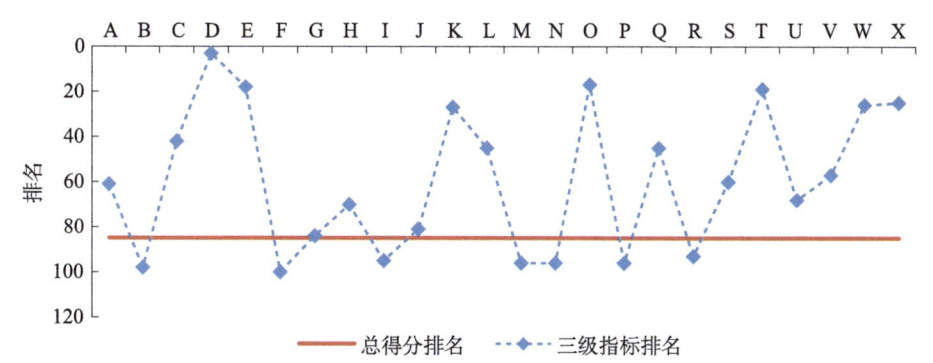

图 3-173 资溪县科技创新能力总得分、三级指标得分在江西省位次排名[①]

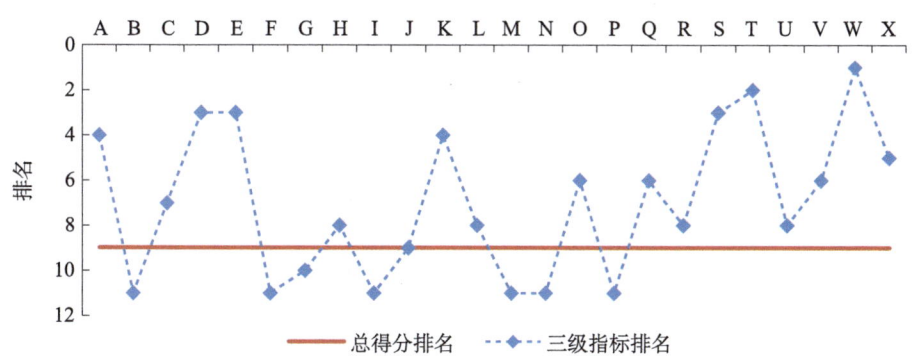

图 3-174 资溪县科技创新能力总得分、三级指标得分在抚州市位次排名[②]

[①][②] 图注同本书 28 页图 3-1 图注。

表 3-87　资溪县科技创新能力评价指标得分与位次

指标名称	得分（分） 2018年	江西省排名 2017年	江西省排名 2018年	抚州市排名 2017年	抚州市排名 2018年
科技创新能力总得分	56.79	62	85	3	9
创新环境	3.59	13	38	1	5
创新基础	2.98	81	79	9	8
万人 GDP	3.04	61	61	5	4
规模以上工业企业数	2.30	98	98	11	11
万人专利申请量	3.58	39	42	5	7
科技意识	4.22	3	10	1	3
开展 R&D 活动的企业占比	5.58	1	3	1	3
人均科普经费投入	4.39	6	18	1	3
民众浏览科技网页频度	1.42	69	100	7	11
创新投入	3.10	65	77	6	10
人力投入	2.94	89	85	8	9
万人 R&D 人员数	2.94	84	84	10	10
研究人员占 R&D 人员比	2.98	76	70	7	8
R&D 人员全时当量	2.89	96	95	10	11
财力投入	3.26	33	57	2	7
R&D 经费投入占 GDP 百分比	2.85	71	81	8	9
企业 R&D 经费投入占主营业务收入比	3.76	10	27	2	4
企业技术获取和改造费用占主营业务收入比	3.17	71	45	9	8
创新成效	2.79	73	94	7	11
技术创新	2.08	98	98	11	11
高新技术产业增加值占规模以上工业增加值比	2.01	98	96	11	11
高新技术企业数	2.18	98	96	11	11
产业化水平	3.51	15	35	3	9
新产品销售收入占主营业务收入比	4.21	6	17	2	6
万人发明专利授权量	2.89	98	96	11	11
技术合同成交额	3.26	57	45	6	6
经济社会发展	3.16	33	73	2	7

续表

指标名称	得分（分）	江西省排名		抚州市排名	
	2018年	2017年	2018年	2017年	2018年
经济增长	3.05	31	85	1	6
GDP增长百分比	2.09	52	93	2	8
万人财政收入	3.05	61	60	4	3
第三产业占GDP比重	4.01	20	19	2	2
社会生活	3.30	42	50	6	6
居民人均可支配收入	2.91	67	68	8	8
万人社会消费品零售额	3.13	54	57	6	6
城镇化率	3.56	25	26	1	1
空气质量指数	3.84	23	25	4	5

如图3-173、图3-174、表3-87所示，资溪县科技创新能力总得分56.79分，在江西省排名第85位，比上一年下降了23位，排在抚州市第9位，比上一年下降了6位。在一级指标中，经济社会发展排在江西省第73位，比上一年下降了40位，排在抚州市第7位，比上一年下降了5位；创新投入排在江西省第77位，比上一年下降了12位，排在抚州市第10位，比上一年下降了4位；创新成效排在江西省第94位，比上一年下降了21位，排在抚州市第11位，比上一年下降了4位；创新环境在江西省排名第38位，比上一年下降了25位，排在抚州市第5位，比上一年下降了4位。

综上所述，资溪县科技创新工作在江西省排名较上一年有后退，创新环境、创新投入、创新成效及经济社会发展均有不同程度的下降。具体来看，第三产业占GDP比重、开展R&D活动的企业占比、企业R&D经费投入占主营业务收入比、新产品销售收入占主营业务收入比排在江西省前列，但GDP增长百分比、民众浏览科技网页频度、高新技术企业数等得分较低。建议该县优化创新环境，加大科技创新投入，做大做强主导产业，积极培育战略性新兴产业，提高科技创新对经济社会发展的支撑引领作用。

十一、广昌县

广昌县位于江西省抚州市东南部,是江西省抚州市下辖县。2018年,该县常住人口24.38万人,地区GDP 69.55亿元。居民人均可支配收入17 978.08元,排在江西省第87位、抚州市第10位。万人GDP 2.85亿元,排在江西省第81位、抚州市第10位。GDP增长8.8%,排在江西省第39位、抚州市第1位。城镇化率47.04%,排在江西省第73位、抚州市第6位。万人发明专利授权量0.08件,排在江西省第75位、抚州市第9位。人均科普经费投入0.5元,排在江西省第35位、抚州市第8位。R&D人员全时当量123人·年,排在江西省第86位、抚州市第9位。R&D经费投入占GDP百分比0.54%,排在江西省第75位、抚州市第8位。新产品销售收入占主营业务收入比16.56%,排在江西省第23位、抚州市第10位。万人财政收入0.38亿元,排在江西省第77位、抚州市第7位。万人社会消费品零售额0.71亿元,排在江西省第88位、抚州市第11位。第三产业占GDP比重45.39%,排在江西省第34位、抚州市第7位。具体如图3-175、图3-176、表3-88所示。

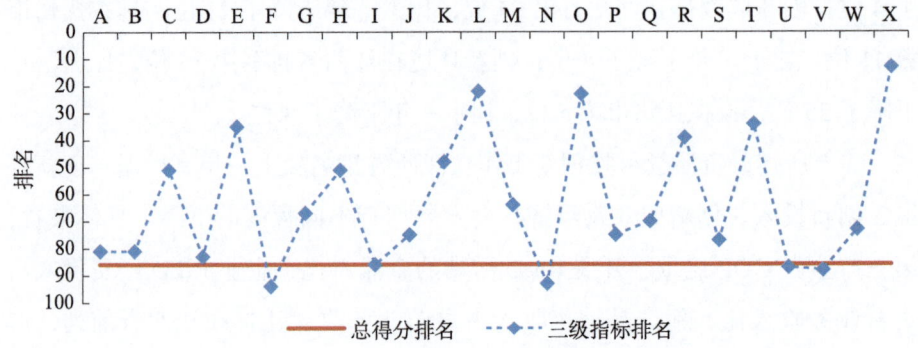

图3-175 广昌县科技创新能力总得分、三级指标得分在江西省位次排名[①]

[①] 图注同本书28页图3-1图注。

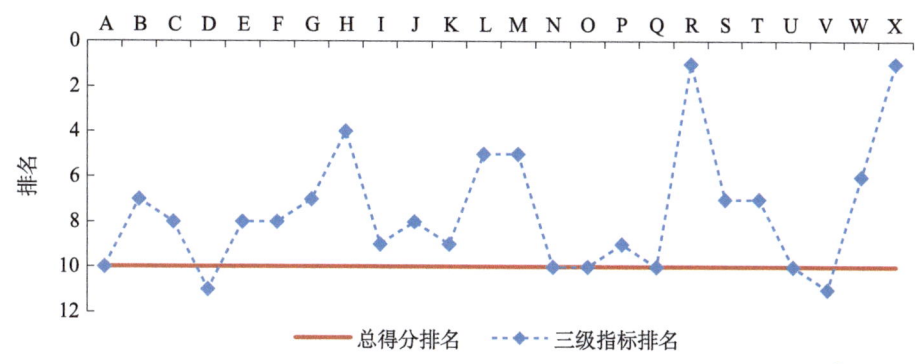

图 3-176　广昌县科技创新能力总得分、三级指标得分在抚州市位次排名①

表 3-88　广昌县科技创新能力评价指标得分与位次

指标名称	得分（分） 2018年	江西省排名 2017年	江西省排名 2018年	抚州市排名 2017年	抚州市排名 2018年
科技创新能力总得分	55.86	94	86	11	10
创新环境	2.79	98	97	10	11
创新基础	2.95	98	80	10	9
万人 GDP	2.76	81	81	10	10
规模以上工业企业数	2.73	88	81	8	7
万人专利申请量	3.33	95	51	11	8
科技意识	2.62	91	95	11	11
开展 R&D 活动的企业占比	2.66	93	83	11	11
人均科普经费投入	3.47	29	35	2	8
民众浏览科技网页频度	1.44	84	94	10	8
创新投入	3.17	90	71	11	8
人力投入	3.14	83	71	6	7
万人 R&D 人员数	3.07	82	67	9	7
研究人员占 R&D 人员比	3.36	63	51	4	4
R&D 人员全时当量	2.95	84	86	9	9
财力投入	3.19	78	62	11	9
R&D 经费投入占 GDP 百分比	2.94	77	75	9	8
企业 R&D 经费投入占主营业务收入比	3.29	66	48	11	9

① 图注同本书 28 页图 3-1 图注。

续表

指标名称	得分（分） 2018年	江西省排名 2017年	江西省排名 2018年	抚州市排名 2017年	抚州市排名 2018年
企业技术获取和改造费用占主营业务收入比	3.38	71	22	9	5
创新成效	3.09	91	74	10	9
技术创新	2.73	95	84	9	9
高新技术产业增加值占规模以上工业增加值比	3.04	92	64	9	5
高新技术企业数	2.31	88	93	8	10
产业化水平	3.46	45	39	8	10
新产品销售收入占主营业务收入比	4.10	31	23	7	10
万人发明专利授权量	3.02	50	75	7	9
技术合同成交额	3.09	68	70	10	10
经济社会发展	3.20	58	67	6	4
经济增长	3.36	46	54	2	1
GDP增长百分比	3.67	34	39	1	1
万人财政收入	2.84	74	77	7	7
第三产业占GDP比重	3.60	34	34	6	7
社会生活	3.03	70	78	8	9
居民人均可支配收入	2.48	87	87	10	10
万人社会消费品零售额	2.87	85	88	11	11
城镇化率	2.91	73	73	6	6
空气质量指数	4.33	13	13	1	1

如图3-175、图3-176、表3-88所示，广昌县科技创新能力总得分55.86分，排在江西省第86位，比上一年提升了8位，排在抚州市第10位，比上一年提升了1位。在一级指标中，经济社会发展排在江西省第67位，比上一年下降了9位，排在抚州市第4位，比上一年下降了2位；创新投入排在江西省第71位，比上一年提升了19位，排在抚州市第8位，比上一年提升了3位；创新成效排在江西省第74位，比上一年提升了17位，排在抚州市第9位，比上一年提升了1位；创新环境排在江西省第97位，比上一年提升了1位，排在抚州市第11位，比上一年下降了1位。

综上所述，广昌县在经济社会发展、创新投入、创新成效和创新环境方面得分都较低。具体来看，空气质量指数、企业技术获取和改造费用占主营业务收入比、新产品销售收入占主营业务收入比、人均科普经费投入等排在江西省前列，但万人社会消费品零售额、R&D 人员全时当量、高新企业数、民众浏览科技网页频度等得分较低。建议该县优化创新环境，加大科普宣传力度，提高企业及民众科技意识，加大科研经费投入，鼓励支持企业开展科研活动，提高产品性能，做大做强主导产业，积极培育战略性新兴产业，促进经济高质量发展。

第十一节　上　饶　市

一、信州区

信州区位于江西省东北部、上饶市东南部，是江西省上饶市市辖区。2018 年，该区常住人口 43.10 万人，地区 GDP 277.10 亿元。居民人均可支配收入 32 639.18 元，排在江西省第 14 位、上饶市第 1 位。万人 GDP 6.43 亿元，排在江西省第 19 位、上饶市第 1 位。GDP 增长 9.5%，排在江西省第 11 位、上饶市第 2 位。城镇化率 75.29%，排在江西省第 14 位、上饶市第 1 位。规模以上工业企业数 44 家，排在江西省第 88 位、上饶市第 12 位。万人发明专利授权量 1.02 件，排在江西省第 8 位、上饶市第 1 位。万人 R&D 人员数 2.71 人，排在江西省第 94 位、上饶市第 8 位。R&D 人员全时当量 55 人·年，排在江西省第 96 位、上饶市第 11 位。高新技术产业增加值占规模以上工业增加值比 41.93%，排在江西省第 32 位、上饶市第 2 位。新产品销售收入占主营业务收入比 3.54%，排在江西省第 80 位、上饶市第 8 位。万人财政收入 0.61 亿元，排在江西省第 39 位、上饶市第 4 位。万人社会消费品零售额 3.4 亿元，排在江西省第 10 位、上饶市第 1 位。第三产业占 GDP 比重 74.63%，排在江西省第 4 位、上饶市第 1 位。具体如图 3-177、图 3-178、表 3-89 所示。

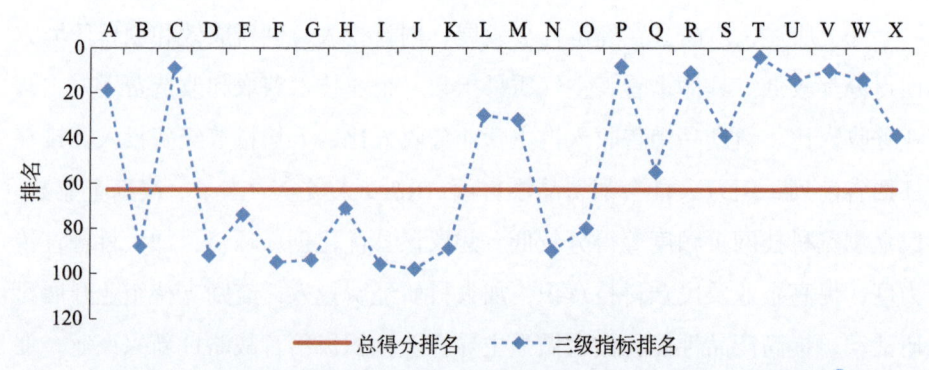

图 3-177 信州区科技创新能力总得分、三级指标得分在江西省位次排名[1]

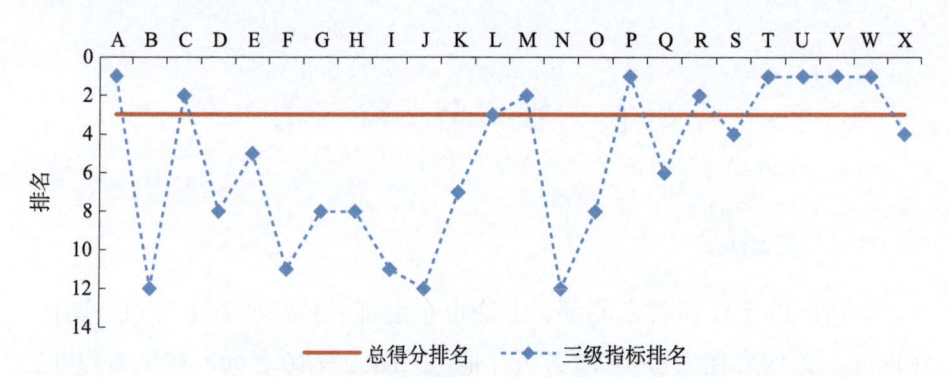

图 3-178 信州区科技创新能力总得分、三级指标得分在上饶市位次排名[2]

表 3-89 信州区科技创新能力评价指标得分与位次

指标名称	得分（分）	江西省排名		上饶市排名	
	2018 年	2017 年	2018 年	2017 年	2018 年
科技创新能力总得分	61.29	9	63	1	3
创新环境	3.15	69	79	3	4
创新基础	4.00	43	18	4	2
万人 GDP	4.16	22	19	1	1
规模以上工业企业数	2.65	80	88	10	12
万人专利申请量	5.16	26	9	2	2
科技意识	2.26	76	100	5	12
开展 R&D 活动的企业占比	2.19	82	92	6	8

[1][2] 图注同本书 28 页图 3-1 图注。

续表

指标名称	得分（分） 2018年	江西省排名 2017年	江西省排名 2018年	上饶市排名 2017年	上饶市排名 2018年
人均科普经费投入	3.00	71	74	5	5
民众浏览科技网页频度	1.44	8	95	2	11
创新投入	2.83	48	94	2	9
人力投入	2.90	32	89	2	9
万人R&D人员数	2.82	68	94	6	8
研究人员占R&D人员比	2.98	16	71	1	8
R&D人员全时当量	2.88	56	96	4	11
财力投入	2.76	69	91	4	7
R&D经费投入占GDP百分比	2.51	85	98	6	12
企业R&D经费投入占主营业务收入比	2.60	42	89	2	7
企业技术获取和改造费用占主营业务收入比	3.28	71	30	9	3
创新成效	3.35	6	53	2	3
技术创新	3.31	8	53	2	3
高新技术产业增加值占规模以上工业增加值比	4.00	1	32	1	2
高新技术企业数	2.37	73	90	9	12
产业化水平	3.38	7	44	1	2
新产品销售收入占主营业务收入比	2.68	4	80	1	8
万人发明专利授权量	4.42	17	8	1	1
技术合同成交额	3.17	46	55	4	6
经济社会发展	4.63	8	8	1	1
经济增长	4.71	7	6	1	1
GDP增长百分比	4.78	30	11	5	2
万人财政收入	3.43	39	39	4	4
第三产业占GDP比重	5.99	4	4	1	1
社会生活	4.55	11	11	1	1
居民人均可支配收入	4.77	14	14	1	1
万人社会消费品零售额	4.85	10	10	1	1
城镇化率	4.74	14	14	1	1
空气质量指数	3.56	60	39	11	4

如图 3-177、图 3-178、表 3-89 所示，信州区科技创新能力总得分 61.29 分，排在江西省第 63 位，比上一年下降了 54 位，排在上饶市第 3 位，比上一年下降了 2 位。在一级指标中，经济社会发展排在江西省第 8 位、上饶市第 1 位，都与上一年位次相同；创新投入排在江西省第 94 位，比上一年下降了 46 位，排在上饶市第 9 位，比上一年下降了 7 位；创新成效排在江西省第 53 位，比上一年下降了 47 位，排在上饶市第 3 位，比上一年下降了 1 位；创新环境排在江西省第 79 位，比上一年下降了 10 位，排在上饶市第 4 位，比上一年下降了 1 位。

综上所述，2018 年信州区科技创新能力得分处在江西省中下游水平，较上一年有大幅下降。创新投入、创新环境排名都较靠后，经济社会发展处江西省前列。具体来看，GDP 增长百分比等排在江西省前列，但企业 R&D 经费投入占主营业务收入比、新产品销售收入占主营业务收入比等得分较低。建议该区加大科普宣传力度，营造创新氛围，加大科研经费投入，支持企业开展科研活动，加强科技成果转移转化能力，不断提高科技竞争力。

二、广丰区

广丰区位于江西省东北部，是江西省上饶市市辖区。2018 年，该区常住人口 77.91 万人，地区 GDP 403.10 亿元。居民人均可支配收入 28 629.92 元，排在江西省第 20 位、上饶市第 2 位。万人 GDP 5.17 亿元，排在江西省第 27 位、上饶市第 2 位。GDP 增长 9.60%，排在江西省第 6 位、上饶市第 1 位。城镇化率 59.37%，排在江西省第 20 位、上饶市第 3 位。规模以上工业企业数 182 家，排在江西省第 18 位、上饶市第 3 位。研究人员占 R&D 人员比 26.38%，排在江西省第 65 位、上饶市第 7 位。R&D 人员全时当量 265 人·年，排在江西省第 67 位、上饶市第 4 位。高新技术产业增加值占规模以上工业增加值比 16.61%，排在江西省第 82 位、上饶市第 6 位。新产品销售收入占主营业务收入比 2.73%，排在江西省第 88 位、上饶市第 11 位。万人财政收入 0.67 亿元，排在江西省第 35 位、上饶市第 2 位。万人社会消费品零售额 0.97 亿元，排在江西省第 63 位、上饶市第 9 位。第三产业占 GDP 比重 43.85%，排在江西省第 42 位、上饶市第 4 位。具体如图 3-179、图 3-180、表 3-90 所示。

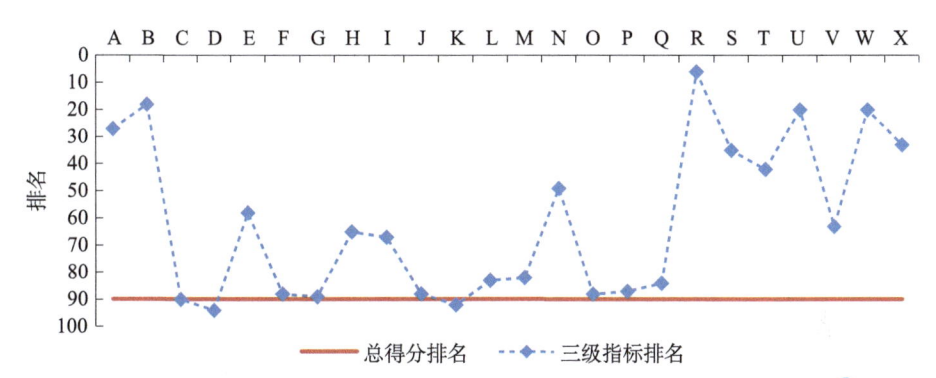

图 3-179　广丰区科技创新能力总得分、三级指标得分在江西省位次排名①

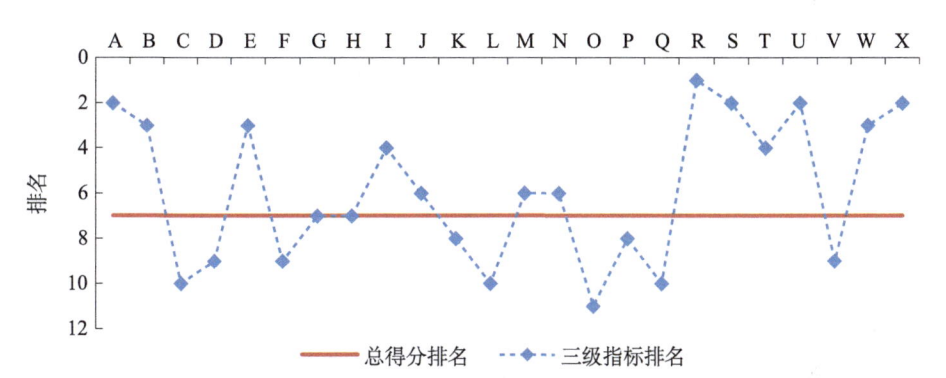

图 3-180　广丰区科技创新能力总得分、三级指标得分在上饶市位次排名②

表 3-90　广丰区科技创新能力评价指标得分与位次

指标名称	得分（分）	江西省排名		上饶市排名	
	2018 年	2017 年	2018 年	2017 年	2018 年
科技创新能力总得分	55.32	83	90	6	7
创新环境	2.86	76	93	6	7
创新基础	3.41	28	42	2	4
万人 GDP	3.67	28	27	2	2
规模以上工业企业数	4.19	13	18	1	3

①② 图注同本书 28 页图 3-1 图注。

续表

指标名称	得分（分） 2018年	江西省排名 2017年	江西省排名 2018年	上饶市排名 2017年	上饶市排名 2018年
万人专利申请量	2.47	80	90	7	10
科技意识	2.27	96	99	11	11
开展R&D活动的企业占比	1.92	87	94	9	9
人均科普经费投入	3.05	92	58	10	3
民众浏览科技网页频度	1.92	55	88	9	9
创新投入	2.87	94	92	7	8
人力投入	3.00	73	82	4	8
万人R&D人员数	2.87	92	89	10	7
研究人员占R&D人员比	3.05	50	65	4	7
R&D人员全时当量	3.08	82	67	8	4
财力投入	2.74	95	92	9	8
R&D经费投入占GDP百分比	2.71	93	88	7	6
企业R&D经费投入占主营业务收入比	2.51	95	92	9	8
企业技术获取和改造费用占主营业务收入比	3.06	69	83	8	10
创新成效	2.86	81	90	7	7
技术创新	2.90	72	73	6	7
高新技术产业增加值占规模以上工业增加值比	2.63	75	82	6	6
高新技术企业数	3.28	47	49	4	6
产业化水平	2.83	88	95	9	11
新产品销售收入占主营业务收入比	2.59	82	88	8	11
万人发明专利授权量	2.97	78	87	7	8
技术合同成交额	2.98	82	84	10	10
经济社会发展	3.85	18	19	3	3
经济增长	3.99	19	19	3	3
GDP增长百分比	4.94	4	6	1	1
万人财政收入	3.57	35	35	2	2
第三产业占GDP比重	3.47	40	42	4	4
社会生活	3.70	19	23	3	3

续表

指标名称	得分（分） 2018年	江西省排名 2017年	江西省排名 2018年	上饶市排名 2017年	上饶市排名 2018年
居民人均可支配收入	4.14	20	20	2	2
万人社会消费品零售额	3.06	65	63	9	9
城镇化率	3.71	20	20	3	3
空气质量指数	3.69	28	33	2	2

如图 3-179、图 3-180、表 3-90 所示，广丰区科技创新能力总得分 55.32 分，排在江西省第 90 位，比上一年下降了 7 位，排在上饶市第 7 位，比上一年下降了 1 位。在一级指标中，经济社会发展排在江西省第 19 位，比上一年下降了 1 位，排在上饶市第 3 位，与上一年位次相同；创新投入排在江西省第 92 位，比上一年提升了 2 位，排在上饶市第 8 位，比上一年下降了 1 位；创新成效排在江西省第 90 位，比上一年下降了 9 位，排在上饶市第 7 位，与上一年位次相同；创新环境排在江西省第 93 位，比上一年下降了 17 位，排在上饶市第 7 位，比上一年下降了 1 位。

综上所述，广丰区在科技创新能力方面得分较低，在创新环境、创新投入和创新成效等方面都较弱，但经济社会发展水平却居江西省前列。具体来看，万人专利申请量、开展 R&D 活动的企业占比、万人 R&D 人员数、企业 R&D 经费投入占主营业务收入比、新产品销售收入占主营业务收入比等方面排名都较靠后，但在 GDP 增长百分比、规模以上工业企业数、高新技术企业数、万人 GDP 及居民人均可支配收入方面有明显优势。建议该区优化创新环境，营造创新氛围，加大创新人力投入及财力投入，做大做强主导产业，积极培育战略性新兴产业，不断提升区域竞争力。

三、上饶县[①]

上饶县位于江西省东北部，是江西省上饶市下辖县。2018 年，该县常

[①] 2019 年 7 月 29 日，国务院（国函〔2019〕59 号）批复同意撤销上饶县，设立上饶市广信区。2019 年 10 月 16 日上午，上饶市广信区正式授印揭牌。但本书基于 2018 年数据，故仍沿用原名。

住人口 72.47 万人，地区 GDP 237.20 亿元。居民人均可支配收入 19 635.43 元，排在江西省第 75 位、上饶市第 8 位。万人 GDP 为 3.27 亿元，排在江西省第 68 位、上饶市第 6 位。GDP 增长 9.40%，排在江西省第 15 位、上饶市第 3 位。城镇化率 51.03%，排在江西省第 54 位、上饶市第 7 位。规模以上工业企业数 189 家，排在江西省第 15 位、上饶市第 2 位。开展 R&D 活动的企业占比 43.92%，排在江西省第 68 位、上饶市第 5 位。万人 R&D 人员数 23.84 人，排在江西省第 26 位、上饶市第 1 位。研究人员占 R&D 人员比 45.60%，排在江西省第 9 位、上饶市第 1 位。R&D 人员全时当量 1517 人·年，排在江西省第 9 位、上饶市第 1 位。R&D 经费投入占 GDP 百分比 3.84%，排在江西省第 6 位、上饶市第 1 位。企业技术获取和改造费用占主营业务收入比 0.53%，排在江西省第 8 位、上饶市第 2 位。高新技术产业增加值占规模以上工业增加值比 67.23%，排在江西省第 4 位、上饶市第 1 位。新产品销售收入占主营业务收入比 52.77%，排在江西省第 1 位、上饶市第 1 位。具体如图 3-181、图 3-182、表 3-91 所示。

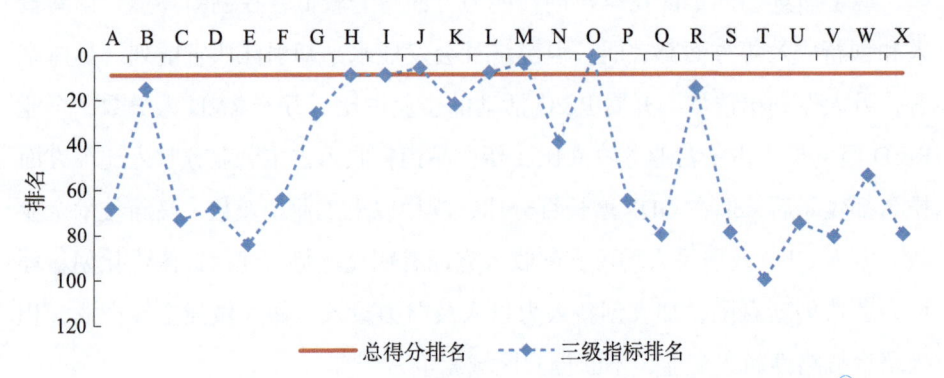

图 3-181　上饶县科技创新能力总得分、三级指标得分在江西省位次排名[①]

---

① 图注同本书 28 页图 3-1 图注。

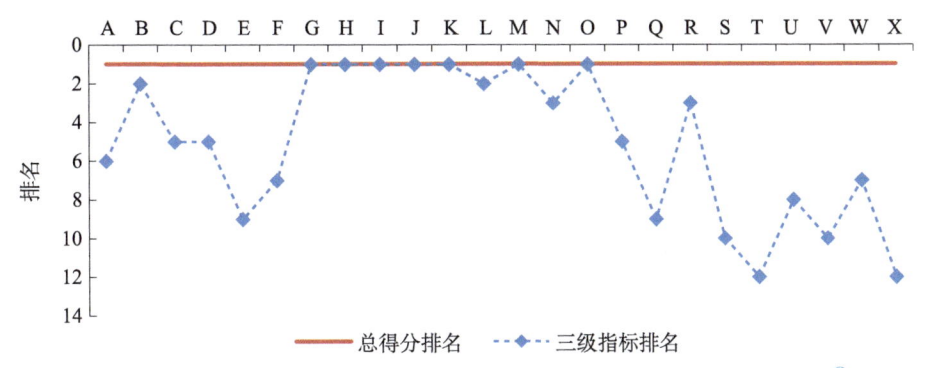

图 3-182　上饶县科技创新能力总得分、三级指标得分在上饶市位次排名①

表 3-91　上饶县科技创新能力评价指标得分与位次

指标名称	得分（分）	江西省排名		上饶市排名	
	2018 年	2017 年	2018 年	2017 年	2018 年
科技创新能力总得分	73.92	10	9	2	1
创新环境	3.21	81	76	7	3
创新基础	3.32	62	54	6	5
万人 GDP	2.92	67	68	6	6
规模以上工业企业数	4.27	19	15	3	2
万人专利申请量	2.73	91	73	10	5
科技意识	3.11	81	79	6	4
开展 R&D 活动的企业占比	3.07	94	68	11	5
人均科普经费投入	2.85	86	84	9	9
民众浏览科技网页频度	3.50	6	64	1	7
创新投入	4.61	9	6	1	1
人力投入	4.29	15	8	1	1
万人 R&D 人员数	3.59	21	26	1	1
研究人员占 R&D 人员比	4.95	43	9	3	1
R&D 人员全时当量	4.27	6	9	1	1
财力投入	4.91	6	6	1	1
R&D 经费投入占 GDP 百分比	5.80	3	6	1	1

---

① 图注同本书 28 页图 3-1 图注。

续表

指标名称	得分（分） 2018年	江西省排名 2017年	江西省排名 2018年	上饶市排名 2017年	上饶市排名 2018年
企业R&D经费投入占主营业务收入比	4.02	16	22	1	1
企业技术获取和改造费用占主营业务收入比	4.88	40	8	4	2
创新成效	4.81	5	4	1	1
技术创新	4.64	2	12	1	1
高新技术产业增加值占规模以上工业增加值比	5.36	2	4	2	1
高新技术企业数	3.64	10	39	1	3
产业化水平	4.99	13	5	2	1
新产品销售收入占主营业务收入比	8.03	8	1	2	1
万人发明专利授权量	3.08	64	65	3	5
技术合同成交额	3.00	75	80	8	9
经济社会发展	2.90	98	94	10	10
经济增长	2.89	94	88	10	10
GDP增长百分比	4.62	18	15	4	3
万人财政收入	2.79	80	79	10	10
第三产业占GDP比重	1.25	100	100	12	12
社会生活	2.91	93	89	10	10
居民人均可支配收入	2.74	75	75	8	8
万人社会消费品零售额	2.94	78	81	10	10
城镇化率	3.17	56	54	8	7
空气质量指数	2.85	84	80	12	12

如图3-181、图3-182、表3-91所示，上饶县科技创新能力总得分73.92分，排在江西省第9位、上饶市第1位，都比上一年提升了1位。在一级指标中，经济社会发展排在江西省第94位，比上一年提升了4位，排在上饶市第10位，与上一年位次相同；创新投入排在江西省第6位，比上一年提升了3位，排在上饶市第1位，与上一年位次相同；创新成效排在江西省第4位，比上一年提升了1位，排在上饶市第1位，与上一年位次相同；创新环境排在江西省第

76 位,比上一年提升了 5 位,排在上饶市第 3 位,比上一年提升了 4 位。

综上所述,上饶县科技创新能力居江西省前列,在创新投入、创新成效方面有明显优势,但在创新环境、经济社会发展方面还较落后。具体来看,万人专利申请量、开展 R&D 活动的企业占比、技术合同成交额、第三产业占 GDP 比重等方面还有很大的提升空间。建议该县加大科普宣传力度,提高企业及民众科技意识,做大做强主导产业,加快新兴产业发展,巩固创新基础,不断推进经济高质量发展。

四、玉山县

玉山县位于江西省东北部,是江西省上饶市下辖县。2018 年,该县常住人口 59.48 万人,地区 GDP 192.76 亿元。居民人均可支配收入 24 187.06 元,排在江西省第 49 位、上饶市第 4 位。万人 GDP 3.24 亿元,排在江西省第 70 位、上饶市第 7 位。GDP 增长 9.00%,排在江西省第 32 位、上饶市第 6 位。城镇化率 53.6%,排在江西省第 35 位、上饶市第 4 位。规模以上工业企业数 223 家,排在江西省第 10 位、上饶市第 1 位。开展 R&D 活动的企业占比 39.01%,排在江西省第 81 位、上饶市第 7 位。万人专利申请量 8.54 件,排在江西省第 76 位、上饶市第 7 位。R&D 人员全时当量 697 人·年,排在江西省第 28 位、上饶市第 2 位。R&D 经费投入占 GDP 百分比 2.04%,排在江西省第 12 位、上饶市第 2 位。新产品销售收入占主营业务收入比 7.76%,排在江西省第 60 位、上饶市第 5 位。万人财政收入 0.43 亿元,排在江西省第 72 位、上饶市第 9 位。万人社会消费品零售额 1.18 亿元,排在江西省第 49 位、上饶市第 8 位。第三产业占 GDP 比重 38.94%,排在江西省第 72 位、上饶市第 7 位。具体如图 3-183、图 3-184、表 3-92 所示。

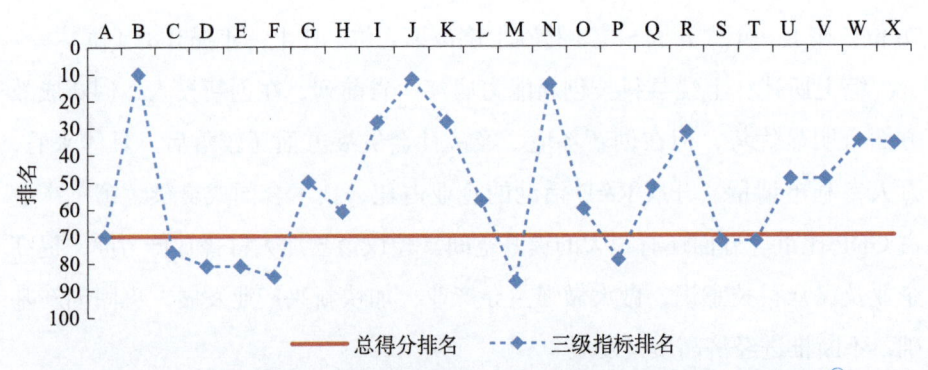

图 3-183　玉山县科技创新能力总得分、三级指标得分在江西省位次排名[①]

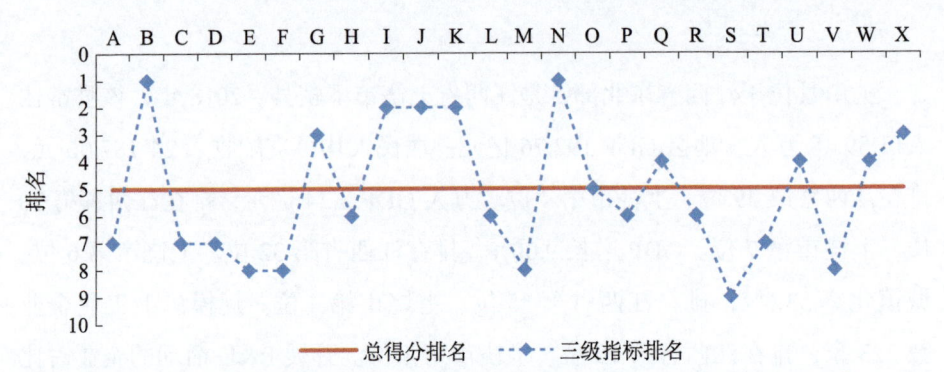

图 3-184　玉山县科技创新能力总得分、三级指标得分在上饶市位次排名[②]

表 3-92　玉山县科技创新能力评价指标得分与位次

指标名称	得分（分）	江西省排名		上饶市排名	
	2018 年	2017 年	2018 年	2017 年	2018 年
科技创新能力总得分	60.16	80	70	5	5
创新环境	3.09	74	83	5	5
创新基础	3.42	40	41	3	3
万人 GDP	2.91	72	70	8	7
规模以上工业企业数	4.65	13	10	1	1
万人专利申请量	2.65	73	76	5	7
科技意识	2.74	86	92	7	6
开展 R&D 活动的企业占比	2.77	64	81	5	7

---

①② 图注同本书 28 页图 3-1 图注。

续表

指标名称	得分（分）2018年	江西省排名 2017年	江西省排名 2018年	上饶市排名 2017年	上饶市排名 2018年
人均科普经费投入	2.92	94	81	11	8
民众浏览科技网页频度	2.46	50	85	7	8
创新投入	3.53	91	38	6	2
人力投入	3.31	85	53	6	4
万人R&D人员数	3.26	69	50	7	3
研究人员占R&D人员比	3.19	83	61	5	6
R&D人员全时当量	3.49	49	28	3	2
财力投入	3.75	73	28	6	2
R&D经费投入占GDP百分比	4.25	49	12	2	2
企业R&D经费投入占主营业务收入比	3.75	74	28	7	2
企业技术获取和改造费用占主营业务收入比	3.13	58	57	6	6
创新成效	3.19	72	68	5	4
技术创新	3.27	66	55	5	4
高新技术产业增加值占规模以上工业增加值比	2.39	84	87	8	8
高新技术企业数	4.49	29	14	2	1
产业化水平	3.11	74	76	6	6
新产品销售收入占主营业务收入比	3.14	52	60	6	5
万人发明专利授权量	2.99	95	79	11	6
技术合同成交额	3.18	53	52	6	4
经济社会发展	3.36	34	46	4	7
经济增长	3.33	38	56	5	7
GDP增长百分比	3.99	9	32	2	6
万人财政收入	2.96	71	72	9	9
第三产业占GDP比重	3.07	53	72	6	7
社会生活	3.40	35	34	4	4
居民人均可支配收入	3.45	50	49	4	4
万人社会消费品零售额	3.22	47	49	8	8
城镇化率	3.33	35	35	4	4
空气质量指数	3.61	30	36	3	3

如图 3-183、图 3-184、表 3-92 所示，玉山县科技创新能力总得分 60.16 分，排在江西省第 70 位，比上一年提升了 10 位，排在上饶市第 5 位，与上一年位次相同。在一级指标中，经济社会发展排在江西省第 46 位，比上一年下降了 12 位，排在上饶市第 7 位，比上一年下降了 3 位；创新投入排在江西省第 38 位，比上一年提升了 53 位，排在上饶市第 2 位，比上一年提升了 4 位；创新成效排在江西省第 68 位，比上一年提升了 4 位，排在上饶市第 4 位，比上一年提升了 1 位；创新环境排在江西省第 83 位，比上一年下降了 9 位，排在上饶市第 5 位，与上一年位次相同。

综上所述，玉山县科技创新能力处于江西省中下游水平，创新环境和创新成效得分偏低。具体来看，开展 R&D 活动的企业占比、人均科普经费投入、万人发明专利授权量等方面较弱，但是在规模以上工业企业数、R&D 经费投入占 GDP 百分比、高新技术企业数方面有很强的优势。建议该县加大科普宣传力度，提高企业及民众科技意识，积极培育新兴产业，建设创新平台，加强科技成果转移转化能力，提高科技竞争力。

五、铅山县

铅山县位于江西省东北部，是江西省上饶市下辖县。2018 年，该县常住人口 44.18 万人，地区 GDP 131.76 亿元。居民人均可支配收入 19 995.29 元，排在江西省第 72 位、上饶市第 7 位。万人 GDP 2.98 亿元，排在江西省第 77 位、上饶市第 9 位。GDP 增长 9.20%，排在江西省第 23 位、上饶市第 4 位。城镇化率 50.93%，排在江西省第 55 位、上饶市第 8 位。规模以上工业企业数 65 家，排在江西省第 74 位、上饶市第 9 位。开展 R&D 活动的企业占比 47.69%，排在江西省第 57 位、上饶市第 2 位。万人专利申请量 9.01 件，排在江西省第 75 位、上饶市第 6 位。企业技术获取和改造费用占主营业务收入比 0.04%，排在江西省第 43 位、上饶市第 4 位。新产品销售收入占主营业务收入比 7.44%，排在江西省第 62 位、上饶市第 7 位。万人财政收入 0.50 亿元，排在江西省第 58 位、上饶市第 6 位。万人社会消费品零售额 1.31 亿元，排在江西省第 39 位、上饶市第 7 位。第三产业占 GDP 比重 41.86%，排在江西省第 55 位、上饶市第 5 位。具体如图 3-185、图 3-186、表 3-93 所示。

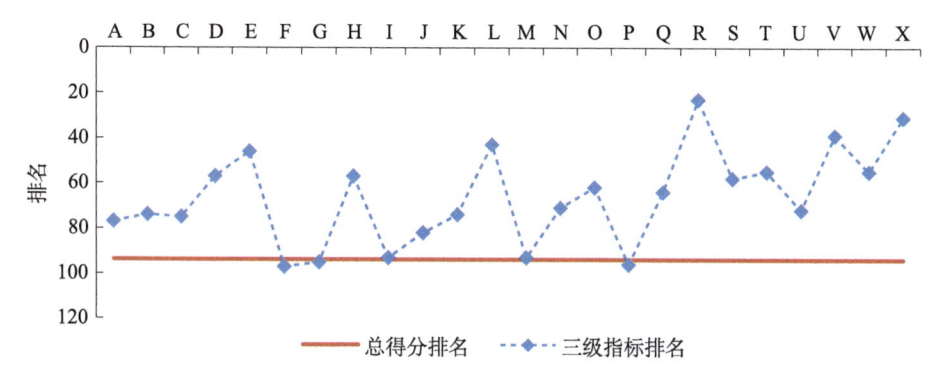

图 3-185　铅山县科技创新能力总得分、三级指标得分在江西省位次排名①

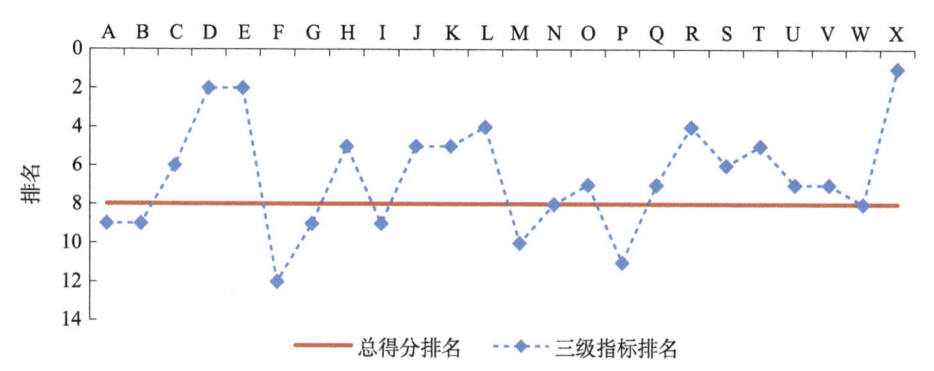

图 3-186　铅山县科技创新能力总得分、三级指标得分在上饶市位次排名②

表 3-93　铅山县科技创新能力评价指标得分与位次

指标名称	得分（分）	江西省排名		上饶市排名	
	2018 年	2017 年	2018 年	2017 年	2018 年
科技创新能力总得分	53.43	97	94	9	8
创新环境	2.82	88	95	8	8
创新基础	2.79	86	88	9	9
万人 GDP	2.81	80	77	10	9
规模以上工业企业数	2.88	73	74	9	9
万人专利申请量	2.69	77	75	6	6
科技意识	2.85	72	89	4	5

①② 图注同本书 28 页图 3-1 图注。

续表

指标名称	得分（分）	江西省排名		上饶市排名	
	2018 年	2017 年	2018 年	2017 年	2018 年
开展 R&D 活动的企业占比	3.30	62	57	4	2
人均科普经费投入	3.28	50	46	2	2
民众浏览科技网页频度	1.44	78	97	10	12
创新投入	2.97	96	85	9	6
人力投入	3.01	93	81	7	7
万人 R&D 人员数	2.81	89	95	9	9
研究人员占 R&D 人员比	3.29	84	57	6	5
R&D 人员全时当量	2.90	89	93	10	9
财力投入	2.93	83	82	7	6
R&D 经费投入占 GDP 百分比	2.82	89	82	7	5
企业 R&D 经费投入占主营业务收入比	2.83	70	74	6	5
企业技术获取和改造费用占主营业务收入比	3.19	45	43	5	4
创新成效	2.71	99	98	12	11
技术创新	2.39	91	92	9	9
高新技术产业增加值占规模以上工业增加值比	2.15	97	93	12	10
高新技术企业数	2.73	66	71	6	8
产业化水平	3.04	93	80	10	8
新产品销售收入占主营业务收入比	3.11	88	62	11	7
万人发明专利授权量	2.89	89	96	9	11
技术合同成交额	3.10	78	64	9	7
经济社会发展	3.39	57	42	7	4
经济增长	3.58	57	36	7	5
GDP 增长百分比	4.31	62	23	7	4
万人财政收入	3.13	60	58	6	6
第三产业占 GDP 比重	3.31	43	55	5	5
社会生活	3.18	58	59	7	7
居民人均可支配收入	2.80	72	72	7	7
万人社会消费品零售额	3.31	36	39	7	7

续表

指标名称	得分（分）	江西省排名		上饶市排名	
	2018年	2017年	2018年	2017年	2018年
城镇化率	3.16	55	55	7	8
空气质量指数	3.71	25	31	1	1

如图3-185、图3-186、表3-93所示，铅山县科技创新能力总得分53.43分，排在江西省第94位，比上一年提升了3位，排在上饶市第8位，比上一年提升了1位。在一级指标中，经济社会发展排在江西省第42位，比上一年提升了15位，排在上饶市第4位，比上一年提升了3位；创新投入排在江西省第85位，比上一年提升了11位，排在上饶市第6位，比上一年提升了3位；创新成效排在江西省第98位，比上一年提升了1位，排在上饶市第11位，比上一年提升了1位；创新环境排在江西省第95位，比上一年下降了7位，排在上饶市第8位，与上一年位次相同。

综上所述，铅山县在科技创新能力方面得分较低，创新环境、创新投入和创新成效都较弱，但经济社会发展水平比较高。具体来看，开展R&D活动的企业占比、人均科普经费投入、研究人员占R&D人员比、企业技术获取和改造费用占主营业务收入比等方面都具有一定的优势。建议该县从自身优势中找出突破口，强化专利意识，优化创新环境，加大科研经费投入，加强人才培养与引进，做大做强主导产业，积极培育新兴产业，提升科技竞争力。

六、横峰县

横峰县位于江西省东北部，是江西省上饶市下辖县。2018年，该县常住人口19.13万人，地区GDP 74.31亿元。居民人均可支配收入18 076.13元，排在江西省第86位、上饶市第10位。万人GDP 3.88亿元，排在江西省第49位、上饶市第5位。GDP增长8.70%，排在江西省第44位、上饶市第8位。城镇化率51.76%，排在江西省第49位、上饶市第6位。规模以上工业企业数51家，排在江西省第81位、上饶市第11位。万人发明专利授权量

0.26件，排在江西省第42位、上饶市第2位。R&D人员全时当量78人·年，排在江西省第92位、上饶市第8位。R&D经费投入占GDP百分比0.26%，排在江西省第89位、上饶市第7位。高新技术产业增加值占规模以上工业增加值比1.96%，排在江西省第98位、上饶市第12位。万人财政收入0.64亿元，排在江西省第36位、上饶市第3位。万人社会消费品零售额1.48亿元，排在江西省第29位、上饶市第5位。第三产业占GDP比重33.33%，排在江西省第86位、上饶市第9位。具体如图3-187、图3-188、表3-94所示。

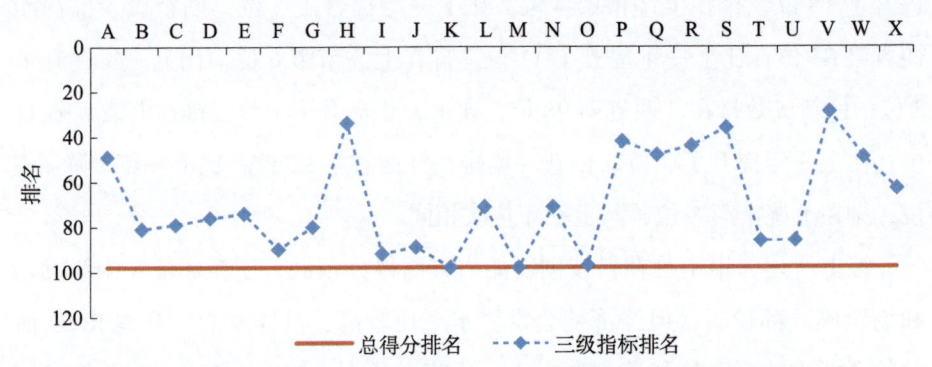

图3-187 横峰县科技创新能力总得分、三级指标得分在江西省位次排名[①]

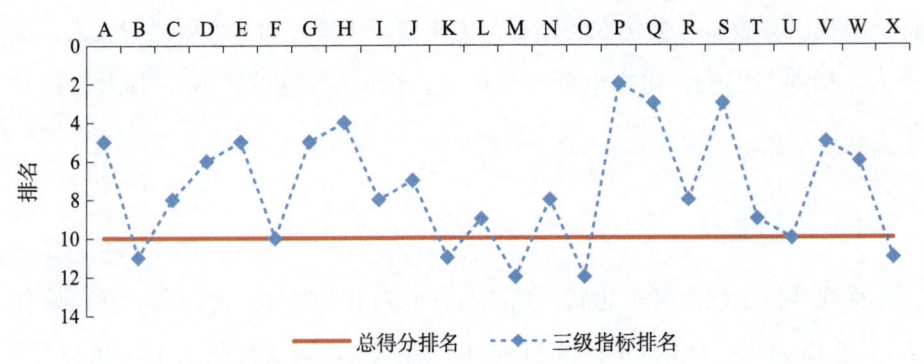

图3-188 横峰县科技创新能力总得分、三级指标得分在上饶市位次排名[②]

---

①② 图注同本书28页图3-1图注。

表 3-94　横峰县科技创新能力评价指标得分与位次

指标名称	得分（分） 2018年	江西省排名 2017年	江西省排名 2018年	上饶市排名 2017年	上饶市排名 2018年
科技创新能力总得分	51.30	100	98	12	10
创新环境	2.73	96	98	11	10
创新基础	2.80	89	86	10	8
万人 GDP	3.16	57	49	5	5
规模以上工业企业数	2.73	85	81	12	11
万人专利申请量	2.59	84	79	8	8
科技意识	2.65	94	94	9	8
开展 R&D 活动的企业占比	2.90	88	76	10	6
人均科普经费投入	3.00	50	74	2	5
民众浏览科技网页频度	1.71	87	90	11	10
创新投入	2.96	97	88	10	7
人力投入	3.24	96	61	9	5
万人 R&D 人员数	2.96	85	80	8	5
研究人员占 R&D 人员比	3.76	88	34	8	4
R&D 人员全时当量	2.91	92	92	11	8
财力投入	2.69	97	94	10	9
R&D 经费投入占 GDP 百分比	2.71	96	89	10	7
企业 R&D 经费投入占主营业务收入比	2.34	97	98	10	11
企业技术获取和改造费用占主营业务收入比	3.08	71	71	9	9
创新成效	2.55	98	100	11	12
技术创新	2.21	94	95	12	12
高新技术产业增加值占规模以上工业增加值比	1.83	95	98	11	12
高新技术企业数	2.73	78	71	10	8
产业化水平	2.90	85	89	8	9
新产品销售收入占主营业务收入比	2.32	96	97	12	12
万人发明专利授权量	3.28	66	42	4	2
技术合同成交额	3.25	35	48	3	3
经济社会发展	3.12	100	80	12	9

续表

指标名称	得分（分） 2018年	江西省排名 2017年	江西省排名 2018年	上饶市排名 2017年	上饶市排名 2018年
经济增长	3.21	100	68	12	8
GDP增长百分比	3.52	100	44	12	8
万人财政收入	3.49	37	36	3	3
第三产业占GDP比重	2.61	85	86	9	9
社会生活	3.02	73	79	9	9
居民人均可支配收入	2.50	84	86	10	10
万人社会消费品零售额	3.44	30	29	5	5
城镇化率	3.21	48	49	6	6
空气质量指数	3.18	38	63	7	11

如图3-187、图3-188、表3-94所示，横峰县科技创新能力总得分51.30分，排在江西省第98位，排在上饶市第10位，都比上一年提升了2位。在一级指标中，经济社会发展排在江西省第80位，比上一年提升了20位，排在上饶市第9位，比上一年提升了3位；创新投入排在江西省第88位，比上一年提升了9位，排在上饶市第7位，比上一年提升了3位；创新成效排在江西省第100位，比上一年下降了2位，排在上饶市第12位，比上一年下降了1位；创新环境排在江西省第98位，比上一年下降了2位，排在上饶市第10位，比上一年提升了1位。

综上所述，横峰县整体科技创新能力较弱，创新环境、创新投入、创新成效和经济社会发展排名都较靠后，但是GDP增长百分比、研究人员占R&D人员比、万人发明专利授权量、技术合同成交额、万人财政收入等方面并不弱。建议该县从现有的优势着手，做大做强主导产业，巩固创新基础，加大科普宣传力度，提高企业及民众科技意识，加大科研经费投入，支持企业开展科研活动，提高产品性能，不断提高科技竞争力。

七、弋阳县

弋阳县位于江西省东北部，是江西省上饶市下辖县。2018年，该县常住人口36.56万人，地区GDP 107.55亿元。居民人均可支配收入22 464.74元，排在江西省第58位、上饶市第6位。万人GDP 2.94亿元，排在江西省第80位、上饶市第10位。GDP增长9.20%，排在江西省第23位、上饶市第4位。城镇化率48.28%，排在江西省第70位、上饶市第10位。规模以上工业企业数109家，排在江西省第46位、上饶市第8位。开展R&D活动的企业占比20.18%，排在江西省第98位、上饶市第12位。万人专利申请量13.54件，排在江西省第58位、上饶市第3位。万人发明专利授权量0.03件，排在江西省第93位、上饶市第9位。万人R&D人员数1.81人，排在江西省第96位、上饶市第10位。R&D人员全时当量46人·年，排在江西省第98位、上饶市第12位。R&D经费投入占GDP百分比0.13%，排在江西省第95位、上饶市第9位。新产品销售收入占主营业务收入比7.72%，排在江西省第61位、上饶市第6位。万人财政收入0.46亿元，排在江西省第62位、上饶市第8位。万人社会消费品零售额1.32亿元，排在江西省第37位、上饶市第6位。第三产业占GDP比重41.58%，排在江西省第58位、上饶市第6位。具体如图3-189、图3-190、表3-95所示。

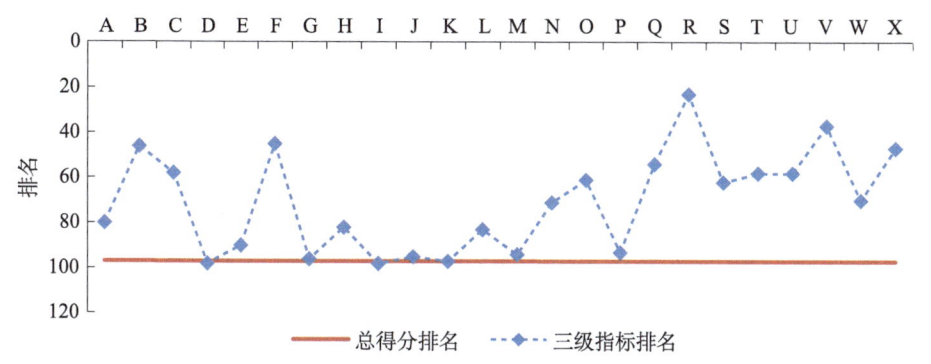

图3-189 弋阳县科技创新能力总得分、三级指标得分在江西省位次排名[①]

---

① 图注同本书28页图3-1图注。

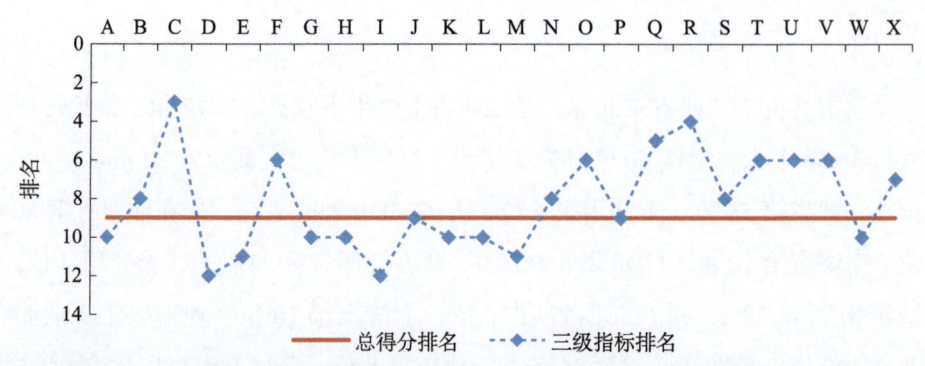

图 3-190　弋阳县科技创新能力总得分、三级指标得分在上饶市位次排名[1]

表 3-95　弋阳县科技创新能力评价指标得分与位次

指标名称	得分（分） 2018年	江西省排名 2017年	江西省排名 2018年	上饶市排名 2017年	上饶市排名 2018年
科技创新能力总得分	51.71	95	97	8	9
创新环境	2.80	90	96	9	9
创新基础	3.11	70	71	7	7
万人 GDP	2.79	77	80	9	10
规模以上工业企业数	3.38	43	46	7	8
万人专利申请量	3.11	58	58	3	3
科技意识	2.47	95	97	10	10
开展 R&D 活动的企业占比	1.61	86	98	8	12
人均科普经费投入	2.70	71	90	5	11
民众浏览科技网页频度	3.79	97	45	12	6
创新投入	2.69	95	97	8	10
人力投入	2.72	97	95	10	10
万人 R&D 人员数	2.79	57	96	3	10
研究人员占 R&D 人员比	2.54	98	82	11	10
R&D 人员全时当量	2.88	57	98	5	12
财力投入	2.65	70	98	5	11

[1] 图注同本书 28 页图 3-1 图注。

续表

指标名称	得分（分） 2018年	江西省排名 2017年	江西省排名 2018年	上饶市排名 2017年	上饶市排名 2018年
R&D 经费投入占 GDP 百分比	2.59	68	95	4	9
企业 R&D 经费投入占主营业务收入比	2.37	50	97	3	10
企业技术获取和改造费用占主营业务收入比	3.06	71	83	9	10
创新成效	2.71	95	97	9	10
技术创新	2.36	93	94	11	11
高新技术产业增加值占规模以上工业增加值比	2.09	91	94	10	11
高新技术企业数	2.73	85	71	11	8
产业化水平	3.08	63	77	5	7
新产品销售收入占主营业务收入比	3.14	45	61	5	6
万人发明专利授权量	2.93	45	93	2	9
技术合同成交额	3.18	60	54	7	5
经济社会发展	3.39	72	43	8	5
经济增长	3.53	78	38	8	6
GDP 增长百分比	4.31	76	23	8	4
万人财政收入	3.04	67	62	8	8
第三产业占 GDP 比重	3.29	59	58	7	6
社会生活	3.22	53	53	6	6
居民人均可支配收入	3.18	59	58	6	6
万人社会消费品零售额	3.32	34	37	6	6
城镇化率	2.99	70	70	10	10
空气质量指数	3.47	32	47	4	7

如图 3-189、图 3-190、表 3-95 所示，弋阳县科技创新能力总得分 51.71 分，排在江西省第 97 位，比上一年下降了 2 位，排在上饶市第 9 位，比上一年下降了 1 位。在一级指标中，经济社会发展排在江西省第 43 位，比上一年提升了 29 位，排在上饶市第 5 位，比上一年提升了 3 位；创新投入排在江西省第 97 位，排在上饶市第 10 位，都比上一年下降了 2 位；创新成效排在江

西省第 97 位，比上一年下降了 2 位，排在上饶市第 10 位，比上一年下降了 1 位；创新环境排在江西省第 96 位，比上一年下降了 6 位，排在上饶市第 9 位，与上一年位次相同。

综上所述，弋阳县在科技创新能力方面得分较低，创新环境、创新投入、创新成效等方面都较弱，但经济社会发展并不弱。虽然经济基础偏低，但在 2018 年经济发展水平增幅不错，而且拥有的规模以上工业企业数也不低。建议该县在创新氛围营造和创新意识培养上多下功夫，出台相关政策引导、鼓励全社会投入创新发明，并积极落实兑现，并支持企业开展科研活动，强化专利意识，积极培育高新技术企业，促进产业转型升级和经济高质量发展。

八、余干县

余干县位于江西省东北部，是江西省上饶市下辖县。2018 年，该县常住人口 91.87 万人，地区 GDP 157.96 亿元。居民人均可支配收入 17 260.88 元，排在江西省第 93 位、上饶市第 11 位。万人 GDP 1.72 亿元，排在江西省第 99 位、上饶市第 11 位。GDP 增长 8.30%，排在江西省第 69 位、上饶市第 11 位。城镇化率 45.92%，排在江西省第 81 位、上饶市第 11 位。规模以上工业企业数 111 家，排在江西省第 41 位、上饶市第 7 位。R&D 人员全时当量 61 人·年，排在江西省第 94 位、上饶市第 10 位。R&D 经费投入占 GDP 百分比 0.10%，排在江西省第 96 位、上饶市第 10 位。高新技术产业增加值占规模以上工业增加值比 15.06%，排在江西省第 85 位、上饶市第 7 位。新产品销售收入占主营业务收入比 3.18%，排在江西省第 84 位、上饶市第 10 位。万人财政收入 0.19 亿元，排在江西省第 98 位、上饶市第 11 位。万人社会消费品零售额 0.71 亿元，排在江西省第 85 位、上饶市第 11 位。第三产业占 GDP 比重 35.18%，排在江西省第 84 位、上饶市第 8 位。具体如图 3-191、图 3-192、表 3-96 所示。

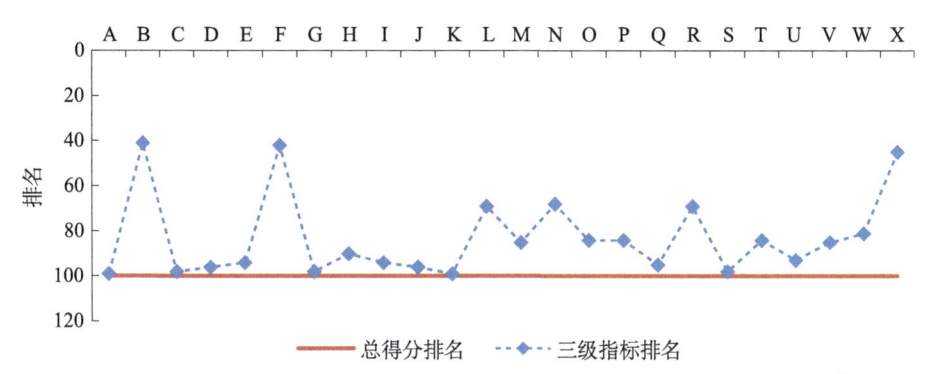

图 3-191　余干县科技创新能力总得分、三级指标得分在江西省位次排名[①]

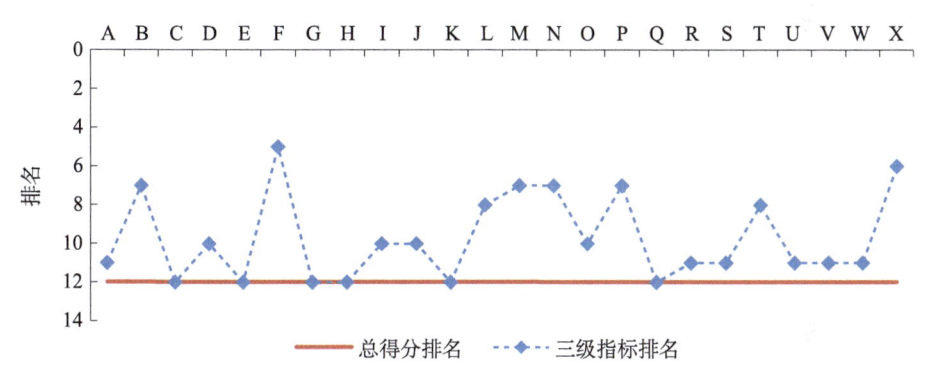

图 3-192　余干县科技创新能力总得分、三级指标得分在上饶市位次排名[②]

表 3-96　余干县科技创新能力评价指标得分与位次

指标名称	得分（分）	江西省排名		上饶市排名	
	2018 年	2017 年	2018 年	2017 年	2018 年
科技创新能力总得分	48.69	99	100	11	12
创新环境	2.57	100	100	12	12
创新基础	2.65	96	98	12	12
万人 GDP	2.32	99	99	11	11
规模以上工业企业数	3.40	46	41	8	7
万人专利申请量	2.20	98	98	12	12
科技意识	2.50	99	96	12	9
开展 R&D 活动的企业占比	1.70	99	96	12	10

①② 图注同本书 28 页图 3-1 图注。

续表

指标名称	得分（分） 2018年	江西省排名 2017年	江西省排名 2018年	上饶市排名 2017年	上饶市排名 2018年
人均科普经费投入	2.64	96	94	12	12
民众浏览科技网页频度	3.82	53	42	8	5
创新投入	2.64	99	99	12	12
人力投入	2.65	99	98	12	12
万人 R&D 人员数	2.76	97	98	11	12
研究人员占 R&D 人员比	2.35	99	90	12	12
R&D 人员全时当量	2.89	94	94	12	10
财力投入	2.63	98	99	11	12
R&D 经费投入占 GDP 百分比	2.57	97	96	11	10
企业 R&D 经费投入占主营业务收入比	2.34	98	99	11	12
企业技术获取和改造费用占主营业务收入比	3.09	61	69	7	8
创新成效	2.76	78	95	6	9
技术创新	2.70	62	87	4	8
高新技术产业增加值占规模以上工业增加值比	2.54	57	85	4	7
高新技术企业数	2.91	71	68	8	7
产业化水平	2.83	98	96	12	12
新产品销售收入占主营业务收入比	2.64	87	84	10	10
万人发明专利授权量	2.98	97	84	12	7
技术合同成交额	2.91	91	95	12	12
经济社会发展	2.73	96	98	9	11
经济增长	2.65	92	99	9	11
GDP 增长百分比	2.88	80	69	9	11
万人财政收入	2.33	98	98	11	11
第三产业占 GDP 比重	2.76	72	84	8	8
社会生活	2.81	95	97	11	11
居民人均可支配收入	2.37	93	93	11	11
万人社会消费品零售额	2.87	86	85	11	11
城镇化率	2.83	81	81	11	11
空气质量指数	3.48	42	45	9	6

如图 3-191、图 3-192、表 3-96 所示，余干县科技创新能力总得分 48.69 分，排在江西省第 100 位、上饶市第 12 位，都比上一年下降了 1 位。在一级指标中，经济社会发展排在江西省第 98 位、上饶市第 11 位，都比上一年下降了 2 位；创新投入排在江西省第 99 位、上饶市第 12 位，都与上一年位次相同；创新成效排在江西省第 95 位，比上一年下降了 17 位，排在上饶市第 9 位，比上一年下降了 3 位；创新环境排在江西省第 100 位、上饶市第 12 位，都与上一年位次相同。

综上所述，余干县整体科技创新能力很弱，创新环境、创新投入、创新成效及经济社会发展等各方面指标得分都比较落后，万人专利申请量、开展 R&D 活动的企业占比、万人 R&D 人员数、R&D 经费投入占 GDP 百分比等都较低，但规模以上工业企业数并不弱。建议该县从工业企业着手，出台政策引导现有的工业企业做大做强，提升地方经济发展水平，营造科技创新氛围，加大科普宣传力度，提高企业及民众科技意识，加大科研经费投入，鼓励企业开展科研活动，积极培育现代农业和新兴产业，不断提高科技竞争力。

九、鄱阳县

鄱阳县位于江西省东北部，是江西省试点省直管县，由上饶市代管。2018 年，该县常住人口 134.35 万人，地区 GDP 220.37 亿元。居民人均可支配收入 16 577.15 元，排在江西省第 97 位、上饶市第 12 位。万人 GDP 1.64 亿元，排在江西省第 100 位、上饶市第 12 位。GDP 增长 8.10%，排在江西省第 79 位、上饶市第 12 位。城镇化率 44.36%，排在江西省第 87 位、上饶市第 12 位。规模以上工业企业数 132 家，排在江西省第 33 位、上饶市第 5 位。开展 R&D 活动的企业占比 21.21%，排在江西省第 97 位、上饶市第 11 位。万人专利申请量 4.81 件，排在江西省第 95 位、上饶市第 11 位。万人发明专利授权量 0.01 件，排在江西省第 95 位、上饶市第 10 位。R&D 人员全时当量 114 人·年，排在江西省第 87 位、上饶市第 6 位。高新技术产业增加值占规模以上工业增加值比 23.31%，排在江西省第 65 位、上饶市第 4 位。新产品销售收入占主营业务收入比 3.39%，排在江西省第 82 位、上饶市第 9

位。万人社会消费品零售额 0.62 亿元，排在江西省第 95 位、上饶市第 12 位。第三产业占 GDP 比重 30.17%，排在江西省第 93 位、上饶市第 11 位。具体如图 3-193、图 3-194、表 3-97 所示。

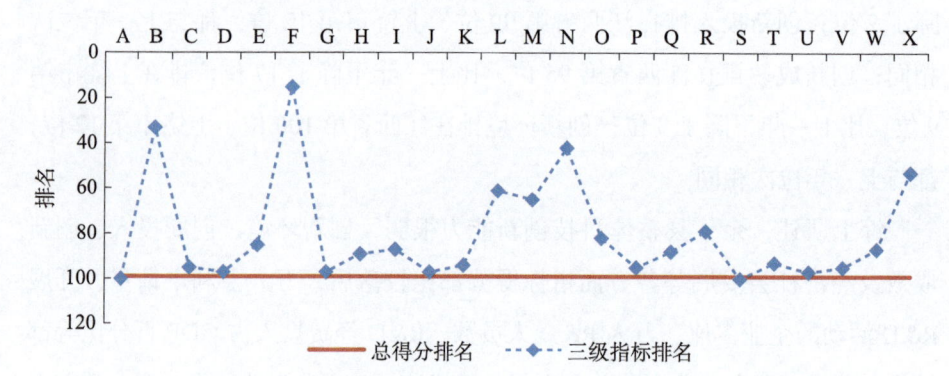

图 3-193　鄱阳县科技创新能力总得分、三级指标得分在江西省位次排名[①]

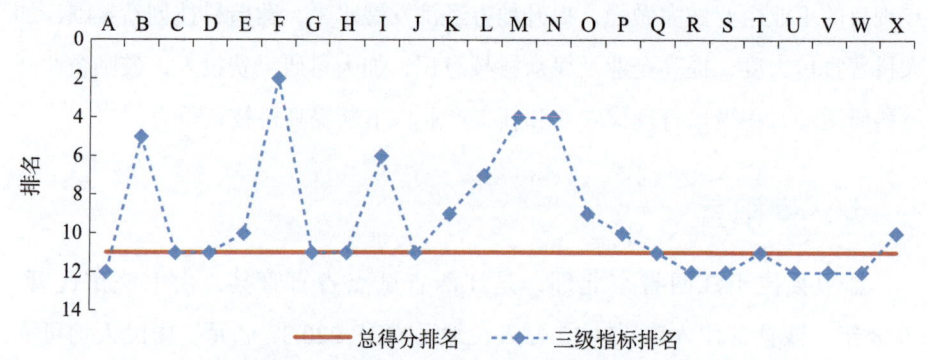

图 3-194　鄱阳县科技创新能力总得分、三级指标得分在上饶市位次排名[②]

表 3-97　鄱阳县科技创新能力评价指标得分与位次

指标名称	得分（分）	江西省排名		上饶市排名	
	2018 年	2017 年	2018 年	2017 年	2018 年
科技创新能力总得分	50.19	98	99	10	11
创新环境	2.72	94	99	10	11
创新基础	2.76	82	91	8	10
万人 GDP	2.29	100	100	12	12
规模以上工业企业数	3.63	33	33	5	5

①② 图注同本书 28 页图 3-1 图注。

续表

指标名称	得分（分）2018年	江西省排名 2017年	江西省排名 2018年	上饶市排名 2017年	上饶市排名 2018年
万人专利申请量	2.30	93	95	11	11
科技意识	2.68	90	93	8	7
开展R&D活动的企业占比	1.67	82	97	6	11
人均科普经费投入	2.83	82	85	8	10
民众浏览科技网页频度	4.41	49	15	6	2
创新投入	2.67	98	98	11	11
人力投入	2.68	98	96	11	11
万人R&D人员数	2.76	98	97	12	11
研究人员占R&D人员比	2.38	94	89	9	11
R&D人员全时当量	2.94	86	87	9	6
财力投入	2.66	99	97	12	10
R&D经费投入占GDP百分比	2.55	98	97	12	11
企业R&D经费投入占主营业务收入比	2.41	99	94	12	9
企业技术获取和改造费用占主营业务收入比	3.12	71	61	9	7
创新成效	3.02	92	78	8	6
技术创新	3.21	82	61	8	5
高新技术产业增加值占规模以上工业增加值比	2.99	81	65	7	4
高新技术企业数	3.52	66	42	6	4
产业化水平	2.83	95	94	11	10
新产品销售收入占主营业务收入比	2.67	85	82	9	9
万人发明专利授权量	2.92	92	95	10	10
技术合同成交额	2.96	88	88	11	11
经济社会发展	2.54	99	100	11	12
经济增长	2.38	98	100	11	12
GDP增长百分比	2.57	83	79	11	12
万人财政收入	2.23	100	100	12	12
第三产业占GDP比重	2.35	93	93	11	11
社会生活	2.72	99	99	12	12
居民人均可支配收入	2.26	97	97	12	12

续表

指标名称	得分（分）	江西省排名		上饶市排名	
	2018年	2017年	2018年	2017年	2018年
万人社会消费品零售额	2.80	95	95	12	12
城镇化率	2.73	89	87	12	12
空气质量指数	3.41	45	53	10	10

如图3-193、图3-194、表3-97所示，鄱阳县科技创新能力总得分50.19分，排在江西省第99位、上饶市第11位，都比上一年下降了1位。在一级指标中，经济社会发展排在江西省第100位、上饶市第12位，都比上一年下降了1位；创新投入排在江西省第98位、上饶市第11位，都与上一年位次相同；创新成效排在江西省第78位，比上一年提升了14位，排在上饶市第6位，比上一年提升了2位；创新环境排在江西省第99位，比上一年下降了5位，排在上饶市第11位，比上一年下降了1位。

作为江西省人口大县，鄱阳县经济发展水平落后、总体创新水平较弱。建议该县还是以工业为主导，在创新环境氛围营造、政策引导、奖励落实、本地生源的人才引进方面多下功夫。在2019年机构改革过程中，县科技局与县工业与信息化局合并，这样更有利于科技部门和工业主管部门的沟通合作来推动本县科技（工业）创新水平的提升。

十、万年县

万年县位于江西省东北部，是江西省上饶市下辖县。2018年，该县常住人口37.15万人，地区GDP 151.85亿元。居民人均可支配收入23 078.06元，排在江西省第55位、上饶市第5位。万人GDP 4.09亿元，排在江西省第46位、上饶市第4位。GDP增长8.80%，排在江西省第39位、上饶市第7位。城镇化率51.93%，排在江西省第45位、上饶市第5位。规模以上工业企业数122家，排在江西省第35位、上饶市第6位。开展R&D活动的企业占比45.9%，排在江西省第62位、上饶市第3位。万人R&D人员数9.48人，排在江西省第68位、上饶市第4位。研究人员占R&D人员比35.80%，排在江西省第 29 位、上饶市第 3 位。R&D 人员全时当量 263 人·年，排在江西省第 68 位、上饶市第 5 位。企业技术获取和改造费用占主营业务收入比 0.03%，排在江西省第 46 位、上饶市第 5 位。高新技术产业增加值占规模以上工业增加值比 29.79%，排在江西省第 51 位、上饶市第 3 位。新产品销售收入占主营业务收入比 9.32%，排在江西省第 45 位、上饶市第 3 位。万人财政收入 0.56 亿元，排在江西省第 47 位、上饶市第 5 位。万人社会消费品零售额 1.51 亿元，排在江西省第 27 位、上饶市第 4 位。第三产业占 GDP 比重 32.13%，排在江西省第 87 位、上饶市第 10 位。具体如图 3-195、图 3-196、表 3-98 所示。

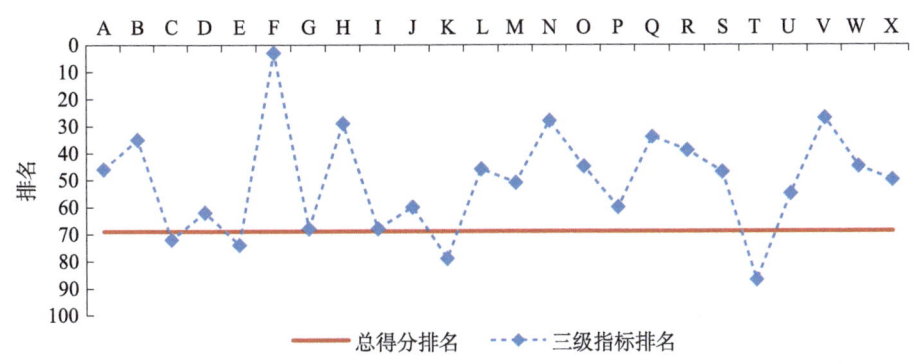

图 3-195　万年县科技创新能力总得分、三级指标得分在江西省位次排名[①]

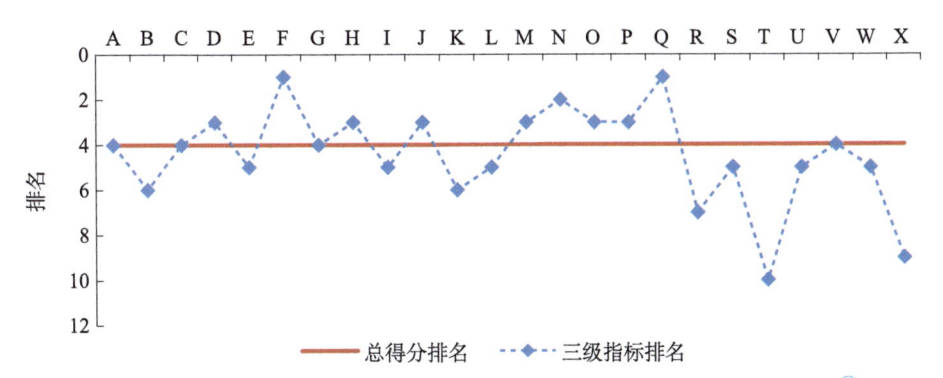

图 3-196　万年县科技创新能力总得分、三级指标得分在上饶市位次排名[②]

①② 图注同本书 28 页图 3-1 图注。

表 3-98　万年县科技创新能力评价指标得分与位次

指标名称	得分（分） 2018年	江西省排名 2017年	江西省排名 2018年	上饶市排名 2017年	上饶市排名 2018年
科技创新能力总得分	60.22	64	69	4	4
创新环境	3.37	50	60	2	2
创新基础	3.19	60	66	5	6
万人 GDP	3.24	49	46	4	4
规模以上工业企业数	3.52	35	35	6	6
万人专利申请量	2.83	69	72	4	4
科技意识	3.56	40	50	2	2
开展 R&D 活动的企业占比	3.19	26	62	2	3
人均科普经费投入	3.00	71	74	5	5
民众浏览科技网页频度	5.01	33	3	4	1
创新投入	3.20	58	69	3	4
人力投入	3.40	33	47	3	2
万人 R&D 人员数	3.07	60	68	4	4
研究人员占 R&D 人员比	3.98	20	29	2	3
R&D 人员全时当量	3.08	59	68	6	5
财力投入	3.00	85	77	8	4
R&D 经费投入占 GDP 百分比	3.10	74	60	5	3
企业 R&D 经费投入占主营业务收入比	2.74	86	79	8	6
企业技术获取和改造费用占主营业务收入比	3.17	34	46	3	5
创新成效	3.44	48	46	3	2
技术创新	3.62	50	39	3	2
高新技术产业增加值占规模以上工业增加值比	3.34	46	51	3	3
高新技术企业数	4.00	45	28	3	2
产业化水平	3.25	38	61	3	4
新产品销售收入占主营业务收入比	3.31	24	45	3	3
万人发明专利授权量	3.09	75	60	6	3
技术合同成交额	3.33	33	34	2	1
经济社会发展	3.24	43	60	5	8

续表

指标名称	得分（分）	江西省排名		上饶市排名	
	2018年	2017年	2018年	2017年	2018年
经济增长	3.16	48	74	6	9
GDP增长百分比	3.67	12	39	3	7
万人财政收入	3.29	49	47	5	5
第三产业占GDP比重	2.51	87	87	10	10
社会生活	3.34	40	44	5	5
居民人均可支配收入	3.28	54	55	5	5
万人社会消费品零售额	3.46	27	27	4	4
城镇化率	3.22	42	45	5	5
空气质量指数	3.43	39	50	8	9

如图 3-195、图 3-196、表 3-98 所示，万年县科技创新能力总得分 60.22 分，排在江西省第 69 位，比上一年下降了 5 位，排在上饶市第 4 位，与上一年位次相同。在一级指标中，经济社会发展排在江西省第 60 位，比上一年下降了 17 位，排在上饶市第 8 位，比上一年下降了 3 位；创新投入排在江西省第 69 位，比上一年下降了 11 位，排在上饶市第 4 位，比上一年下降了 1 位；创新成效排在江西省第 46 位，比上一年提升了 2 位，排在上饶市第 2 位，比上一年提升了 1 位；创新环境排在江西省第 60 位，比上一年下降了 10 位，排在上饶市第 2 位，与上一年位次相同。

综上所述，万年县科技创新能力位居江西省中下游水平，总体来看各方面指标比较均衡，但是在万人专利申请量、人均科普经费投入、万人 R&D 人员数、万人发明专利授权量、第三产业占 GDP 比重等方面拉低了该县的科技创新能力得分。特别是第三产业占 GDP 比重，在该市排名比较靠后。建议该县加大科普宣传力度，提高企业及民众科技意识，营造科技创新氛围，加大科研经费投入，鼓励企业开展科研活动，加强人才培养与引进，不断提高科技竞争力。

十一、婺源县

婺源县位于江西省东北部，是江西省上饶市下辖县。2018 年，该县常住人口 34.51 万人，地区 GDP 106.43 亿元。居民人均可支配收入 19 272.14 元，排在江西省第 78 位、上饶市第 9 位。万人 GDP 3.08 亿元，排在江西省第 74 位、上饶市第 8 位。GDP 增长 8.40%，排在江西省第 64 位、上饶市第 10 位。城镇化率 48.66%，排在江西省第 68 位、上饶市第 9 位。规模以上工业企业数 59 家，排在江西省第 75 位、上饶市第 10 位。开展 R&D 活动的企业占比 44.07%，排在江西省第 66 位、上饶市第 4 位。万人专利申请量 6.75 件，排在江西省第 86 位、上饶市第 9 位。万人 R&D 人员数 4.29 人，排在江西省第 88 位、上饶市第 6 位。R&D 人员全时当量 90 人·年，排在江西省第 90 位、上饶市第 7 位。高新技术产业增加值占规模以上工业增加值比 10.53%，排在江西省第 89 位、上饶市第 9 位。新产品销售收入占主营业务收入比 13.64%，排在江西省第 34 位、上饶市第 2 位。万人财政收入 0.46 亿元，排在江西省第 61 位、上饶市第 7 位。万人社会消费品零售额 1.63 亿元，排在江西省第 20 位、上饶市第 3 位。第三产业占 GDP 比重 59.10%，排在江西省第 11 位、上饶市第 2 位。具体如图 3-197、图 3-198、表 3-99 所示。

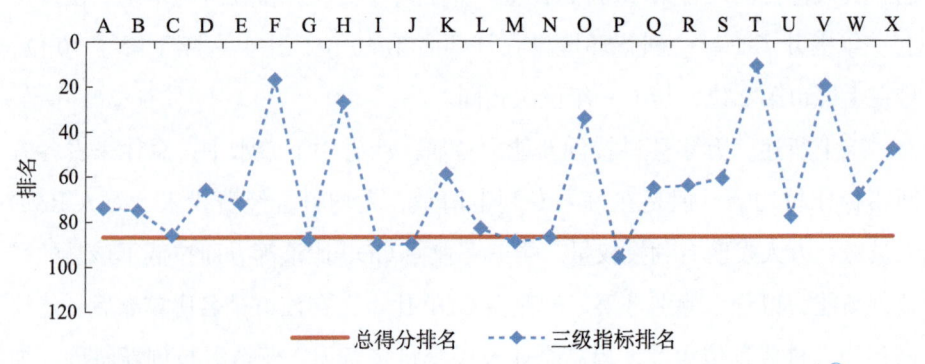

图 3-197 婺源县科技创新能力总得分、三级指标得分在江西省位次排名[①]

---

① 图注同本书 28 页图 3-1 图注。

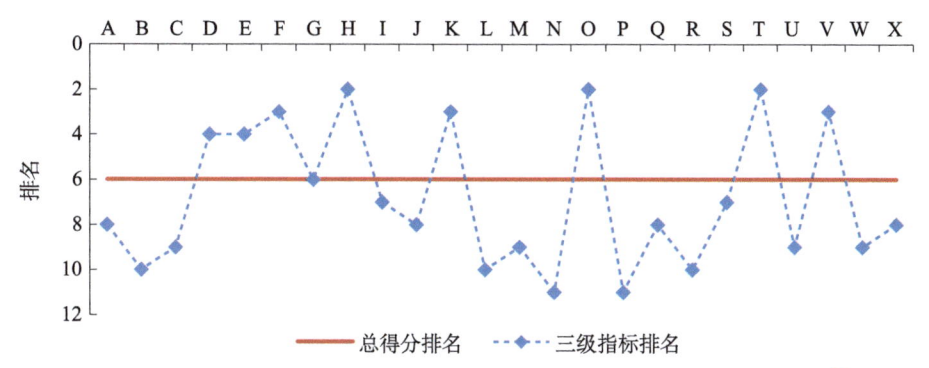

图 3-198　婺源县科技创新能力总得分、三级指标得分在上饶市位次排名[①]

表 3-99　婺源县科技创新能力评价指标得分与位次

指标名称	得分（分）2018年	江西省排名 2017年	江西省排名 2018年	上饶市排名 2017年	上饶市排名 2018年
科技创新能力总得分	55.83	88	87	7	6
创新环境	3.03	71	86	4	6
创新基础	2.71	94	94	11	11
万人 GDP	2.85	71	74	7	8
规模以上工业企业数	2.82	81	75	11	10
万人专利申请量	2.48	89	86	9	9
科技意识	3.37	28	66	1	3
开展 R&D 活动的企业占比	3.08	22	66	1	4
人均科普经费投入	3.02	50	72	2	4
民众浏览科技网页频度	4.37	12	17	3	3
创新投入	3.15	87	74	5	5
人力投入	3.34	95	52	8	3
万人 R&D 人员数	2.88	67	88	5	6
研究人员占 R&D 人员比	4.12	95	27	10	2
R&D 人员全时当量	2.92	64	90	7	7
财力投入	2.96	39	80	2	5
R&D 经费投入占 GDP 百分比	2.70	94	90	9	8
企业 R&D 经费投入占主营业务收入比	3.14	51	59	4	3

---

① 图注同本书 28 页图 3-1 图注。

续表

指标名称	得分（分） 2018年	江西省排名 2017年	江西省排名 2018年	上饶市排名 2017年	上饶市排名 2018年
企业技术获取和改造费用占主营业务收入比	3.06	8	83	1	10
创新成效	2.83	96	91	10	8
技术创新	2.38	92	93	10	10
高新技术产业增加值占规模以上工业增加值比	2.30	89	89	9	9
高新技术企业数	2.49	94	87	12	11
产业化水平	3.30	75	57	7	3
新产品销售收入占主营业务收入比	3.78	57	34	7	2
万人发明专利授权量	2.89	73	96	5	11
技术合同成交额	3.10	52	65	5	8
经济社会发展	3.37	45	45	6	6
经济增长	3.59	32	35	4	4
GDP增长百分比	3.04	82	64	10	10
万人财政收入	3.04	64	61	7	7
第三产业占GDP比重	4.72	10	11	2	2
社会生活	3.11	67	69	8	8
居民人均可支配收入	2.68	77	78	9	9
万人社会消费品零售额	3.55	22	20	3	3
城镇化率	3.01	69	68	9	9
空气质量指数	3.47	36	48	6	8

如图3-197、图3-198、表3-99所示，婺源县科技创新能力总得分55.83分，排在江西省第87位、上饶市第6位，都比上一年提升了1位。在一级指标中，经济社会发展排在江西省第45位、上饶市第6位，都与上一年位次相同；创新投入排在江西省第74位，比上一年提升了13位，排在上饶市第5位，与上一年位次相同；创新成效排在江西省第91位，比上一年提升了5位，排在上饶市第8位，比上一年提升了2位；创新环境排在江西省第86位，比上一年下降了15位，排在上饶市第6位，比上一年下降了2位。

当前婺源县围绕"发展全域旅游，建设最美乡村"目标，坚定不移走生态立县、旅游强县、文化兴县、工业富县之路，但在科技创新方面还有待加强。从评价指标可以看出，婺源县科技创新能力在江西省排名比较靠后，创新环境、创新投入及创新成效都不尽如人意。建议该县在做好旅游产业的同时，一方面将旅游与科技相结合，开发相关科技含量更高的旅游产品和服务；另一方面强化工业强县宣传，多出台相关政策引导和鼓励企业开展创新活动，从环境氛围、投入强度、成果奖励等方面多管齐下，推动创新能力迈上新台阶。

十二、德兴市

德兴市位于江西省东北部，是江西省直辖县级市，由上饶市代管。2018年，该市常住人口30.36万人，地区GDP 157.07亿元。居民人均可支配收入26 834.73元，排在江西省第23位、上饶市第3位。万人GDP 5.17亿元，排在江西省第28位、上饶市第3位。GDP增长8.60%，排在江西省第52位、上饶市第9位。城镇化率60.81%，排在江西省第19位、上饶市第2位。规模以上工业企业数143家，排在江西省第29位、上饶市第4位。开展R&D活动的企业占比51.05%，排在江西省第49位、上饶市第1位。万人专利申请量36.13件，排在江西省第7位、上饶市第1位。人均科普经费投入0.42元，排在江西省第44位、上饶市第1位。万人R&D人员数22.69人，排在江西省第29位、上饶市第2位。R&D人员全时当量573人·年，排在江西省第38位、上饶市第3位。R&D经费投入占GDP百分比0.61%，排在江西省第70位、上饶市第4位。企业技术获取和改造费用占主营业务收入比0.61%，排在江西省第7位、上饶市第1位。高新技术产业增加值占规模以上工业增加值比20.49%，排在江西省第71位、上饶市第5位。新产品销售收入占主营业务收入比8.87%，排在江西省第51位、上饶市第4位。万人财政收入1.26亿元，排在江西省第10位、上饶市第1位。万人社会消费品零售额1.88亿元，排在江西省第17位、上饶市第2位。第三产业占GDP比重48.76%，排在江西省第23位、上饶市第3位。具体如图3-199、图3-200、表3-100所示。

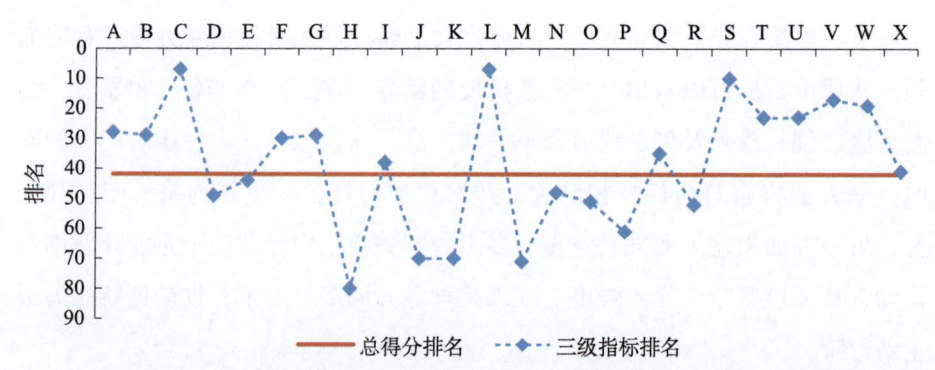

图 3-199　德兴市科技创新能力总得分、三级指标得分在江西省位次排名[①]

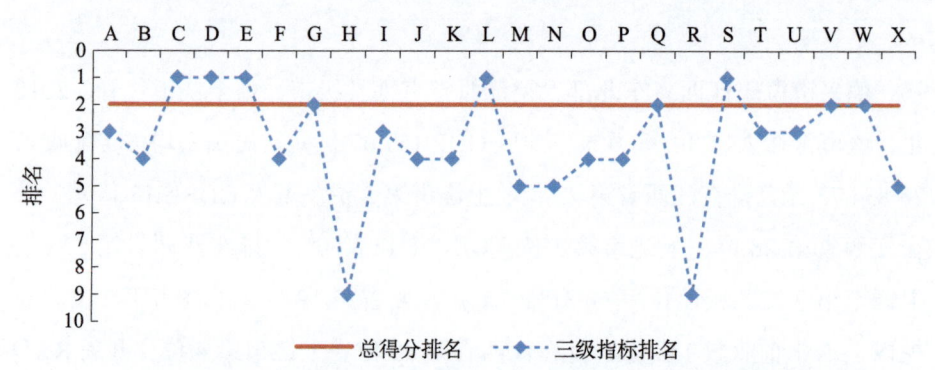

图 3-200　德兴市科技创新能力总得分、三级指标得分在上饶市位次排名[②]

表 3-100　德兴市科技创新能力评价指标得分与位次

指标名称	得分（分）	江西省排名		上饶市排名	
	2018 年	2017 年	2018 年	2017 年	2018 年
科技创新能力总得分	64.23	60	42	3	2
创新环境	3.92	26	18	1	1
创新基础	4.25	17	13	1	1
万人 GDP	3.67	31	28	3	3
规模以上工业企业数	3.76	31	29	4	4
万人专利申请量	5.19	12	7	1	1
科技意识	3.58	46	46	3	1
开展 R&D 活动的企业占比	3.51	48	49	3	1

①② 图注同本书 28 页图 3-1 图注。

续表

指标名称	得分（分）2018年	江西省排名 2017年	江西省排名 2018年	上饶市排名 2017年	上饶市排名 2018年
人均科普经费投入	3.30	31	44	1	1
民众浏览科技网页频度	4.08	36	30	5	4
创新投入	3.40	86	51	4	3
人力投入	3.22	82	63	5	6
万人R&D人员数	3.55	26	29	2	2
研究人员占R&D人员比	2.79	87	80	7	9
R&D人员全时当量	3.37	36	38	2	3
财力投入	3.58	68	35	3	3
R&D经费投入占GDP百分比	3.01	67	70	3	4
企业R&D经费投入占主营业务收入比	2.88	60	70	5	4
企业技术获取和改造费用占主营业务收入比	5.16	32	7	2	1
创新成效	3.13	68	71	4	5
技术创新	3.05	73	68	7	6
高新技术产业增加值占规模以上工业增加值比	2.84	72	71	5	5
高新技术企业数	3.34	62	48	5	5
产业化水平	3.23	43	63	4	5
新产品销售收入占主营业务收入比	3.26	33	51	4	4
万人发明专利授权量	3.09	82	61	8	4
技术合同成交额	3.33	28	35	1	2
经济社会发展	3.95	14	17	2	2
经济增长	4.13	10	10	2	2
GDP增长百分比	3.36	51	52	6	9
万人财政收入	5.09	7	10	1	1
第三产业占GDP比重	3.87	18	23	3	3
社会生活	3.75	18	21	2	2
居民人均可支配收入	3.86	23	23	3	3
万人社会消费品零售额	3.73	18	17	2	2
城镇化率	3.80	19	19	2	2
空气质量指数	3.52	34	41	5	5

如图 3-199、图 3-200、表 3-100 所示，德兴市科技创新能力总得分 64.23 分，排在江西省第 42 位，比上一年提升了 18 位，排在上饶市第 2 位，比上一年提升了 1 位。在一级指标中，经济社会发展排在江西省第 17 位，比上一年下降了 3 位，排在上饶市第 2 位，与上一年位次相同；创新投入排在江西省第 51 位，比上一年提升了 35 位，排在上饶市第 3 位，比上一年提升了 1 位；创新成效排在江西省第 71 位，比上一年下降了 3 位，排在上饶市第 5 位，比上一年下降了 1 位；创新环境排在江西省第 18 位，比上一年提升了 8 位，排在上饶市第 1 位，与上一年位次相同。

综上所述，德兴市科技创新能力位居江西省中上水平，创新环境和经济社会发展都在江西省和上饶市前列，但创新投入与创新成效方面不强，如果高新技术产业增加值占规模以上工业增加值比、万人发明专利授权量、研究人员占 R&D 人员比、R&D 经费投入占 GDP 百分比、企业 R&D 经费投入占主营业务收入比等方面能提升则德兴市的科技创新能力将有大幅进步。建议该县从科技创新氛围的营造、企业开展创新活动的意识宣传、政策鼓励与落实、引进并留住人才等方面下功夫，进一步提升科技水平，增加其在经济社会发展中的贡献。

附录1
科技创新能力得分计算方法[1]

第一步，将三级指标原始数据进行标准化：

$$S_{ijk} = \frac{X_{ijk} - \overline{X}}{\sigma}$$

其中，S_{ijk} 为三级指标标准化后的数值。X_{ijk} 为第 i 个一级指标下、第 j 个二级指标下的第 k 个三级指标；$\overline{X}$ 为三级指标各区县的均值，σ 为标准差。

第二步，二级指标得分：

$$S_{ij} = \sum_{k=1}^{n_j}(S_{ijk} + \partial)W_{ijk}$$

其中，S_{ij} 为二级指标得分；∂ 为三级指标得分修正值；W_{ijk} 为各三级指标对应权重；n_j 为第 j 个二级指标下设的三级指标个数。

第三步，一级指标得分：

$$S_i = \sum_{j=1}^{n_i} S_{ij}W_{ij}$$

其中，S_i 为一级指标得分；W_{ij} 为各二级指标对应权重；n_i 为第 i 个一级指标下设的二级指标个数。

---

[1] 陈勇，李政刚，张欣.2014年度重庆市区县科技竞争力评价报告.重庆：重庆出版集团，2016.各级指标权重由专家打分综合确定。数值保留小数点后两位。

第四步，综合得分：

$$S = \sum_{i=1}^{n} S_i W_i$$

其中，S 为综合得分；W_i 为各一级指标对应权重；n 为一级指标个数。

第五步，百分制转换后总得分：

$$S_{总}=S/t$$

其中，$S_{总}$ 为百分制转换后的总得分；t 为转换系数。

附录2

江西省各县（市、区）科技创新能力指标得分

附表　江西省各县（市、区）科技创新能力指标得分汇总表　　单位：分

指标名称＼县（市、区）	东湖区	西湖区	青云谱区	湾里区	青山湖区	新建区	南昌县	安义县	进贤县	昌江区
万人 GDP	5.63	5.66	5.44	5.42	5.08	4.24	5.17	4.04	3.55	6.73
规模以上工业企业数	2.16	2.18	2.42	2.42	7.91	4.37	5.88	3.82	3.77	3.23
万人专利申请量	3.64	3.47	6.35	5.52	5.17	3.89	5.11	5.35	2.91	5.91
开展 R&D 活动的企业占比	0.37	3.45	3.70	1.14	2.82	3.07	3.23	2.85	2.93	3.51
人均科普经费投入	4.54	4.54	4.54	10.94	4.54	4.60	5.35	3.43	2.66	3.39
民众浏览科技网页频度	3.02	3.65	1.44	1.43	2.05	5.75	4.89	2.33	4.26	4.19
万人 R&D 人员数	2.72	2.75	9.62	3.02	8.88	3.21	3.42	3.29	3.21	5.49
研究人员占 R&D 人员比	0.43	4.96	5.56	6.17	5.19	4.26	4.80	3.29	4.41	3.90
R&D 人员全时当量	2.83	2.88	6.67	2.88	10.49	3.40	3.92	2.99	3.70	3.59
R&D 经费投入占 GDP 百分比	2.48	2.50	8.72	2.66	6.85	2.86	3.04	3.15	2.74	3.73
企业 R&D 经费投入占主营业务收入比	2.19	2.65	5.61	3.26	3.39	2.70	2.96	2.96	2.65	3.25

续表

县（市、区） 指标名称	东湖区	西湖区	青云谱区	湾里区	青山湖区	新建区	南昌县	安义县	进贤县	昌江区
企业技术获取和改造费用占主营业务收入比	3.06	3.10	7.47	3.06	4.17	3.33	3.15	3.13	3.16	3.82
高新技术产业增加值占规模以上工业增加值比	1.73	1.73	1.86	3.68	4.12	4.70	3.13	3.78	5.23	3.28
高新技术企业数	2.12	2.12	2.49	2.55	3.09	6.19	3.82	3.88	4.31	2.31
新产品销售收入占主营业务收入比	2.30	2.30	6.88	2.37	3.66	3.15	2.98	3.78	3.29	3.83
万人发明专利授权量	3.75	6.81	6.72	5.69	4.53	3.27	3.77	2.97	3.01	8.51
技术合同成交额	5.14	5.48	5.47	7.25	5.64	3.48	4.61	6.84	3.78	9.88
GDP增长百分比	2.57	2.41	2.88	4.78	4.47	4.94	3.99	3.52	4.15	1.77
万人财政收入	5.79	7.35	5.25	7.23	4.43	4.13	5.51	3.90	2.89	4.64
第三产业占GDP比重	7.40	5.99	3.92	4.98	3.40	3.01	2.38	3.32	2.87	2.88
居民人均可支配收入	6.32	6.20	6.10	4.35	5.89	4.06	4.33	3.50	3.85	5.14
万人社会消费品零售额	7.00	7.90	7.21	3.32	4.99	3.36	3.99	3.23	3.33	5.99
城镇化率	6.32	6.35	6.35	4.39	5.82	3.38	3.69	3.22	3.22	5.30
空气质量指数	2.62	8.56	8.91	3.45	2.62	2.67	2.67	3.16	2.67	3.52

县（市、区） 指标名称	珠山区	浮梁县	乐平市	安源区	湘东区	莲花县	上栗县	芦溪县	濂溪区	浔阳区
万人GDP	4.00	3.13	3.06	3.87	3.59	2.62	3.16	3.63	5.98	6.63
规模以上工业企业数	2.41	3.26	3.42	3.53	3.35	2.75	4.25	3.39	3.89	3.00
万人专利申请量	3.82	3.56	2.20	3.70	3.21	2.99	3.02	4.51	4.72	2.93
开展R&D活动的企业占比	3.58	2.98	2.60	3.77	4.34	3.62	2.94	3.84	2.04	3.90
人均科普经费投入	2.78	5.10	4.60	3.05	2.66	2.80	3.60	3.47	4.11	2.96
民众浏览科技网页频度	3.77	3.56	4.57	3.96	4.25	5.62	3.57	4.20	3.88	3.63

续表

指标名称\县（市、区）	珠山区	浮梁县	乐平市	安源区	湘东区	莲花县	上栗县	芦溪县	濂溪区	浔阳区
万人R&D人员数	4.88	3.35	3.10	3.80	3.52	3.26	3.50	3.70	4.04	3.65
研究人员占R&D人员比	5.98	4.13	3.33	2.47	3.61	4.42	4.32	4.12	4.56	4.40
R&D人员全时当量	4.65	3.22	3.44	4.06	3.48	3.10	3.68	3.41	3.48	3.49
R&D经费投入占GDP百分比	6.14	2.96	3.21	3.67	3.04	3.68	4.36	3.33	3.03	2.91
企业R&D经费投入占主营业务收入比	7.64	3.42	3.38	3.66	3.33	5.83	3.71	3.77	2.66	2.62
企业技术获取和改造费用占主营业务收入比	3.06	3.13	5.42	8.40	3.34	3.06	3.09	3.19	5.91	4.58
高新技术产业增加值占规模以上工业增加值比	5.29	2.87	3.31	3.83	3.98	4.07	3.23	3.91	3.56	2.04
高新技术企业数	2.37	3.40	3.70	4.79	5.16	3.03	3.03	5.52	3.82	2.37
新产品销售收入占主营业务收入比	6.38	3.70	3.26	4.04	3.09	2.81	2.54	3.21	2.96	4.08
万人发明专利授权量	5.90	3.50	3.09	3.30	3.54	3.26	3.42	3.78	3.87	3.50
技术合同成交额	3.32	2.96	2.79	3.44	3.59	3.50	3.26	3.75	3.46	3.06
GDP增长百分比	2.72	2.88	3.20	3.52	3.52	3.04	2.88	4.15	2.41	2.72
万人财政收入	3.46	2.82	3.16	4.35	3.24	2.84	3.17	3.40	5.23	4.78
第三产业占GDP比重	6.08	2.51	2.98	4.86	3.71	3.66	3.50	3.50	3.82	6.76
居民人均可支配收入	5.84	3.29	3.85	5.58	4.36	2.45	3.68	3.79	4.99	5.74
万人社会消费品零售额	5.08	2.98	3.27	4.77	3.45	3.35	3.54	3.03	3.41	6.54
城镇化率	6.35	3.00	3.59	6.32	4.19	3.05	3.12	3.44	5.11	6.35
空气质量指数	3.60	4.37	3.53	2.56	2.58	3.93	2.82	4.85	2.27	2.06

续表

县（市、区） 指标名称	柴桑区	武宁县	修水县	永修县	德安县	都昌县	湖口县	彭泽县	瑞昌市	共青城市
万人GDP	3.55	3.10	2.69	3.54	4.74	2.48	3.82	3.17	3.56	5.52
规模以上工业企业数	4.08	3.40	3.70	3.99	3.66	3.25	3.25	3.79	4.07	3.85
万人专利申请量	2.83	3.83	4.26	3.07	3.70	2.30	2.93	2.49	3.08	5.32
开展R&D活动的企业占比	3.16	4.97	2.20	5.21	2.90	2.69	3.51	3.02	2.96	2.61
人均科普经费投入	3.56	4.54	3.13	2.94	3.37	3.05	2.96	3.69	3.69	4.65
民众浏览科技网页频度	3.18	4.23	4.08	4.66	4.40	4.41	4.60	3.99	4.19	4.60
万人R&D人员数	4.40	3.33	3.01	3.39	3.85	2.82	3.85	3.46	3.83	4.16
研究人员占R&D人员比	3.67	4.55	2.81	3.02	3.72	2.92	3.58	3.97	2.89	4.31
R&D人员全时当量	3.92	3.31	3.36	3.34	3.22	2.97	3.52	3.45	3.74	3.25
R&D经费投入占GDP百分比	4.72	3.52	3.07	3.77	3.29	2.64	4.32	3.50	4.03	3.35
企业R&D经费投入占主营业务收入比	3.24	2.88	2.80	2.96	2.58	2.41	3.22	2.80	3.25	2.67
企业技术获取和改造费用占主营业务收入比	3.11	3.09	3.07	3.22	3.55	3.06	6.21	3.87	3.15	3.08
高新技术产业增加值占规模以上工业增加值比	4.04	5.10	2.83	2.93	4.06	2.70	2.49	3.05	3.24	2.86
高新技术企业数	3.22	4.13	2.97	3.82	4.25	3.76	3.40	4.13	3.28	2.55
新产品销售收入占主营业务收入比	3.44	2.50	3.00	3.00	2.67	2.74	3.21	2.83	3.21	2.65
万人发明专利授权量	3.15	2.97	3.01	3.21	3.08	2.93	3.36	3.96	3.07	3.46
技术合同成交额	3.54	3.27	2.91	3.33	3.92	2.90	3.43	3.32	3.19	4.27

续表

县（市、区） 指标名称	柴桑区	武宁县	修水县	永修县	德安县	都昌县	湖口县	彭泽县	瑞昌市	共青城市
GDP 增长百分比	3.83	3.52	3.83	3.52	4.47	3.20	3.04	4.15	4.94	3.52
万人财政收入	3.77	3.27	2.71	3.75	5.14	2.41	5.58	3.63	4.01	6.52
第三产业占GDP比重	2.91	2.98	3.21	2.05	2.15	3.09	1.64	2.32	1.99	2.37
居民人均可支配收入	3.54	3.45	2.58	3.72	3.83	2.13	3.60	3.41	3.56	4.15
万人社会消费品零售额	3.18	3.35	2.99	3.22	3.50	2.94	3.15	2.97	3.22	3.99
城镇化率	3.15	3.11	2.77	3.45	3.57	2.40	3.05	3.16	3.27	4.16
空气质量指数	3.82	3.20	3.13	3.16	2.03	2.55	1.89	2.80	2.03	2.27

县（市、区） 指标名称	庐山市	渝水区	分宜县	月湖区	余江区	贵溪市	章贡区	南康区	赣县区	信丰县
万人 GDP	3.75	5.21	4.53	6.23	2.91	4.58	4.83	2.93	2.94	2.84
规模以上工业企业数	2.93	5.51	3.05	3.13	3.21	3.41	5.74	8.08	3.35	3.20
万人专利申请量	2.45	4.45	3.55	4.63	3.74	3.88	7.15	4.10	3.75	3.23
开展 R&D 活动的企业占比	3.58	2.56	2.60	3.91	3.71	4.05	3.83	2.87	4.63	5.00
人均科普经费投入	3.05	2.92	4.54	3.07	3.22	3.67	4.18	4.54	3.47	3.22
民众浏览科技网页频度	4.66	3.90	4.80	3.42	3.54	4.02	4.26	4.57	3.32	3.66
万人 R&D 人员数	3.00	4.22	3.52	4.74	3.63	5.92	3.99	2.88	3.06	3.02
研究人员占 R&D 人员比	3.65	4.59	3.78	2.41	2.19	1.97	3.89	3.31	3.13	3.22
R&D 人员全时当量	2.98	4.89	3.31	4.00	3.70	7.68	4.13	2.99	3.21	3.22
R&D 经费投入占 GDP 百分比	2.68	4.31	3.35	3.91	6.07	6.93	3.73	2.91	3.28	3.44
企业 R&D 经费投入占主营业务收入比	2.37	4.03	4.63	3.44	6.30	3.29	3.15	2.64	4.20	4.77

续表

县（市、区） 指标名称	庐山市	渝水区	分宜县	月湖区	余江区	贵溪市	章贡区	南康区	赣县区	信丰县
企业技术获取和改造费用占主营业务收入比	3.07	8.30	3.21	3.39	3.25	3.22	3.25	3.07	3.23	3.59
高新技术产业增加值占规模以上工业增加值比	2.15	3.08	2.72	4.52	4.45	2.16	4.93	2.55	5.37	3.79
高新技术企业数	2.91	3.76	3.22	2.12	2.12	3.46	5.46	3.28	3.22	4.13
新产品销售收入占主营业务收入比	2.34	4.38	3.34	3.29	2.30	4.32	3.97	2.73	3.29	4.19
万人发明专利授权量	2.89	3.53	2.94	3.57	3.14	3.48	8.55	3.80	3.66	3.53
技术合同成交额	3.14	3.16	4.17	5.22	3.82	3.58	3.04	2.93	2.99	2.96
GDP 增长百分比	2.57	2.88	2.88	3.52	2.41	3.67	5.26	5.57	4.94	3.20
万人财政收入	3.78	3.03	3.81	3.95	3.35	4.64	3.98	2.98	2.98	2.62
第三产业占GDP 比重	5.11	3.44	4.01	4.33	2.28	2.41	5.27	3.01	2.42	3.50
居民人均可支配收入	3.61	4.94	3.67	5.48	3.53	3.70	4.95	2.95	2.83	2.97
万人社会消费品零售额	3.26	4.17	3.72	5.81	3.27	3.23	6.26	2.83	2.83	2.89
城镇化率	3.56	4.75	3.46	6.12	3.25	3.25	5.11	3.11	3.23	2.90
空气质量指数	2.01	2.94	2.90	3.26	3.01	3.17	2.88	2.79	2.98	4.20

县（市、区） 指标名称	大余县	上犹县	崇义县	安远县	龙南县	定南县	全南县	宁都县	于都县	兴国县
万人 GDP	3.28	2.72	3.50	2.47	3.84	3.42	3.26	2.52	2.70	2.56
规模以上工业企业数	2.95	2.80	2.56	2.67	3.42	2.73	2.73	3.14	3.43	3.22
万人专利申请量	3.94	4.96	3.22	3.72	4.14	3.21	4.70	2.34	2.64	2.47
开展 R&D 活动的企业占比	4.96	3.55	2.59	4.78	3.58	3.39	4.23	4.15	4.26	3.93
人均科普经费投入	3.69	4.54	3.05	3.11	3.99	3.69	3.26	3.15	2.60	3.05
民众浏览科技网页频度	3.54	3.09	3.61	3.63	3.69	3.75	3.40	4.00	1.73	2.98

续表

县（市、区） 指标名称	大余县	上犹县	崇义县	安远县	龙南县	定南县	全南县	宁都县	于都县	兴国县
万人 R&D 人员数	2.99	3.05	3.26	2.94	3.25	3.25	3.68	2.96	3.01	2.90
研究人员占 R&D 人员比	2.90	2.02	4.47	1.82	3.28	3.42	2.13	4.95	2.31	3.60
R&D 人员全时当量	2.93	3.01	3.02	2.99	3.23	3.02	3.18	3.31	3.24	3.07
R&D 经费投入占 GDP 百分比	3.31	3.23	2.99	3.05	3.99	3.61	3.55	3.65	3.59	3.98
企业 R&D 经费投入占主营业务收入比	4.24	3.32	3.42	4.10	4.39	5.11	4.72	5.86	4.23	5.23
企业技术获取和改造费用占主营业务收入比	3.07	3.40	4.05	3.06	3.06	3.13	3.33	3.08	3.06	3.06
高新技术产业增加值占规模以上工业增加值比	4.55	6.36	4.30	4.05	5.22	5.80	3.82	3.28	3.35	2.79
高新技术企业数	4.67	4.49	3.46	2.55	2.73	4.98	3.28	3.15	3.03	3.52
新产品销售收入占主营业务收入比	2.80	4.36	3.37	3.22	3.84	4.38	3.20	3.66	2.76	2.62
万人发明专利授权量	3.24	3.17	3.36	3.06	3.37	3.44	2.89	2.99	2.98	2.97
技术合同成交额	3.07	3.10	3.23	3.02	3.16	3.36	3.26	2.91	2.90	2.92
GDP 增长百分比	4.78	4.15	5.10	2.41	5.42	4.31	4.15	4.94	4.62	4.47
万人财政收入	3.02	2.86	3.60	2.53	3.63	3.44	3.31	2.26	2.47	2.50
第三产业占 GDP 比重	3.24	3.55	3.16	4.26	2.97	3.34	2.80	3.18	3.12	2.72
居民人均可支配收入	2.83	2.39	2.51	2.31	2.98	2.66	2.34	2.36	2.84	2.53
万人社会消费品零售额	3.12	2.84	3.00	2.78	3.19	2.99	3.08	2.78	2.81	2.78
城镇化率	3.21	2.67	2.84	2.73	3.24	3.07	2.90	2.93	3.26	2.68
空气质量指数	4.11	3.85	4.01	4.47	4.52	4.55	4.40	4.20	4.10	4.02

续表

县(市、区) 指标名称	会昌县	寻乌县	石城县	瑞金市	吉州区	青原区	吉安县	吉水县	峡江县	新干县
万人 GDP	2.62	2.68	2.47	2.62	3.64	3.27	3.13	2.80	3.12	3.20
规模以上工业企业数	2.77	2.73	2.60	2.92	3.24	3.15	5.11	3.35	3.17	4.00
万人专利申请量	2.12	4.01	5.01	3.09	3.12	3.40	2.54	2.55	2.71	2.49
开展 R&D 活动的企业占比	3.39	4.59	3.91	4.89	2.21	3.20	3.45	3.25	1.79	3.84
人均科普经费投入	3.30	3.69	3.62	3.26	2.83	3.05	2.83	3.05	3.37	3.41
民众浏览科技网页频度	3.72	3.81	4.52	4.55	4.29	2.49	4.10	3.69	3.93	3.32
万人 R&D 人员数	2.86	3.07	2.95	2.87	3.19	3.09	5.07	3.17	3.18	3.28
研究人员占 R&D 人员比	3.39	5.46	5.06	4.16	3.21	2.45	2.86	2.56	2.86	3.72
R&D 人员全时当量	2.96	3.10	2.93	3.06	3.18	2.97	5.10	3.35	3.03	3.26
R&D 经费投入占 GDP 百分比	2.81	4.11	3.75	3.09	2.73	2.97	5.13	3.07	2.97	3.22
企业 R&D 经费投入占主营业务收入比	2.78	6.07	4.90	3.13	2.49	2.54	2.99	2.85	2.66	2.84
企业技术获取和改造费用占主营业务收入比	3.06	3.08	3.06	3.08	3.14	3.08	3.34	3.19	3.14	3.20
高新技术产业增加值占规模以上工业增加值比	2.66	3.34	4.00	3.56	4.72	3.74	4.65	3.52	2.99	3.08
高新技术企业数	3.15	2.61	3.15	2.31	4.43	3.88	4.85	3.58	2.67	4.13
新产品销售收入占主营业务收入比	2.50	2.49	2.59	3.16	3.27	2.88	4.04	3.76	2.82	2.60
万人发明专利授权量	2.96	2.99	2.95	3.20	3.28	3.83	3.95	3.07	3.05	3.07
技术合同成交额	2.99	3.08	3.09	2.95	3.12	3.29	3.09	2.99	3.27	3.29

续表

县（市、区） 指标名称	会昌县	寻乌县	石城县	瑞金市	吉州区	青原区	吉安县	吉水县	峡江县	新干县
GDP 增长百分比	3.20	4.47	6.05	2.25	4.47	4.15	3.36	4.78	3.99	3.83
万人财政收入	2.65	2.64	2.69	2.76	3.15	3.13	3.36	2.75	3.67	3.29
第三产业占 GDP 比重	3.31	3.36	3.71	4.11	4.51	3.61	2.80	3.49	3.20	3.08
居民人均可支配收入	2.54	2.41	2.17	2.77	4.88	3.62	3.09	3.30	2.75	3.26
万人社会消费品零售额	2.87	2.89	2.70	2.84	3.83	3.29	3.14	3.07	3.04	3.21
城镇化率	2.87	2.73	2.54	2.80	5.11	3.05	3.09	3.21	2.90	2.74
空气质量指数	4.54	4.86	4.69	4.51	2.81	3.17	3.07	3.13	3.14	3.26

县（市、区） 指标名称	永丰县	泰和县	遂川县	万安县	安福县	永新县	井冈山市	袁州区	奉新县	万载县
万人 GDP	3.06	2.96	2.56	2.62	3.10	2.54	3.55	2.73	3.64	2.87
规模以上工业企业数	3.78	3.39	3.31	3.12	3.40	2.94	2.51	5.17	3.49	4.24
万人专利申请量	3.13	3.50	2.47	3.63	3.41	2.52	2.25	3.64	2.84	2.43
开展 R&D 活动的企业占比	3.47	3.17	3.06	3.95	4.53	2.92	4.41	3.11	3.58	3.84
人均科普经费投入	2.60	3.05	3.41	3.00	3.20	3.02	4.54	2.49	3.05	2.60
民众浏览科技网页频度	4.36	3.41	3.08	3.50	2.60	3.23	3.84	2.60	3.05	2.99
万人 R&D 人员数	3.26	3.41	3.21	3.41	3.36	2.92	3.68	3.25	3.25	3.45
研究人员占 R&D 人员比	2.88	4.80	3.07	2.12	2.39	2.41	5.83	3.74	3.63	2.82
R&D 人员全时当量	3.33	3.35	3.47	3.32	3.41	3.04	3.19	3.82	3.17	3.60
R&D 经费投入占 GDP 百分比	3.13	3.21	3.55	3.15	2.91	2.73	2.92	3.36	3.47	3.60
企业 R&D 经费投入占主营业务收入比	2.99	2.94	3.22	3.52	2.67	2.81	5.14	3.73	2.99	3.23

续表

县（市、区） 指标名称	永丰县	泰和县	遂川县	万安县	安福县	永新县	井冈山市	袁州区	奉新县	万载县
企业技术获取和改造费用占主营业务收入比	3.09	3.07	3.07	3.06	3.11	3.06	3.12	3.19	3.15	3.20
高新技术产业增加值占规模以上工业增加值比	4.33	5.05	3.45	4.30	3.40	2.62	3.30	4.81	4.28	2.65
高新技术企业数	4.85	4.49	3.64	4.49	4.19	2.55	2.55	7.46	4.00	3.03
新产品销售收入占主营业务收入比	3.89	6.44	2.92	4.27	4.15	3.52	2.45	5.05	3.10	2.91
万人发明专利授权量	3.13	3.37	3.00	2.94	3.12	3.05	3.37	4.08	3.54	3.35
技术合同成交额	3.04	2.98	2.96	3.14	3.07	2.97	3.50	3.07	3.28	3.16
GDP 增长百分比	3.36	3.67	3.67	3.36	3.83	3.20	4.62	2.41	3.04	3.36
万人财政收入	3.02	2.99	2.60	2.92	3.12	2.49	3.39	2.72	3.92	3.32
第三产业占GDP 比重	3.25	3.21	3.45	3.52	3.64	4.36	5.43	4.17	3.30	3.29
居民人均可支配收入	3.29	3.16	2.51	2.46	3.02	2.43	3.78	3.88	3.61	2.71
万人社会消费品零售额	3.03	3.03	2.87	2.82	3.25	2.88	3.52	3.82	3.39	2.98
城镇化率	2.87	3.22	2.72	2.75	2.89	3.10	4.14	3.61	3.37	2.59
空气质量指数	3.62	3.12	3.82	3.76	3.22	3.48	3.70	2.80	3.49	3.07

县（市、区） 指标名称	上高县	宜丰县	靖安县	铜鼓县	丰城市	樟树市	高安市	临川区	东乡区	南城县
万人 GDP	3.77	3.44	2.97	3.04	3.09	4.48	2.97	3.14	3.00	3.29
规模以上工业企业数	4.34	3.68	2.78	2.50	4.71	4.68	4.61	4.60	3.33	3.07
万人专利申请量	4.22	2.54	3.04	3.46	2.64	3.52	3.00	3.09	3.78	3.61
开展 R&D 活动的企业占比	3.24	3.99	4.44	4.74	2.58	4.10	3.99	3.98	5.70	3.90
人均科普经费投入	3.05	3.09	3.24	3.05	2.68	3.05	2.60	2.64	3.69	3.05
民众浏览科技网页频度	2.87	2.68	3.51	3.13	3.84	4.17	4.01	3.65	4.10	3.70

续表

县（市、区） 指标名称	上高县	宜丰县	靖安县	铜鼓县	丰城市	樟树市	高安市	临川区	东乡区	南城县
万人 R&D 人员数	4.04	3.57	3.46	3.31	3.25	3.69	3.23	3.64	3.47	3.18
研究人员占 R&D 人员比	3.74	3.31	3.71	3.02	3.12	3.52	4.28	3.48	2.53	3.30
R&D 人员全时当量	3.56	3.34	3.09	3.01	4.40	3.90	3.72	4.70	3.62	3.14
R&D 经费投入占 GDP 百分比	4.11	3.96	3.48	3.55	3.38	3.14	3.73	3.47	3.37	3.39
企业 R&D 经费投入占主营业务收入比	3.98	3.35	3.75	5.27	3.35	3.06	3.49	3.32	3.25	3.48
企业技术获取和改造费用占主营业务收入比	3.07	3.13	3.06	3.19	3.15	3.28	3.30	3.73	3.13	4.74
高新技术产业增加值占规模以上工业增加值比	3.78	4.58	2.29	4.19	2.77	3.93	3.07	4.22	2.71	2.71
高新技术企业数	4.73	3.28	2.55	2.73	4.37	5.95	4.67	3.09	3.94	2.91
新产品销售收入占主营业务收入比	3.79	2.48	3.50	4.67	3.92	2.83	3.56	4.39	4.12	4.67
万人发明专利授权量	3.25	3.11	3.39	3.32	3.12	4.19	3.11	3.93	3.29	3.08
技术合同成交额	3.27	3.35	3.77	3.73	2.93	3.14	3.09	3.03	3.50	3.24
GDP 增长百分比	1.62	1.62	2.57	2.72	2.88	2.57	1.30	2.25	3.36	3.04
万人财政收入	4.23	3.72	3.61	3.58	3.27	4.60	3.27	2.39	3.28	3.19
第三产业占 GDP 比重	3.38	2.96	3.38	3.77	3.18	3.34	3.37	3.50	3.20	3.85
居民人均可支配收入	3.67	3.44	3.17	2.51	3.47	3.66	3.52	4.33	3.82	3.80
万人社会消费品零售额	3.19	2.97	2.78	3.01	3.00	3.43	3.09	3.63	3.55	3.50
城镇化率	3.40	3.31	3.18	3.19	2.64	2.98	3.10	3.49	3.25	3.47
空气质量指数	2.87	3.26	3.48	3.21	3.34	3.42	3.41	3.26	3.24	3.84

续表

县（市、区） 指标名称	黎川县	南丰县	崇仁县	乐安县	宜黄县	金溪县	资溪县	广昌县	信州区	广丰区
万人 GDP	2.84	3.38	2.91	2.39	2.87	2.80	3.04	2.76	4.16	3.67
规模以上工业企业数	2.70	2.58	3.20	2.39	3.03	2.82	2.30	2.73	2.65	4.19
万人专利申请量	4.02	3.66	3.98	2.47	2.48	4.25	3.58	3.33	5.16	2.47
开展 R&D 活动的企业占比	4.64	5.23	4.54	5.94	5.18	4.02	5.58	2.66	2.19	1.92
人均科普经费投入	4.26	3.54	4.54	2.88	4.07	4.54	4.39	3.47	3.00	3.05
民众浏览科技网页频度	3.81	2.72	1.44	1.46	1.43	1.66	1.42	1.44	1.44	1.92
万人 R&D 人员数	3.28	3.01	3.69	2.82	3.56	2.97	2.94	3.07	2.82	2.87
研究人员占 R&D 人员比	2.10	2.26	3.04	3.57	3.00	4.07	2.98	3.36	2.98	3.05
R&D 人员全时当量	3.14	3.01	3.58	2.91	3.25	2.99	2.89	2.95	2.88	3.08
R&D 经费投入占 GDP 百分比	3.16	2.70	3.92	2.71	3.06	3.07	2.85	2.94	2.51	2.71
企业 R&D 经费投入占主营业务收入比	3.66	3.45	3.91	4.65	2.93	3.76	3.76	3.29	2.60	2.51
企业技术获取和改造费用占主营业务收入比	3.82	3.30	3.43	3.06	3.19	3.14	3.17	3.38	3.28	3.06
高新技术产业增加值占规模以上工业增加值比	2.74	2.90	4.95	3.67	2.33	3.36	2.01	3.04	4.00	2.63
高新技术企业数	2.73	2.67	4.49	2.43	2.55	3.09	2.18	2.31	2.37	3.28
新产品销售收入占主营业务收入比	4.21	4.15	5.69	4.25	3.29	4.44	4.21	4.10	2.68	2.59
万人发明专利授权量	3.02	3.04	3.18	2.98	3.15	3.09	2.89	3.02	4.42	2.97
技术合同成交额	3.29	3.77	3.18	3.43	3.09	3.35	3.26	3.09	3.17	2.98
GDP 增长百分比	2.57	1.77	1.93	3.20	2.41	1.62	2.09	3.67	4.78	4.94
万人财政收入	3.02	2.96	2.70	2.47	2.98	2.76	3.05	2.84	3.43	3.57

续表

县（市、区） 指标名称	黎川县	南丰县	崇仁县	乐安县	宜黄县	金溪县	资溪县	广昌县	信州区	广丰区
第三产业占GDP比重	3.72	3.86	3.35	4.07	3.20	3.90	4.01	3.60	5.99	3.47
居民人均可支配收入	3.01	3.80	3.22	2.17	2.69	2.99	2.91	2.48	4.77	4.14
万人社会消费品零售额	3.21	3.49	3.03	3.05	3.05	3.09	3.13	2.87	4.85	3.06
城镇化率	3.27	2.72	2.77	2.63	2.46	2.55	3.56	2.91	4.74	3.71
空气质量指数	4.24	4.10	3.60	3.68	3.84	3.73	3.84	4.33	3.56	3.69

县（市、区） 指标名称	上饶县	玉山县	铅山县	横峰县	弋阳县	余干县	鄱阳县	万年县	婺源县	德兴市
万人 GDP	2.92	2.91	2.81	3.16	2.79	2.32	2.29	3.24	2.85	3.67
规模以上工业企业数	4.27	4.65	2.88	2.73	3.38	3.40	3.63	3.52	2.82	3.76
万人专利申请量	2.73	2.65	2.69	2.59	3.11	2.20	2.30	2.83	2.48	5.19
开展 R&D 活动的企业占比	3.07	2.77	3.30	2.90	1.61	1.70	1.67	3.19	3.08	3.51
人均科普经费投入	2.85	2.92	3.28	3.00	2.70	2.64	2.83	3.00	3.02	3.30
民众浏览科技网页频度	3.50	2.46	1.44	1.71	3.79	3.82	4.41	5.01	4.37	4.08
万人 R&D 人员数	3.59	3.26	2.81	2.96	2.79	2.76	2.76	3.07	2.88	3.55
研究人员占 R&D 人员比	4.95	3.19	3.29	3.76	2.54	2.35	2.38	3.98	4.12	2.79
R&D 人员全时当量	4.27	3.49	2.90	2.91	2.88	2.89	2.94	3.08	2.92	3.37
R&D 经费投入占 GDP 百分比	5.80	4.25	2.82	2.71	2.59	2.57	2.55	3.10	2.70	3.01
企业 R&D 经费投入占主营业务收入比	4.02	3.75	2.83	2.34	2.37	2.34	2.41	2.74	3.14	2.88
企业技术获取和改造费用占主营业务收入比	4.88	3.13	3.19	3.08	3.06	3.09	3.12	3.17	3.06	5.16

续表

指标名称＼县(市、区)	上饶县	玉山县	铅山县	横峰县	弋阳县	余干县	鄱阳县	万年县	婺源县	德兴市
高新技术产业增加值占规模以上工业增加值比	5.36	2.39	2.15	1.83	2.09	2.54	2.99	3.34	2.30	2.84
高新技术企业数	3.64	4.49	2.73	2.73	2.73	2.91	3.52	4.00	2.49	3.34
新产品销售收入占主营业务收入比	8.03	3.14	3.11	2.32	3.14	2.64	2.67	3.31	3.78	3.26
万人发明专利授权量	3.08	2.99	2.89	3.28	2.93	2.98	2.92	3.09	2.89	3.09
技术合同成交额	3.00	3.18	3.10	3.25	3.18	2.91	2.96	3.33	3.10	3.33
GDP 增长百分比	4.62	3.99	4.31	3.52	4.31	2.88	2.57	3.67	3.04	3.36
万人财政收入	2.79	2.96	3.13	3.49	3.04	2.33	2.23	3.29	3.04	5.09
第三产业占GDP比重	1.25	3.07	3.31	2.61	3.29	2.76	2.35	2.51	4.72	3.87
居民人均可支配收入	2.74	3.45	2.80	2.50	3.18	2.37	2.26	3.28	2.68	3.86
万人社会消费品零售额	2.94	3.22	3.31	3.44	3.32	2.87	2.80	3.46	3.55	3.73
城镇化率	3.17	3.33	3.16	3.21	2.99	2.83	2.73	3.22	3.01	3.80
空气质量指数	2.85	3.61	3.71	3.18	3.47	3.48	3.41	3.43	3.47	3.52

附录3
江西省科学院科技战略研究所

江西省科学院科技战略研究所（简称战略所）成立于2013年12月，直属于江西省科学院，是江西省首个集科技战略研究、科技决策咨询、知识产权和科技信息服务为一体的智库型科学研究机构。研究领域包括科技政策、创新能力评价、产业技术预测、产业发展规划、知识产权分析等方向，出版内部刊物《创新驱动发展动态》。2018年成为江西省重点新型智库试点建设单位，是全国地方科技智库联盟副理事长单位；2017年入选CTTI来源智库；2017年成为国际科学院协会科学与科学学委员会理事单位。

战略所按照"服务区域创新、支撑战略决策、促进产业发展"的定位，准确把握科技创新趋势、科技体制改革、科技创新驱动发展的规律，从科技创新的角度研究事关江西省发展全局的重大问题，开展科学评估，进行预测预判，对省委、省人民政府重大关切和江西经济社会发展的重大问题提出前瞻性、建设性的建议，在江西省的科技战略、规划、布局和政策等方面发挥重要的决策咨询作用。

战略所采取靠大联强、借梯登高的方式，先后与中国科学院文献情报中心、中国科学院科技战略咨询研究院和中国科学技术发展战略研究院签订合作协议，在国内一流智库的支持帮助下，组建了一支多学科专业研究团队和国内外专家库；搭建了1个国家平台、4个省级平台和3个与中国科学院共建平台；构建了多个海量情报信息的专业数据库；推出了一批应用对策性研究成果并得到实施，先后获得江西省委、省人民政府领导重要批示 100 多次，为省领导、省直部门、地方政府的决策咨询发挥了科技支撑作用。

战略所先后完成了《全国地方科学院科技竞争力分析》《中部六省科技竞争力比较分析报告》《与中科院共建的五个省科学院科技竞争力报告》《江西省科技竞争力分析及提升的对策建议》《江西省科技进步监测报告》等报告，得到省领导和相关部门的肯定，在科技创新评价领域形成了自己的优势和特色，发挥了"思想库、智囊团"作用。